Das Beste von Willy Breinholst

Das Beste von Willy Breinholst

Heitere Geschichten –
wie man das Leben in allen Lagen
lachend meistert und mit den
Tücken des Alltags fertig wird

Deutsch von
Dieter J. Jörgensen

Scherz

Akrobat, oh!

Zobrini war der geborene Gaukler. Das freie Leben als herumreisender Artist lag ihm im Blut, bezeichnenderweise war er auch in einem Schaustellerwagen zur Welt gekommen, zwischen Luftschaukeln und Karussells. In jungen Jahren hatte er sich als Todesfahrer versucht und unter dem Namen Captain Billy King eine Seelöwendressur und ein spuckendes Lama aus den Anden vorgeführt, das nördlich der Alpen noch niemand gesehen hatte. Später war er in die Schwert- und Feuerschluckerbranche eingestiegen, von einer Unzahl von Fackeln hatte er brennendes Benzin abgeleckt oder auch die Fackeln an seine nackte Brust gehalten, so daß das ganze Zelt vom Geruch verbrannten Fleisches erfüllt war. Er war als Conférencier für orientalische Bauchtänzerinnen aus aller Welt aufgetreten, hatte seinen eigenen Flohzirkus gehabt und als Marktschreier mit sich überschlagender Stimme versucht, die Leute anzulocken, um die Riesendame Suleima zu bestaunen, wobei man ganz um sie herumgehen durfte. Eines Tages war die Riesendame Suleima jedoch so ungeschickt, sich auf ihn zu setzen, und von den 700 Pfund Lebendgewicht wurde er so plattgedrückt, daß es sechs Monate dauerte, bis man ihn notdürftig wieder zusammengeflickt hatte. Ein richtiger Jahrmarktgaukler wurde er nach diesem Erlebnis mit der Riesendame nie wieder. In einem kleinen Zelt im Kopenhagener Vergnügungspark Tivoli zeigte er ein Kalb mit drei Köpfen sowie ein Huhn, das wie ein Hahn krähte, aber irgendwie war ihm die Zeit davongelaufen. Es reichte weder zum Leben noch zum Sterben, und zum Schluß sah er keinen anderen Ausweg, als mit der Kasse des Vergnügungsparks abzuhauen. Die Gelegenheit bot sich, als er eines Tages nach Schließung des Parks allein im Büro des Direktors war. Die Gelegenheit brachte ihm jedoch anderthalb Jahre hinter schwedischen Gardinen ein, und hier beginnt die eigentliche Geschichte vom Jahrmarktgaukler Zobrini.

Die Zeit wurde ihm sehr lang in der kleinen Zelle, bis er eines Tages eine kleine Ameise erblickte, die auf seinem Blechnapf herumkrabbelte.

Plötzlich hatte er eine Idee.

«Ich werde diesen kleinen Kerl dressieren», dachte er. «Wenn ich Seelöwen, Lamas und Flöhe dressieren kann, wird es bei einer Ameise wohl auch klappen.»

In den folgenden Monaten büffelte er jeden Tag mit der Ameise. Er wollte ihr beibringen, auf einem Bein zu stehen, hatte dabei jedoch große Schwierigkeiten, denn es war eine kleine, dumme Ameise, die so gut wie nichts lernen wollte. Aber endlich hatte er Erfolg. Auf dem Boden seines umgedrehten Blechnapfes stand die kleine Ameise ganz passabel auf einem Bein.

«Prima!» jubelte Zobrini. «Sehr gut! Du wirst noch ein richtiger kleiner Akrobat. Wenn ich hier rauskomme, kann ich mit dir viel Geld verdienen.»

Die Ameise konnte ihm aber immer noch nicht genug, und von morgens bis abends, manchmal auch die ganze Nacht, scheuchte er sie herum, um ihr noch mehr Kunststückchen beizubringen. Er hatte ja genug Zeit, und bei jeder Form der Dressur kommt man mit Geduld am ehesten zum Ziel.

«So, mein Freund», sagte Zobrini eines Morgens. «Jetzt wirst du sprechen lernen.»

Drei lange Monate übte er weiter mit der kleinen Ameise, und eines Tages klappte es endlich. Die Ameise stand auf einem Bein und sagte mit ihrer kleinen, zarten Ameisenstimme:

«Akrobat, oh!»

«Bravo!» jubelte Zobrini. «Bravo! Bravo! Das nenne ich eine Sensation! Die einzige sprechende Ameise auf der Welt! Damit werde ich jedes Zirkuszelt bis zum Bersten füllen können!»

Zobrini hatte aber noch einige Monate abzusitzen und daher Zeit genug, seine kleine Ameise ein paar weitere Tricks zu lehren. Am Tag seiner Entlassung konnte die kleine Ameise auf einem Bein auf einer kleinen Kugel balancierend «O sole mio» singen!

Die kleine Ameise sang die gesamte erste Strophe des alten neapolitanischen Volksliedes und tanzte dabei auf der Kugel ein richtiges kleines Menuett, worauf Zobrini begeistert klatschte und die kleine Ameise eine artige Verbeugung machte, wobei sie sagte: «Vielen Dank! Vielen Dank!»

Zobrini nahm seine kleine Ameise, steckte sie vorsichtig in eine leere Streichholzschachtel und verließ mit ihr glücklich das Gefängnis. Er begab sich in eines der besten Speiserestaurants, denn er wollte endlich wieder etwas Gutes essen. Nach dem Essen holte er die kleine Ameise aus der Streichholzschachtel hervor und ließ sie ein bißchen auf der Tischdecke herumlaufen. Er war so stolz und glücklich über das, was er ihr beigebracht hatte, daß er sich jetzt nicht mehr zurückhalten konnte, er mußte einfach jemandem zeigen, was seine kleine Ameise alles an wunderbaren Kunststückchen konnte. Er winkte daher dem Ober.

«Sehen Sie die kleine Ameise dort?» fragte er mit strahlenden Augen und zeigte dem Ober ganz aufgeregt die kleine Ameise, die über die Tischdecke eilte. Der Ober beugte sich etwas vor. Dann erblickte er sie.

«Oh! Ich bitte um Entschuldigung, mein Herr!» sagte er und zerquetschte die Ameise mit der Spitze seiner Serviette.

Demonstration auf der Fahnenstange

Boris war ein sehr regsames Mitglied einer Aktivisten-
gruppe. Wenn vor der amerikanischen Botschaft demonstriert werden sollte, dann war Boris zur Stelle, mit Spruch-
bändern, faulen Tomaten und einem Backstein in der Hinter-
tasche. Wenn vor der russischen Botschaft demonstriert
werden sollte, war Boris natürlich auch dabei. Bei jedem
Protestmarsch war er mit Sicherheit in den vordersten Reihen zu finden; bei Krawallen in der Universität war es Boris,
der am lautesten schrie; wurden Protestunterschriften
gesammelt, unterschrieb Boris als erster, und wenn Parolen
an Regierungsgebäude gesprüht wurden, hatte Boris blitzschnell eine ganze Reihe von Spraydosen geleert. Boris war
immer und überall dabei, und er war eigentlich mit sich
zufrieden ... aber dann verliebte er sich in ein Mädchen aus
seinem Wohnungskollektiv, es kam was Kleines, und da die
anderen Mitglieder des Kollektivs sich nicht mit dem Kinder-
geschrei abfinden konnten, wurde es für Boris dringend
notwendig, eine Wohnung zu finden. Er raste von einem
Sozialamt zum anderen, ohne daß etwas dabei herauskam.
Langsam kam er zu der Einsicht, daß er ganz anders vorgehen mußte, wenn er sich überhaupt Hoffnung auf eine
Wohnung machen wollte; er mußte neue, unkonventionelle
Wege versuchen, irgend etwas tun, das die Aufmerksamkeit
der Leute erregte, worüber die Presse täglich auf den Titelsei-
ten berichten und wogegen die Polizei machtlos sein würde,
kurz etwas, das den Menschen endlich die Augen über die
entsetzliche Wohnungsnot öffnen würde. Ein Dreißig-Tage-
Protest-Hungerstreik auf der Spitze der Fahnenstange auf
dem Rathausturm, das war das Richtige!
   Im Schutze der nächtlichen Dunkelheit enterte Boris die
Fahnenstange. So gut es ging, setzte er sich auf der Spitze
zurecht, und als die Leute morgens zur Arbeit eilten, versam-
melte sich schnell eine größere Menschenmenge vor dem
Rathaus. Dort oben auf der Spitze saß doch tatsächlich ein

junger, langhaariger Mensch mit einem großen Spruchband: Wohnungen sind ein Menschenrecht! Nieder mit der Regierung!

Plötzlich hatten die Pressefotografen zu tun, die Journalisten hatten zu tun, und die Polizei hatte zu tun.

«Sollen wir ihn absägen?» fragte der Leiter der zuständigen Polizeiwache.

«Immer mit der Ruhe», antwortete der Polizeichef.

«Wir können auch die Feuerwehr mit einer langen Leiter zu ihm schicken», schlug der Polizist vor.

Auch das wurde abgelehnt.

«Aber was sollen wir denn mit ihm machen? Wir können ihn doch nicht einfach dort oben sitzen lassen... schließlich ist die Fahnenstange kommunales Eigentum und außerdem frisch gestrichen!»

«Laßt ihn ruhig sitzen, wo er sitzt! Bald wird ihm der Hintern so weh tun, daß er von alleine wieder runterkommt!»

Man ließ ihn also sitzen. Am nächsten Morgen saß er immer noch. Und ein neues Spruchband flatterte durch die Luft: Wohnungsminister – go home! Ich will eine Wohnung!

Der Menschenauflauf auf dem Rathausplatz wurde immer größer.

«Phantastisch, daß er sich so lange da oben halten kann», sagten die Leute.

«Jetzt sägen wir ihn ab», meinte der Leiter des Polizeieinsatzkommandos.

«Nichts werden wir tun», wies ihn der Polizeichef zynisch zurecht. «Wir lassen den Kerl ganz einfach so lange sitzen, bis er von selbst herunterfällt. Es gibt genug von seiner Sorte, einer mehr oder weniger spielt keine große Rolle!»

Boris fiel aber nicht herunter. Am nächsten Tag war er immer noch da.

Tod allen imperialistischen Wohnungsspekulanten! stand mahnend auf seinem neuen Transparent. Und am nächsten Morgen war er tatsächlich immer noch auf der

Spitze der Fahnenstange zu finden; er winkte den Leuten mit einem weiteren Spruchband zu: RAUS AUS DER NATO! BAUT MEHR WOHNUNGEN!

Alle Zeitungen des Landes berichteten über ihn. Es wurde mit Verwunderung festgestellt, daß er es schon vier Tage ausgehalten hatte. Auch die ausländische Presse erfaßte die Situation: Junger Mann hungert sich aus Protest gegen die Wohnungsnot auf der Spitze einer Fahnenstange zu Tode!

«Könnt ihr ihn nicht bald herunterholen?» fragte der Bürgermeister. Bei Licht besehen, ging es um kommunales Eigentum, für das er verantwortlich war, und durch den Daueraufenthalt auf der Fahnenstange wurde diese selbst ja auch in Mitleidenschaft gezogen. Im übrigen war die Fahnenstange der offiziellen Beflaggung vorbehalten, zum Beispiel am Verfassungstag, und wenn jetzt die Idee um sich greifen und sämtliche kommunalen Fahnenstangen im Lande von jugendlichen Elementen besetzt würden, was dann mit der offiziellen Beflaggung?

«Wir können nichts machen, bevor wir nicht von höherer Ebene Weisung erhalten haben», erklärte der Polizeichef. Auf Regierungsebene wurde über die Lage beraten. Man einigte sich darauf, den Mann sitzen zu lassen, traf aber gleichzeitig umfassende Vorsorgemaßnahmen gegen ein Umsichgreifen des Gedankens, indem ein Rundschreiben an sämtliche kommunalen und staatlichen Einrichtungen gesandt wurde, das die Aufforderung enthielt, die Fahnenstangen anzuspitzen, um dadurch jeden Aufenthalt unmöglich zu machen.

Am folgenden Tag schwenkte Boris ein neues Banner: BOYKOTTIERT DEN WOHNUNGSMINISTER! WENIGER MIETE – GRÖSSERE WOHNUNGEN! DIE REICHEN SOLLEN BEZAHLEN!

«Jetzt kappen wir aber die Halterungen, klettern hoch und schmeißen ihn runter!» reagierte der Leiter des Polizeikommandos verbissen.

«Das geht nicht», fertigte ihn der Polizeichef ab. «Wir sind sowieso schon unpopulär. Nein, er muß ohne polizeiliche Maßnahmen auf friedliche Weise heruntergelockt werden.

Und ich habe da eine Idee: Wir schicken jemanden zu ihm hoch mit der Nachricht, daß seine Mutter gestorben ist! Wenn der Kerl auch nur noch einen Funken von Anstand hat, wird er herunterkommen, um an der Beerdigung teilzunehmen! Und dann schnappen wir ihn uns!»

Es war ein ausgeklügelter Plan. Ein Mann wurde mit der traurigen Botschaft zu Boris geschickt: «Ihre Mutter ist gestorben! Kommen Sie herunter!»

Und wie reagierte der wohnungssuchende, unermüdliche Aktivist Boris darauf?

Er kletterte umgehend auf halbmast.

Der Schornstein

Fabrikbesitzer Schimmelhoch hatte Angebote für den Bau eines neuen Schornsteins eingeholt. Als er sich jedoch die Preisvorstellungen der Unternehmer ansah, griff er sich an den Kopf und wollte schon das ganze Projekt aufgeben. Er hatte nie gedacht, daß ein neuer Fabrikschornstein so furchtbar viel Geld kosten würde, auch wenn er nur dreißig Meter hoch sein sollte.

«Hör mal zu», sagte er zu Karlsen, seinem Werkmeister. «Können wir nicht selbst solch einen einfachen Schornstein bauen? Wie wäre es mit Alfred? Kann er nicht so ein Ding hochklatschen?»

Alfred war eine Art Faktotum der Ziegelei. Er konnte fast alles, auch mit Maurerhammer und -kelle umgehen... aber gleich einen ganzen Fabrikschlot errichten? Das durfte wohl mit Fug und Recht bezweifelt werden.

«Pah!» antwortete Karlsen. Er hatte seine eigene Meinung über Alfreds Fähigkeiten. Aber Fabrikbesitzer Schimmelhoch war von Natur aus ausgesprochen stur, und wenn er sich erst einmal etwas in den Kopf gesetzt hatte, dann... man kennt ja diese Typen!

Also ließ man Alfred holen.

Und Alfred kam. Mit aufgeregt blinzelnden Augen und der Mütze achtungsvoll in der Hand näherte er sich dem Schreibtisch des Fabrikbesitzers, nicht ohne vorher draußen auf der Matte seine Holzschuhe abgestellt zu haben.

«Sagen Sie mal, Alfred», begann der Alte leutselig und paffte an seinem zerfransten Zigarrenstummel, «können Sie einen Schornstein bauen?»

Mit dem Handrücken entfernte Alfred aus einem Mundwinkel den Saft seines Priems, worauf er sich mit seinem schmutzigen Daumen nachdenklich am Hinterkopf kratzte.

«Was für'n Schornstein soll's denn sein, Herr Direktor?»

«Ein dreißig Meter hoher Fabrikschornstein... ungefähr in der Art wie drüben beim Gaswerk.»

«Tja, das ...»

«Sie kriegen Ihren normalen Lohn, und wenn Sie fertig sind noch etwas dazu, ohne daß das Finanzamt etwas davon erfährt. Sagen wir, fünfhundert extra?»

«Soll er rund sein? Ich meine, der Schornstein?»

Fabrikbesitzer Schimmelhoch nickte. «Natürlich rund», sagte er. «So rund, wie ein Schornstein nun mal ist.»

«Dann brauche ich dreizöllige Bogensteine», meinte Alfred. «Und jede Menge Mörtel.»

«Sie kriegen, was Sie brauchen!»

Darauf begann Alfred mit der Arbeit. Anfangs wollte es nicht so recht vorangehen. Mehrmals täglich ging er zum Gaswerk hinüber, um sich den dortigen Schornstein genau anzusehen. Jedesmal wurde ausgemessen, sowohl nach Augenmaß als auch mit dem Zollstock und allem Drum und Dran. Karlsen, der Werkmeister der Ziegelei, hatte in der ersten Zeit für Alfreds Schornstein nur höhnische Bemerkungen übrig.

«Ich wette, daß der ganze Kram wie ein Kartenhaus zusammenfällt, wenn er eines Tages das Gerüst wieder abbaut», sagte er zu Fabrikbesitzer Schimmelhoch, der täglich auf das Gelände kam, um sich vom Wachsen des Schornsteins zu überzeugen.

«Reden Sie keinen Unsinn, Karlsen. Nichts wird zusammenfallen!»

Nach einigen Monaten klopfte Alfred an die Tür zum Büro des Alten. Bevor er eintrat, ließ er die Holzschuhe auf der Matte stehen.

«Ich bin es nur, Herr Direktor», sagte er und näherte sich seinem hohen Vorgesetzten. «Ich bin jetzt fertig. Mit dem Schornstein, meine ich.»

Fabrikbesitzer Schimmelhoch begab sich mit nach draußen, um das Wunderwerk genauer in Augenschein zu nehmen.

«Er ist zwei Meter höher als der drüben beim Gaswerk», sagte Alfred stolz und schob sich einen frischen Kautabak zwischen die Zähne.

«Das ist bestimmt der schönste Schornstein, den ich je gesehen habe», begeisterte sich der Fabrikbesitzer.

«Er sieht nicht schlecht aus», gab auch Karlsen etwas widerstrebend zu. «Wenn bloß nicht alles zusammenbricht, wenn er das Gerüst abbaut!»

Alfred kletterte nach oben und begann, das Gerüst abzubauen. Der Alte begab sich an einen dreißig Meter entfernten Ort.

«Falls er umkippt», murmelte er nachdenklich, «fällt er hoffentlich nicht auf die anderen Gebäude und zerstört die teuren Ringöfen.»

«Vielleicht sollten die Arbeiter lieber das Gebäude verlassen?» schlug der Werkmeister vor.

Der Alte nickte, und Karlsen ließ die Arbeiter nach draußen gehen. Aus gebührendem Abstand verfolgten alle gespannt, wie Alfred wie ein Pferd rackerte, um das Gerüst möglichst schnell abzubauen.

«Der ganze Kram kann jeden Augenblick zusammenbrechen», meinte der Werkmeister. «Ich wußte, daß es nur Pfuscherei werden konnte!»

Aber der Schornstein hielt. Gegen Feierabend hatte Alfred das Gerüst vollständig abgebaut. Jeder konnte sehen, wie der Schornstein stehenblieb . . . hoch und schick und rund.

«Wissen Sie was, Alfred?» sagte der Alte und klopfte Alfred freundschaftlich auf die Schulter. «Sie kommen jetzt mit in mein Büro und kriegen ein Glas Portwein und eine Zigarre! Sie haben gute Arbeit geleistet, wenn man bedenkt . . . Dieser Schornstein hält wohl hundert Jahre?»

«Mindestens», nickte Alfred, geehrt über so viel Lob. «Es ist durch und durch solides Zeug, Herr Direktor.»

Alfred hatte recht. Es war in der Tat solides Zeug.

Aus Sicherheitsgründen hatte er den Schornstein auch im Innern massiv gemauert.

Natur – so'n Quatsch

Hjalmar war bei der staatlichen Forstverwaltung angestellt, um nach jedem Wochenende den Dreck wegzuräumen, den die menschlichen Waldschweine hinterlassen hatten. Diese Arbeit erfüllte ihn mit Verachtung gegenüber all denen, die Bierflaschen und Plastiktüten einfach im Wald liegen ließen anstatt ihren Abfall wieder mitzunehmen und zu Hause in den Mülleimer zu werfen. Eines Tages traf er Hulda. Sie war vom gleichen aufrichtigen Haß gegen alle Naturschänder und Umweltverschmutzer erfüllt wie Hjalmar selbst. Sie hatte am Straßenrand gesessen und den Duft der Glockenblumen eingesogen, als sie von den Larvenfüßen eines Bulldozers niedergewalzt worden war. Mit diesem sollte die Straße verbreitert werden, und man hatte keine Zeit, auf Fußgänger zu achten. Seitdem war sie platt und gerillt wie ein Waschbrett. Hjalmar und Hulda hatten das Gefühl, daß ein unsichtbares Band sie zusammenhielt, daß sie auf ewig zusammengehörten.

Sie zogen durchs Land und beschworen die Leute, ihre Einwegflaschen und Wegwerfpackungen nicht einfach überall hinzuschmeißen, aber niemand hörte auf ihre Worte. Es kam der Tag, an dem diejenigen Teile der Natur, die noch nicht mit stinkendem Müll überfüllt waren, neuen Parkplätzen, Motels, Campingplätzen und Betonposten weichen mußten. Tausende von Autofahrern rasten auf den Autobahnen hin und her, verbissen überholten sie sich gegenseitig, um entweder 30 Sekunden früher an der Fähre oder mit offenem Schädelbruch in der Klinik zu sein. Niemand dachte an das bißchen Natur, das noch übriggeblieben war; keiner nahm sich die Zeit, ein Veilchen zu pflücken oder den Duft eines frischgepflückten Buchenzweiges zu genießen; enttäuscht erstarben die letzten Grashalme und Bäume, sogar die Sonne meinte, daß eigentlich nichts mehr übrig war, das noch wert gewesen wäre, es zu bescheinen, und dann verschwand auch sie. Aber das machte nichts, denn die Fabriken stellten künstliche Neon-Sonnen her und hängten sie an den Himmel, und alle waren der Ansicht, dies sei ein phantastischer, neuer, herrlicher technischer Fortschritt. Die künstlichen Sonnen machten die Menschen bleich wie Maden. Maden, die sich von Popcorn, Hasch, Cola und Nervenpillen ernährten. Bald hatte man völlig vergessen, was das Wort «Natur» bedeutete.

In ihrem verzweifelten Bemühen, die Menschen zur Vernunft zu bringen, zogen Hjalmar und Hulda durch die Lande und zeigten riesengroße, naturalistische Bilder mit Motiven wie «Alte Wassermühle unter Denkmalschutz» und «Blühende Heide mit Heidschnucken». Sie fragten die Menschen-Maden, ob sie denn völlig die schöne Natur vergessen hätten, die sie zu wenig gehegt und gepflegt hatten, als sie noch da war. Schließlich packte Hjalmar verzweifelt einen Autofahrer am Arm und zeigte ihm seine Bilder.

«Sieh doch, Mann!» schrie er ihn an. «Sieh doch die Wiesenblumen! Sieh den Klatschmohn! Die Kornblumen!»

Der Mann schnaubte verächtlich. «Augenwischerei!» war seine einzige Antwort, worauf er das Gaspedal durchdrückte und in einem Nebel aus Auspuffgasen verschwand.

Eines Tages jedoch fand Hulda eine weiße Margerite; sie sproß aus einem Riß im Beton vor einer Tankstelle. Hulda pflückte die Blume und zeigte sie allen, die ihr begegneten.

«Seht doch», sagte sie. «Eine richtige, blühende, weiße Margerite!»

«Wir können keine Margeriten gebrauchen», sagten die Menschen-Maden abweisend. «Wir brauchen mehr Autobahnen, mehr Parkplätze, mehr Tankstellen, mehr Drive-in-Kinos, mehr Unfallkliniken. Das ist es, was uns fehlt. Bleibt uns mit eurer Natur vom Leibe . . . so'n Quatsch!»

Die Jugend sehnte sich dennoch nach ein paar friedlichen Plätzchen, wo sie Händchen halten, einander tief in die Augen sehen, sich küssen und umarmen konnte, während oben die Lerche jubilierte. Aber auch dieses Problem wurde gelöst. Man erfand eine Maschine, die alle Liebe überflüssig machte, alle Zärtlichkeit und alle Erotik. Ein Druck auf den

Knopf, und die Maschine spuckte ein schreiendes Baby heraus, direkt in die Arme der Mutter . . . keine vorausgehenden Wehen mehr, keine lieben Worte, kein zärtliches Streicheln, kein Lerchengesang. Und zudem konnte die Maschine auf Abzahlung mit angemessenen Raten gekauft werden.

«Phantastisch!» jubelte man, und Tausende von jungen Leuten im ganzen Land drückten auf den Knopf.

«Man hat euch die letzte Freude genommen!» rief Hjalmar von einer Bergspitze aus. «Das passiert, wenn man die Natur nicht achtet und alles zerstört, was wachsen und den Menschen Freude bereiten soll! Das kommt davon, wenn Geschwindigkeit, Mechanik, Technik, fotochemischer Smog und Benzingestank das einzig Seligmachende sind!»

Einige zuckten bei diesen Worten zusammen.

«Die letzte Freude?» murmelten sie nachdenklich. «Der Mann hat ja recht!»

Unter dem Motto *Zurück zur Natur* scharten sich die ersten Anhänger um Hjalmar und Hulda. Immer mehr schlossen sich der Bewegung an; sie hatten es satt, daß sich das ganze Leben auf Betonstraßen, Campingplätzen, in Tiefgaragen, Motels, klammen Diskotheken im Keller und in sterilen Hähnchen-Grillbars abspielte.

«Zurück zum duftenden Heu!» rief Hjalmar. «Zum grünen Waldboden, wo die Veilchen duften, zu den lauen Nächten mit Mondschein und den engumschlungenen Spaziergängen! Zurück zu den guten alten Naturschutzgebieten mit blühendem Heidekraut, wispernden Quellen, mit Forellenbächen und Vogelgezwitscher!»

Alle Betonpisten wurden aufgebrochen, alle die Natur schändenden Tankstellen niedergerissen, ebenso alle Motels und nach Pommes frites stinkenden Grillbars auf den Campingplätzen, und Parkplätze, Autobahnkreuze, Softeisbuden, Minigolfbahnen und verunzierende Ferienhäuser wurden in die Luft gesprengt. Überall sprossen jetzt Blumen, Gras, Bäume und Büsche aus der Erde, die jungen Paare schwärmten wieder an den Strand und in den Wald, die Luft war von liebevollen Lauten erfüllt, kleinen, verzückten Jauchzern und wonnevollem Geflüster. «Zurück zur Naturmethode!» erscholl es, und mit einer kräftigen Dosis Dynamit wurden auch die Kinderfabriken in die Luft gesprengt.

Hjalmar und Hulda heirateten. Sie sah jetzt nicht mehr so plattgewalzt aus. Es war eine weiße Hochzeit, und sie waren sehr, sehr glücklich. Sie lebten in einer Welt ohne knatternde Mopeds, ohne übelriechende Diesel-LKWs, ohne Benzingestank, ohne Asphalt und Beton – der ganze Kram hatte eine Ladung Dynamit abbekommen. Pfuww! Bang! Weg! Sie lebten in einer vollkommen glücklichen, von Blumenduft erfüllten, sonnenbeschienenen, völlig neuen, wunderbar schönen Welt.

Bis eines Tages Hulda vom Strand zurück kam, wo sie hübsche Strandmuscheln und Bernstein gesammelt hatte.

«Du, Hjalmar», sagte sie. «Ich habe eine Idee! Wenn man ein paar Bäume roden und sich etwas Asphalt besorgen würde, könnte man eine Straße bauen, damit es einfacher wird, an den Strand zu kommen. Und wenn dann erst richtig viele Leute an den Strand kommen, könnten wir eine Imbißbude mit Hähnchengrill aufmachen und eine Menge Geld...»

Hjalmar hatte die Wahl, entweder die Welt einer neuen Beton-Lärm-Geschwindigkeits-Zeit entgegengehen zu sehen, erfüllt von Benzingestank, Verkehrsrowdies, Waldschweinen und Umweltverschmutzern, oder seine Frau zu erwürgen, damit sie verstummte.

Wie hätten Sie sich entschieden?

Besserwisserei

Nässjö ist ein wichtiger Eisenbahnknotenpunkt in Schweden. Ich weiß, wie wichtig dieser Ort ist, denn vor kurzem stand ich selbst dort auf dem Bahnhof und verfolgte interessiert das Ankommen der Züge aus Süden, Norden, Osten und Westen. Endlich kam der Zug, mit dem ich fahren wollte. Ich überzeugte mich eingehend, daß es auch der richtige Zug war, und bugsierte dann meine Koffer in ein leeres Abteil. Als der Zug sich eben in Bewegung setzen wollte, kam noch eine Frau mit ihrem kleinen Sohn an der Hand angerannt. Sie schafften es gerade noch – völlig außer Atem ließen sie sich in die Polster meines Abteils fallen. Von Anfang an mochte ich meine Mitreisenden nicht. Die Mutter gehörte zu den neureichen Typen, die glauben, das ganze Gepäcknetz gehöre ihnen, ja, das ganze Abteil und sämtliche Wagen des Zuges, bloß weil sie sich durch den Kauf einer Fahrkarte Zutritt zu einem Erster-Klasse-Abteil verschafft haben. Der Junge hatte einen schnurgeraden Scheitel und ein richtiges Ohrfeigengesicht.

Der Junge zog ein Buch aus seiner Schultasche hervor. Der Titel lautete: «Wer weiß es? Quiz für schlaue Köpfe.» Er vertiefte sich kurz in das Werk und wandte sich dann an seine Mutter.

«Wo liegt die Dominikanische Republik? Drei Punkte für die richtige Antwort.»

«Das weiß ich wirklich nicht, mein Kind. Laß Mama jetzt bitte in Ruhe. Frag diesen Mann dort, der weiß es sicher.»

Dieser Mann dort, das war ich.

«Wo liegt die Dominikanische Republik?»

«In Südamerika», klärte ich ihn kurz und bündig und in einem abweisenden Ton auf.

«Falsch! Die Dominikanische Republik liegt auf Haiti in Westindien. Passen Sie auf, jetzt kommt eine schwere Frage. Wie hieß der Kosmonaut des russischen Sputniks Wostok II?»

Die Frage war direkt an mich gerichtet. Obwohl es mir ausgesprochen zuwider war, in dieses Quiz einbezogen zu werden, weil Intelligenzmessungen jedweder Art mir immer blödsinnig und unintelligent vorgekommen sind, führte jetzt kein Weg mehr daran vorbei.

«Gag-gag ... er hieß ... Gaggagrino ... Gagarino ... Magarino ... nein, aber es war irgend etwas mit Gag. Ja, er hieß Gagarin.»

«Falsch! Er hieß Titow. Und jetzt hören Sie gut zu. Wovon lebte Johannes der Täufer in der Wüste?»

Er liebte es anscheinend, das Thema zu wechseln, dieser kleine Quatschkopf. Ich hielt mir die Zeitung vors Gesicht und tat, als hätte ich die Frage nicht gehört.

«Wovon lebte Johannes der Täufer in der Wüste?» wiederholte der Junge unerbittlich.

«Von fünf kleinen Heringen», antwortete ich kurz angebunden.

«Wieder falsch! Jetzt haben Sie schon drei Fragen falsch beantwortet. Wissen Sie denn überhaupt nichts? Er lebte von Heuschrecken und dem Honig wilder Bienen. Nächste Frage: Wer war Pyrrhus?»

«Russischer Astronaut?» versuchte ich zu raten.

«Falsch! Bekannter griechischer König und Feldherr. Wo liegt Tipperary?»

«Ähh ... Griechenland.»

«Falsch! Tipperary liegt in Irland. Welches Volk lebte in Peru?»

«Die Tipperaner ... Unsinn, ich meine die Peruaner.»

«Falsch! Die Inkas. Wozu wird die Bastille in Paris heutzutage benutzt?»

«Als Gefängnis, glaube ich.»

«Falsch! Die Bastille wurde während der Französischen Revolution niedergebrannt. Sagen Sie mal, wissen Sie denn wirklich überhaupt nichts?»

Beschämt rutschte ich in meinem Sitz hin und her. Die Mutter sandte ihrem Sohn ein stolzes Lächeln und blickte dann mich an, wie man einen geistig Zurückgebliebenen ansieht, einen notorischen Schwachsinnigen, einen absoluten Toren. Worauf sie ihren Sohn wieder anlächelte und sagte:

«Laß den Mann jetzt ein wenig in Ruhe, mein lieber Carl-Gustaf, warte, bis der Zug in Stockholm ist, dann kommt Papa uns abholen, und ihm kannst du dann ein paar Quizfragen stellen. Ich bin sicher, daß er auf alle die richtige Antwort weiß.»

Ich saß da und dachte angestrengt nach. Ich wußte etwas, von dem ich überzeugt war, daß es die Dame für den Rest der Reise zum Schweigen bringen würde, wenn sie es wüßte. Es ging jetzt nur noch darum, dieses Wissen auf eine solche Art und Weise anzubringen, daß damit die größtmögliche Wirkung erzielt wurde.

Glücklicherweise kam mir das superintelligente Kind zu Hilfe.

«Wissen Sie wirklich nichts, Mann?» wiederholte er seine Frage von eben.

«Doch», antwortete ich. «Etwas weiß ich. Etwas, das weder deine Mutter noch du weißt. Aber darf ich *dir* eine Frage stellen? Wann ist dieser Schnellzug in Stockholm?»

«Um 19.45 Uhr!» antwortete die Mutter für ihren Sohn.

«Falsch!» sagte ich triumphierend. «Dieser Schnellzug fährt nicht nach Stockholm ... er fährt nach Malmö!»

Das Mädchen vom Palagonit-Krater

Nachdem CENTAUR 1, die erste bemannte Marsrakete, vor genau 260 Tagen die Satellitenstation MIDAS III verlassen hatte, erreichte sie die vorausberechnete Umlaufbahn um den Mars und landete wohlbehalten auf der Marsoberfläche.

Erst nach 449 Tagen würde wieder eine günstige Konstellation zwischen den beiden Planeten Erde und Mars eintreten, und erst dann konnte der Astronaut Jim Ellington – der erste Mensch, der den Fuß auf den Mars gesetzt hatte – die Heimreise antreten. Nach zweieinhalb Jahren würde Jim wieder auf der Erde sein, vorausgesetzt, alles ging gut. Das war nicht der Fall. Der Funkkontakt mit der NASA war abgerissen. Jims Sender schwieg von dem Augenblick an, wo die drei Federbeine der Marsrakete festen Marsboden unter sich hatten. Keinen einzigen Ton hörten die NASA-Leute von ihm. Trotzdem versuchten sie es immer und immer wieder: «Kannst du uns hören, Jim? Ist dort oben Leben, Jim? Bist du okay, Jim?»

Kein Laut. Nicht das allerkleinste Lebenszeichen. Die zweieinhalb Jahre vergingen. Man schickte ein paar Schiffe auf Position in den Stillen Ozean für den Fall, daß Jim doch noch auftauchen sollte . . . und das tat er tatsächlich. Genau zur vorausberechneten Zeit landete seine Kabine im Wasser, ein Hubschrauber der Marine fischte ihn heraus, er winkte und lächelte in die Fernsehkameras, worauf man ihn ins Schiffshospital brachte, um ihn routinemäßig zu untersuchen – und dabei wurde die Katastrophe deutlich.

Jim Ellington, der erste Mensch, der den Planeten Mars betreten und sich zudem 449 Tage dort aufgehalten hatte, *konnte sich an überhaupt nichts mehr erinnern.* Er hatte keine Ahnung, wie er die 449 Tage verbracht hatte; die berühmte Klappe war vor sein Gedächtnis gefallen, sein Gehirn war leer, an nichts konnte er sich erinnern, absolut nichts. Null.

Wochen- und monatelang wurde er von den Ärzten untersucht. Gesundheitlich war alles in Ordnung, er war in Top-

form, aber sich an etwas von dort oben erinnern ... das
konnte er nicht!

Eines Tages passierte jedoch endlich etwas, das sein
Gedächtnis auf Trab brachte. Der Augenspezialist der Rake-
tenbasis, Doktor Haywood, sollte einen routinemäßigen
Sehtest mit ihm machen.

«Kannst du die Buchstaben auf der Tafel dort drüben an
der Wand lesen, Jim?» fragte er und zeigte auf eine große
Papptafel mit der Aufschrift:

A

TPR

BXWYD

MNLQKPZ

«A...» begann Jim, und dann weiter: «T-P-R», worauf er
verstummte. Ein fernes Glitzern erschien in seinen Augen.
Er glitt sozusagen unter den Händen von Doktor Haywood
weg.

«Weiter, Jim. Streng dich an.»

«B-X-W-Y-D», murmelte Jim schleppend und verstummte
abermals. Doktor Haywood bemerkte, daß er die Augen
geschlossen hatte.

«Mit geschlossenen Augen kann man keine Tafeln lesen»,
brummte er schlechtgelaunt. «Versuche, dich etwas zu konzentrieren, Jim. Komm schon ... was steht in der letzten
Zeile?»

Jim blickte mit abwesendem Ausdruck vor sich hin.

«Ganz grün war sie», murmelte er wie zu sich selbst.
«Genauso geschaffen wie die Mädchen hier in den Staaten
... an allen Stellen ... aber grün. Grüner Teint, grüne
Augen, grüne Haare, grüne Fingernägel, grüne Ohren, grü-
ner Busen, grüner Bauch, grüne Schenkel ... überall grün.
Eine wundervolle Rhapsodie in Grün.»

Doktor Haywood hörte interessiert zu.

«Wovon redest du, Jim?»

«Vom Mädchen aus dem Palagonit-Krater. Dieses kleine,
liebliche Wesen, das ich auf dem Mars getroffen habe und
mit der ich 449 schöne, schöne Tage und Nächte verbrachte.

Eine wundervolle Schöpfung. So grün und schön und unberührt. Und frisch wie . . . wie eine Wiese im Morgentau. Und ganz transparent. Man konnte ihr grünes Herz schlagen sehen. Und es dauerte nicht lange, bis ich herausgefunden hatte, daß es schneller zu schlagen anfing, wenn ich . . . well, du weißt, worauf ich hinauswill . . .»

Doktor Haywood konnte seine Neugierde keine Sekunde länger beherrschen.

«Es waren also Menschen dort oben, Jim? Richtige, lebendige menschliche Wesen? Das widerspricht allem, was die Wissenschaft behauptet!»

«Lebendig?» wiederholte Jim. «Du fragst, ob sie lebendig war? Sie war die lebendigste, süßeste, kleine grüne Krabbe, die ich jemals in den Händen gehabt habe. Sie stammt übrigens von einem Ort, den sie Zwaquluxqucuxz nannte, er lag auf einem Plateau mit Namen Zuxqucxqkuxq. Sie war ganz wild nach mir, Doktor, ganz wild . . .»

«Gab es dort oben auch Wohnungen, Jim? Du mußt alles erzählen. Gab es so etwas wie Häuser? Und wie sahen sie aus? Kuppelförmig? Grün? Durchsichtig? Jetzt sag's doch schon, Jim . . .»

Jims Blick schweifte wieder in die Ferne.

«Ich konnte sie so oft in den Arm nehmen, wie ich wollte, sie küssen und liebhaben, und sie schmiegte sich hingebungsvoll an mich . . . immer in Stimmung, und sie beherrschte alles, Doktor, einfach alles . . .»

«Gab es dort oben Insekten und Tiere, Jim? Erzähl alles über die Tiere. Und die Vegetation, wie war die, Jim? Gab es dort Gras? Löwenzahn? Welche Verkehrsmittel waren vorhanden? Autos? Lokomotiven? Hatten sie Fernsehen? Wie war es dort oben . . . mal abgesehen von dem Vögelchen, mit dem du so beschäftigt warst . . . ?»

«Wir zogen zusammen nach Zwaquluxqucuxz, sie und ich. Sie wohnte auf der anderen Seite des Marsflusses Cxuqxczrtuwzawmn zusammen mit ihrer älteren Schwester Wyxtrquczaqxatl und ihrem jüngeren Bruder Qxatqruqtrumzox. Und du glaubst gar nicht, wie sie sich amüsierte, als sie

24

meinen Namen hörte! JIM! Sie konnte ihn überhaupt nicht aussprechen. Auch mit einem dreifachen Zungensalto rückwärts mit anschließender Schraube schaffte sie es nicht! Ich sage dir, Doktor, dort oben haben sie ganz andere Namen, sie heißen völlig anders als du und ich–»

«Das ist mir bereits aufgefallen», unterbrach ihn Doktor Haywood. «Aber ehe du dich noch weiter ausläßt über dein kleines, ordinäres Abenteuer dort oben, möchte ich doch ganz gerne wissen, wie es gekommen ist, daß du plötzlich dein Gedächtnis wiedergewonnen hast?»

Jim wies auf die Sehtesttafel an der Wand.

«Das will ich dir gerne sagen», begann er. «Als ich plötzlich diese Tafel vor mir sah, fiel mir alles wieder ein. Aber eines möchte ich auch gerne wissen: Woher zum Teufel wußtest du, daß das Mädchen dort oben ATPRBXWYDMNLQKPZ hieß?»

Ein herrlicher Weitschuß

Es ist beruhigend zu wissen, daß die eigenen Kinder sich richtig entwickeln und sich für eine so gute und gesunde Sache interessieren wie beispielsweise Fußballspielen, statt daß sie sich dem Haschrauchen und anderen schlechten Dingen hingeben, wozu die heutige Jugend ja geradezu getrieben wird, dank der andauernden Propaganda in Radio, Fernsehen und Tagespresse. Ich selbst habe als Junge keinen anderen Sport getrieben, als im Winter den Leuten mit Schneebällen den Hut vom Kopf zu schießen und mich im Sommer hinter den Büschen im Park zu verstecken und mit einem Blasrohr Erbsen auf alte Damen zu katapultieren, um dann wie ein geölter Blitz zu verschwinden, wenn sie mit ihrem Stock drohten.

Eigentlich interessiert mich Fußball immer noch nicht sonderlich, jedoch hat dieser beliebte Sport meinen Sohn Benny völlig in Bann geschlagen. Zufällig fand ich vor kurzem einen Brief, den wir von ihm erhielten, als er im Alter von zehn Jahren in einem Pfadfinderlager war, und schon zu diesem Zeitpunkt war er ein sehr aktiver Fußballspieler. Ich gebe den Inhalt des Briefes hier wieder, um einen Eindruck davon zu vermitteln, wie sehr dieses schöne, alte Ballspiel und die Stars auf dem Rasen es ihm angetan hatten. Auch in Zukunft werden wir ihn nicht vom Fußballspielen abhalten, und wenn es meine mühsam zusammengehaltenen Spargroschen kosten, uns von Haus und Hof treiben und uns an den Bettelstab bringen sollte, denn Fußball ist und bleibt ein gesunder, unterhaltsamer, schneller und konditionsfördernder, edler Männersport. Aber jetzt zum Brief:

«Hallo, Paps! Danke für den Brief. Mir geht es gut. Kannst Du mir 100 Kronen schicken oder soviel, wie Du meinst, daß eine zersplitterte Fensterscheibe kostet, von der Sorte, die man Panoramafenster nennt, Du weißt, diese hohen, breiten Fenster an einem Haus. Eigentlich war es überhaupt nicht meine Schuld, sondern Karl-Ottos, weil ich ihm mit dem linken Fuß eine hohe Flanke schickte, und er mußte in die Luft, um den Ball herunterzuholen, aber er kam nicht mehr heran, und dann flog der Ball weiter und knallte genau in diese blöde Panoramascheibe.

Sonst haben wir es hier sehr lustig. Wir haben jetzt eine sehr starke Mannschaft mit mir als Mittelstürmer, gestern gewannen wir gegen eine Mannschaft aus Tutzenbüll mit 4:3. Ich schoß das Siegtor. Der Ball rollte quer in den Strafraum, wie der Blitz war ich da und knallte den Ball mit einem Bombenschuß ins Netz, direkt an der Nase des Torwarts vorbei. Andersen, das ist unser Trainer, sagte, daß es ein sehr schöner Schuß war, sagte er.

Ich wurde die ganze Zeit scharf gedeckt, weil die Tutzenbüller sehr schnell gemerkt hatten, daß ich der gefährlichste Spieler in unserer Mannschaft war, und als deren Linksaußen mich regelwidrig attackierte, haute ich ihm kräftig eins in die Fresse, weil ich nicht wollte, daß das Spiel ausartete, dabei flog ein Schneidezahn, und sein Vater heulte auf und machte ein furchtbares Theater, aber ich sagte, er sollte die Zahnarztrechnung nur an Dich schicken, und damit war alles in Ordnung.

Das Schießen mit dem linken Fuß klappt bei mir noch nicht so richtig, ich kann keine genauen Flanken schlagen und laufe daher mit dem Ball bis in den Strafraum, aber Hans-Peter, einer der großen Pfadfinder, ist der Meinung, daß das eine beschissene Taktik ist, weil ich dabei viel leichter gedeckt werden kann. Er sagt, daß er jeden Nachmittag mit mir eine Stunde Sondertraining machen will, wenn er dafür mein neues Pfadfindermesser, meinen neuen Rucksack und meinen neuen Kompaß kriegt, und das ist ja eine einmalige Sache, so daß ich sofort zugesagt habe.

Kannst Du mir bitte die letzten Vereinszeitungen des 1. FC schicken und die Zeitungsausschnitte über alle Aufsteiger und Absteiger, die Du mir versprochen hast, und kannst Du mir bitte 100 Kronen schicken, Hans-Peter braucht eine neue Brille, denn als er mit mir beim Sondertraining war, knallte ich ihm einen scharfen Ball genau auf die Nase, und es ist sehr wichtig, daß er bald eine neue Brille kriegt, denn sonst kann er mich ja nicht richtig trainieren.

Du brauchst mir keine neue Taschenlampe zu schicken und auch keinen neuen Pfadfindergürtel oder eine neue, selbstleuchtende Armbanduhr. Das kann ich alles nicht gebrauchen. Ich habe es gegen einen Fußballkalender getauscht, in dem alle Ergebnisse der letzten Jahre stehen, und ob es Heimspiele waren oder Auswärtsspiele, und es ist sehr wichtig, das alles ablesen zu können. Meine Hosen halten auch ohne Gürtel, mit der Taschenlampe habe ich sowieso nur im Schlafsaal Fez gemacht, nachdem das Licht ausgemacht war, obwohl es streng verboten war, und wegen der Armbanduhr ist es mir egal. Ich kann Andersen fragen, wie spät es ist.

Wo ich gerade daran denke, es ist auch nicht nötig, mir einen neuen Schlafsack zu schicken. Den neuen, den Ihr mir mitgegeben habt, habe ich gegen ein Autogramm getauscht, und zwar vom Mittelstürmer der Nationalmannschaft, der 17 Länderspiele und 319 Spiele für seinen Verein gemacht hat. Ihr könnt sicherlich verstehen, daß es wichtig ist, hier mit einem solchen Autogramm angeben zu können, und ich schlafe sehr gut auch ohne Schlafsack. Ich behalte einfach meine Klamotten an.

Und bevor ich Schluß mache, dann soll ich Dir noch vom Leiter dieses Pfadfinderlagers sagen, daß er gerne möchte, daß Du herkommst, er möchte gerne mit Dir reden, so bald wie möglich, soll ich sagen. Ich und Birger spielten nämlich mit einem Ball in der Nähe der Küche, wo wir uns zum Essen immer an einen langen Holztisch auf dem Rasen setzen, und alle Kameraden hatten sich gerade in ihrer Sonntagsparade- uniform hingesetzt, um den Nachmittagskakao zu trinken, und dann kam die Köchin und sagte, ich sollte jetzt auf der Stelle kommen und meinen Kakao trinken, und in diesem Moment erhielt ich von Birger den Ball und knallte ihn mit einem kräftigen Weitschuß mit dem rechten Fuß weg, aber ich traf den Ball so unglücklich, daß er genau in Richtung des

Tisches mit den dreißig Tassen flog, und dann rollte er über den Tisch genau wie eine Kugel auf der Bowlingbahn, und dann sprangen die Kakaotassen in alle Richtungen und alle Sonntagsparadeuniformen wurden mit Kakao vollgespritzt, Mann, o Mann, die sahen vielleicht aus, die Jungs, aber zwei von den Tassen gingen nicht ganz kaputt. Aber der Leiter will trotzdem gerne mal mit Dir reden, sagt er. Vielleicht will er mich zum Hilfstrainer ernennen, weil ich so einen knallharten Schuß mit dem rechten Fuß habe. Grüß Mama. Mit sportlichem Gruß, Benny.»

Der alte Gringo

Irgendwo draußen über den Pampas erklang der klagende
Schrei eines Kuguars. Ich konnte nicht einschlafen. Seit
Stunden lauschte ich dem spröden Spiel der Zikaden und
beobachtete den Tanz der Glühwürmchen. Meine Augen
versuchten, einem der vielen Lichtstreifen zu folgen, die sich
in ununterbrochener Bewegung umeinander schlangen und
wie unzählige kleine, blinkende Glühbirnen aufflammten
und erloschen. Aber plötzlich wurde alles, Punkte, Bogen
und Linien, zu einem einzigen Wirrwarr aus phosphoreszie-
renden, hüpfenden und tanzenden Lichtblitzen, und ich
mußte einen Moment die Augen zukneifen. Ein brennendes
Jucken am linken Bein störte mich. Eine *binchuca,* einer dieser
verfluchten argentinischen Plagegeister, die schon so manchen Landarbeiter kräftig fluchen und allem Gewürm auf
Erden einen langsamen, qualvollen Tod wünschen ließen,
hatte sich unter meinen Poncho geschlichen und sich, ohne
um Erlaubnis zu fragen, an meinem linken Bein festgesaugt,
wo sie sich mit so viel Blut vollaufen ließ, bis sie kurz vorm
Platzen war.

«He, Juárez», sagte ich laut und drehte mich auf meinem
harten Lager um. «Schläfst du, Kumpel?»

Juárez war vor ein paar Tagen auf die *estancia* gekommen
und hatte auch gleich Arbeit erhalten. Da jedoch im Schuppen der Landarbeiter kein Platz mehr war, mußte er bei mir
schlafen. Als Vormann hatte ich meinen eigenen Wellblechschuppen. Juárez schlief auf einem alten Schaffell auf dem
Fußboden; jetzt hatte er sich halb darin eingewickelt.

«Juárez, zum Teufel, schläfst du?» fragte ich noch einmal.
Irgendwo in der Schafwolle hörte ich ihn dann mit einem
Nein antworten.

«Woran denkst du?» fragte ich weiter.

Juárez erhob sich halb.

«An den Alten», sagte er, «diesen alten Einäugigen. Ich
denke, er liegt jetzt dort in der Scheune und krepiert.»

30

Der alte Einäugige war ein Gringo, ein Herumtreiber, wahrscheinlich ein Deutscher, der gegen Abend auf die *estancia* gekommen war. Er hatte krank und elend ausgesehen, worauf der Koch Miguel sich erbarmt und ihm etwas zu trinken gegeben hatte. Auch einen Teller Schafsuppe hatte der Alte bekommen. Die beiden waren darüber ins Gespräch gekommen, und der alte Gringo, sowohl vom Aussehen als auch vom Erzählen her ein rechter Sonderling, hatte Miguel anvertraut, daß er genug Geld habe, um sich eine *estancia* zu kaufen, mit so viel Vieh, daß es, in einer Reihe hintereinander aufgestellt, bis zur Plaza Mayo in Buenos Aires reichen würde. Miguel hatte den Alten ausgelacht und ihn so lange verspottet, bis dieser zum Schluß seinen breiten Gürtel, den er um den Bauch trug, öffnete. Er zog daraus so viele Geldscheine hervor, daß Miguel vor lauter Überraschung den Mund so weit aufriß, daß der obere Teil seines Gebisses in den Topf mit Hammelsuppe hineinfiel.

«Wer weiß, ob der Patron sich darüber im klaren ist, daß wir hier einen Kerl beherbergen, der so unchristlich viel Geld bei sich hat», sagte ich zu Juárez. Der Patron persönlich hatte dem alten Gringo erlaubt, in der Scheune zu übernachten, nachdem er ihm allerdings vorher die Streichhölzer und eine Flasche mit billigem Fusel abgenommen hatte.

«Miguel konnte seine Klappe ja noch nie halten», meinte Juárez ärgerlich. «Inzwischen weiß hier auf der *estancia* jeder Bescheid.»

Juárez erhob sich und ging zur Tür.

«Ich kann nicht schlafen, diese verdammten Moskitos. Ich mache einen Spaziergang.» Er steckte sein langes, breites Messer in den Gürtel und verschwand.

Ich war kurz vorm Einschlafen, als er zurückkam. Er rüttelte mich wach.

«Der Gringo», sagte er aufgeregt, «der alte Einäugige, er ist tot. Mausetot. Mit einem Messer in der Brust. Mein Messer ist es nicht... So etwas hatte ich überhaupt nicht vor! Ich wollte nur nachsehen, ob er einen guten Platz zum Schlafen gefunden hatte. Und dann lag er da. Wie eine ausgeblasene

Weihnachtskerze, das Messer mitten im Kadaver. Als ich hereinkam, stand Miguel da und glotzte ihn an. ‹Miguel, verdammt noch mal, du Idiot!› rief ich. ‹Du hast ihn niedergestochen!› Aber Miguel fuhr herum und packte mich an den Schultern. ‹*Mientes con toda la boca!*› fluchte er. ‹Ich habe ihn nicht angerührt. Als ich kam, war er tot wie ein abgestochenes Schwein. Und sein Gürtel, der Gürtel war auch weg. Irgend jemand hat ihn kaltgemacht und ist dann mit dem ganzen Geld abgehauen.› Dann ließ Miguel mich los und schlug vor, daß wir ganz schnell zu dir gingen, um dir zu erzählen, was passiert war, aber in diesem Augenblick kam noch jemand hereingeschlichen. Es war Díaz, mit einem langen, blitzenden Gaucho-Messer in der Hand. ‹Du kommst etwas zu spät, Kumpel›, sagte Miguel. ‹Der Kerl ist schon längst zur Hölle gefahren, und auch der Gürtel mit dem vielen schönen Geld ist weg!› Díaz fuhr zusammen; er konnte nur noch blöde glotzen. Er versuchte dann, sich zu rechtfertigen. ‹Ich kam gerade so vorbei›, meinte er. ‹Ich wollte nur nachsehen, ob der Alte einen guten Platz zum Schlafen gefunden hatte.› Darauf steckte er sein Messer wieder ein, und zu dritt gingen wir hinüber zum Landarbeiterschuppen. Mirando und López waren nicht auf ihrem Platz. Nur ihre Ponchos lagen dort. Und dieser Neue, José, legte sich gerade sein Schaffell zurecht. Es sah ganz so aus, als ob er eben von draußen hereingekommen sei und sich jetzt hinlegen wollte. Mit Zeichen gab er uns zu verstehen, daß er draußen gewesen war, um sich zu erleichtern. Der alte Gil lag auf seiner Matratze in der Ecke des Schuppens und stöhnte fürchterlich. Anscheinend hatte er starke Schmerzen in seinem gebrochenen Bein. Er jedenfalls konnte den Gürtel nicht geklaut haben.»

Juárez schwieg. Dann ging er zu seinem Lager, um sich hinzulegen.

«Verfluchte Diebesbande», knurrte er und wühlte sich in den Schafpelz. «Wenn ich den Kerl in die Finger kriege, der dem Einäugigen das Geld geklaut hat, jage ich ihm ein Messer in den Rücken wie einem verdammten Kalb. He,

Vormann, das wär' was, das ganze Geld in die Finger zu kriegen, was? Aber wer hat es bloß gestohlen? Miguel? López? Oder Díaz? Vielleicht ist es auch eher José, dieser kleine Präriedreck. Dem ist alles zuzutrauen. Wenn es aber dieser Hundesohn Mirando gewesen ist, ziehe ich ihm das Fell bei lebendigem Leib ab!»

Ich drehte mich auf meiner Matratze halb um.

«Halt jetzt deine Klappe», sagte ich, und um ihn zu ärgern, fügte ich hinzu: «Vielleicht war es doch der alte Gil, der mit dem Messer unterwegs war.»

Der alte Gil war ein weißbärtiger, vertrockneter Greis, ein früherer Gaucho, der dem Patron etwas zur Hand ging, wenn seine Kräfte es zuließen. Er war die Güte in Person und konnte nicht einmal einem Kakerlak etwas zuleide tun, und wenn er ihn noch so peinigte.

«Gil!» fauchte Juárez. «Mit *dem* Bein kommt er doch nicht einmal halbwegs zum Klo!»

Vor ein paar Tagen war Gil vom Pferd gefallen und hatte sich dabei das eine Bein gebrochen.

«Dann kommen nur noch der Patron, die Patrona und ich in Frage», redete ich weiter. «Du kannst ja darüber nachdenken, ob es einer von uns war.»

Juárez antwortete nicht. Er hatte mir den Rücken zugekehrt und fluchte still vor sich hin.

Ein paar Tage später stand Miguel abends über einen *brasero* gebeugt und goß kochendes Wasser über eine Handvoll Kräuter, während wir anderen auf unseren primitiven Sitzgelegenheiten, ausgeblichenen Rinderschädeln oder abgesägten *quebracho*-Stümpfen, im Kreis um ihn herum saßen und in den *brasero* starrten, wo das Feuer lebhaft prasselte. Dabei kauten wir Miguels traditionelle *yorepera* und sein quabbeliges, übelriechendes Hammelfleisch.

«Nimm die Pfoten weg!» erklang plötzlich López' rauhe Stimme. «Ich habe dieses verfluchte Geld nicht geklaut. Ich habe es obersatt, von euch immer wieder begrapscht und abgetastet zu werden. Ist es immer noch nicht in eure Spatzengehirne eingedrungen, daß ich schon längst von diesem verdammten Ort verduftet wäre, wenn ich den Geldgürtel hätte?»

«Verduftet? Sagtest du verduftet?» rief Juárez. «Wie hättest du das denn machen wollen? Du hättest die gesamte *estancia* im Nacken gehabt, bevor du auch nur halbwegs zum *corral* gekommen wärst. Der Idiot, der das Geld geklaut hat, kommt hier nicht lebend weg.»

Miguel ließ den Krug mit dem dampfenden, heißen Mate herumgehen. «Jetzt hört mal zu, Kameraden», sagte er, «einer von uns hat den Gürtel, und mein Vorschlag ist jetzt, daß derjenige, der das Geld gemopst hat, seine Schuld hier und jetzt eingesteht und dann die Scheine mit uns allen teilt. Dann reiten wir zu Doña Celestina und ihren Mädchen in Reconquista und hauen richtig auf den Putz. Hinterher saufen wir soviel, wie wir können, und stellen ganz Buenos Aires auf den Kopf. Und wenn wir hierher zurückkommen, zählen wir in aller Ruhe unser Geld, denn auch wenn wir uns die teuersten Mädchen und den teuersten Schnaps kaufen, können wir nicht alles in einer einzigen Nacht verjubeln. Was sagt ihr dazu? Meldet sich der Sünder?»

José blickte López an. López blickte Mirando an. Mirando blickte Díaz an. Díaz blickte mich an. Zuletzt richteten wir alle unsere Blicke auf Miguel.

«Du hast nicht zufällig selbst den Gürtel eingesackt?» begann Mirando vorsichtig, wobei er unruhig auf seinem Rinderschädel hin- und herrutschte.

Miguel zog sein Messer. Seine Augen blitzten unheilvoll. Mirando suchte Deckung hinter López.

«Reg dich nicht auf», beschwichtigte er. «War doch nur Spaß.»

«*Choto!*» fluchte Miguel und ging hinüber zum Landarbeiterschuppen, um dem alten Gil einen Krug Mate zu bringen.

Kurz darauf kam er ziemlich aufgeregt wieder zurück.

«Irgend jemand hat meine Sachen durchwühlt und das Futter meiner Jacke aufgetrennt», fuhr er uns an. «Auch die Schlafstelle von Díaz ist durchwühlt worden; die Matratze ist aufgeschlitzt wie der Bauch bei einem Stück Schlachtvieh.»

34

Das Feuer im *brasero* brannte aus. Juárez und ich ergriffen unsere Rinderschädel und schlenderten hinüber zu unserem Wellblechschuppen. Auf den Pampas schrien klagend die Kuguars. Es hörte sich fast an wie ein kleines Kind, das dort draußen im hohen, harten Gras herumstolperte und nicht nach Hause finden konnte.

«*Demonios del infierno!*» fluchte Juárez und hob meine Matratze hoch. Sie war an beiden Enden aufgeschlitzt und der Inhalt, trockenes, staubiges Heu, nach allen Regeln der Kunst durchsucht worden.

In den folgenden Tagen wurde auf der *estancia* alles minutiös durchwühlt. Alles, was eventuell als Versteck für das Geld des alten, einäugigen Gringos hätte dienen können. Jeder Kasten, jeder noch so kleine Raum in den Maschinen, in Mähdreschern, Traktoren, Heupressen, nichts wurde ausgelassen. Aber der Gürtel mit dem unheimlich vielen Geld kam nicht zum Vorschein.

«Übrigens», bemerkte Juárez eines Tages, als wir am *corral*-Zaun standen und teilnahmslos ein paar *mestizo*-Kühe betrachteten, die durch Blutmilben die *tristeza* bekommen hatten und jetzt mit dem Tode kämpften, «übrigens braucht es ja nicht unbedingt einer von uns gewesen sein, der den Geldgürtel geklaut hat. Es kann auch der Patron gewesen sein.»

«Warum sind wir nicht schon früher darauf gekommen?» meinte Díaz. «Vielleicht hatte der Patron schon sein Messer in diesen verdammten alten Gringo gejagt, als *du* ihn mit deinem durchlöchertest.»

«Oder bevor *du* ihn mit deinem durchbohrtest», gab Juárez sofort zurück.

«Hört jetzt auf mit diesen Sticheleien», meinte Miguel. «Vielleicht ist der Alte eines natürlichen Todes gestorben. Vielleicht war er schon krepiert, bevor jemand mit dem Messer kam und für Durchzug im Kadaver sorgte.»

Der Patron, Señor Don Federico Pérez, kam vorbeigeritten. Seine harten, kalten Augen musterten die Landarbeiter. Er war ein Mann mit einem starken Temperament, hitzig und hochfahrend, hart gegen die Tiere, auch gegen seine Pferde, und immer mißtrauisch und ängstlich, daß jemand seiner Frau, der korpulenten, unförmigen und abstoßenden, aber mannstollen Doña Catarina, zu nahe kommen könnte.

«*Buenos días, señor!*» grüßten ihn die Landarbeiter mit Ehrfurcht in der Stimme, wobei sie jedoch im stillen den Patron tief hinein in das glühende Innere der Erde wünschten.

Der Patron hielt an und winkte mich zu sich.

«Irgendein elender Kerl war in meinem Zimmer und hat meinen Schreibtisch durchwühlt», sagte er. «Wenn es einer der Landarbeiter gewesen sein sollte, und wenn du herausfindest, wer es war, dann jag ihn zum Teufel, aber schieß ihm vorher eine Kugel in den Kopf. Diesen schmierigen Juárez erwischte ich beim Durchwühlen meiner Satteltaschen, und diesen kleinen Dunklen, Mirando, erwischte ich heute morgen mit den Händen tief in den Taschen meiner neuen Lammfell-*chaparreras*. Was geht hier eigentlich vor?»

«Keine Ahnung, Señor!»

Don Federico blickte mich wütend an.

«Natürlich weißt du es. Das hört mir aber sofort auf! Laß jetzt meinen Wagen vorfahren, ich muß nach Buenos Aires. Und noch etwas... Du sorgst dafür, daß diese Flegel ihre verdammten gierigen Pfoten von meiner Frau lassen! Verstanden? Am Montag bin ich zurück!»

Don Federico stieg vom Pferd. Mit seiner Reitpeitsche führte er einen mörderischen Schlag gegen ein großes, spitzmäuliges Wiesel, das sich, aus dem gekachelten Patio kommend, an ihm vorbeischlängeln wollte. Als er nicht traf, lief er vor lauter Wut rot an. Dann wurde sein Wagen vorgefahren. Eine Stunde später war er in einer Staubwolke verschwunden.

Als wir uns am Abend zum Mate versammelt hatten, sagte Miguel mit gedämpfter Stimme: «Heute nachmittag konnte ich rein zufällig einen Blick in das Schlafzimmer der Patrona werfen. Sie war gerade dabei, sich umzuziehen. Wie gesagt, es war purer Zufall, daß ich sie sah, und...»

«Du beginnst dich wohl für sie zu interessieren, was?» grinste Díaz. «Guten Appetit!»

«Ich sagte doch, es war Zufall. Du hast wohl nicht richtig zugehört. Zweimal habe ich gesagt, daß es Zufall war. Jetzt kommt aber das eigentlich Interessante daran... *die Frau legte sich einen Gürtel um den Bauch.* Ich wette den Lohn von sechs Monaten, daß der Gürtel genauso aussah wie der, in dem der alte Gringo sein Geld hatte. Na, was sagt ihr jetzt?»

«Dicke Weiber ziehen oft ein Korsett an, um Speck und Falten sozusagen etwas unter Kontrolle zu halten», meinte López.

Miguel machte ein beleidigtes Gesicht. «Vergiß nicht, daß ich in den letzten drei Jahren fast meinen ganzen Lohn im Haus von Doña Celestina in Reconquista gelassen habe. Du brauchst mir nichts von Frauen zu erzählen. Auch nichts von Falten. Ich bin ganz sicher, daß es der Gürtel des Einäugigen war. Ganz sicher. Vielleicht soll sie das Geld für den Patron aufbewahren, während er weg ist. Der ist doch viel zu schlau, um es unter seinem Kopfkissen oder unter den Dielenbrettern zu verstecken.»

«Warum erzählst du uns das alles?» wollte Juárez wissen.

«Weil einer von uns sich bei Doña Catarina gut Freund machen muß. Versucht doch einmal, etwas freundlich und entgegenkommend zu ihr zu sein. Wie sollen wir denn sonst an den Gürtel herankommen?»

«Die Patrona ist zu dick. Ich ziehe mich freiwillig zurück», kam es schnell von Díaz, wobei er mit den Händen um sich schlug, als wollte er sich gegen einen stinkenden *zorrino* wehren.

«Freiwillig zurückziehen? Hast du denn gar kein Interesse daran, ein steinreicher Mann zu werden? Willst du denn immer ein Landarbeiter bleiben, Hammelsuppe schlürfen, in den Staub sinken und ‹Si, Señor!› sagen, oder?»

Díaz antwortete nicht. Er zog seinen Rinderschädel etwas weiter von dem qualmenden *brasero* fort.

«Wer meldet sich freiwillig?»

Miguel musterte die Landarbeiter einzeln.

«Du, Juárez?»

Juárez fiel von seinem *quebracho*-Baumstumpf. Das Angebot kam zu plötzlich. Seine Reaktionsfähigkeit war noch nie besonders schnell gewesen.

«Die Mädchen in Reconquista sind ganz wild nach dir», lockte Miguel. «Du hast den richtigen Schlag bei den Damen.»

Juárez verteidigte sich damit, daß Doña Catarina überhaupt nicht sein Typ sei. Außerdem war da ja noch die Sache mit dem Speck und den Falten. Eine Weile wurde hin und her geredet, bis er schließlich doch einwilligte.

«Du mußt aber deine Bartstoppeln abschaben und ein sauberes Hemd anziehen und deine Haare mit Öl bearbeiten, damit dein Stallgeruch nicht so stark durchkommt. Du mußt dich richtig feinmachen, Juárez, so fein, als wolltest du zu einer dieser Oberklassenutten auf der Avenida de Mayo.»

«Mach ich morgen, *mañana!*»

Juárez zuckte die Schultern, erhob sich und schlenderte zum Landarbeiterschuppen.

Am Sonntag vormittag stellte er sich den Landarbeitern vor. Er sah sauber und frischgewaschen aus, hatte seine besten Lammfellhosen angezogen, dazu ein neues, kariertes Baumwollhemd, eine breite Schärpe um den Bauch und ein kleines Seidenhalstuch umgebunden. Das Halstuch kannte ich. Das hatte er aus meinem Schrank.

Im Laufe des Nachmittags gelang es ihm, mit Doña Catarina ins Gespräch zu kommen. Unter irgendeinem Vorwand ging er mit ihr ins Haus, und dort blieb er. Gegen Abend machte sich auch López im Haus zu schaffen. Als er wieder herauskam, konnte er berichten, daß Wein auf dem Tisch gestanden hatte und daß Doña Catarinas Wangen stark gerötet gewesen waren und sie immerfort gestrahlt hatte. Was Juárez anging, so hatte er auf dem Sofa gesessen und so ausgesehen, als hätte er verdorbenes Hammelfleisch gegessen.

Später am Abend ging López noch einmal ins Haus. Das Eßzimmer war leer. López legte sein Ohr an die Schlafzim-

38

mertür. Wonnevolle Jauchzer drangen heraus. Er schnappte sich die halbe Flasche Wein, die noch auf dem Tisch stand, und wandte sich zum Gehen.

In der Tür stand Don Federico.

López konnte gerade noch fluchen: «*Patas de demonio!*» Mehr schaffte er nicht, denn er wurde von einer geballten Faust getroffen. Später hatte er keinerlei Vorstellung mehr davon, was eigentlich passiert war. Und der arme Juárez kam erst wieder zu sich, als ihn jemand mit Wasser übergoß. Es war Miguel. Er versuchte, Juárez damit zu beruhigen, daß er immerhin sein Leben gerettet habe, obwohl er nicht mehr viele Knochen im Leib hatte, die keinen Schaden genommen hatten, erst unter Doña Catarinas handfester Behandlung, dann unter den Fäusten von Don Federico.

«Wir waren völlig hilflos, als du in hohem Bogen über unsere Köpfe hinweg angeflogen kamst», berichtete Miguel. «Deine neuen Lammfellhosen müssen wir wohl abschreiben. Niemand wagt sich hinein.»

«Was ist mit dem Gürtel?» fragte Mirando voller Interesse. «Und dem ganzen Geld?»

Juárez konnte diese wichtige Frage nicht mehr beantworten. Der Patron erschien vor dem Landarbeiterschuppen, in der einen Hand eine Reitpeitsche, in der anderen Hand einen Revolver. Seine Augen glitzerten mordlüstern, als er herumging und jedem Landarbeiter einzeln den geschuldeten Lohn auszahlte. Mit donnernder Stimme forderte er darauf den ganzen Haufen auf, die *estancia* augenblicklich zu verlassen und für immer aus der Gegend zu verschwinden. Die Landarbeiter sattelten ihre Pferde und verschwanden in der Nacht. Sie waren so aufgeregt, daß niemand daran dachte, Don Federico ein Messer zwischen die Rippen zu stoßen.

Ich begab mich in ihren Schuppen, um nachzusehen, ob sie in der Eile auch alle ihre Habseligkeiten mitgenommen hatten.

«Jetzt sind nur noch wir beide geblieben», sagte ich mit einem Blick auf den alten Gaucho Gil, der sich unruhig auf seinem schäbigen Lager hin- und herwälzte. Auch seine

Matratze war von den Landarbeitern gründlich durchsucht worden. Überall flog das herausgerissene Heu herum.

«Ja», sagte der alte Gil mit seiner ächzenden Stimme. «Nur noch wir zwei.»

Eine Weile sagte er nichts weiter. Dann winkte er mich ganz nahe zu sich heran.

«Es gibt übrigens noch etwas, worüber ich gerne mit dir reden möchte», sagte er.

«Was denn?»

«Wollen wir . . . wollen wir teilen? Du und ich? Wenn du mir hilfst, nach Buenos Aires zu kommen, will ich mit dir teilen. Mit meinem gebrochenen Bein schaffe ich es allein ja doch nicht . . .»

«Soll das etwa heißen, daß *du* den Gürtel mit dem Geld hast?»

Der alte Gaucho nickte.

«Der Einäugige gab ihn mir, bevor er zum Schlafen in die Scheune ging. Er wagte es nicht, mit dem ganzen Geld zu schlafen. Er war ja krank und ziemlich entkräftet, und irgend etwas in Miguels Blick hatte ihm gesagt, daß sein Leben in Gefahr sei.»

«Wo hast du das Geld versteckt?»

Der alte Gaucho wies auf sein gebrochenes Bein.

«Hier», sagte er. «Unter dem Verband.»

Wir wickelten den ganzen Verband ab und holten den Geldgürtel hervor. Ein Haufen Geldscheine quoll heraus. Die kleinen, tiefliegenden Augen des alten Gauchos strahlten.

«Wir sind unheimlich reich . . . du und ich!» flüsterte er heiser.

Ich nahm eine Handvoll Scheine. Es waren alte deutsche Reichsbanknoten von 1923, jede auf zwei Millionen Mark lautend.

Die Manschettenknöpfe

Es kommt in den besten Familien und in den besten Ehen vor, daß plötzlich ein kleiner Streit die Stimmung belastet. Das Ganze war eigentlich nur eine Kleinigkeit, ich weiß kaum noch, wie es dazu kam. Es ging wohl darum, daß ich niemals Rücksicht nehmen konnte. Marianne hatte den Holzfußboden frisch lackiert, und ich hatte irgendwo etwas Asche von meiner Zigarre verloren. Möglicherweise an einer Stelle, die gerade lackiert worden war. Im übrigen verstreut man seine Zigarrenasche ja nicht mit Absicht, sondern man verliert sie, bevor man es geschafft hat, einen Aschenbecher zu lokalisieren. Trotzdem – ehe ich mich's versah, befanden wir uns mitten in einem Streit, der dann sehr heftige Formen annahm, ja, sogar die glücklicherweise sehr seltenen Höhepunkte erreichte, bei denen die Familie mit hineingezogen wird. «Meine Familie war deiner Familie ja noch nie gut genug!» und so weiter. Nach einer gewissen Zeit ebbte der Streit ab, um dann in die nächste Phase überzugehen: Schweigen. Komplettes, vollständiges, stur durchgehaltenes, absolutes und unwiderrufliches Schweigen. Kein Ton von einem der Partner. Man ist Luft füreinander. Nur dünne, kalte, ozonarme Luft und sonst nichts. Das ist die Phase, die ich bei jedem Streit verabscheue, wohingegen die erste Phase recht erfrischend sein kann, wenn man seine Meinung über dieses oder jenes endlich einmal los wird. Auch über die Familie, die nie gut genug ist.

Wenn ich schon Phase zwei verabscheue, so ist sie trotzdem noch gar nichts gegen Phase drei, in welcher der Kampf darum geht, welcher der beiden zuerst nachgeben wird, und sei es nur einen Millimeter oder zwei, wer also die ersten Worte sagen wird.

In dem hier zu behandelnden Fall hatte ich recht gute Aussichten, weil bald Kaffeezeit war und Marianne nachmittags immer etwas Leckeres beim Bäcker holt, und weil sie mich immer nach meinen Wünschen fragt, bevor sie losgeht.

Ich warf einen Blick auf die Uhr. Jetzt konnte es nicht mehr lange dauern. Ich raschelte mit der Zeitung und hielt sie dicht vor mein Gesicht. Endlich begann sie, unruhig zu werden, und dann kam es.

«Was willst du zum Kaffee?»

Die Stimme war kalt und unpersönlich, als spreche sie zu einem nicht existierenden Schattenwesen, aber es war wenigstens eine Stimme. Zunächst tat ich so, als hätte ich sie nicht gehört. Man hat ja trotz allem noch seinen Stolz, und es hätte merkwürdig ausgesehen, einfach die Zeitung wegzulegen und mit strahlendem Gesicht dankbar ein paar meiner Lieblingskuchen aufzuzählen. So einfach wollte ich es ihr nicht machen.

«Ich fragte, was du zum Kaffee willst.»

Es gab keinen Zweifel mehr. Sie sprach zu einem eindeutig nicht existierenden Schattenwesen, das sie verabscheut haben würde, wenn es existiert hätte.

«Nichts», sagte ich. Völlig uninteressiert, abweisend und kalt. Sie sollte wissen, woran sie war.

«Gut, das ist deine Sache!»

Dann ging sie.

Ich bereute schon etwas, daß ich mir nicht ein Mandelhörnchen oder eine andere leckere Kleinigkeit gewünscht hatte. Vielleicht eine Apfeltasche oder einen Bienenstich. Ich hätte ruhig irgend etwas nennen können. Kurz angebunden zwar und vielleicht etwas bissig – aber natürlich ohne das Gesicht zu verlieren.

Sie servierte den Kaffee. Auf dem Tablett standen zwei Stückchen Sahnetorte. Von der guten mit dem Makronenboden. Ich tat, als hätte ich sie nicht gesehen. Sie waren Luft für mich. Ganz und gar nichts anderes als Luft und Makronenboden. Für Sahnetorte mit Makronenboden hatte ich schon immer eine Schwäche. Aber Marianne sollte nicht glauben, daß ich mit einem solch elenden Köder zu locken war. Kein Wort würde in den nächsten Tagen über meine Lippen kommen. Das stand einwandfrei fest.

Ich schnitt die Spitze einer Zigarre ab.

«Willst du deinen Kuchen nicht essen?» Irritiert blickte sie mich an.

«Nein», antwortete ich, als sei es die natürlichste Sache der Welt, ihn nicht zu essen.

«Das sieht dir aber nicht ähnlich!» meinte sie säuerlich.

«Ich habe nicht darum gebeten!»

«Dann schmeiße ich ihn weg.»

Ich riß das Stück Sahnetorte zu mir herüber und schaufelte es verbissen in mich hinein. Plötzlich spürte ich etwas Hartes in meinem Mund. Ich spuckte es auf meinen Teller und besah es mir genauer.

«Das ist aber ein starkes Stück!» rief ich aus. «Sieh dir das einmal an, was der Bäcker im Kuchen gelassen hat! Einen *Manschettenknopf*! Ich gehe sofort zu ihm hin. Das ist einfach eine Riesensauerei. Ich hab ja schon immer gesagt, daß es heutzutage in den Lebensmittelgeschäften mit der Hygiene nicht weit her ist. Ein Manschettenknopf. Was hältst du davon? Was wird wohl das Nächste sein? Man braucht sich nicht mehr zu wundern, wenn man eines Tages ein Oberhemd und ein paar Socken in der Torte findet! Ich gehe mich auf der Stelle beschweren!»

Ich eilte in den Bäckerladen, und ich kann Ihnen sagen, daß ich dem Bäcker ganz gewaltig die Leviten gelesen habe, obwohl sich auch andere Kunden im Laden befanden. So etwas konnte man sich doch nicht bieten lassen. Er war soo klein mit Hut, als ich ging. Ich sagte ihm auch, er sei ja nicht der einzige Bäcker in der Gegend, und ich würde zu einem anderen gehen, wenn das noch mal passieren sollte.

«Na, was hat er gesagt?» fragte Marianne, als ich zurückkam.

Ich erzählte ihr mit allen Einzelheiten, was vorgefallen war, und zur Abrundung des Ganzen fügte ich noch hinzu, daß ich ihm das Stück Torte mitten ins Gesicht geklatscht hatte, bevor ich ging. Marianne amüsierte sich köstlich darüber, wir tranken eine weitere Tasse Kaffee

und machten uns einen gemütlichen Nachmittag. Der blödsinnige Streit von vorher war natürlich vergessen.

Aber dann fiel mir der Manschettenknopf wieder ein, ich
zog ihn aus der Jackentasche und nahm ihn etwas genauer in
Augenschein. Es gab keinen Zweifel – es war mein eigener
Manschettenknopf! Es war nicht schwer zu erraten, wer ihn
in die Sahnetorte getan hatte und warum – ich sollte der erste
sein, der das Eis brach. Ein kleiner, dreckiger, schäbiger
Weibertrick.

Seitdem habe ich nicht mehr mit Marianne gesprochen,
und das werde ich auch niemals mehr tun, und wenn ich 190
Jahre alt werden sollte. Das ist mein fester Entschluß.

UN-Soldat in Nöten

Als der feuerrote Schein der Morgendämmerung über der Wüste erschien und die drückende Hitze des Tages ankündigte, war Major Whitney in seinem Zelt bereits vollauf mit den Vorbereitungen für das Kriegsgericht beschäftigt. Im gesamten UN-Quartier herrschte eine düstere Stimmung. Die Wache vor dem unterirdischen Arrest war verdoppelt worden. Im Arrestzelt saß der Gefreite Colin Gwinnet, der Koch der Offiziersmesse, auf der Kante eines Klappstuhls und schüttelte seinen großen, rotbäckigen, kanadischen Kopf. Es war der vergebliche Versuch, den Kater abzuschütteln und sich daran zu erinnern, was eigentlich passiert war. Er wußte nur noch, daß er in eine heftige Schlägerei geraten war, als er der Bar «Engleysi», einem zweifelhaften Trinklokal, einen etwas feuchten Besuch abstattete. Vielleicht war es auch im Café «Zafar Abba». Jedenfalls hatte er den größten Teil der Einrichtung zertrümmert, ein paar Militärpolizisten zu Boden geschlagen, bevor er mit einer schreienden arabischen Schlangen-, Bauch- oder Schleiertänzerin desertierte. Bei der Verfolgung durch die Militärpolizei hatte er dann wohl eine Flasche auf dem Kopf eines Offiziers zertrümmert, der sich wagemutig in den Kampf geworfen hatte.

In Major Whitneys Zelt waren die Vorbereitungen beendet. Auf dem Tisch lagen das Standgerichtsprotokoll und die Kriegsgerichtsgesetze, schon auf den entsprechenden Seiten aufgeschlagen, für die Geschworenen lagen Tinte, Federhalter und Papier bereit, für Richter und Zeugen waren Klappstühle aufgestellt, und innerhalb und außerhalb des Zeltes hatten Militärpolizisten ihre Posten eingenommen.

Gefreiter Colin Gwinnet wurde hereingeführt, angemessen eskortiert von zwei massigen Militärpolizisten. Alles hielt den Atem an, als Major Whitney eintrat, groß, kräftig und furchteinflößend. Auf seinem Kopf sah man immer noch das geronnene Blut aus der Wunde, die er sich zugezogen hatte, als Gefreiter Colin Gwinnet in der Hitze des Kampfes eine Flasche mit billigem Whisky auf seinem Kopf zerschmettert hatte.

Der Major setzte sich hin, blätterte kurz im Standgerichtsprotokoll und den Kriegsgerichtsgesetzen, las sich noch einmal genau den Todesstrafenparagraphen durch, wobei er leise und mit hochgezogenen Brauen den Text einige Male memorierte, um sicherzugehen, daß er den Paragraphen auch richtig verstanden hatte.

«Well . . .» begann er und lehnte sich zurück. «Sie werden ein faires und gerechtes Urteil bekommen. Nach den geltenden Kriegsrechtsgesetzen haben Sie das Recht, sowohl an mich als auch an meine Richterkollegen Fragen zu richten. Weiterhin dürfen Sie etwas zu Ihrer Verteidigung vorbringen sowie einige wichtige Zeugen benennen, soweit dadurch der Gang der Verhandlung nicht wesentlich oder unnötig verzögert wird. Verstanden?»

Gefreiter Colin Gwinnet richtete sich auf und knallte die Hacken zusammen, daß der Wüstensand zwischen den frisch gewienerten Militärstiefeln in einer Staubwolke aufstob. Er hatte verstanden.

«Ich möchte jetzt eine kurze und präzise Darstellung dessen, was nach Ihrer Meinung im Café ‹Zafar Abba› passiert ist.»

Wieder knallte der Gefreite Colin Gwinnet die Hacken zusammen.

«Sir! Ich und die Kameraden von der 13. Kompanie, wir saßen also zusammen in diesem kleinen verschwiegenen Café und tranken friedlich eine Tasse arabischen Minze-Tee, als plötzlich –»

Major Whitney fuhr in seinem Stuhl hoch und hämmerte die Faust auf den Tisch, so daß Standgerichtsprotokoll, Federhalter und Tintenglas sich um einige Zentimeter in die dünne Wüstenluft erhoben.

«Minze-Tee!» brüllte er so laut, daß sein kräftiger, grauer Schnurrbart flatterte. «Sie verdammter Lügner! Ihr habt gesoffen wie eine Horde elender, südafrikanischer

46

Schwammtiere! Das habt ihr gemacht, und nichts anderes. Und Sie sprangen um diese langweilige, arabische Magenverdreherin herum wie eine asiatische Buckelziege in der Paarungszeit! Ich habe genau gesehen, wer mit der Schlägerei anfing, und auch, wer meine Ordonnanz zu Boden schlug und wer seine große, dicke Faust in die Fresse der Militärpolizisten knallte. Versuchen Sie bloß nicht, sich auch nur mit einem Ton zu verteidigen! Hier bin ich es, der das Sagen hat! Ich kenne euch Kerle. Ein verdammt guter Koch sind Sie, aber ein verdammt schlechter Soldat! Wir sind hierhergekommen, um für Ruhe und Ordnung zu sorgen und die streitenden Parteien in geziemendem Abstand voneinander zu halten. Wenn unsere Kompanie jetzt hier einen schlechten Ruf erhalten hat, so ist das Leuten wie Ihnen zu verdanken. Aber dem werde ich einen Riegel vorschieben. Sie können siebzehn verschiedene arabische Eide darauf schwören, daß ich weiß, wo ich stehe, und ich werde schonungslos vorgehen! Hier und jetzt werde ich ein Exempel statuieren, daß es der gesamten Kompanie warm und kalt über den Rücken laufen wird!»

Major Whitney schwieg eine Sekunde, um Luft zu schnappen, wenn es auch nur die heiße Wüstenluft war. Er war hochrot in seinem großen, wohlgenährten Gesicht, kurz vor einem erstklassigen Herzinfarkt.

«Sie können jede Wette eingehen, daß ich ein Exempel statuieren werde», nahm er den Faden wieder auf und hämmerte dabei mit der Faust auf die Kriegsgerichtsgesetze mit dem Todesstrafenparagraphen. «Nach diesem kleinen, schmutzigen Trick mit der Flasche, den Sie mit mir machten, können Sie nicht erwarten, daß ich auch nur den Dreck eines Daumennagels für Sie übrig habe! Sie sind der schlimmste Schläger im ganzen Lager. Notorisch untergraben Sie die militärische Disziplin! Eine Pest für die ganze Kompanie! Elender Auswurf! Eine absolute Null, die es nicht einmal wert ist, ausradiert zu werden! Ich weiß, daß die Offiziersmesse einen guten Koch verlieren wird, und Sie werden schwer zu ersetzen sein, aber...»

Major Whitney schwieg. Einen Moment stand er unsicher da, während sein schwerer Bauch auf der Tischplatte ruhte. Dann blickte er in die schuldbewußten Augen des Gefreiten Colin Gwinnet, und bebend vor Wut ging er hinüber zu der Stelle, wo die beiden Militärpolizisten mit dem Angeklagten in der Mitte standen.

Sekundenlang stand er schweigsam und verbissen vor dem Angeklagten. Dann riß er schnell und resolut die ganze Reihe blankpolierter Knöpfe, die Schulterklappen, die Kokarde und das Mützenemblem von der Uniform des Gefreiten Colin Gwinnet und warf ihm alles vor die Füße in den Wüstensand, wobei er einen fürchterlichen, streng militärischen Fluch ausstieß.

«So, Sie Pappaffe!» brüllte er. «Jetzt machen Sie, daß Sie ins Versorgungszelt kommen, wo Sie den ganzen Krempel wieder annähen können! Und sehen Sie zu, daß Sie uns sofort ein paar richtig große, leckere Kamelkluftsteaks braten! Die Verhandlung ist geschlossen!»

Die große Fuchsjagd

Der alte Gutsbesitzer war immer ein großer Jäger gewesen. Jagd bedeutete ihm alles. Es war nur bedauerlich, daß er jetzt schon bald neunzig Jahre alt wurde und daß seine Sehfähigkeit nicht mehr war, was sie einmal gewesen war. Aber etwas schießen, das wollte er, und wenn es auch nichts anderes wäre als ein mickriger Fuchs.

Und eben von der letzten großen Fuchsjagd des alten Gutsbesitzers handelt diese Geschichte. Es ist ein beißend kalter Wintertag. Der Kachelofen im Försterhaus ist rotglühend, laufend wird er mit großen Scheiten gefüttert. Der Jäger, der Förster, der Försteranwärter, ein paar Waldarbeiter, der Gutsverwalter mit einigen weiteren Leuten vom Gut sowie der Amtstierarzt und sein Assistent haben am massiven Eichentisch Platz genommen, auf dem Tisch steht eine große Schlachtplatte, in der Pfanne brutzeln Rebhühner, und die Gläser sind mit eiskaltem Schnaps gefüllt. Plötzlich wird die Tür aufgerissen, und der alte Gutsbesitzer tritt ein, das Gewehr geschultert, das Gesicht vom Frost gerötet und den langen Bart voller Eiszapfen.

«Verdammte Bande!» brummt er. «Sitzt einfach da und schmaust! Wollt ihr wohl sehn, daß ihr rauskommt! Wir gehen auf Fuchsjagd!»

«Fuchsjagd!» knurrt der Jäger ärgerlich und leert schnell sein Glas. «Der Herr Gutsbesitzer will doch nicht sagen, daß der Fuchs, daß er schon wieder...»

«Doch, Reineke Fuchs hat heute nacht mehr als einem Dutzend unserer hübschen englischen Gartenhühner den Garaus gemacht», unterbricht ihn der alte Gutsbesitzer. «Das soll er jetzt bereuen, dieser rote Teufel! Ich werde selbst auf ihn anlegen, so daß er während des Knalls tot umfällt! Und jetzt nichts wie los!»

Widerwillig verlassen die Männer den Tisch mit den kulinarischen Herrlichkeiten, wegen der bevorstehenden Jagd auf Reineke nicht wenig bedenklich. Jeder von ihnen weiß, daß es dem alten Gutsbesitzer reichlich schwerfällt, einen Fuchs von einem Hund zu unterscheiden oder einen Hirsch von einem Mastkalb, und das auf drei Meter Entfernung; aber wenn er sich etwas in den Kopf gesetzt hat, gibt es kein Zurück mehr. Sie holen also die Gewehre hervor und begeben sich in den Wald. Der Schnee knirscht unter den Stiefeln, der Frost beißt in den Ohren, und bei jedem Schritt stiebt der leichte Pulverschnee durch die Luft.

Der alte Gutsbesitzer erhält seinen Posten auf einem mit Tannen bewachsenen Höhenrücken, von wo aus er nicht nur in den Wald hinein, sondern auch über die Felder freies Schußfeld hat. Und dann geht es los. Das erste Treiben bringt nichts ... abgesehen davon, daß der Gutsbesitzer auf den Försteranwärter anlegt, so daß dieser heulend in den Schnee fällt. Glücklicherweise hat sein Hinterteil nur ein einzelnes Schrotkorn abbekommen, es ist nicht weiter schlimm, so daß der Doktor ihn in ein paar Tagen wieder in Ordnung bringen kann.

«Habe ich ihn?» brüllt der Gutsbesitzer begeistert und blinzelt mit seinen kurzsichtigen Augen zu der Stelle, wo die Männer sich um den verschreckten Anwärter versammelt haben.

«Sicher!» ruft der Jäger aufgeregt zurück. «Der Herr Gutsbesitzer hat dem armen Anwärter die Hose weggeschossen, jawohl, hat er!»

«Und ich glaubte doch tatsächlich, es sei Reineke gewesen», brummt der Gutsbesitzer verschämt.

Der Försteranwärter wird nach Hause gebracht, und die Jagd geht weiter. Plötzlich ist sich der Gutsbesitzer ganz sicher, daß ein großer, roter Fuchs direkt an ihm vorbei den Abhang hinunterrast. Er will auf ihn anlegen, die Tannen sind ihm jedoch im Wege, da, plötzlich ist Reineke mitten auf einer Lichtung, der Gutsbesitzer drückt ab, der Schuß hallt, und Reineke Fuchs bleibt liegen. Reineke Fuchs? Nein, der Tierarzt, denn er ist es, den der Gutsbesitzer erlegt hat. Er kommt jedoch schnell wieder auf die Beine, es ist nur ein Streifschuß am Oberschenkel.

Sofort legt der Gutsbesitzer wieder an, um ihm den Rest zu geben, aber schnell springt der Jäger herbei und schlägt das Gewehr zur Seite.

«Aber jetzt muß der Herr Gutsbesitzer wirklich bald zum Brillenmenschen in die Stadt gehen und sich ein paar vernünftige Gläser anpassen lassen», sagt der Jäger mit unterdrückter Wut in der Stimme.

«Ohne kann der Herr Gutsbesitzer sich ja nicht richtig benehmen», fügt er dann bissig hinzu.

«Eine Brille?» faucht der Gutsbesitzer verächtlich. «Nie und nimmer werde ich eine Brille tragen!»

Man einigt sich jedoch darauf, daß es so nicht weitergehen kann, und der Tierarzt macht zur Vorbeugung weiterer Verletzungen einen Vorschlag: Wenn irgend jemand dieser Jagdgesellschaft befürchtet, im Schußfeld des Gutsbesitzers zu sein, soll er so laut wie möglich rufen: «Ich bin nicht Reineke! Ich bin nicht Reineke!» Damit soll der Gutsbesitzer deutlich davor gewarnt werden, den Mann aufs Korn zu nehmen.

Unten im Moor wird die Jagd fortgesetzt. Der Gutsbesitzer erhält seinen Platz, und bald hört man, wie sich die Treiber durch das Dickicht einen Weg bahnen. Plötzlich sieht der Gutsbesitzer etwas über das Heidekraut laufen. Das muß ein großer, roter Fuchs sein, genau dieser rote Teufel, der seinen so herrlich gefiederten englischen Gartenhühnern den Hals durchgebissen hat. Schnell legt er das Gewehr an.

«Ich bin nicht Reineke! Ich bin nicht Reineke!» schallt es ihm entgegen. Er drückt trotzdem ab, der Schuß hallt, und der Waldarbeiter, der «Ich bin nicht Reineke!» gerufen hatte, rettet sich in letzter Sekunde dadurch, daß er sich flach auf den Boden wirft.

«Nein, jetzt reicht es aber für heute, Herr Gutsbesitzer!» ruft der Jäger rot vor Wut und nimmt dem alten Gutsbesitzer resolut das Gewehr weg. «Hat der Herr Gutsbesitzer denn nicht gehört, wie der Mann rief: ‹Ich bin nicht Reineke! Ich bin nicht Reineke!›? Muß der Herr Gutsbesitzer jetzt auch noch zum Ohrenarzt?»

Der alte Gutsbesitzer bürstet sich die Eiszapfen aus dem Bart und brummt: «Ich war aber ganz sicher, daß er rief: ‹Ich bin Reineke!›»

Ruhe in Riddle Rock

Erinnern Sie sich an Jesse James? Den am meisten vergötterten Banditen des Wilden Westens? Über sein zügelloses, coltschwingendes, wildes Leben sind in sämtlichen Kinos der Welt unzählige Filme gezeigt worden. Es ist daher wohl verständlich, daß ich interessiert anhielt, als ich in einem Fenster von «Mike's Bar and Saloon Room» in der staubigen Hauptstraße der kleinen Präriestadt Riddle Rock in Arizona ein Schild mit der Aufschrift entdeckte: *«Hier erschoß Jesse James im Duell Wild Bill Hickock.»* Erinnern Sie sich an Wild Bill Hickock? Auch einer der großen Namen des Wilden Westens, unsterblich gemacht durch zahlreiche phantastische Hollywoodproduktionen.

Ich beschloß, mir den Ort anzusehen, wo Wild Bill Hickock von Jesse James niedergeknallt wurde. Eine solche Gelegenheit bietet sich nicht jeden Tag, obwohl man als Teilnehmer einer Greyhound-Busreise quer durch die Staaten schon einiges erlebt. Es war zur Zeit der schlimmsten Mittagshitze, und auf der Main Street war kaum ein schattiger Platz.

«Mike's Bar and Saloon Room» war genau das, was ich jetzt brauchte. Ich schlug die grün gestrichenen Pendeltüren zur Seite und steuerte mit schnellen, festen Schritten sofort den Bartresen an.

«He, Mike», sagte ich, «einen Seven Up, aber kalt!»

Ich war allein mit dem Barmixer im Saloon, und schnell brachte ich das Gespräch auf Jesse James.

«Stimmt es, daß er an dieser Stelle Wild Bill Hickock niederknallte?» fragte ich.

«Yes, Sir! Genau hier in diesem Saloon. Ich stand etwa da, wo Sie jetzt stehen, und dort drüben am Spieltisch stand Bill. Jesse traf ihn genau zwischen die Augen. Bill hatte keine Chance. Jesse war der schnellste Mann am Abzug, den der Wilde Westen je gesehen hat. Hier ist die Kugel, Mister, die Originalkugel, mit der Wild Bill Hickock von Jesse James erschossen wurde.»

Der Barmixer knallte eine Kugel vor mich auf die Theke, und ich nahm sie interessiert etwas näher in Augenschein.

«Yes, Sir!» träumte der Barmixer weiter. «Das waren noch Zeiten! Jetzt ist Riddle Rock ein todlangweiliges Loch, ein verfluchtes, trübes, staubiges Nest, wo überhaupt nichts mehr passiert. Billy the Kid, Miff Shotgun, Kansas Kid, Kaktus Jim, die Cartwright-Brüder, alle kamen sie hierher nach Riddle Rock, genau hierher in diesen Saloon, in dem Sie und ich jetzt stehen, Mister, genau hier lebten sie ihr Leben mit ihren Mädchen und ihren Pokerkarten mit den gezinkten Assen, und genau hier knallten sie ihre Feinde nieder. Tag und Nacht war die Luft hier im Saloon so dick von Whiskydunst und Pulverrauch erfüllt, daß man keine Hand vor Augen erkennen konnte. Aber jetzt, Mister, jetzt hängt man hier hinter der Theke und reicht alle zwei Stunden einem verirrten Touristen eine Coke oder einen Seven Up. Der Wilde Westen ist eben nicht mehr das, was er–»

Weiter kam Mike nicht. Die Pendeltüren schwangen auf, und ein baumlanger, schwarzbärtiger Kerl stürmte herein, riß seine perlmuttbesetzten Colts aus dem Halfter und brüllte: «*Stick 'em up, Mike!*»

Mike hob die Arme über den Kopf. Für einen Moment schien er richtig aufzuleben. Endlich passierte etwas in dem kleinen, todlangweiligen Nest Riddle Rock!

«Sie auch, Mister!» wandte der Schwarzbärtige sich an mich, worauf ich mich beeilte, diesem Befehl Folge zu leisten.

«Und jetzt heraus mit den Moneten, Mike!» fuhr der Schwarzbärtige gnadenlos fort.

«Moneten?» versuchte Mike Zeit zu gewinnen, wobei er sich mit kleinen, vorsichtigen Schritten in Richtung auf das Wandtelefon hin bewegte. «Ich besitze keinen Cent! Nicht einen einzigen, lausigen Cent!»

Mit ein paar ungeduldigen Bewegungen der Coltspitzen scheuchte der Schwarzbärtige Mike vom Wandtelefon fort.

«Du hast dreißig Sekunden Zeit, die Moneten zu holen, Mike! Dreißig Sekunden, oder du bist ein toter Mann!»

Um seinen Worten Nachdruck zu verleihen, schickte der Schwarzbärtige ein paar Salven in die Regale mit den Seven Ups und den Cokes, worauf die Flaschen knallend zersprangen. Mit dem einen der noch rauchenden Colts schob er seinen breitrandigen Hut etwas in den Nacken und fuhr mit kalter Stimme fort: «Nun, was ist, Mike?»

Mike kramte unter dem Bartresen eine zerfledderte Brieftasche hervor. «Ich glaube, ich habe hier doch noch ein paar Dollar», sagte er mit leicht zitternder Stimme. Er fummelte an der Brieftasche herum.

«Wirf sie hier herüber, Mike! Aber plötzlich! Sofern du den Wunsch hast, heute abend noch zu leben und die Sonne hinter Walnut Hills untergehen zu sehen!»

Widerstrebend warf Mike die schmierige Brieftasche dem Schwarzbärtigen zu, der ein paar Notenbündel herausfischte, sich drei davon in die Innentasche steckte, sich auf seinen hochhackigen, schwarzen Stiefeln herumdrehte und den Saloon verließ.

Einen Augenblick herrschte absolute Stille, dann konnte ich es nicht lassen, zu fragen: «Er nahm nur dreihundert Dollar. Warum ließ er Sie den Rest behalten?»

«Weil ihm nicht mehr als dreihundert Dollar zustanden!» fauchte Mike und verstaute die zerfledderte Brieftasche wieder unter der Theke.

«Ja, aber, wer war denn das?»

«Wer das war? Das war Stephan James, Arizona-Steve, wie er genannt wird, der einzige noch lebende Nachkomme von Jesse James . . . und der einzige Lichtpunkt in Riddle Rock. Er betreibt ein kleines Anwaltsbüro mit einer Spezialabteilung für energisches Inkasso! Sehen Sie, Mister . . . ich war mit der Miete etwas im Rückstand!»

Vergiß nicht, die Blumen zu gießen

Marianne setzte den neuen Hut sorgfältig auf ihren frisch frisierten Locken zurecht, warf einen letzten Blick in den Spiegel und war dann reisefertig. Sie wollte ein paar Monate zu ihrer Mutter nach Hause, um sich zu entspannen.

Ich nahm Haltung an, um die letzten Instruktionen abzuwarten.

«Vergiß nicht, die Blumen zu gießen!» sagte sie.

«Du kannst dich auf mich verlassen», antwortete ich.

«Der Ficus braucht doppelt soviel Wasser wie die Tradescantia, und verwechsle sie bitte nicht, der Ficus hängt neben dem spanischen Sofa, und die Tradescantia steht im Wohnzimmer. Schreib es dir lieber auf.»

Ich schrieb es auf.

«Und vergiß nicht, jeden Tag die Sonnenvorhänge so weit herunterzulassen, daß nachmittags keine Sonne ins Wohnzimmer fällt, sonst bleichen die Polsterbezüge aus. Die Vorhänge müssen etwa um drei Uhr heruntergelassen werden. Schreib es lieber auf.»

Ich schrieb es auf.

«Und noch etwas, vergiß nicht, den Joghurt abzubestellen, du ißt ja doch keinen, wenn ich ... oder möchtest du vielleicht doch einen halben Karton?»

«Äh, nein», versicherte ich schnell. «Ich begnüge mich mit Wasser und Brot.»

«Und sag Frau Sörensen, sie soll nur jeden zweiten Tag Brot liefern, bis auf weiteres jedenfalls.»

«Ich schreibe es auf», antwortete ich.

«Und denk daran, im Kühlschrank stehen Frikadellen.»

«Kanonenkugeln im Kühlschrank», wiederholte ich und schrieb es auf meinen Zettel.

«Wie bitte?»

«Natürlich Frikadellen ... es sind hoffentlich nicht zu viele? Als du letztes Mal bei deiner Mutter warst, konnte ich einfach nicht alle ...»

«Damals hast du sie der Katze gegeben! Oder meinst du etwa, ich hätte ihr das nicht angesehen... wo ich gerade von der Katze spreche... du mußt unbedingt darauf achten, daß sie täglich nach draußen an die frische Luft kommt. Aber paß auf, daß der Kater sie nicht erwischt, sie ist gerade läufig.»

Schnurri zum Lüften, schrieb ich und fügte hinzu: Vorsicht, Kater.

«Ist sonst noch etwas?» fragte ich sicherheitshalber noch einmal nach.

«Ja. Mach keinen Unsinn.»

«Ich schreibe es auf.»

Dann reiste Marianne ab, und für mich begann eine herrliche Zeit als Strohwitwer. Herrlich in dem Sinne, daß ich immer das tun konnte, was ich gerade wollte, und insbesondere das lassen konnte, was mir nicht paßte. Jedenfalls habe ich mit Thomasen, Larsen und den anderen Kerlen viel Karten gespielt. Auch zum Billard und zum Kegeln waren wir häufig.

Die Zeit verging, und eines schönen Tages kehrte Marianne zurück. Sie hatte kaum den Koffer hingestellt, als sie ihre Schritte auch schon in Richtung Wintergarten lenkte, um nachzusehen, wie es ihren Blumen ging.

«Um Gottes willen!»

Ich duckte mich. Die Bemerkung deutete darauf hin, daß es mit den Blumen nicht zum besten stand. Nur eine Pflanze besaß noch ein einziges Blatt. Sie nahm es und zermalmte es zwischen ihren Fingern wie ein Stück Knäckebrot. Es hörte sich nicht gut an.

«Ja, es tut mir leid, ich glaube, ich habe schon mal vergessen zu gießen», gab ich schuldbewußt zu. «Aber der Wintergarten liegt ja auch ein bißchen abseits, oder? Ich meine, dadurch kann man leicht vergessen, daß man einen hat. Wenn aber jetzt die Blumen wieder liebevoll gepflegt werden, meinst du nicht, daß sie sich dann wieder aufrichten werden?»

«Aufrichten?» wiederholte Marianne mit eiskalter Stimme und warf einen verzweifelten Blick auf die nackten Stengel.

«Du bist mir vielleicht der Richtige, um allein zu Haus zu bleiben! Du liebe Zeit!»

Ich zog beschämt den Kopf ein.

«Du hast auch nicht daran gedacht, die Sonnenvorhänge herunterzuziehen! Sieh dir mal unsere neuen Seidenbezüge an, alles ausgeblichen!»

«Hat es nicht immer so ausgesehen? Wurde es nicht fahlgrün genannt, als wir es kauften?»

Sie ging in die Küche.

«Was ist denn hier passiert?» Sie schlug entgeistert die Hände über dem Kopf zusammen und blickte in die Ecke der Anrichte, in der unübersehbar ein ganzer Stapel Kartons stand.

«Ich habe immer wieder vergessen, den Joghurt abzubestellen», gab ich zu, vermied es aber dabei, sie anzusehen. «Aber vielleicht können wir ihn ja wieder zurückgeben? Oder du machst ein . . . was kann man eigentlich aus Joghurt machen? Ich meine, aus soviel Joghurt auf einmal?»

Sie näherte sich dem Kühlschrank.

«Ich gehe jede Wette ein, daß du auch die Frikadellen nicht gegessen hast!»

Sie riß die Tür auf. Die Frikadellen lagen verschimmelt und anklagend in genau gleicher Anzahl und Lage wie an dem Tag, an dem sie gebraten und in den Kühlschrank gepackt wurden. Zu meinem eigenen Lob muß ich sagen, daß ich sie jedenfalls keinem anderen an den Kopf geworfen hatte. Nicht eine einzige fehlte.

Aus gebührendem Abstand verfolgte ich aufmerksam Mariannes Gesichtsausdruck. Ihre Lippen waren schmal. Das waren schlechte Zeichen. Ich weiß nicht, wie es bei anderen Frauen ist, aber so viel weiß ich: Wenn Mariannes Lippen schmal und blutleer werden, dann ist der ganz große Krach nicht mehr weit.

«Jeder Mensch kann doch mal etwas vergessen», murmelte ich und bewegte mich dabei rückwärts zur Tür hin. In diesem Moment passierte glücklicherweise etwas, wodurch ich wieder Oberwasser bekam.

«Sieh mal», sagte ich. «Jedenfalls habe ich daran gedacht, die Katze rauszulassen!»

Ich wies in den Flur, wo Schnurri gerade stolz hereinspaziert kam, ihre sieben kleinen Jungen im Schlepptau.

Schottische Wahrsagung

Roderich McKechnie hatte schon immer einen unerschütterlichen Glauben an die okkulten Wissenschaften gehabt, an den Blick in die Zukunft, den man mit Hilfe von Kaffeesatz, Kristallkugeln, Bleigießen, Kartenlegen und ähnlichen Sachen werfen konnte, alles Methoden, derer sich Wahrsagerinnen und alte Frauen mit dem zweiten Gesicht mit untrüglicher Sicherheit bedienten, und als dann eines Tages ein Zigeunerwagen nach Invergerry gerollt kam, dauerte es natürlich nicht lange, bis Roderich McKechnie in dem schummerigen, dunstigen Wagen einer alten, fetten Wahrsagerin und ihrer schmierigen Kristallkugel gegenübersaß.

«Erst das Geld!» krächzte die Zigeunerin und streckte dem Schotten ihre schmutzige, sehnige Hand entgegen.

Widerwillig schob McKechnie eine Sixpence-Münze über das zerschlissene grüne Tischtuch.

«Fangen Sie endlich an», sagte er ungeduldig.

Mit durchdringendem Anstarren und rhythmischen, beschwörenden Handbewegungen versuchte die Zigeunerin, in ihrer Kristallkugel halluzinatorische Bilder hervorzurufen.

«Ich sehe», begann die Alte mit ihrer krächzenden Stimme, «daß eine dunkle Frau Ihren Weg kreuzen wird. Es ist eine böse Frau, sie will Ihnen nichts Gutes. Bald wird sie Sie eingefangen haben, und Sie werden skrupellos Ihr Heim verlassen und mit ihr wegfahren.»

McKechnie rutschte unruhig auf seinem Stuhl hin und her.

«Und was ist dann mit meinem kleinen Geschäft in Invergerry? Der kleine Laden, der bisher sowohl mein eigenes Leben als auch das meiner Frau und meiner Kinder so glücklich gemacht hat? Was ist damit?»

Die alte Zigeunerin starrte immer noch in ihre Kugel.

«Ich sehe», sagte sie, «ich sehe einen total betrunkenen Mann, der seine Frau verprügelt. Sie werden anfangen zu trinken, und Ihr Geschäft wird konkurs gehen. Aus lauter Sorge wird Ihre Frau mit einem dunklen Mann fliehen und anschließend in Soho zugrunde gehen.»

»Und was wird aus den Kindern? Schnell, was ist mit Archie, Angus und Klein Hector? Sagen Sie, wie ergeht es Klein Hector, meinem Augenstern?»

«Klein Hector wird bei einer Angelpartie dem Ungeheuer von Loch Ness zum Opfer fallen, auch die anderen werden ihren vierzehnten Geburtstag nicht überleben.»

«Und mein Geld? Was geschieht mit dem Sack gälischer Goldmünzen, den ich im Schlafzimmer unter den Fußbodenbrettern versteckt habe?»

«Ich sehe, daß Sie der schwarzen, bösen Frau Ihr Geheimnis verraten werden, sie wird den Fußboden aufbrechen und mit dem ganzen Geld abhauen, das sie dann in Edinburgh mit einer dunklen Mannsperson verprassen wird.»

McKechnie stand der Schweiß auf der Stirn.

«Mit der dunklen Mannsperson kann ich nicht gemeint sein, ich bin blond», murmelte er verzweifelt. «O weh, alle meine schönen gälischen Goldmünzen! Etwas Schlimmeres könnte mir nicht passieren! Gibt es denn in deiner Kristallkugel überhaupt keine Hoffnung, Weib? Wie steht es mit einer Erbschaft? Siehst du keine Erbschaft, eine schöne große Erbschaft?»

Die Zigeunerin schüttelte den Kopf.

«Sehen Sie genau nach!» bettelte McKechnie und erhob sich schon in seinem Stuhl.

«Sehen Sie selbst nach!» fauchte die Alte und schob dem Schotten die Kristallkugel hin. Er konnte keine Erbschaft sehen. Nicht einmal den Schatten einer Erbschaft, nicht einen Penny.

Verzweifelt und den Tränen nahe schob er die Kristallkugel wieder der Zigeunerin hin.

«Sehen Sie denn gar nichts Gutes? Gibt es für mich denn gar keine schöne Zukunft?»

Noch einmal folgte die Wahrsagerin den Rundungen der Kugel mit beschwörenden, rhythmischen Handbewegungen, und wieder starrte sie anhaltend hinein ... Plötzlich fuhr sie zurück.

«*Gle mhatch!*» murmelte sie und wurde ganz blaß.

«Was sehen Sie? Schnell! Sagen Sie mir, was Sie sehen!»

«Für den einen mickrigen Sixpence gibt es jetzt nichts mehr», sagte die Wahrsagerin kalt und breitete ein schwarzes Tuch über die Kugel. Hart ergriff McKechnie ihren Arm.

«Heraus damit!» schrie er sie an. «Heraus damit, du widerliche Hexe! Was siehst du in deiner häßlichen Kugel?»

«Sie werden einen Mord begehen», stöhnte die Wahrsagerin. «Sie werden einen bestialischen Frauenmord begehen und dann selbst hinterher einen plötzlichen Tod erleiden. Ich habe es in meiner Kugel gesehen!»

«Du lügst!» rief McKechnie und griff der Zigeunerin an den Hals. «Du lügst, du lügst, du infames altes Weib. Gib zu, daß du lügst!»

Ohne zu wissen, was er tat, drückte er seine Hände noch fester um den Hals der Zigeunerin, bis sie zu Boden sank. Als der Schotte sah, was er getan hatte, stürzte er entsetzt aus dem Zigeunerwagen ins Freie. Er dachte jedoch nicht an die vier Stufen zum Wagen und fiel genau auf den Kopf, wobei er sich das Genick brach ...

Ja, so erging es dem Schotten Roderich McKechnie aus Invergerry, als er zur Wahrsagerin ging. Es hätte ihm ein viel glücklicheres Schicksal blühen können, wenn er nicht so ausgesprochen geizig gewesen wäre. Auf einem Schild am Zigeunerwagen stand klar und deutlich:

«Wahrsagung. Schlechte Zukunft: 6 Pence. Gute Zukunft: 10 Pence.»

Genieße das Leben!

Ich saß im Wartezimmer meines Zahnarztes, ich war der nächste. Meine Meinung, der letzte Patient des Tages zu sein, mußte ich revidieren, denn plötzlich ertönten schwere, schleppende Schritte auf dem Flur, die Tür wurde geöffnet, und zwei Greise stapften ins Wartezimmer, jeder auf einen Stock gestützt. Höflich schob ich beiden einen Stuhl zurecht. Die alten, steifen Glieder knirschten grauenvoll, als die beiden sich schwer auf den Sitz fallen ließen.

«Ach, ja!» seufzte der eine.

«Oh, nein!» stöhnte der andere.

«Diese vielen Treppen!» meinte der erste.

«Du hättest ja genau wie ich den Fahrstuhl nehmen können», sagte der zweite. Beide waren völlig außer Atem. Der eine blickte mich mit seinen tiefliegenden, kleinen, freundlichen Augen an.

«Seien Sie froh, daß Sie noch jung sind», sagte er. Ich versicherte ihm, daß ich darüber auch froh war, und da ich wußte, daß alte Leute stolz auf ihr hohes Alter sind, und um dem Alter meine Reverenz zu erweisen, fragte ich ihn, wie alt er sei.

«98!» kam die stolze Antwort.

«Das ist ja fast unglaublich, so gesund und munter, wie Sie . . .»

«98!» wiederholte der Greis und richtete sich auf, wobei er hinzufügte: «Und ich besitze noch alle meine Zähne!»

«Phantastisch!» gab ich zu. «In Ihrem Alter noch alle Zähne! Aber sagen Sie mir doch, wie haben Sie es geschafft, so alt zu werden?»

«Das will ich Ihnen gerne erzählen, junger Mann. Ich habe ein gesundes, sauberes und gottesfürchtiges Leben geführt, seit ich die Wiege verlassen habe. Mein ganzes Leben habe ich mich von Süßigkeiten ferngehalten, und nicht ein Tropfen Alkohol ist auf meine Zunge gekommen. Niemand hat mich jemals betrunken nach Hause kommen sehen, und niemand hat mich jemals mit Weibern zusammen gesehen. Jeden Morgen um fünf habe ich kalt geduscht, und jeden Abend habe ich vor Mitternacht im Bett gelegen... und sommers wie winters habe ich bei offenem Fenster geschlafen. Seit meiner Kindheit habe ich Sport getrieben, und heute bin ich immer noch Linksaußen in der Altherrenmannschaft. Und noch etwas, junger Freund – und merken Sie sich das gut: Noch nie habe ich eine Zigarette im Mund gehabt oder gar eine Zigarre oder eine Pfeife geraucht. Und Weiber... habe ich das schon erwähnt? Sehen Sie, ich habe es immer verstanden, mich von ihnen fernzuhalten. Ich hatte Karoline, meine Frau, und damit basta!»

«Phantastisch!»

Beschwerlich rückte der Alte seinen Stuhl etwas näher.

«Und ein weiterer Punkt», fuhr er eifrig fort. «Ein weiterer Punkt, junger Freund, ich habe mich immer an Porree und Möhren gehalten, durch und durch gesundes Gemüse. Nichts davon, sich am großen, kalten Büfett zu überfressen. Mein ganzes Leben lang habe ich nach jeder Mahlzeit einen Spaziergang gemacht. Ich habe auch keinen fetten Bauch wie die meisten Autofahrer heutzutage. Soll ich Ihnen zehn tiefe Kniebeugen vormachen?»

«Nein, nein – nicht nötig. Ich bin überzeugt, daß Sie es können.»

«Und noch etwas, ich habe immer dafür gesorgt, daß mein Magen in Ordnung ist, auch meine Lungen, meine Nieren und meine Zähne. Ein gesunder Körper in äh... na, wie sagt man noch... ein gesunder Leib, das ist das halbe Leben!»

Er schwieg. Dann richtete er die kleinen, tiefliegenden, runden Augen auf mich, um meine Reaktion zu sehen.

»Phantastisch!« reagierte ich. «Das muß ich schon sagen! 98! Und so eine Kondition!»

Dann wandte ich mich an den zweiten, zitternden Greis.

«Und Sie?» fragte ich. «Wie haben denn Sie Ihr Leben gelebt?»

Der Alte schniefte etwas, kramte mit zitternder Hand ein kariertes Taschentuch aus seiner Innentasche und wischte sich einen Tropfen von der Nasenspitze. Ohne Erfolg versuchte er dann, sich aufzurichten, seine steifen Glieder fielen wieder zusammen, die zitternden Hände suchten Halt am Stock, und er begann mit schwacher, krächzender Greisenstimme:

«Ich halte nicht viel von Antons Möhren und Porree und offenen Fenstern... schon in der Schule begann ich mit Rauchen, und mein ganzes Leben habe ich geraucht wie ein Schlot und gesoffen wie ein Schwamm! Noch immer nehme ich jeden Morgen einen kräftigen Schluck auf nüchternen Magen, und täglich rauche ich dreißig Pfeifen Tabak. Es gibt keine Bar und keinen Nachtklub in der Stadt, wo ich nicht schon Stammgast war! Und Weiber, sagten Sie? Mein Lebtag bin ich hinter ihnen her gewesen, nie hatten sie Ruhe vor mir. Ich war siebenmal verheiratet und bin siebenmal geschieden, und...»

Die Zahnarzthelferin öffnete die Tür.

«Sie sind gleich dran», nickte sie mir zu und ging durch das Wartezimmer in einen anderen Raum. Der Alte konnte gerade noch mit seinem Stock ihre wohlgeformte Rückseite erreichen. «Hä, hä!» kicherte er und starrte ihr kurzsichtig nach. Danach schwieg er eine Weile, um dann wieder den Faden aufzunehmen. «Nee, nee», grinste er. «Porree und Möhren? Fettes Fleisch und Schnaps! Champagner und Kaviar! Wein, Weib und Gesang! Kaum Bewegung! Kaum Schlaf! Spaß und Tändelei! Mädchen, Frauen, viele Frauen! Doch, ich habe das Leben genossen, kann ich Ihnen sagen! Jede Sekunde habe ich ausgekostet. Und ich bin *still going*...»

Er verstummte und atmete einige Male tief ein, um dann seinen nachdenkenswerten Bericht abzuschließen:

«... *strong*!»

Er preßte die Hand ans Herz, um wieder zu Atem zu kommen. Dann wurde er von einem gewaltigen Hustenanfall überwältigt. Als er ihn einigermaßen überstanden hatte, fragte ich ihn:

«Und wie alt sind Sie nun geworden?»

Worauf der Greis mit pfeifendem Husten seinen letzten, verfaulten Zahnstumpf entblößte und mühsam hervorstammelte:

«48!»

Der Hauptgewinn

Frau Kamma Mortensen, die als Hausfrau immer zu Hause geblieben war, hatte einen Wunschtraum, aber sie behielt ihn für sich. Nicht einmal ihrem Mann hatte sie sich anvertraut. Dennoch hatte dieser so seine Ahnungen, wie Kamma es sich vorstellte, daß ihr Wunschtraum in Erfüllung gehen sollte.

Sie wollte den großen Hauptgewinn erzielen.

Herr Mortensen hielt die Idee für mehr als blödsinnig, ja, sogar für verrückt.

«Man kann doch nicht sein Leben lang vom Hauptgewinn träumen», sagte er. «Gib's auf. Denk an etwas anderes.»

«Niemals!» wandte Kamma bockig ein. Und sie erneuerte treu jeden Monat ihr halbes Los in der Klassenlotterie, jedoch mit dem einzigen Ergebnis, daß sie ihr Geld los war.

Sie spielte auch im Toto, obwohl es kaum etwas gab, von dem sie weniger verstand als gerade Fußball.

«Aber je weniger man davon versteht», verteidigte sie sich häufig, «um so größer wird der Gewinn, wenn er eines Tages kommt.»

«Blödsinn», antwortete ihr Mann ungehalten und ärgerte sich über das viele Geld, das sie Woche für Woche im Tabakladen um die Ecke ablieferte.

Kamma ging auch zum Pferderennen. Sie hoffte, eines Tages den ganz großen Gewinn mit nach Hause zu nehmen, aber es war gar nicht so einfach. Ihr höchster Gewinn betrug bisher hundert Kronen, und die hatte sie augenblicklich auf einen lahmenden Außenseiter gesetzt, der erst einige Stunden nach dem letzten Rennen die Ziellinie passierte, und somit hatte der Gewinn ihr nichts eingebracht.

«Hör lieber auf meinen Rat», sagte Herr Mortensen. «Laß die Finger vom Spiel.»

Sie mochte es nicht hören.

«Ich *will* gewinnen», war ihre Antwort. «Und wenn man sich so etwas Herrliches wünscht wie ich, dann wird es auch eines Tages klappen.»

Also erneuerte sie wiederum ihr halbes Los in der Klassenlotterie, füllte ihre acht Reihen auf dem Totoschein aus und setzte beim Trabrennen einen Zehner auf den Außenseiter Slow Star. Dieser hatte zwar einen guten Start, wurde aber leider wegen unsauberen Trabens in der Einlaufkurve aus dem Rennen genommen, und Kamma konnte ihre Hoffnungen wieder einmal begraben.

«Du spinnst ja langsam mit dieser dauernden Spielerei!» Herr Mortensen war sauer. «Jetzt hast du siebzehn Jahre lang alles nur Mögliche gespielt, und was ist dabei herausgekommen? Gar nichts, wenn du mich fragst!»

«Es wird schon noch klappen», antwortete Kamma optimistisch und sicherte sich schnell noch ein Los in einer Wohltätigkeitslotterie, bei der es eine ganze Million in großen Scheinen zu gewinnen gab.

Und eine Million, das war genau die richtige Summe für sie, etwas, wovon es sich lohnte zu träumen. Aber es blieb ein Traum. Die Million wurde natürlich von einem jungen Mann gewonnen, der schon einige davon besaß.

Kamma verlor aber nicht den Mut. Zuversichtlich erneuerte sie ihr Los in der Klassenlotterie, füllte ihren Tippschein aus und setzte auf ihre Gäule beim Trabrennen. Doch nicht ein einziges Mal konnte sie einen Gewinn abholen.

«Menschenskind, jetzt hör doch endlich auf damit», reagierte Herr Mortensen verärgert.

«Niemals», antwortete Kamma stur. Sie hatte ihren Wunschtraum, und einen Wunschtraum gibt man nicht so ohne weiteres auf.

Früher oder später mußte der Hauptgewinn auf ihr Lotterielos fallen. Früher oder später mußte sie in einer der vielen Wohltätigkeitslotterien den ersten Preis gewinnen. Früher oder später mußte auf der Trabrennbahn einer ihrer Außenseiter eine Kopflänge vor dem Favoriten die Ziellinie überfahren. Früher oder später mußte sie eine Menge Geld im

Toto gewinnen, so daß sie sich ihren Wunschtaum erfüllen konnte.

«Du bist ja nicht ganz bei Trost!» schnaubte ihr immer wütender werdender Ehemann. «Wir können es uns nicht leisten, für diesen ganzen Quatsch so viel Geld rauszuschmeißen!»

«Wir? Sag nicht immer *Wir*. Ich knapse alles vom Haushaltsgeld ab. Übrigens hast du mir in den siebzehn Jahren, die wir jetzt verheiratet sind, nie etwas geschenkt... einen Pelz etwa, oder Schmuck, Blumen, Schokolade, Parfüm oder gar etwas zum Geburtstag. Nichts habe ich von dir gekriegt, also hör bloß auf mit deinem Wir!»

Herr Mortensen duckte sich. Und Kamma Mortensen spielte zielstrebig weiter. Und tatsächlich, es war kaum zu glauben... eines Tages lachte das Glück. Sie hatte im Toto alle Zahlen richtig getippt. Und das in einer Woche, in der alle Spielergebnisse als Überraschung angesehen wurden.

«Das gibt eine Million!» jubelte sie, außer sich vor Freude. «Hurra! Hurra! Hurra!»

Herr Mortensen kam herbeigestürzt.

«Was ist denn passiert?» fragte er neugierig.

«Ich habe im Toto gewonnen. Der Nachrichtensprecher sagte gerade, daß es diese Woche mindestens eine Million gibt. Endlich kann ich mir meinen Wunsch erfüllen... endlich habe ich Geld genug, um mich von dir scheiden zu lassen und das Leben allein zu genießen!»

Ein Jahr ausspannen

Peter Jet, Bürger im Wohlfahrtsstaat, lebte mitten in der Asphalthölle der Großstadt. Über seinem Kopf rasten die Jumbo-Jets nach Rom, Los Angeles oder Melbourne, er selbst raste morgens und abends zu seinem EDV-Job und durchbrach die Schallmauer, um alles das zu schaffen, was er schaffen *mußte*. Schaffen mußte? Plötzlich bohrte er die Absätze in den Asphalt und blieb stehen. «Moment mal!» sagte er zu sich selbst. «Wozu eigentlich diese ganze Plackerei? Es ist doch nichts weiter als ein Wettrennen, um als erster auf den Friedhof zu kommen, ein Rennen auf Leben und Tod, um zuerst in den Himmel oder in die Hölle zu kommen. Der Himmel kann warten, und in die Hölle kann man immer noch kommen. Die Zivilisation ist nichts für mich, der Wohlfahrtsstaat kann mir gestohlen bleiben. Ich werde jetzt unbezahlten Urlaub nehmen und ein Jahr ausspannen.»

Meditation war genau das, was Peter Jet nötig hatte, sich völlig von allen Dingen loslösen. Und niemand anders versteht diese Kunst besser als ein Hindu. «Die Hindus sind genau das richtige für mich», dachte Peter Jet. «Jahr für Jahr können sie bewegungslos auf demselben Fleck sitzen und an gar nichts denken, sich ausschließen von der lärmenden Umwelt mit ihrem Gestank und ihren teuflischen Gemeinheiten. Morgen buche ich bei Air India einen Platz in der ersten Maschine nach Kalkutta und beginne ein ganz neues Leben als Yogi.» Dann setzte er seinen Entschluß in die Tat um.

Drüben in Indien fand er ein stilles Plätzchen am Ganges und ließ sich auf einer Bastmatte nieder. «So», sagte er und atmete erleichtert auf, «jetzt will ich hier sitzen und mich entspannen und an nichts denken.» Er versuchte, sich zu konzentrieren, aber nach ein paar Tagen dachte er an all das Geld, das er jetzt nicht verdiente, und an seine Frau und seine Kinder, ob sie wohl die Hypotheken bezahlen könnten und die Steuernachzahlung und all diese Dinge. Und er dachte: «Es hat gar keinen Sinn, sich auf gar nichts zu konzentrieren. Ich muß mich auf etwas ganz Konkretes konzentrieren. Jetzt konzentriere ich mich auf meinen Nabel, genau wie die indischen Nabelbeschauer, dann wird es mir schon gelingen, die ganze teuflische Zivilisation zu vergessen.»

Lange, lange, lange saß Peter Jet da, blickte nur seinen Nabel an und dachte an nichts – wie Millionen indischer Nabelbeschauer auch. Aber mit der Zeit langweilte es ihn. «Nabel haben einen Fehler», dachte er. «Sie sind todlangweilig. Man kann nicht einfach dasitzen und so einen kleinen, blödsinnigen Nabel anschauen. Man müßte einen richtig todschicken Supernabel kreieren, den man sich immer wieder anschauen kann, ohne daß es langweilig wird, vielleicht mit ein bißchen Phosphor, damit er in der Dunkelheit leuchtet und . . .» Peter Jet war einer besonders kreativen Idee auf der Spur. Ohne zu ahnen, daß diese Idee das Leben von Indiens Millionen unbekümmerter, apathischer Nabelbeschauer total verändern sollte.

Schon am nächsten Tag konstruierte er einen selbstleuchtenden, psychodelic-colored Super-Plastik-Nabel mit eingebautem Stereoklang und selbstklebender Thermo-Lastik-Rückseite, so daß er direkt auf den Naturnabel geklatscht werden konnte. Es war doch unsinnig, daß alle diese unterentwickelten indischen Nabelbeschauer mit einer häßlichen, runzligen Bauchdecke herumliefen, wenn sie diese mit einem schicken, verbraucherfreundlichen Supersonic-Plastik-Nabel verschönern konnten . . . und das würden sie von dem Moment an können, in dem Peter Jet seine Erfindung in Serienproduktion gehen ließ. Er drückte auf seinen neuen Nabel, und ein gellender, elektronischer Dreiklang ertönte. Der Klang lockte die in der Nähe sitzenden Yogis, Fakire und Nabelbeschauer herbei. Sie warfen lange, neidische Blicke auf Peter Jets hübschen Nabel und blickten dann ihren eigenen, langweiligen Nabel an. Peter Jet war sich darüber im klaren, daß er jetzt schnell handeln mußte. Er vergaß völlig, daß er eigentlich ausspannen wollte. «Fakire! Nabelbeschauer! Yogis!» rief er. «Seht mich an! Möchtet ihr nicht auch so einen besonders hübschen Supersonic-Fourcolored-Plastik-Nabel haben an Stelle eures absolut langweiligen, unterentwickelten Nabels? Möchtet ihr einen echten King-Size-Supernabel mit eingebautem Stereoklang, der selbst die heiligste Kuh dazu bringt, um ihr Leben zu rennen? Einen solchen high-civilized, PJ-designed Supernabel könnt ihr bei mir bestellen, für nur 4,98 Rupien! Werdet verbraucherbewußt! Schenkt euch selbst einen HiFi-Antistatic-Non-Shrink-Plast-o-Phon-Supernabel, und ihr werdet glücklich!»

Am nächsten Tag begann Peter Jet mit der Massenserienproduktion seiner schicken Supernabel. «Tempo! Tempo! Tempo!» schrie er und schwang die Sklavenpeitsche über die mageren Rücken der Arbeiter. «Die Zivilisation ist zu euch gekommen, und ihr müßt ihren Preis bezahlen. Wir müssen die Produktion auf 100 000 Standardsupernabel und 10 000 Luxussupernabel mit eingefaßtem Diamanten pro Stunde erhöhen!»

Peter Jets Supernabel hatten reißenden Absatz. Bald drückten alle fortschrittlichen Inder auf ihren neuerworbenen psychodelic-colored Supernabel, wobei diese merkwürdigen Stereoklänge ertönten, bei denen heilige Kühe, weiße Elefanten und alte, klapprige Bettler verschreckt in alle Richtungen stoben.

So kam die Zivilisation endlich in das Land der apathischen Nabelbeschauer. Peter Jet verdiente Millionen und aber Millionen Rupien, umgeben von seinen vielen Lieblingsfrauen lebte er in einem prächtigen Luxuspalast, der früher dem Maharadscha von Magipur gehört hatte. An dem Abend, an dem sein Urlaubsjahr zu Ende war, saß er auf weichen Seidenkissen und speiste aus gewichtigen, goldenen Schüsseln leckeren indischen Curry-Pillau und knusprige, gebackene Chapatis, während spärlich bekleidete Schleiertänzerinnen sich an ihm vorbeischmiegten. Sie trugen glänzende, diamantenbesetzte Plast-O-Phon-Go-Go-Supernabel und warfen ihm aus dunklen Augen tiefe, betörende Blicke zu. Ruhe und Seelenfrieden, was er sich so eindringlich gewünscht hatte, fand Peter Jet jedoch nicht in der Fremde.

Aber man kann ja nicht alles haben.

Klassenfahrt nach Bornholm

Auf meinem Schreibtisch liegt als Briefbeschwerer ein großer, ellipsenförmiger Stein. Ich weiß nicht genau, welcher
Art dieser Stein ist, er hat aber eine recht interessante Geschichte.

Benny brachte ihn mit nach Hause, als er im Alter von
vierzehn Jahren mit seiner Klasse auf einer zweiwöchigen
Geologie-Exkursion zur schönen Ferieninsel Bornholm
gewesen war. Als er nach Hause kam, waren wir natürlich
sehr gespannt, wie alles verlaufen war.

«Na», fragte ich, «war es eine schöne Fahrt?»

«Ja, sie war sehr schön.»

«Habt ihr ein paar interessante geologische Funde gemacht?»

«Ja, das haben wir.»

«War eure Lehrerin, Fräulein Moberg, nett? Hatte sie
Schwierigkeiten mit euch?»

«Fräulein Moberg? Ja, sie war sehr nett.»

«Wurdest du bei der Überfahrt seekrank?»

«Seekrank? Nö, aber jetzt gehe ich zu Bett. Ich bin müde.
Gute Nacht.»

Das war alles, was er von der spannenden geologischen
Exkursion zu berichten hatte, auf die sich alle Kinder schon
wochenlang vorher gefreut hatten.

In den folgenden Tagen erwähnte er jedoch ab und zu
beiläufig die Exkursion, und mit Hilfe seiner sporadischen
Auskünfte konnten wir uns nach und nach ein mosaikartiges
Bild zusammensetzen, wodurch wir einen recht guten Über-
blick über den Verlauf der halbwissenschaftlichen, vierzehn-
tägigen Klassenreise erhielten.

Am nächsten Tag sahen wir den Verband am Knöchel.

«Was ist denn das?» fragte ihn seine Mutter erschrocken.
«Hast du dich da verletzt?»

«Ach, das», antwortete er. «Nur eine Brandwunde.»

«Eine Brandwunde?» wiederholte ich beunruhigt.

«Sie kommt von Jürgens Zigarette. Sie wollten das Gift ausbrennen. Ich und Elisabeth und Jürgen waren auf das Heideland gegangen, um Steine zu sammeln. Dabei trat ich auf eine Kreuzotter, die biß mich dabei, und dann sagte Jürgen, wenn das Gift nicht innerhalb von zehn Minuten ausgebrannt würde, sagte er, dann wäre ich ein toter Mann. Dann steckte er eine Zigarette an, und Elisabeth preßte sie an mein Bein, während Jürgen versuchte, mich festzuhalten. Ich schrie, was ich konnte. Dann kam Fräulein Moberg, sie war ganz durcheinander, und Karl-Heinrich fuhr mit dem Fahrrad zur nächsten Telefonzelle, um einen Krankenwagen zu alarmieren, und der raste mit mir in die Klinik, da gaben sie mir eine Spritze, und der Arzt sagte, wenn ich nur fünf Minuten später gekommen wäre, dann ...»

Beim Essen überraschte er uns damit, daß er nicht weniger als fünf große Frikadellen aß.

«Hast du denn auf Bornholm gar nichts zu essen gekriegt?» fragte ich lächelnd.

«Zu essen? Doch, und wir wollten auch Heringe über dem Lagerfeuer räuchern. Karl-Heinrich und ich liehen uns ein Boot im Hafen, um zu einem Fischer hinauszufahren und ein paar Heringe zu kaufen, und aus einem Stück Zeltplane hatten wir ein Segel gemacht, aber dann wehte es uns weg, und Karl-Heinrich verlor den Riemen zum Rudern, und dann trieben wir hinaus aufs offene Meer, und wir haben die ganze Nacht Wasser aus dem Boot geschöpft, damit der Kahn nicht unterging, und immer wieder sahen wir die Suchscheinwerfer der Seenotrettungskreuzer, aber erst, als es wieder hell wurde, kam ein Hubschrauber, und ...»

Als ich am nächsten Vormittag die Post durchsah, steckte Benny seinen Kopf ins Arbeitszimmer.

«Ist etwas für mich dabei?» fragte er mit der Schultasche in der Hand. Es war nichts dabei.

«Erwartest du etwas Besonderes?»

«Nein, eigentlich nicht, aber der Polizeichef von Bornholm sagte, daß er schreiben wollte. Ich und Jürgen und

75

noch ein paar andere waren nämlich in einen Steinbruch gegangen, um nach interessanten Steinen zu suchen. Ich fand dabei ein paar Dynamitstangen, und einige davon nahmen wir mit, und am Nachmittag ging Fräulein Moberg mit der ganzen Klasse zu den Ruinen von Hammershus. Wir langweilten uns, und aus Jux steckten wir einige Dynamitstangen an. Nur um zu sehen, ob sie noch taugten! Mann, das gab vielleicht einen Knall. Die ganze Ecke der Hammershus-Ruine, wo wir das Dynamit gelegt hatten, flog in die Luft, und...»

Beim Nachmittagskaffee befahl seine Mutter ihm, seine Taschen zu leeren, weil die Hose in die Reinigung sollte, und dabei entdeckte ich eine Zigarettenkippe in einer leeren Streichholzschachtel.

«Sag mal», sagte ich mit strenger Stimme. «Hast du etwa angefangen zu rauchen?»

«Ich?» antwortete er. «Nein, ich habe damit aufgehört. Ich habe überhaupt nicht mehr geraucht, seit ich wieder zu Hause bin. Ich und Jürgen und Karl-Heinrich lagen doch da drüben zusammen im Zelt. Und eines Abends gab mir Jürgen eine Zigarette, und die mochte ich nicht zurückweisen, aber dann hatte ich ein Loch in die Zeltwand gebrannt, und plötzlich brannte das ganze Zelt, wir liefen raus, um Wasser zu holen, und da brannte auch schon das Zelt von Fräulein Moberg, sie weckte dann alle anderen und jagte sie aus den Zelten, und als wir mit einem Topf Wasser vom Strand zurückkamen, brannte schon das ganze Wäldchen, aber dann kamen die Feuerwehr und die Soldaten, sie liefen herum und schlugen mit großen Schaufeln auf das brennende Heidekraut, und...»

Ein paar Tage später kam er an und legte den schon erwähnten ellipsenförmigen Stein auf meinen Schreibtisch.

«Ich habe übrigens ein Geschenk für dich, Papa», sagte er dabei. «Diesen Stein habe ich von Bornholm mitgebracht. Wenn du ihn als Briefbeschwerer oder so etwas gebrauchen kannst, darfst du ihn gern behalten.»

«Brauchst du ihn denn nicht für deine Steinsammlung? Ich

dachte, ihr solltet über eure Steinfunde einen Aufsatz oder einen Bericht schreiben, oder?»

«Das wird ja doch nichts, bevor Fräulein Moberg aus der Klinik kommt. Sie muß noch mindestens drei Monate dort bleiben. Ich und Jürgen und ein paar andere wollten da drüben Handball spielen, aber wir hatten keinen Ball, und dann nahmen wir statt dessen diesen Stein. Und als ich mich freigespielt hatte und mit einem Bombenschuß den Ball ins Netz knallen wollte, da tauchte Fräulein Moberg auf, und der Stein traf sie am Hinterkopf, und ohne einen Laut fiel sie um, aber heute kam der Rektor in unsere Klasse und erzählte, daß sie jetzt wieder zu Bewußtsein gekommen ist, und obwohl sie einen kleinen Schädelbruch hat, ist . . . übrigens, hast du ein bißchen Geld für Blumen? Im Namen der Klasse soll ich ihr morgen ein paar Tulpen bringen . . .»

Der Präsident möchte nicht gestört werden

In den Vorzimmern des Präsidentenpalastes, im Büro des Staatssekretärs, bei den Ministerialdirektoren und in den Schreibzimmern herrschte absolute Ruhe. Eigenhändig hatte der Präsident ein Schild an die hohen, weißlackierten Flügeltüren gehängt, die zum Allerheiligsten des Palastes führten, dem Arbeitszimmer des Präsidenten. Das Schild war an dem vergoldeten Türknauf befestigt, in der Landessprache stand darauf geschrieben: *Der Präsident möchte nicht gestört werden – Ruhe!* Und überall war es jetzt mucksmäuschenstill. Wenn der Präsident Ruhe anordnete, bedeutete das ganz einfach, daß der Präsident *nachdachte,* und wenn der Präsident des Landes nachdachte, war es eine Selbstverständlichkeit, daß niemand ihn dabei stören durfte. Bereits in den Vorzimmern wurden alle Besucher gnadenlos abgewiesen, keine Abordnungen kamen hinein, keine Minister, keine Audienzsuchenden, keine Heeresoffiziere, nicht einmal die gnädige Frau des Präsidenten erhielt Zutritt.

«Ruhe bitte!» wurde geflüstert. «Der Präsident denkt nach.»

Fast ohne zu atmen schlichen die Bediensteten durch die Gänge. Jeder, dessen Schuhe knirschten, mußte diese vorsichtig ausziehen; wer husten mußte, wurde in die entfernteste Ecke des Parks geschickt; wer kratzende Federhalter benutzte, mußte die Arbeit liegenlassen, bis der Präsident mit Nachdenken fertig war. Jedermann in den Vorzimmern fürchtete, daß die hohen, weißlackierten Flügeltüren plötzlich auffliegen könnten und der Präsident irgendeinen Befehl in den Raum brüllen würde. Das kam selten vor, aber wenn es geschah, verlangte er sofortige Reaktion, sofortige Antwort auf die gestellte Frage, sofortige Lösung des aufgeworfenen Problems.

Es war ein solcher Tag, an dem es geradezu in der Luft lag, daß es passieren würde. Und plötzlich geschah es! Der

Präsident riß die Flügeltüren auf und brüllte in den Raum: «Agua!»

Nichts weiter. Nur das Wort AGUA. Die Flügeltüren wurden wieder zugeknallt.

«Diese verflixten Abkürzungen!» flüsterte der Kabinettssekretär dem Generalstaatsanwalt zu. «Wenn er UNO, WHO, FAO, UNESCO oder UNICEF gerufen hätte, auf der Stelle hätte ich ihm die richtige Antwort geben können, aber AGUA! Sagt mir überhaupt nichts.»

«AGUA», meinte der Polizeipräfekt und ließ dabei das Wort auf der Zunge zergehen. «Vielleicht kommt es von Agrikultur ... äh ... Agricultural General United Association ... gibt es so etwas?»

«Alles über Agrikultur heraussuchen!» ordnete der Kabinettsdirektor sicherheitshalber an.

Es wurde alles zusammengetragen, und der Kabinettssekretär wagte es, mit den Unterlagen zum Präsidenten zu gehen. Er wurde sofort wieder rausgeschmissen. Die Mappe mit den agrikulturellen Unterlagen traf ihn noch am Kopf.

«Also nichts mit Landwirtschaft», beklagte er sich, während er die Unterlagen wieder aufhob. «Ich habe es ja schon immer gesagt, diese idiotischen, internationalen Abkürzungen hat der Teufel erschaffen! Inzwischen ist es fast unmöglich, sich in diesem Dickicht zurechtzufinden. OECD! NATO! WAFU! NASA! UNRRA! EPU! Und jetzt auch noch dieses elende AGUA!»

«Rufen Sie ICTA an, und fragen Sie dort, ob die wissen, was sich hinter AGUA verbirgt», schlug der Polizeichef vor.

«Versuchen Sie doch mal DEA», schlugen die Leute von ICTA vor. DEA wurde angerufen, aber auch hier hatte man keine Ahnung.

In den Vorzimmern breitete sich Verzweiflung aus.

«Gibt es etwas mit Namen Atomic General Union of America?» fragte schüchtern der Kabinettsbuchhalter.

«Es klingt zumindest ganz gut», meinte der Kabinettsdirektor hoffnungsvoll. «Gehen Sie zu ihm hinein und fragen Sie ihn, ob es das ist, was er sucht.»

Rückwärts zog sich der Kabinettsbuchhalter von den hohen, weißlackierten Flügeltüren zurück. Er hatte nicht vor, sich zu opfern. Er konnte sich etwas Besseres vorstellen.

In diesem Augenblick erklang ein Jubelruf vom jüngsten Kabinettsboten, der die ganze Zeit in einem Lexikon geblättert hatte.

Alle Anwesenden warfen sich über ihn, hielten ihm die Hände vor den Mund und versuchten, ihn zum Schweigen zu bringen.

«Psst! Du Idiot! Der Präsident denkt nach!»

«Aber ich hab's! AGUA. Ich weiß jetzt, was es ist!»

Man löste den festen Griff um ihn und blickte ihn zweifelnd an. Ein Bote! Ein junger Spund, der kaum seinen eigenen Namen lesen konnte! Sollte er etwa in den internationalen Abkürzungen besser bewandert sein als die schärfsten der anwesenden Gehirne des Präsidenten? Unmöglich!

«Nun gut, meinetwegen», entschied der Kabinettsdirektor. «Geh ruhig zum Präsidenten hinein ... wenn du den Mut dazu hast. Denk aber dran, daß er dich morgen bei Tagesanbruch an die Wand stellen und erschießen läßt, falls du ihn unnötig belästigst!»

Der junge Kabinettsbote kannte das Risiko. Trotzdem wagte er sich hinüber zu den hohen, weißlackierten Flügeltüren. Vorsichtig klopfte er an und glitt hinein.

«Agua», sagte er, als der Präsident aufblickte. «Vulkan in Guatemala, Mittelamerika.»

«Danke, mein Junge», atmete der Präsident erleichtert auf. «Ich befördere dich hiermit zum Oberkabinettsboten erster Klasse. Agua ist also ein Vulkan. Wort mit sechs Buchstaben. VULKAN stimmt. Damit bin ich fertig!»

Der Präsident hatte ein Kreuzworträtsel gelöst!

Das Mädchen aus dem Fahrstuhl

Privatdozent Dr. oec. publ. Peter Holm wollte gerade die Fahrstuhltür schließen, als eine junge Dame plötzlich angelaufen kam, beladen mit einer Anzahl größerer und kleinerer Pakete.

«Oh!» rief sie. «Eine Sekunde, bitte. Kann ich noch mit hoch?»

Peter Holm trat hinaus, machte der jungen Dame Platz und versuchte, seinen Ärger darüber zu unterdrücken, daß es ihm nicht gelungen war, ihr die Tür vor der Nase zuzuknallen. Dann wäre der Fahrstuhl nämlich jetzt schon im 14. Stock gewesen, wo er seine kleine Junggesellenwohnung hatte. Und Zeit war für ihn Geld. Als Ökonom wußte er darüber genauestens Bescheid. Die junge Dame schlängelte sich mit all ihren Sachen in den Fahrstuhl und fragte mit einem liebenswürdigen Lächeln: «Wie hoch?»

«Wie hoch? Ach so, ich . . . 14.»

«Ich auch.»

Er drückte auf den Knopf, und der Fahrstuhl setzte sich in Bewegung. Die junge Dame musterte ihn interessiert.

«Jetzt erinnere ich mich an Sie!» rief sie plötzlich, als hätte sie intensiv darüber nachgedacht, wo sie den jungen Mann unterbringen solle. «Sie sind doch vor ein paar Monaten in die Wohnung neben mir eingezogen, nicht wahr? Wir haben uns ja schon ein paar Mal auf der Treppe gesehen.»

Peter Holm bestätigte es.

«Dann sind wir also Nachbarn», stellte die junge Dame fest. «Guten Tag, Herr Nachbar! Ich heiße Annegret . . . Annegret Berg. Ich studiere Elektrotechnik . . . obwohl das vielleicht etwas merkwürdig klingt. Aber Mannequins und Stewardessen gibt es ja genug, oder?»

«Ja, sicher.»

Offensichtlich hatte Peter Holm sich darüber noch nicht ausreichend Gedanken gemacht. Er stellte sich vor. Mehr der Ordnung halber.

«Ich höre immer Ihre Stereo-Anlage durch die Wand»,
fuhr Annegret fort. «Heutzutage werden die Häuser ja nur
noch mit dünnen Tapeten gebaut. Aber lassen Sie sie ruhig
laufen, mir gefallen Ihre Platten. Sie haben einen sehr guten
Geschmack. Mozart ist einfach herrlich . . . die Mondschein-
sonate . . .oder ist sie von Beethoven? Interessieren Sie sich
nur für Klassik?»

Sie erhielt keine Antwort, denn in diesem Moment
geschah etwas sehr Störendes. Mitten zwischen zwei Stock-
werken blieb der Fahrstuhl stehen, und die elektrische
Beleuchtung an der Decke erlosch.

«Um Gottes willen! Was war das? Ist der Fahrstuhl stek-
kengeblieben?»

«Ja, es sieht fast so aus. Was machen wir jetzt, Fräulein
Berg?»

«Sie drücken auf den Knopf, damit wir weiterkönnen.»

Peter Holm drückte auf den Knopf, er drückte auf den
Knopf zum Erdgeschoß, er drückte in genauer Reihenfolge
auf sämtliche Knöpfe. Nichts geschah. Es mußte sich um
einen Kurzschluß oder etwas Ähnliches handeln. Annegret
schob den jungen Privatdozenten zur Seite und versuchte es
ebenfalls. Ohne Resultat. Der Fahrstuhl blieb stehen, als sei
er an den Schachtwänden festgemauert.

«Das kommt aber wirklich im unpassendsten Moment.»
Peter Holm war leicht irritiert. «Ich kann doch nicht den
ganzen Abend hier stehen. In einer halben Stunde muß ich
eine Vorlesung über Außenwirtschaftstheorie halten. Ich
wollte nur noch meine Manuskripte holen. Und dann kommen Sie mit all Ihren dämlichen Paketen. Das hat man nun
von seiner Freundlichkeit. Jetzt stehe ich hier in totaler
Finsternis . . .»

Annegret wühlte in ihrem großen Einkaufsnetz.
«Irgendwo habe ich eine Kerze. Die können wir anzünden.
So! Kerzenschein . . . das ist ja richtig romantisch!»

Verblüfft starrte Peter Holm die dicke, rote Kerze an.

«Laufen Sie immer mit großen Altarkerzen im Netz
herum?» fragte er murmelnd.

«Reiner Zufall. Wenn wir lange hierbleiben müssen, können wir sie ja essen. Sie ist aus Talg!»

«Sehr witzig! So etwas nennt man wohl schwarzen Humor! Mir macht es nicht gerade Spaß, hier herumzustehen. Den ganzen Tag habe ich nicht eine Minute gesessen, acht anstrengende Unterrichtsstunden nacheinander, das geht einem ganz schön an...»

Annegret riß das Papier von einem ihrer vielen Pakete. Zwei kleine Klappstühle kamen zum Vorschein.

«Eigentlich ein Geburtstagsgeschenk für meinen Onkel ... kleine Picknickstühle für sein neues Auto. Bitte, setzen Sie sich doch, machen wir es uns gemütlich!»

«Gemütlich? In diesem elenden Kasten? Das ist doch wohl ein bißchen viel verlangt.»

Peter setzte sich. Er holte eine Packung Zigaretten hervor und bot Annegret eine an. Er selbst rauchte nicht, sagte er.

«Danke, aber ich», nickte sie. «Aber das ist auch mein einziges Laster. Ich bin ein ausgeprägter Hausmensch ... mit vielen guten und gesunden Interessen! Sie bleiben offenbar auch am liebsten zu Hause, oder? Ich höre ja jeden Abend Ihre Musik.»

«Ich korrigiere Prüfungsarbeiten. Im übrigen hatte ich nie großes Interesse für Kneipen, Mädchen oder Discotheken und derlei Dinge. Es muß gespart werden, verstehen Sie ... ich meine, wenn man eines Tages heiraten sollte ... bei den Steuern, die ein Junggeselle heute...»

Er unterbrach sich selbst. «Vielleicht drücken Sie ab und zu zwischendurch auf den Knopf», schlug er vor. «Sie sitzen am nächsten dran.»

«Es hat keinen Sinn, andauernd auf den Knopf zu drücken», wandte Annegret ein. «Wenn es am Strom liegt, müssen die Knöpfe völlig in Ruhe gelassen werden, damit sie neuen Strom ... neue Kräfte sammeln können. Ich studiere, wie gesagt, Elektrotechnik, daher kenne ich mich mit solchen Dingen etwas aus.»

«Dann wissen Sie vielleicht auch, wie man einen müden

Fahrstuhl dazu bringt, sich so schnell wie möglich in den 14. Stock zu begeben?»

«Darüber haben wir in den Vorlesungen noch nichts gehört! Aber nun lassen Sie doch endlich die Falten aus der Stirn verschwinden, Mann! Versuchen Sie lieber, es auch mal von der heiteren Seite zu sehen. Es kann doch wohl nicht so schlimm sein, mit einem Mädchen in einem öden Fahrstuhl hängenzubleiben. Wenn ich ganz ehrlich bin, habe ich eigentlich nichts dagegen, hier mit einer Kapazität wie Privatdozent Dr. oec. publ. Peter Holm festzusitzen. Auch wenn er im Augenblick nicht gerade besonders aufmunternd wirkt. Hören sie mal, es ist doch wirklich nicht meine Schuld, daß...»

«Doch, Sie hätten warten können, bis der zweite Fahrstuhl herunterkommt, und mich mit diesem allein fahren lassen sollen. Dank Ihnen warten jetzt 28 Studenten an der Königlichen Dänischen Hochschule für Wirtschaft und Politik vergeblich auf mich, während ich hier auf einem elenden Klappstuhl sitze ... und einen Bärenhunger habe!»

Blitzschnell ergriff Annegret eine ihrer Tüten, riß sie auf und hielt stolz den Inhalt hoch: vier Stück leckeres, hoch belegtes Smørrebrød.

«Wenn Sie wirklich so ausgehungert sind, teile ich gerne meine wenigen Krumen mit Ihnen», lächelte sie liebenswürdig. «Bitte sehr, zwei Stück mit Entenbrust und zwei Stück mit Krabbensalat.»

Peter warf einen interessierten Blick auf die kulinarischen Herrlichkeiten. Plötzlich kam ihm ein Gedanke.

«Essen Sie immer zwei Stück Smørrebrød von der gleichen Sorte?»

«Reiner Zufall! Es hätten genausogut vier Stück mit Ente sein können oder vier Stück mit Käse. Ich nehme immer, was gerade da ist! Derjenige, dessen Frau ich einmal werde, wird bestimmt nicht betrogen, das sage ich Ihnen ... mit mir ist alles ganz einfach, ganz einfach! Übrigens ... wir könnten auch ein kleines Glas Sherry dazu trinken.

Irgendwo habe ich hier eine Flasche . . . wahrscheinlich ist sie lauwarm, aber was soll's . . . es gibt ein altes Sprichwort, nach dem ein kleines Glas Wein Körper und Seele läutert und allen Frieden und Ruhe bringt, die sich einsam fühlen. Und das tun wir ja beide, oder?»

Annegret reichte Peter eine Flasche Sherry, und er drehte den Schraubverschluß ab. Aus einem weiteren Paket hatte Annegret schnell zwei Weingläser ausgepackt.

«Heute morgen sind mir beim Spülen zwei Gläser heruntergefallen», erklärte sie schnell. «Daher habe ich auf dem Weg nach Hause zwei neue gekauft. Ich bin keine Trinkerin! Glauben Sie bloß nicht, daß Sie mich dazu bringen können, mehr als ein einziges Glas zu trinken . . .»

«Sie können ganz beruhigt sein.»

Peter Holm streckte seinen Arm aus, um auf die Fahrstuhlknöpfe zu drücken, während er sich gleichzeitig dem Krabbensalat widmete.

«Ach ja, der Fahrstuhl», meinte Annegret. «Den hätte ich fast vergessen. Aber warum haben wir es eigentlich so eilig? Im Grunde ist es hier doch recht gemütlich. Und ich will Ihnen ja nichts Böses. Ganz im Gegenteil sorge ich menschenfreundlich dafür, daß Sie nicht vor Hunger sterben . . . oder vor Durst! Wir sollten die Lage sehen, wie sie ist. Wir sitzen ohne Hilfe in diesem Kasten fest . . . vielleicht hat das Material bei dem feuchten Wetter zu stark gearbeitet, vielleicht kommen wir hier nie wieder raus . . . es sei denn, man reißt das ganze Haus ab, wegen nur zwei Mietern würde der Hausbesitzer das übrigens niemals zulassen . . . lassen Sie uns daher das Beste aus der Situation machen! Prost, Herr Nachbar . . . ich wünsche Ihnen ein langes und glückliches Leben!»

Peter leerte stumm sein Glas und schluckte den Rest des Krabbensalats herunter. Das zweite Stück Smørrebrød mit Entenbrust verspeisten sie, ohne etwas zu sagen.

«Sind Sie immer so unterhaltsam?» fragte Annegret mit einem neckenden Unterton. «Wir könnten doch etwas Konversation treiben, um die schreckliche Situation zu vergessen, die uns das Schicksal hier zugedacht hat. Was machen Sie eigentlich in Ihrer Freizeit?»

«Ich benötige meine gesamte Zeit für meine Arbeit als Dozent. Und außerdem muß ich ja noch die Wohnung in Schuß halten ... ich wohne allein.»

«Haben Sie keine Freundin, die ...»

«Ich habe eine Schwester.»

Annegret wechselte das Thema.

«Aus Ihrer Stereoanlage höre ich immer nur Klassik, mögen Sie denn gar keine Pop- oder Tanzmusik?»

«Doch, wenn die Gelegenheit sich bietet, dann ...»

«Die Gelegenheit bietet sich jetzt!»

Sie holte ein Kassettentonbandgerät aus ihrem Einkaufsnetz. «Ich habe es gerade von der Reparaturwerkstatt abgeholt», erklärte sie.

«Fiel es vielleicht beim Spülen zu Boden?» fragte Peter.

«Genau!» Sie betätigte einen Knopf und schon war der Fahrstuhl von fröhlicher Musik erfüllt.

«Aufstehen! Jetzt wird getanzt ... dann vergeht die Zeit besser! Wenn wir nicht irgend etwas unternehmen, das unsere Gedanken von unserer augenblicklichen Lage ablenkt, kriegen wir womöglich noch Platzangst!»

«Können wir denn hier tanzen?»

«Raum ist in der kleinsten Hütte! Aber passen Sie auf, daß Sie nicht auf die Kerze treten ... oder die Flasche umwerfen! Kommen Sie schon! Haben Sie sich nicht so! Und dann bitte ein Lächeln, Sie Sauertopf!»

Peter Holm legte vorsichtig seine Arme um sie, und so gut es eben ging, tanzten sie zu den Klängen von *Are you lonesome tonight*. Plötzlich hielt Annegret inne.

«Sie sind ein Gentleman», sagte sie bewundernd. «Ein wirklicher Gentleman. Andere Männer hätten schon längst die Situation ausgenutzt und ... trinken wir noch ein Glas Sherry? Das letzte?»

Peter bückte sich nach den Gläsern und der Flasche, er schenkte ein, und sie tranken. Dann blickte er ihr zum ersten Mal lange in die Augen.

«Sie haben sehr hübsche Augen», sagte er.

«Wirklich? Das muß an der Beleuchtung liegen.»

Annegret drückte ganz leicht seine Hand. Sein Gesicht leuchtete auf, und er lächelte. Sie verschlang ihn mit den Augen. Sie fand ihn ausgesprochen liebenswert, wenn er lächelte, fast unwiderstehlich.

«Ich habe eine Idee», sagte er gutgelaunt. «Wir leeren die Flasche und schreiben dann einen Brief mit der Bitte um Hilfe und schicken das Ganze als Flaschenpost!»

Annegret griff den Gedanken sofort auf.

«Ja», lächelte sie. «Und mit dem Tonbandgerät könnten wir dann zusätzlich Notsignale senden! Mann und Frau in einsamem Fahrstuhl rufen die Außenwelt – Notrationen gehen zur Neige – Situation verzweifelt!»

«Umgehend mehr Sherry schicken!» rundete Peter ab.

Annegret zog ihn auf den kleinen Klappstuhl herunter.

«Nein, vielen Dank, jetzt keinen Alkohol mehr. Wenn Sie erst einen in der Krone haben, wer weiß, was dann passiert. Nein, da habe ich eine bessere Idee. Ich zeige Ihnen mein Fotoalbum.»

Aus ihrem Einkaufsnetz fischte sie ein Fotoalbum und schlug es auf.

«Das bin ich», erklärte sie. «Als Baby! Es wurde aufgenommen, als ich noch ganz klein war. Alle meinten, ich sei ein niedliches Kind.»

«Das sind Sie doch heute noch ... ich meine, niedlich. Und der da ... war das Ihr Freund?»

«Mein Vetter. Und da sehen Sie meine Tante. Den Bart hat sie dadurch erhalten, daß ich erst meinen Onkel knipste und vergaß, den Film weiterzuspulen!»

Sie lachte. Wie abwesend legte Peter seinen Arm um ihre schlanke Taille.

«He, was soll der Arm? Wir können uns das Album doch auch ansehen, ohne daß Sie mich festhalten müssen. Ich falle schon nicht hin.»

«Wissen Sie, was ich glaube?» sagte Peter. «Ich glaube, daß Sie diese ganze Situation arrangiert haben!»

«Arrangiert! Aber hören Sie mal! Eben habe ich Sie noch als Gentleman bezeichnet, und jetzt kommen Sie mit solchen groben und unüberlegten Anschuldigungen!»

«Ich bin ganz sicher, daß irgend etwas dahintersteckt. Ich habe nur noch nicht herausgefunden, was Sie eigentlich erreichen wollen. Es kann doch kein Zufall sein, daß Sie diese ganzen Sachen mit sich schleppen ... Kerzen ... Smørrebrød ... Sherry ... Musik ... Fotoalbum ... alles Dinge für einen Abend zu zweit, wenn man...»

«Wenn man was?»

Resignierend schüttelte Peter den Kopf.

«Ich gebe mich geschlagen. Ich möchte jetzt eine Erklärung. Heraus mit der Sprache. Ich will es wissen!»

«Also gut! Aber bitte nehmen Sie es ruhig auf. Und nicht wütend werden oder aufbrausend oder gar verletzt. Heute ist der 29. Februar ... den ganzen Tag! Sagt Ihnen das etwas?»

«Nur, daß wir damit das genaue Datum für unser gemeinsames Unglück festgelegt haben, das übrigens inzwischen so weit fortgeschritten ist, daß 28 Studenten, die mich zu einer Vorlesung über Außenwirtschaftstheorie erwartet hatten, jetzt wohl nach Hause gegangen sind, und...»

Annegret winkte ab.

«Wenn wir nach dem allgemein gebräuchlichen Gregorianischen Kalender gehen, dann ist jedes vierte Jahr, genauer gesagt sind diejenigen Jahre, die durch vier teilbar sind, Schaltjahre mit 366 Tagen«, fuhr Annegret mit leicht übertrieben dozierender Stimme fort. «Im Februar wird ein Schalttag eingeschoben. An diesem Schalttag ... nein, jetzt komme ich schon durcheinander ... können Sie mir folgen?»

«Ich tue mein Bestes.»

Annegret ergriff seine Hand.

«Schon seit Sie dort oben im 14. Stock eingezogen sind, wollte ich Sie kennenlernen, und ... über meinen Vetter, der bei Ihnen eine Vorlesung über Statistik belegt hat, habe ich einiges über Sie in Erfahrung gebracht: ‹Recht nett, manchmal etwas durcheinander, zurückhaltend, warum hat er eigentlich keine Freundin, aber insgesamt gesehen, glaube ich, der Mann ist in Ordnung.› Und so weiter. Aber zurück zum Gregorianischen Kalender und dem Schalttag. Schon seit den alten Wikingern gilt an diesem Tage der Brauch, daß ein Mädchen um einen Mann anhalten darf, wenn sie meint, den Richtigen gefunden zu haben, mit anderen Worten...»

Mit einer blitzschnellen Bewegung bohrte sie ihren Zeigefinger in die Brust des fassungslosen Peter.

«Dies ist ein wohlüberlegter Antrag, mein Herr», sagte sie drohend. «Schnell, heraus mit der Sprache! Wollen Sie sich mit mir verloben, ja oder nein?»

«Aber...»

Mit ihrem ausgestreckten Zeigefinger drückte sie ihn hart gegen die Wand des Fahrstuhls.

«Hier ist keine Zeit für viel Drumherum, wenn Ihnen Ihre Zukunft lieb ist. Ich gebe Ihnen noch eine Chance... Ja oder Nein?»

«Ja... ja, natürlich... aber...»

Annegret zog ihren Zeigefinger zurück.

«In Ordnung», nickte sie zufrieden, fischte zwei goldene Ringe aus ihrer Handtasche hervor und reichte sie ihm.

«Stecken Sie mir den einen an», befahl sie. Er steckte ihr den Ring an den Finger.

«Ich werde sie selbstverständlich bezahlen», sagte er schnell, wobei er sehr glücklich aussah.

«Damit hatte ich gerechnet! Ich habe die Rechnung bereits versteckt!»

Er zog sie an sich und küßte sie. Er küßte sie so, wie sie noch nie geküßt worden war. Dann hielt er sie etwas von sich und schüttelte resignierend den Kopf.

«Du mußt verrückt sein!» brach es aus ihm heraus, wobei er aber sehr glücklich lächelte.

«Ja, nicht wahr?»

«Aber wie kommen wir bloß hier heraus? Wir können doch nicht unseren ganzen Verlobungsabend... unsere ganze Verlobungsnacht hier in diesem elenden Fahrstuhl...»

Annegret wühlte in ihrer Handtasche.

«Einen Moment, Liebster ... sieh mal an, was ich hier Merkwürdiges gefunden habe! Einen Elektroschraubenzieher! Vielleicht kriege ich den Fahrstuhl doch wieder hin. Zuerst muß ich wohl diese Platte abschrauben. So! Was ist denn das? Zwei lose Kabelenden. Das haben wir gleich ... man studiert ja nicht ohne Grund Elektrotechnik! Wer hat bloß einen Kurzschluß zwischen dem sechsten und siebten Stock fabriziert? So, jetzt müßte es wieder in Ordnung sein! Die Platte wieder anschrauben, auf den Knopf drücken und ... tatsächlich! Es hat geklappt! Er fährt! Wir fahren doch nach oben, oder? 14. Stock?»

«Ja, natürlich...» Peter zog sie wieder an sich. «Du wirst ein weißes Brautkleid tragen», flüsterte er. «In der Kirche... eine kleine Dorfkirche ... und dann kaufen wir uns ein hübsches kleines Häuschen mit allen modernen Einrichtungen...»

«Aber ohne Fahrstuhl!»

«Jedenfalls nur mit einem garantiert betriebssicheren für sechs Personen!»

«Sechs Personen? Wir sind doch nur wir beide!»

Peter suchte ihre Lippen.

«Aber Schatz, wollen wir denn keine Kinder haben?»

Eine Tasse Tee, please!

In einem kleinen Straßencafé auf dem Boulevard St. Germain in Paris sitzt an einem der kleinen, runden Tische mit ernstem Gesicht ein dezent gekleideter Engländer mittleren Alters und zwirbelt seinen imponierenden, rötlichen Schnurrbart, während er die deprimierenden Schlagzeilen auf der Titelseite der *Times* überfliegt.

«*Waiter*», ruft er. «Eine Tasse Tee, *please!*»

«*Oui, Monsieur!*»

Der Ober entfernt sich ... und da passiert plötzlich etwas, das diese kleine Geschichte unversehens zu einem blutigen Kriminaldrama werden läßt. Es hallt ein Schuß, und eine untersetzte, schmierige Mannsperson, die an einem Tisch in der Nähe des Engländers gesessen hat, greift sich ans Herz und gleitet dann vom Stuhl, tot wie ein Hering in der Seine. Die Leute stürzen herbei. Wild gestikulierend versuchen sie, die Leiche wieder auf den Stuhl zu bugsieren. Unser englischer Freund senkt seine Zeitung und wirft einen uninteressierten Blick auf die aufgeregte Menge. Dann tippt er ungeduldig einem Ober auf die Schulter.

«Ist etwas, Monsieur? Haben Sie den Mörder gesehen?»

Der Engländer blickt dem Ober fest in die Augen.

«Ich habe eine Tasse Tee bestellt», sagt er kurz.

«Aber, Monsieur!» ruft der Ober bestürzt aus. «Wie können Sie hier sitzen und an Tee denken, wo doch gerade direkt neben Ihnen ein furchtbarer Mord geschehen ist?»

«Ich denke an Tee, weil ich Tee bestellt habe. Der Tee hätte schon längst hier sein müssen. Meine Zeit ist knapp. Ich bin mit einer Dame verabredet.»

«*Un scandale!*» murmelt der Ober mit einem verdrießlichen Blick auf den schwierigen Gast. «Diese Engländer! Diese erdverbundenen Insulaner! Überhaupt keinen Sinn für Dramatik!»

Dann stürzt er zum Telefon und ruft hinein: «Mord! Polizei! Polizei!»

Mit Hilfe des Griffs eines Regenschirms hält der Engländer einen anderen dienstbaren Geist fest.

«Ich möchte den Geschäftsführer sprechen! Aber bitte sofort!»

Der Ober läuft nach drinnen und kommt einen Augenblick später mit dem Geschäftsführer wieder heraus.

«Der englische Gentleman dort weiß vielleicht etwas über den Mord», sagt der Ober aufgeregt und weist auf den Engländer, der gerade sorgfältig seine *Times* zusammenfaltet und sie in die Innentasche steckt.

«Ich weiß nur, daß ich vor jetzt genau einer Viertelstunde eine Tasse Tee bestellt habe.»

Der Geschäftsführer tritt einen Schritt zurück und sagt mit vorwurfsvollem Blick: «*Monsieur! En voilà des façons!* Ein Mann liegt ermordet sozusagen vor Ihren Füßen, und Sie denken nur an Ihren Tee!»

«Nur?» wiederholt der Engländer mit Nachdruck.

Ein Streifenpolizist taucht auf. «Hat der Herr etwas gesehen?» fragt er mit einem Nicken in Richtung des Engländers.

«Nein, überhaupt nichts», erklärt der Geschäftsführer tief entrüstet. «Der Herr interessiert sich nur für seinen Tee!»

«Den ich vor mehr als einer Viertelstunde bestellte», bemerkt der Engländer trocken und blickt den Polizisten ohne großes Interesse an. «Ich warte auf eine Dame, und meine Zeit ist kurz bemessen. Entfernen Sie doch endlich diese lärmenden Menschen, damit man wieder etwas Ruhe hat. Und bringen Sie mir auf der Stelle meinen Tee, sonst werde ich diesen ungastlichen Ort niemals wieder betreten.»

Fünf Minuten später erhält er endlich seinen Tee. Inzwischen ist die Leiche abtransportiert, ein Polizeikommissar und seine Leute sind damit beschäftigt, alles zu fotografieren und auszumessen, um herauszufinden, woher der tödliche Schuß kam.

«Wenn ich mich nicht sehr täusche, Monsieur, dann ist die Kugel genau an Ihrem rechten Ohr vorbeigesaust», meint der Polizeikommissar zu dem Engländer, der diese alarmierende Feststellung jedoch nur mit einem Schulterzucken kommentiert.

«Mein Tee wird kalt», sagt er verbissen. Er ist deutlich an der ganzen Sache nicht interessiert. Der Polizeikommissar und der Geschäftsführer werfen sich eindeutige Blicke zu. Diese Engländer, diese absolut verrückten Engländer! Nie haben sie etwas anderes im Kopf als ihren elenden Tee! Sie entfernen sich und lassen den Engländer in Frieden. Ein paar Minuten später erscheint eine kleine französische Demoiselle. Er verlangt sofort die Rechnung. Sorgfältig vermeidet er es, zuviel Trinkgeld zu geben. Er erhebt sich, verlangt an der Garderobe seinen Bowler und entfernt sich ohne ein weiteres Wort mit der kleinen, hübschen Französin. Der Polizeikommissar und der Geschäftsführer blicken ihm kopfschüttelnd nach.

Als er den Pont Neuf erreicht hat, wirft er einen schnellen Blick auf ein kleines, rußgeschwärztes Loch in seiner rechten Jackentasche, und in einem günstigen Augenblick, als seine Begleiterin gerade zur Seite blickt, greift er in die Tasche, holt schnell einen Revolver hervor und läßt ihn klatschend in der Seine verschwinden.

Liebesnächte

Vor kurzem fiel mir Lottes Tagebuch in die Hände. Völlig überraschend. Ich war nicht so sehr betroffen über die Tatsache, daß sie die vielen bunten, spannenden und romantischen Erlebnisse ihres jungen Lebens einem Tagebuch anvertraute, denn das dürften die meisten zwölfjährigen Mädchen tun, es überraschte mich viel mehr, daß es überhaupt ein Tagebuch war, das ich in Händen hielt. Sie hatte es auf Band gesprochen, auf ihrem Tonbandgerät, von dem ich bisher den Eindruck gehabt hatte, es würde ausschließlich zu lauten und lärmenden Beataufnahmen und entsprechenden Wiedergaben mißbraucht. Als mir klar wurde, was ich da eigentlich abspielte, war ich plötzlich überhaupt nicht mehr erstaunt, denn es liegt ja auf der Hand, daß die heutige Jugend keine Zeit damit verschwenden will, sich mit Hilfe von Tinte und Feder den weißen Seiten eines ganz gewöhnlichen Tagebuchs anzuvertrauen. Allerdings versetzte mir das, was ich zu hören bekam, einen leichten Schock. Es folgt jetzt die wörtliche Wiedergabe der ersten hundert Meter des Bandes ... danach stellte ich das Gerät ab. Ich war nicht sicher, ob ich noch mehr vertragen konnte.

«Montag. Liebes Tagebuch. Heute war ein unheimlich guter Tag. Ich habe Klaus-Peter kennengelernt. Das ist der neue Junge auf dem Gymnasium. Man flippt direkt schon aus, wenn man ihn bloß sieht, so süß ist er. Na ja, anfangs war er ja mehr an Ulla interessiert, diesem langen, todlangweiligen Schrei in der Nacht, aber dann in der Lateinstunde, da blickte ich ihm sehr lange in die Augen, und dann wurde er krebsrot über das ganze Gesicht, und da wußte ich, daß ich ihn hatte, und in der großen Pause, da fragte er mich, ob wir morgen zusammen ins Kino latschen sollten. Meine Knie werden immer noch zu Gelee, wenn ich nur daran denke. Ich war natürlich schon mit einem Jungen im Kino, aber noch nie mit einem solchen wie Klaus-Peter. Mann, ich bin immer noch ganz weg!»

«Dienstag. Liebes Tagebuch. Heute war ein furchtbarer Tag. Ich bin unheimlich wütend auf Papa. So etwas Kleinliches wie ihn gibt es gar nicht. In der Schule hatte mir Klaus-Peter nämlich gesagt, daß er leider die Sache mit dem Kino annullieren müsse, weil sein Alter sich geweigert hatte, noch einen weiteren Vorschuß auf das Taschengeld zu bewilligen, und daß er daher völlig blank war. Trotzdem, in der großen Pause fragte Klaus-Peter, ob ich Lust hätte, mit seinem Ring zu gehen. Gurli geht auch mit Bennys Ring, aber der ist nicht annähernd so schön wie Klaus-Peters. Silber mit einem emaillierten Totenkopf, aber wenn man den Totenkopf in die Handfläche hineindreht, sieht der Ring aus wie ein echter True-love-Freundschaftsring. Ich sagte ihm, daß er die fünfundzwanzig Kronen für diese beiden Salonsesselplätze im Kino von mir leihen könnte, wenn ich es schaffte, sie bei meinem Alten loszueisen, aber natürlich reagierte Papa wie eine saure Gurke, als ich ihn danach fragte. Ob ich mir eigentlich darüber im klaren sei, wieviel fünfundzwanzig Kronen wären, und das auch noch am Monatsende? Ich setzte ihm ziemlich zu wegen einer absolut notwendigen Neuanschaffung einer Single für meine Plattensammlung, aber es war nichts zu machen. Dann ging ich zu Mama, um es bei ihr zu versuchen. Sie besaß nicht eine einzige Krone. Ich möchte bloß wissen, warum sie ihr Geld für allen möglichen Blödsinn ausgibt. Ich bin tödlich beleidigt und auf alle beide unheimlich wütend. Gute Nacht und Schluß!»

«Mittwoch. Liebes Tagebuch. Ulla, diese dumme Ziege, macht sich immer noch an Klaus-Peter heran. Aber das kann sie sich alles sparen. Au weia, sie verzog ganz gewaltig das Gesicht, als ich ihr Klaus-Peters Ring zeigte! Ich glaube, er meint es ernst mit ihm und mir. In der großen Pause hatte er zwei Stück Sahnekuchen, und als gerade niemand hinsah, gab er mir das eine. Um ihm zu zeigen, daß seine Liebe erwidert wurde, sagte ich ihm, daß ich schon noch bis morgen fünfundzwanzig Kronen zusammenkratzen würde. Als ich nach Hause kam, ging ich Papa sehr hart an, aber er wollte wissen, was ich mit dem vielen Geld wollte. Worauf ich sauer reagierte und eine Riesenszene machte und mich einschloß und heulte und mich weigerte, Nahrung zu mir zu nehmen, und ich sagte zu Mama, daß ich einen ganz blöden Vater habe, dann stritten sie sich, und das Ende vom Lied war, daß Papa mir fünfzehn Kronen gab. Jetzt fehlen mir nur noch zehn. Die hole ich mir morgen.»

«Donnerstag. Liebes Tagebuch. Obwohl ich Ulla nicht ausstehen kann, heute hat sie mir trotzdem geholfen. Sie benötigte unbedingt sofort fünfzehn Kronen für einen neuen Lippenstift, und dann lieh ich ihr meine fünfzehn Kronen unter der Bedingung, daß ich sie morgen wieder zurückbekomme, denn sie kriegt freitags ihr Taschengeld und nicht wie ich montags, und unter der Zusatzbedingung, daß sie mir zum Dank bis Montag zehn Kronen leiht. In der Mathematikstunde schickte ich einen Zettel zu Klaus-Peter, daß er ruhig schon für morgen die Salonsesselplätze im Kino vorbestellen könnte. ‹Okay, Sweety!› antwortete er auf einem Zettel, den ich immer an meinem Herzen tragen werde. Ich freue mich wahnsinnig auf morgen abend. *Good night, my love!*»

«Freitag. Liebes Tagebuch. Ich bin völlig niedergeschlagen. Schon drei Stunden habe ich jetzt geheult, und ich werde nie wieder die gleiche sein wie vorher. War mit Mama und Papa im Kino, weil Klaus-Peter nicht wie verabredet kam, es gab einen idiotischen Film mit dem Titel ‹Liebesnächte›. Rate mal, wer auf den Plätzen vor uns saß und Händchen hielt und schmuste und so weiter? Für meine fünfzehn Kronen natürlich. Klaus-Peter und Ulla. Ich werde ihr morgen die Augen aus dem Gehirn kratzen, diesem frechen, blöden Aas!»

Der Schwertschlucker

Chapello hatte einen sehr großen Mund; er hatte einen so großen Mund, daß eines Tages, als er Schmerzen in einem Backenzahn hatte und beim Zahnarzt seinen Mund aufriß, dieser zurückwich und abwehrend murmelte: «Nicht so weit! Ich bleibe auf dieser Seite des Gebisses stehen, während ich den Backenzahn ausbohre!»

Chapello war Schwertschlucker in einem kleinen Wanderzirkus. So groß wie jetzt war sein Mund allerdings nicht immer gewesen, aber seit siebzehn Jahren hatte er Abend für Abend eine Viertelstunde mit offenem Mund in der Manege gestanden, wobei er sich alle möglichen blanken Waffen in den Hals stopfte, von schweren kaukasischen Reitersäbeln bis zu mörderischen Kürassierschwertern, und es versteht sich von selbst, daß solche Sachen auf die Dauer die Mundmuskulatur erweitern.

Wie Rachen, Kehle und Speiseröhre bei einem Schwertschlucker eingerichtet sind, ist nicht bekannt. Es dürfte aber klar sein, daß alles aus gutem soliden Material besteht. Manchmal hatte Chapello Schwierigkeiten, die ganz großen Lanzensäbel zu schlucken, doch dann jagte er sich eine lange, grobe Feile in den Hals, und nachdem er etwas gefeilt, geschrubbt und gescheuert hatte, klappte es wieder mit den Lanzensäbeln – und als Zugabe schluckte er dann noch ein paar solide Kosakenreitersäbel, einen langen, doppelt gekrümmten türkischen Dolch sowie eine Leuchtstoffröhre. Wenn dann das Publikum das Neonlicht durch seinen Brustkorb scheinen sah, brandete der Beifall auf. Nicht ohne Grund hatte Chapello den Beinamen «König der Schwertschlucker».

Jetzt muß nur noch erwähnt werden, daß er sich nach seiner anstrengenden Darbietung immer zum verdienten Schläfchen auf den Diwan des Familienwohnwagens legte, dann kann mit der eigentlichen dramatischen Geschichte begonnen werden.

Nein, es ist auch noch wichtig, daß Chapello, wenn er mit über dem Bauch gefalteten Händen auf dem Diwan lag, sein Schläfchen immer mit offenem Mund machte.

Mit offenem Mund! Haben Sie das? Es ist für den Verlauf der Geschichte von großer Wichtigkeit, daß Sie sich dieses Detail merken.

Und damit zur eigentlichen Geschichte.

Sie beginnt mit dem furchtbaren Schrei einer Frau.

«Hilfe! Hiiilfe!»

Der Schrei stammte von Signora Chapello, man hörte ihn aus dem Familienwohnwagen eines Abends kurz nach der großen Gala-Premiere in einer kleinen Stadt im Norden. Die Tür des Wohnwagens flog auf, und heraus stürzte Signora Chapello mit allen Zeichen des Entsetzens in ihren dunklen, südländischen Zügen.

«Eine Maus! Eine Maus! Eine Maus! *La gola!*» rief sie, während sie quer über den Platz zum Wagen des Direktors lief.

Sie riß die Tür auf und stürmte hinein. «Eine Maus! Eine Maus! *La gola* . . . Es ist furchtbar!»

«Eine Maus?» fragte der Direktor und blickte von seinen Kassenbüchern auf. «Wo?»

Er konnte keine Maus sehen.

Signora Chapello ergriff seinen Arm und zog ihn vom Stuhl hoch.

«Oh, Signor Weisenkraut! *Grande catastrofe!* Mein Mann hat große, große Maus verschluckt! Was soll ich bloß machen! Er liegt auf *divanoletto* und ist ganz blau im Gesicht! Er kriegt gar keine Luft mehr!»

«Nehmen Sie ein Stück Käse und wedeln Sie damit vor seinem Mund hin und her, das wird die Maus hervorlocken», schlug Direktor Weisenkraut geistesgegenwärtig vor. «Ich rufe gleich einen Arzt.»

«*Grande Gorgonzola!*» nahm Signora Chapello die Idee auf und beeilte sich, zurück zu ihrem Wohnwagen zu kommen, während der Direktor einen Arzt herbeitelefonierte. Dieser erschien fünf Minuten später, und zusammen mit dem

Direktor lief er zu dem kleinen, grüngestrichenen Wohnwagen des Schwertschluckers, um nach dem Rechten zu sehen.

Sie fanden Chapello nach Luft schnappend auf dem Diwan liegen. Signora Chapello stand über ihn gebeugt und wedelte mit einem großen geräucherten Hering.

«Aber, Signora Chapello!» rief Direktor Weisenkraut verständnislos. «Ich habe Ihnen doch gesagt, Sie sollten es mit einem Stück Käse versuchen, damit die Maus herauskommt. Mäuse fressen Käse, keine geräucherten Heringe!»

Mit blitzenden Augen drehte sich Signora Chapello zu ihm herum und zischte:

«*Grande idiota!* Muß ich zuerst diese verdammte Katze herauslocken, oder?»

Nur ein Schauer

Sonntags fuhren Paul und Frieda fast niemals weg. Wenn andere Männer frühmorgens munter aus dem Bett sprangen, sich ihr Angelgerät schnappten und Schnaps in die Thermoskanne gossen oder auch Frau und Kinder in den Wagen packten, um ins Grüne zu fahren, in der Hoffnung, daß das gute Wetter sich halten würde, vergrub Paul seinen Kopf noch tiefer ins Kissen und schlief fröhlich weiter, fast den ganzen Vormittag – weil er wußte, daß das Wetter umschlagen würde.

Wenn Friedas Freundinnen am Sonntagvormittag mit den Kindern an den Strand fuhren, um Sommer, Sonne, Seeluft zu genießen, machte Frieda es sich im besten Stuhl des Hauses bequem und las in aller Ruhe ein paar Liebesromane.

Gegen Abend, wenn die Nachbarn dann wieder vom Strand oder aus dem Wald in die öde Steinwüste der Stadt zurückkehrten, lehnten sich Paul und Frieda an die Balkonbrüstung und amüsierten sich über sie.

«Was habe ich gesagt?» triumphierte Paul. «Habe ich nicht gesagt, daß es so gehen würde?»

«Doch Paul, das hast du gesagt.»

Und was hatte Paul gesagt?

Er hatte gesagt, heute würde es sinnlos sein, irgendwohin zu fahren, es würde den ganzen Tag in Strömen regnen. Und er hatte in vollem Umfang Recht behalten. Die Leute waren naß bis auf die Haut, verärgert, müde und schlecht gelaunt wegen des verregneten Sonntags.

«Ich habe es euch doch gesagt!» rief Paul seinem Nachbarn zu, der, naß wie eine ertrunkene Maus, sich damit abmühte, Strandbälle und Luftmatratzen aus dem Kofferraum zu holen.

«Darauf kann man sich nicht verlassen», gab der Nachbar verärgert zurück.

«So, das kann man nicht? Hat es vielleicht nicht geregnet, wie ich es vorausgesagt hatte? Hat es oder hat es nicht?»

Wenn Paul Regenwetter prophezeite, dann gab es auch Regenwetter. Darin irrte er sich nie.

«Ja, du bist immer so schlau!» fauchte der Nachbar und verschwand.

Aber eines Sonntagmorgens erwachte Frieda dadurch, daß jemand sie an der Schulter rüttelte. Es war Paul.

«Aufstehen», sagte er. «Wir fahren in den Wald!»

«In den Wald? Der Himmel ist doch voller Wolken. Es kann jeden Augenblick anfangen zu regnen.»

«Heute nicht! In ein paar Stunden scheint die Sonne! Wir kriegen herrliches Sonntagswetter!»

«Gut, wenn du es sagst», gab Frieda sich geschlagen, stand auf und machte sich zurecht. Währenddessen verstaute Paul Picknicktisch, Klappstühle, Kofferradio, Luftmatratze und was sonst noch zu einer zünftigen Waldpartie gehört in den Kofferraum. Bald erschien Frieda mit dem Essen, und sie konnten losfahren.

«Ihr seid ja verrückt», rief ihr Nachbar ihnen zu. «Gleich gießt es in Strömen.»

«Aber nicht heute», entgegnete Paul selbstsicher, und sie fuhren los. Es herrschte nur wenig Verkehr, der Himmel war mit tiefhängenden, schwarzen, drohenden Wolken verhangen, und die Leute blieben lieber zu Hause.

«In einer Stunde kommt die Sonne raus!» behauptete Paul.

«Bist du wirklich ganz sicher?» zweifelte Frieda.

«Ob ich sicher bin? Ich weiß es!»

Genau eine Stunde später, als sie sich gerade auf dem weichen Waldboden niedergelassen hatten und mit dem Picknick anfangen wollten, brach der Regen los. Es goß in Strömen.

«Du kannst ruhig sitzen bleiben», sagte Paul beruhigend. «Das ist nur ein Schauer. In zwei Minuten ist alles vorbei. Hast du einen Bieröffner mit?»

Frieda reichte ihm den Bieröffner und packte das mitgebrachte Essen aus. Eine Sekunde später hatte der Regen den gesamten Heringssalat vom Pappteller gespült.

«Was möchtest du haben? Eine Schnitte mit Leberpastete und Waldameisen oder lieber mit Tomaten in Regenwasser?»

«Tomaten in Regenwasser», murmelte Paul abwesend. Er war vollauf damit beschäftigt, den Himmel zu studieren. Plötzlich brach ein donnerndes Gewitter los, und der Regen wurde noch stärker. Es kippte eimerweise, es goß wie seit der Sintflut nicht mehr. Paul schenkte sich einen Schnaps ein, aber ehe er das Glas noch an den Mund heben konnte, waren die kostbaren Tropfen weggeregnet, und im Glas befand sich nur noch Wasser.

«Prost», sagte er und kippte es weg.

Dann wurden die Pappteller weggeschwemmt, der Blitz schlug in eine alte Eiche in unmittelbarer Nähe ein, wobei Paul vom Stuhl gerissen wurde.

«Laß uns nach Hause fahren», murmelte er, als er wieder senkrecht stand. Sie packten ihre Sachen und machten sich auf den Heimweg. Es blitzte und donnerte und regnete immer noch, als sie ankamen. Bis auf die Knochen durchnäßt stiegen sie aus. Rundherum standen die Leute an den Fenstern und amüsierten sich.

«Guck mal, wie sie alle stehen und sich schadenfroh die Hände reiben», sagte Frieda wütend und holte die tropfnasse Tischdecke heraus. «Du hast dich zum Gespött der ganzen Straße gemacht!»

Und das hatte er tatsächlich. Denn wenn es jemanden gab, dem so etwas nicht passieren durfte, dann war es Paul.

Er war Diplom-Meteorologe am Staatlichen Wetteramt und dort zuständig für das Wetter am Wochenende.

Ich schreibe dir bestimmt

Marianne war zu ihrer Mutter gefahren. Nicht, weil wir uns irgendwie entzweit hatten, sondern ganz einfach deswegen, weil es schon sehr lange her war, daß sie bei ihrer Mutter zu Hause gewesen war. Und ich hatte ihr gesagt: «Fahr du ruhig für zwei Wochen weg, du könntest schon einen kleinen Urlaub gebrauchen, und an mich brauchst du dabei nicht zu denken, wegen des Essens und so weiter komme ich schon zurecht. Ich haue mir ein paar weichgekochte Eier in die Pfanne und spüle sie mit ein paar Bierchen hinunter, ha ha! Das Essen ist das geringste Problem.» Dann fuhr sie los. Schon am ersten Abend, an dem ich allein war, klingelte das Telefon.

«'n Abend», erklang eine aufgeräumte Stimme. «Ich bin's, Thomasen. Ich höre, deine Frau ist für einige Tage verreist. Wie wäre es mit ein paar Runden Skat? Wir haben hier gerade noch einen freien Stuhl für den dritten Mann. Machst du mit?»

Das tat ich nicht.

«Nein», sagte ich. «Im Augenblick paßt es mir nicht besonders. Ich muß noch einen Brief an Marianne schreiben.»

«Aber sie ist doch gerade erst weggefahren!»

«Das spielt keine Rolle. Ich muß ihr heute abend einen Brief schreiben. Ich lasse mich auf keine Diskussionen ein.»

«Du hast doch sonst nichts dagegen, ein paar Runden zu kloppen. Wie gesagt, es fehlt uns gerade...»

Ich sagte, es täte mir leid, und legte auf.

Als ich am nächsten Tag ein paar Besorgungen in der Stadt zu machen hatte, traf ich einige meiner Kollegen.

«Kommst du mit ins Café auf eine Partie Billard?» fragte der eine.

«Bei dem Wetter kann man ja nichts anderes machen», fügte der nächste hinzu.

«Nein», sagte ich und vermied es, ihn dabei anzusehen.

«Ich muß nach Hause, um einen Brief an Marianne zu schreiben. Sie ist verreist.»

«Einen Brief schreiben? Ist der denn so wichtig? Kann das nicht bis morgen warten?»

Ich blieb standhaft.

«Der Brief muß bis 20.15 Uhr im Kasten sein, sonst kommt er morgen nicht an.»

«Na und? Das wäre wohl kein großes Unglück!»

Ich holte meine Autoschlüssel hervor.

«Was versteht ihr denn schon davon!»

Am nächsten Abend stand ich gerade in der Küche und wühlte in Kühlschrank und Schubladen, um wenigstens den schlimmsten Hunger zu stillen, als das Telefon wieder klingelte.

«Hallo», hörte ich eine aufgeregte Stimme. «Ich bin's wieder, Thomasen. Du, Irma ist gerade zum Französisch-Kurs, und wir sitzen hier mit drei Leuten und brauchen noch einen vierten Mann für ein knallhartes Spiel Sechs-undsechzig mit Pfeifen und Trommeln und allen Tricks. Bist du dabei?»

Ich war nicht.

«Nein», antwortete ich. «Heute nicht. Ich schreibe gerade an Marianne, und du weißt ja, so etwas liegt mir nicht besonders ... jedenfalls nicht, wenn ich ihn mit Tinte schreiben muß, und sie mag es nicht, wenn ich ihn mit der Maschine tippe, das ist ihr zu unpersönlich, und ich befürchte daher, daß ich den ganzen Abend daran sitzen werde.»

«Du hast doch gerade am Montag geschrieben. Ihr seid siebzehn Jahre verheiratet! Ist es denn unbedingt notwendig, jetzt schon wieder zu schreiben?»

Es war notwendig.

«Soll ich dir sagen, was du kannst? Du kannst mich mal ...!»

Verärgert legte er auf.

Am nächsten Abend traf ich ihn in der Stadt.

«He, warte mal!» rief er. «Wo willst du denn so schnell

hin? Hast du nicht Lust zu einer Partie Bowling? Ich bin dir noch Revanche schuldig.»

«Nein, nein, dazu habe ich heute keine Zeit. Ich muß schnell nach Hause und an Marianne schreiben. Sie ist immer noch verreist.»

Er trat ein paar Schritte zurück und blickte mich prüfend von oben bis unten an.

«Sag mal», begann er. «Was ist eigentlich mit dir los, seit deine Frau verreist ist? Du warst doch früher nicht so. Für eine Runde Skat warst du immer zu haben, und auch einer Partie Billard gingst du nicht aus dem Wege, wenn du dich nur irgendwie von zu Hause fortschleichen konntest. Aber jetzt ... jetzt bist du ja weder Fisch noch Fleisch. Nun hab dich doch nicht so, Mann, komm mit rüber und...»

«Nein, es geht wirklich nicht. Mich ärgert's ja auch, aber ich muß jetzt nach Hause, um diesen Brief zu schreiben. Es ist sehr wichtig für mich, daß er vor 20.15 Uhr im Kasten ist.»

«Warum denn? Wie ich dich kenne, steckt doch etwas dahinter. Du kannst mir ruhig erzählen, was dich bedrückt ... raus mit der Sprache!»

Es blieb mir nichts anderes übrig, und ich rückte mit der Wahrheit heraus.

«Also, das ist so», murmelte ich. «Bevor Marianne abreiste, sagte sie, wenn ich ihr nicht jeden Tag schreiben würde, dann ... ja, dann würde sie auf der Stelle zurückkehren!»

Das karierte Zebra

Im Klub der Abenteurer knisterte das Kaminfeuer, im Glas von Oberst Withermore leuchtete golden seine Lieblingsmarke, schottischer Highland Cream. Er erhob es und nahm genießerisch einen tiefen Schluck. Er hatte eine kosmopolitische Runde um seinen Tisch versammelt. Er war als glänzender Erzähler bekannt, und alle lauschten begierig seinen farbenfrohen Schilderungen aus seinem langen Leben als Safarileiter und gottbegnadeter Großwildjäger unter der brennenden Sonne Afrikas.

«Bei Nidagara südlich der Seriba-Berge hatten wir nahe am Tan River unser Lager aufgeschlagen. Mit meinem Gewehrträger, einem großen, glänzenden, pflichtgetreuen Massai mit Namen Kadongo, war ich in den Dschungel gegangen, um mich etwas umzusehen. Plötzlich ergriff Kadongo heftig meinen Arm.

‹Looka dat one, Bhwana!› sagte er aufgeregt in seinem unbeholfenen Suaheli, worauf ich mich beeilte, zu gucken. By jove! Ich wollte meinen eigenen Augen nicht trauen, meinem eigenen, geschulten Blick. Im hohen, harten, graugelben Savannengras vor mir stand ... ein kariertes Zebra!»

«Ein gestreiftes Zebra», unterbrach der Autokönig, Sir Cecil. «Zebras sind gestreift, you know.»

Oberst Withermore setzte sein Glas ab.

«Dieses nicht, Clifford, dieses nicht! Es war kariert, schwarz und weiß kariert – genau wie die Felder auf einem Schachbrett.»

«Karierte Zebras gibt es nicht», meinte Sir Cecil stur.

«Da liegst du nicht richtig, mein lieber Clifford. Karierte Zebras existieren», blieb Oberst Withermore bei seiner Aussage. «Ich habe es mit eigenen Augen gesehen. Seinerzeit wurde ja auch behauptet, das Okapi sei ein Phantasieprodukt. Und was ist mit dem blauen Fisch, wer hat an seine Existenz geglaubt, bis man das erste Exemplar vor Madagaskar herausfischte? Ich habe das erste karierte Zebra meines

Lebens gesehen, und ich glaube daran. Obgleich es sofort wieder verschwand, zweifelte ich keine Sekunde daran, was Kadongo und ich gesehen hatten.»

Aber Sir Cecil zweifelte immer noch. Mit der einem Engländer eigenen Verachtung für alles, was ihm fremd ist, attackierte er den Oberst auf das schärfste. Er wollte gerade das karierte Zebra mit dem Ungeheuer von Loch Ness vergleichen, als er eine noch bessere Idee hatte. Wenn es wirklich karierte Zebras gab, mußte es sich um so wenige Exemplare handeln, daß derjenige, der das erste Fell eines solchen Tieres besaß, ein gutes Geschäft machte, unabhängig davon, was es ihn gekostet hatte.

«Ausgezeichnet», sagte er und warf einen Blick in den Kreis andächtig lauschender Abenteurer. «Ich biete 10000 Pfund für denjenigen hier aus dieser Runde, der mir ein kariertes Zebra bringt – tot oder lebendig.»

Alle am Tisch waren beeindruckt. Schließlich waren 10000 Pfund kein Pappenstiel. Neben Oberst Withermore und Sir Cecil bestand die Runde noch aus einem Amerikaner, einem Deutschen, einem Franzosen, einem Spanier, einem Italiener, einem Schotten und einem Dänen. Alle leerten schnell die Gläser und brachen auf, um jeder für sich zu überlegen, wie die Sache anzupacken sei und was sie unternehmen mußten, um ein kariertes Zebra in die Hände zu bekommen.

Als Oberst Withermore mit Sir Cecil allein am Tisch saß, füllte er sein Glas, erhob es und trank.

«Du hast recht, Clifford», sagte er ruhig. «Es gibt keine karierten Zebras!»

«Ja, aber», fuhr Sir Cecil hoch. «Warum in aller Welt hast du es dann behauptet?»

«Weil an unserem Tisch Teilnehmer aus sieben Nationen saßen. Die Art und Weise, wie jeder von ihnen jetzt das Problem angeht, wird uns interessante Aufschlüsse über die jeweiligen nationalen Eigenarten vermitteln.»

Oberst Withermore sollte recht behalten.

Der Amerikaner rüstete umgehend eine Afrika-Expedition aus, gab ihr den Namen «Operation Zebra» und schiffte sich mit einer Unzahl Lastwagen, Jeeps, Amphibienfahrzeugen, Hubschraubern, Landrovern und was sonst noch zu einer gut ausgerüsteten Expedition gehört nach Afrika ein.

Der Deutsche beschaffte sich alles, was in den letzten vier- bis fünfhundert Jahren über Zebras gedruckt worden war, und arbeitete sich mit minutiöser Genauigkeit durch das Riesenmaterial, um mit möglichst kleiner Fehlerwahrschein- lichkeit den Ort auf der Karte ausfindig zu machen, an dem er mit der Suche beginnen wollte.

Der Franzose sah sich nach einer jungen, gutgebauten Sekretärin um und packte seine Zahnbürste sowie einen weißen Tropicalsmoking für die Abendgesellschaften in Nai- robi ein. Diesen Ort hatte er als Ausgangspunkt für seine Zebrajagd gewählt, unabhängig davon, wo in Afrika die karierten Zebras zu suchen waren.

Der Spanier besorgte sich einen Maulesel sowie einen Eimer schwarze und einen Eimer weiße Farbe. Mit diesen einfachen Requisiten dampfte er in der Touristenklasse Rich- tung schwarzer Kontinent.

Der Italiener erkundigte sich bei Oberst Withermore, ob karierte Zebras als gefährlich angesehen werden mußten. «Was heißt hier gefährlich?» erhielt er zur Antwort. «Sie keilen aus!» Daraufhin zog sich der Italiener von der Jagd zurück.

Der Schotte rief alle erreichbaren zoologischen Gärten an, um nachzufragen, ob man zufälligerweise ein altes, ausge- dientes, kariertes Zebra habe, das man ihm gegen Selbstab- holen überlassen könne.

Dann war nur noch der Däne übrig. Er hatte es noch nicht weiter als bis in die angrenzende Bar gebracht.

«Sagen Sie», rief Sir Cecil verständnislos aus, als er später am Abend in die Bar kam. «Wollen Sie denn gar nichts unternehmen?»

«Doch, natürlich», antwortete der Däne. «Ich meinte nur, ich könnte vorher noch ein Bier vertragen. Wenn ich erst in Afrika bin, muß ich vielleicht lange auf mein nächstes Bier warten.»

Er leerte sein Glas, wischte sich behaglich den Schaum ab und sprang vom Barhocker, worauf er jovial die Hand auf die Schulter des Automobilkönigs legte.

«Sagen Sie», meinte er und blickte Sir Cecil gerade in die Augen. «Wie sieht es mit einem Vorschuß aus?»

Der feine Unterschied

Der alte Rittmeister Bärenbeiß hatte etwas Aristokratisches
an sich. Sein fester, scharfer Blick hatte seinen jugendlichen
Glanz behalten, er hielt sich kerzengerade und machte den
Eindruck, hoch über die Kleinlichkeiten des Daseins im
Wohlfahrtsstaat erhaben zu sein. Die tiefblauen Augen und
der außerordentlich gepflegte Schnurrbart waren gerade so
exzentrisch überdimensioniert, wie man es von einem alten
Brummbär wie dem Rittmeister erwarten konnte, der unter
drei Königen gedient hatte und sein Leben in militärischer
Würde führte. Auf einem seiner gewohnten Vormittagsspa-
ziergänge kam er durch eine stille Seitenstraße, als er plötzlich von einem Stadtstreicher angesprochen wurde:

«Ich bitte um Entschuldigung, Herr Schiffsreeder, aber
könntest du nicht einem bedürftigen Mitmenschen mit ein
paar Kronen für eine einzige dünne Tasse Kaffee aus-
helfen?»

Der alte Rittmeister wollte gerade unwirsch bemerken,
daß er kein Geld bei sich habe, aber dann gewann sein gutes
Herz dennoch die Oberhand. Er blieb stehen und blickte
den Stadtstreicher durchbohrend an.

«Ist Er hungrig?» brummte er kurz und militärisch.

«Ja, Meister. Ich weiß gar nicht mehr, wann ich das letzte
Mal auch nur einen Krümel fester Nahrung zu mir genommen habe», antwortete der Stadtstreicher, der überaus
erbärmlich aussah, so daß es dem Rittmeister plötzlich egal
war, daß er eigentlich zum Schachspielen verabredet war.

Sicherheitshalber fügte der Pennbruder noch schnell
hinzu: »Und vom Sozialamt gibt's auch kein Geld mehr und
nichts zu trinken.»

«Ausgezeichnet», nickte der Rittmeister. «Eigentlich habe
ich auch Hunger. Gehen wir irgendwohin zum Essen.»

Sie gingen in ein gemütliches, kleines Lokal und bestell-
ten sich die Spezialität des Hauses: Beefsteak mit grünen
Bohnen, gebackenen Kartoffeln und Petersilienbutter.

«Und eine gute Flasche Burgunder», verlangte der Rittmeister.

«Und reichlich rote Beeten», fügte der Stadtstreicher hinzu.

Mit einem «Zu Diensten, mein Herr!» verbeugte sich der Kellner vor dem Rittmeister und warf dem Stadtstreicher einen kurzen, geringschätzigen Blick zu.

Ohne viele Worte verspeisten sie dann ihr Beefsteak. Nach dem letzten Bissen säuberte der Stadtstreicher sorgfältig das Besteck an seiner Jacke, der Rittmeister schob seinen Teller weg und lehnte sich behaglich in seinem Stuhl zurück.

«Nun», sagte er wohlwollend, «ist Er satt?»

Der Stadtstreicher war noch nie so satt gewesen.

«Was hält er von dem Burgunder?»

«Der läßt sich trinken, Herr Schiffsreeder.»

Der Rittmeister winkte dem Ober.

«Bringen Sie uns zwei Tassen starken Mokka, zwei Gläser mit dem besten Cognac des Hauses und zwei große Zigarren, Corona-Corona.»

Der Ober verbeugte sich und schielte hinüber zum Stadtstreicher, in der Erwartung, der Kerl würde jetzt wieder reichlich rote Beeten verlangen, was dieser jedoch nicht tat.

Als der Stadtstreicher den dritten Cognac hinuntergespült hatte, erzählte er dem Rittmeister seine betrübliche Lebensgeschichte. Der Rittmeister paffte an seiner Corona, steckte die Daumen in die Armlöcher seiner Weste und machte es sich bequem. Er verlor etwas Asche auf die karierte Weste, bürstete sie ab und ergriff sein Glas.

«Zum Wohl», sagte er. «Und vielen Dank für Seine Gesellschaft. Was hält Er übrigens vom Cognac?»

«Ganz guter Sprit, Herr Schiffsreeder, ganz gut.»

«Es gibt kaum einen besseren», brummte der Rittmeister und trank zufrieden sein Glas aus. Darauf winkte er dem Ober.

«Zahlen», sagte er. «Jeder für sich.»

«Ja, aber...» wollte der Stadtstreicher einwenden, aber der Rittmeister machte eine abwehrende Handbewegung.

Der Ober entfernte sich und erschien einen Augenblick später mit zwei Rechnungen. Der Stadtstreicher starrte verzweifelt seine an.

«Zum Teufel, Mann», sagte er verwirrt und reichte dem Rittmeister die Rechnung. «Ich bin völlig blank, nicht einmal den Schatten einer Münze besitze ich. Und Sie sagten ja auch, Meister, daß...»

«Kann Er nicht bezahlen?» brummte der Rittmeister und runzelte die Augenbrauen. Dann wandte er sich an den Ober. «Wenn der Kerl nicht bezahlen kann, dann werfen Sie ihn zur Hintertür hinaus!»

Der Ober rief den Geschäftsführer herbei, sie beratschlagten kurz und gedämpft, wobei sie beschlossen, den Stadtstreicher so diskret wie möglich durch die Hintertür zu entfernen. Der Rittmeister paffte zufrieden weiter an seiner dicken Zigarre. Als er sie bis zum letzten Zug ausgeraucht hatte, warf er einen kurzen Blick auf seine Rechnung, winkte sowohl dem Ober wie dem Geschäftsführer und brummte kurz und militärisch:

«Werfen Sie mich zur Eingangstür hinaus!»

Die verhinderte Schnapsdrossel

Mein ganzer Stolz als Hausherr, mein Weinkeller, hatte sich bedenklich geleert; von den guten, alten, angestaubten Jahrgängen waren nur noch wenige Flaschen übrig, und als ich sie mit Kennermiene vorsichtig ans Licht hielt, mußte ich mit Bedauern feststellen, daß sie leer waren, was sich im übrigen auch aus der Tatsache ergab, daß sie keinen Korken mehr hatten, und das schon seit Jahren. Ich mußte also zum Weinhändler, um für Nachschub zu sorgen.

«Womit kann ich Ihnen dienen?» erkundigte sich der Weinhändler beflissen.

«Diese Dame ist wohl vor mir dran», sagte ich mit einem Blick auf eine reizende ältere Dame, der ich beim Betreten des Geschäftes galant die Tür aufgehalten hatte.

«Sie wünschen?»

Sie sah sich unsicher die langen Regale voller Flaschen an.

«Ich bin mir noch nicht ganz im klaren», meinte sie mit einer angenehmen, etwas vorsichtigen Stimme. Das reichhaltige Angebot von Bacchus' edlen Tropfen schien sie zu überwältigen. «Was ist das dort drüben?»

«Ein roter Burgunder, gnädige Frau. Ein ausgesuchter Jahrgang, direkt aus dem Distrikt...»

«Er sieht etwas staubig aus.»

Es war deutlich zu sehen, wie bei dieser Bemerkung der Weinhändler einen Stich ins Herz bekam.

«Wir haben hier einen Chambertin, den ich Ihnen wärmstens empfehlen kann. Wenn Sie Wert auf ein samtweiches Bukett legen, dann können Sie immer–»

«Nein, das ist nicht das Richtige.»

Wieder zuckte der Weinhändler unmerklich zusammen.

«Es ist eine Originalabfüllung eines der besten Häuser im Departement Côte de Nuits, gnädige Frau! Aber Sie können selbstverständlich auch etwas Preiswerteres bekommen. Zum Beispiel diesen Pommard? Für seinen Preis ist er recht gut.»

113

Die ältere Dame warf einen zweifelnden Blick auf die Flasche, schielte dann zu mir herüber, als suche sie Rat. Ich kannte den Pommard. Wir hatten uns damit einen Punsch gemacht. Zu mehr war er nicht zu gebrauchen.

«Der andere ist etwas voller», riet ich.

Aber die ältere Dame hatte an beiden Flaschen schon das Interesse verloren.

«Die bauchige Flasche dort auf dem obersten Regal, was ist das?» wollte sie wissen. Der Weinhändler zuckte zusammen.

«Das ist ein Vecchia Romagna Buton, ein italienischer Weinbrand», antwortete er kühl. «Ich hatte aber den Eindruck, die gnädige Frau sei an einem guten alten Burgunder interessiert.»

«Nun, das nehme ich nicht so genau.»

«Darf ich fragen, ob Sie für ein festliches Essen oder ähnliches etwas suchen?»

«Festessen?» murmelte die ältere Dame abwesend. «Nein, nein, es ist für mich selbst.»

Ein bestimmtes Regal hatte ihr Interesse geweckt.

«Was haben Sie da?» fragte sie mit einem reizenden Lächeln und blickte dem Weinhändler mutig in die Augen.

«Einen José Martinez Sherry, gnädige Frau. Halbtrocken, voll im Geschmack, dunkelgolden. Eine ausgesuchte, fünfzehnjährige Originalabfüllung eines der führenden portugiesischen Häuser, in Flaschen importiert.»

«Darf ich mal sehen?»

Vorsichtig, als handele es sich um einen süßen kleinen Säugling, nahm der Weinhändler den José Martinez aus dem Regal und hielt ihn der alten Dame hin.

«Haben Sie die nur in dieser Größe ... ich meine, gibt es die auch mit einem ... äh ... dickeren Hals?»

Der Weinhändler fuhr herum und vergaß dabei sekundenlang völlig, daß der ausgesuchte, fünfzehnjährige, originalabgefüllte José Martinez eigentlich kaum Erschütterungen vertrug.

«Nein, so etwas gibt es nicht», fauchte er und sah aus, als würde er jeden Augenblick explodieren. Die ältere Dame blinzelte nervös mit den Augen; dann wandte sie sich wieder an mich, als wolle sie von mir einen Rat.

«Wie wäre es mit einem Kirschwein?» schlug ich schnell vor. Ein Glas Fruchtwein, ein Stück Kuchen dazu, das würde einer Dame ihres Alters kaum schaden können.

«Nein», schüttelte sie den Kopf. «Kirschwein habe ich zu Hause. Damit geht es auf keinen Fall. Was ist in dieser Flasche?»

«Russischer Wodka, 48%», erklärte der Weinhändler kurz angebunden. Er hatte den Schock mit dem fünfzehnjährigen José Martinez noch nicht überwunden.

«Volt?» murmelte die alte Dame verständnislos.

«Wie bitte, was?»

«Sie sagten etwas mit 48.»

Der Weinhändler antwortete nicht. Heimlich schluckte er eine Handvoll Beruhigungspillen. Dann wandte er sich an mich.

«Was kann ich für Sie tun, mein Herr? Vielleicht kann ich Sie zwischendurch bedienen. Ich meine, bis die gnädige Frau sich entschieden hat.»

Ich konnte nicht mehr antworten. Plötzlich ging ein großes Leuchten über das Gesicht der älteren Dame.

«Der lustige, sechseckige Weißwein da oben, geben Sie mir den», sagte sie begeistert.

«Das ist absolut kein Weißwein, meine Dame», antwortete der Weinhändler mit starrem Blick. «Es ist ein Navip Slibowitz, ein alter serbischer Pflaumenbranntwein, einer der stärksten Schnäpse, die ich überhaupt in meinem Sortiment führe.»

«Dann nehme ich die. Würden Sie bitte so nett sein, die Flasche einzupacken?»

Ohne ein Wort wickelte der Weinhändler die Flasche ein.

«Es geht mich selbstverständlich nichts an», erlaubte ich mir eine Bemerkung. «Aber serbischer Pflaumenschnaps kann einen ganz schön umhauen, wenn man zuviel davon bekommt.»

Die ältere Dame lächelte mich liebenswürdig an.

«Das spielt überhaupt keine Rolle», antwortete sie. «Ich kippe ihn sowieso weg. Ich suche ja nur eine Flasche für einen Lampenfuß!»

Zur Hochzeit nach Glennfinnan

Mit planmäßiger Verspätung von zwanzig Minuten war der kleine, schnaufende Nahverkehrszug Holywood-Glennfinnan auf den Bahnhof von Inverness gedampft, und jetzt wartete man geduldig auf das Aus- und Einsteigen der Fahrgäste. Der verschwitzte Heizer der Dampflokomotive ließ seinen Kessel Wasser saufen, der Lokomotivführer rauchte ein Pfeifchen grobgeschnittener Scotch Mixture, während der Schaffner sich zu einem Plausch mit der vollbusigen, rothaarigen Kellnerin in die Bahnhofsgaststätte von Inverness begab, um gleichzeitig schnell und möglichst unbemerkt einen Krug mit herrlich kaltem Guinness in sich hineinzuschütten.

Der letzte der Zusteigenden, Angus MacCormac, hatte eben mühsam seinen großen, schweren Koffer ins Netz gewuchtet, als Abfahrt gepfiffen wurde. Der Nahverkehrszug Holywood-Glennfinnan verließ langsam den Bahnhof von Inverness und rollte südwärts über die blühenden Heideflächen des schottischen Hochlands. Angus MacCormac suchte sich auf der harten Holzbank die bestmögliche Sitzposition und glättete seinen Kilt. In Ermangelung eines besseren Zeitvertreibs nahm er seinen Dudelsack und blies das gute, alte Lied *Mo Nighean Donn*, während er gedankenverloren vor sich hinstarrte. Da wurde die Tür des kleinen Abteils geöffnet, und der Schaffner steckte seine Nase herein.

«Zeig mir bitte deine Fahrkarte, Angus», sagte er.

Angus MacCormac ließ den Dudelsack sinken. Er blickte den Schaffner treuherzig an.

«Fahrkarte?» fragte er und blinzelte unschuldsvoll mit seinen kleinen, runden, himmelblauen Augen. «Welche Fahrkarte, Archie?»

Der Schaffner zwirbelte seinen kräftigen, schwarzen Oberlippenbart und zog unheilverkündend die Augenbrauen zusammen.

«Jetzt hör mal gut zu, Angus», fauchte er. «Du weißt ganz

genau, daß man nicht gratis mit dem Zug fahren kann. Aber wenn du keine Fahrkarte hast, kannst du ja bei mir nachlösen. Wohin willst du?»

«Zur Hochzeit nach Glennfinnan Mor.»

«Das kostet zwölf Shilling.»

Angus MacCormac hätte vor Schreck fast den Dudelsack fallen lassen.

«*A mhuire mhathair!*» stöhnte er auf Gälisch. «Das kann doch nicht dein Ernst sein, Archie. Das ist ja ein Vermögen für eine so kurze Strecke. Einigen wir uns auf drei Shilling und einen Schluck von meinem Glen Gloming?»

Angus MacCormac schob sein Jackett gerade so weit zur Seite, daß der Schaffner einen kurzen Blick auf den Flachmann mit der goldenen Flüssigkeit werfen konnte.

«Um Fahrkartenpreise wird nicht gefeilscht, Angus. Die Fahrt Inverness-Glennfinnan Mor kostet heute zwölf Shilling. Entweder gibst du mir jetzt sofort die zwölf Shilling, oder . . . oder ich schmeiße dich in Lochhalsh raus!»

«Aber ich muß doch zu dieser Hochzeit, Archie. Ich sehe keinen Grund, der Eisenbahn zwölf Shilling in den Rachen zu stopfen. Laß mich mit sechs Shilling davonkommen!»

Der Schaffner war unbeugsam. Widerwillig holte Angus MacCormac seinen schafsledernen Geldbeutel hervor und öffnete ihn.

«Zehn Shilling, Archie», versuchte er ein letztes Mal, den Preis zu drücken.

Der Schaffner verzog keine Miene. Er hielt die Hand ausgestreckt, bis sich zwölf Shilling darin befanden. Als er sie gerade an sich nehmen wollte, hörte er unter der harten Holzbank jemanden niesen. Er bückte sich und zog eine männliche Person hervor.

«Willst du auch zur Hochzeit nach Glennfinnan Mor?» fragte er mit drohendem Unterton in der Stimme.

Der Mann nickte.

«Ja», murmelte er zögernd. «Ich bin der Bräutigam.»

Angus mischte sich ein: «Ich fürchte, wir haben vergessen, für ihn eine Fahrkarte zu lösen, Archie. Es ist mein jüngster

Sohn, Roderick. Für ihn reicht ja wohl noch eine Kinderfahrkarte, er ist gerade erst 27 geworden.»

«Jetzt ist aber Schluß! Bezahl jetzt, oder ich schmeiße euch beide in Lochhalsh aus dem Zug!»

«*A dhuine, dhuine!*» jammerte Angus. «Ihr verdammten Eisenbahner bringt mich noch an den Bettelstab. Können wir uns nicht auf sechs Shilling einigen?»

«Sechzehn Shilling kostet es von Inverness nach Glennfinnan Mor«, brummte der Schaffner.

«*A dhia!*» ertönte eine verärgerte Stimme aus einem Kleiderhaufen im Gepäcknetz, und eine Frauensperson steckte aufgebracht ihren Kopf hervor. «Soll er etwa mehr bezahlen als Angus? Gerade eben hast du nur zwölf Shilling verlangt! So schnell steigen die Preise bei der Eisenbahn ja wohl nicht, oder?»

Der Schaffner warf einen Blick auf die aufgebrachte Frau. Es war Catriona, Angus MacCormacs äußerst dickleibige Frau.

«Jetzt reicht es mir aber!» schnaubte er wütend und zerrte sie aus dem Gepäcknetz herunter. «Ihr glaubt wohl, ihr könnt die Bahn zum Narren halten? Beim nächsten Halt schmeiße ich euch alle drei raus. Wenn du mit einer einzigen Fahrkarte deine ganze Familie nach Glennfinnan Mor schmuggeln willst, dann aber nicht mit mir, mein lieber Angus!»

In diesem Moment gab es einen Ruck ... der Zug hielt in Lochhalsh. Immer noch wütend, packte der Schaffner Angus MacCormac, Catriona und den Bräutigam Roderick am Kragen und bugsierte sie hinaus auf den Bahnsteig. Durch das offene Abteilfenster flog Angus MacCormacs Dudelsack hinterher, und den gleichen Weg schickte der Schaffner auch den großen, schweren Reisekoffer. Krachend landete er auf dem Bahnsteig. Das war zuviel für Angus MacCormac. Er stürmte wieder in den Zug und packte den Schaffner am Revers seiner Uniform.

«*Mac an dibhoil!*» fluchte er erregt. «Erst läßt du deine Gemeinheiten an mir aus, dann wirst du unverschämt zu meiner Frau und meinem Sohn, und jetzt ... er zeigte auf den großen Reisekoffer, «jetzt versuchst du auch noch, meinen kleinen Hector umzubringen, mein einziges Enkelkind!»

Mit Mädchen spielt man nicht

Für ein paar Tage hatten wir den kleinen Manfred zu Besuch und schickten ihn zum Spielen nach draußen. Er kannte zwar niemanden in der Straße, aber in seinem Alter finden Kinder ja schnell neue Freunde, und tun sie es nicht, können sie ohne weiteres allein spielen. Hauptsache, sie kommen an die frische Luft und lärmen und toben nicht drinnen herum, wenn man seinen Mittagsschlaf halten möchte. Ich hatte vielleicht eine Stunde oder auch anderthalb geschlafen, als ich dadurch erwachte, daß jemand herumkrakeelte und lärmte. Es war unser Gast, der kleine Manfred.

«Gibst du mir zwei Kronen, Onkel?» hörte ich ihn fragen. Er wartete ab, bis ich mich erhoben und eine Zigarre angezündet hatte.

«Was ist denn mit den zwei Kronen, die ich dir gestern gegeben habe?»

«Weg.»

Durch einen größeren Klumpen Kaugummi war er stark mit Kauen beschäftigt. Ab und zu wurde der Kaugummi in Armeslänge herausgezogen.

«Wofür?»

«Alles mögliche.»

«Zum Beispiel Kaugummi?»

«Nein.»

«Woher hast du denn den ganzen Kram, auf dem du jetzt herumkaust?»

«Geschenkt gekriegt.»

«Von wem?»

«Beate.»

«Ich kenne keine Beate. Wer ist das?»

«Meine neue Spielkameradin. Sie ist unheimlich nett, du. Überhaupt nicht so blöd wie Karl-Heinz und Thomas zu Hause. Sie hat mir auch den Fußball ihres Bruders geliehen. Und sie hat überhaupt nicht geweint oder sonst etwas, als ich ihr den Fußball genau ins Gesicht knallte. Weil ich eine hohe

Flanke nicht richtig getroffen hatte. Kriege ich jetzt die zwei Kronen, Onkel?»

«Wofür?»

«Für etwas.»

«Das ist keine Antwort.»

«Ich muß für mich und Beate Lakritz kaufen.»

Das war der Beginn der schiefen Bahn – wenn er in diesem Alter schon anfing, irgendwelchen Mädchen mit Geschenken gefallen zu wollen. Bis jetzt hatte er stur darauf bestanden, daß man mit Mädchen nicht spielen könne, weil sie todlangweilig seien. Das war ein Standpunkt, den ich ihm noch einige Jahre gönnen wollte. Wenn man erst einmal anfängt, für Mädchen Geld auszugeben, nimmt das später ganz schnell überhand. Erst wollen sie Kinokarten, dann wollen sie in teuren Diskotheken ausgehalten werden, dann müssen sie in teuren Taxis nach Hause fahren, dann erwarten sie, daß man mit Blumen kommt oder mit Pralinen, dann wollen sie einen Verlobungsring, dann eine Hochzeitsreise, und schon brauchen sie ein neues Kleid, einen neuen Pelzmantel, immer wieder etwas Neues ... kurz gesagt, das Roulette dreht sich, die Zwickmühle klappert, man macht sich selbst kaputt in seinen ewigen Anstrengungen, ihnen all das zu bieten, ohne das sie glauben, nicht leben zu können. Außerdem war es nur ein paar Stunden her, daß Marianne es geschafft hatte, mich um einige hundert Kronen zu erleichtern, die ich eigentlich zur Seite legen wollte, um meine Angelausrüstung zu erneuern.

«Nein», lehnte ich kategorisch ab. Dem Jungen zuliebe.

«Dann kriege ich die zwei Kronen also nicht?»

«Nein, habe ich doch eben gesagt. Ist das jetzt klar?»

«Man darf ja wohl mal fragen. Ist aber auch egal.»

Ziemlich beleidigt ging er zur Tür. Ich winkte ihn zurück.

«Du bist noch nicht alt genug, um zu verstehen, warum ich nein sage», versuchte ich ihm zu erklären, wobei ich mich als guter Onkel fühlte und ihm tröstend die Hand auf die Schulter legte. «Aber das mache ich deinetwegen, mein Junge. Wenn ich dir heute schon Geld gebe, damit du für

Beate etwas kaufen kannst, ist die Lawine bereits ins Rutschen gekommen.»

«Welche Lawine? Ich hab dir doch schon erzählt, daß Beate viel netter ist als Karl-Heinz und Thomas und –»

«Wenn sie so nett ist, dann geh hinaus und spiel weiter mit ihr.»

Er zog sich zurück, allerdings mit einem Kopfschütteln, das deutlich zeigte, daß er seinen Onkel für ziemlich blöd hielt.

Eine Viertelstunde später ging ich nach draußen in die Garage. Unser kleiner Manfred hatte sich auf einem Mädchenfahrrad an den Zaun gelehnt, einen Fußball unter den Arm geklemmt und lutschte begeistert an einer Stange Lakritz.

«Hast du deine Tante um Geld dafür angebettelt?» fragte ich streng.

«Nix da!»

«Woher hast du die denn dann?»

«Von Beate. Sie hat sich eben zu Hause etwas Geld geholt. Ich sagte ihr, daß ich nicht mit Mädchen spiele, wenn sie mir nicht eine Stange Lakritz gibt.»

Im Vorbeigehen gab ich ihm einen aufmunternden Klaps auf die Schulter. Der Junge war Gottseidank noch nicht ganz verloren.

Ausritt des Hofjägermeisters

Gutsbesitzer Gibbernacken vom Gut Gibberhof war gerade neunzig geworden. Ein biederer alter Ehrenmann, der Hofjägermeister gewesen war und sich noch immer gut hielt, obwohl es nicht mehr ganz so lief wie in jungen Jahren. An einem schneidend kalten Wintertag war er, nur angetan mit Nachthemd und Pantoffeln, zu seinen Pferden in den Stall gestapft und hatte sich dabei eine schlimme Erkältung geholt. Als er am nächsten Morgen aufstehen wollte, hatte er derart wackelige Knie, daß der Gutsverwalter keine Bedenken hatte, den Hausarzt des Gutes zu rufen, den alten Doktor Ischiasen. Der Gutsbesitzer warf ihm einen wütenden Blick zu, als er auftauchte.

«Verschwinden Sie!» knurrte er. «In diesem Land hat man immer noch das Recht auf ein ungestörtes Privatleben.»

Doch Doktor Ischiasen, ein alter Freund des Hauses, ließ sich nicht so ohne weiteres abweisen. «Sie haben einen Generalschnupfen», sagte er. «Der Herr Gutsbesitzer muß einige Tage das Bett hüten.»

«Den Teufel werde ich tun! Ein alter Dragoner, der seinem Land unter vier Königen und einer Königin gedient hat, bleibt wegen so einer kleinen Erkältung doch nicht einfach in der Koje! Laß uns ein kleines Spiel machen und dazu einen steifen Grog trinken.»

Er winkte Alfred zu sich heran, den Haushofmeister des Gutes.

«Her mit den Karten und der Zigarrenkiste!» befahl er. «Wenn man mit dem Teufel kämpft, braucht man Feuer im Mund!»

Kaum hatte er das gesagt, knickte er zusammen und landete wie ein nasser Lappen auf dem Fußboden. Alfred schleppte ihn zum Himmelbett im Schlafgemach und wuchtete ihn hinein. Acht Tage lang hörte man von ihm buchstäblich keinen Laut. Er lag ruhig da mit 4711 Fieber und dem einen Bein im Grab. Die Familienangehörigen waren vollauf damit beschäftigt, alles für die Beerdigung vorzubereiten, so daß nur das Zimmermädchen es hörte, als eines Tages ein gewaltiges Gebrüll aus dem Himmelbett ertönte. Sie beeilte sich, den Vorhang zurückzuschlagen.

«Warum in aller Welt liege ich hier herum und gaffe Löcher in die Luft?» brüllte der alte Hofjägermeister, wobei er dem Zimmermädchen einen vorwurfsvollen Blick sandte.

«Der Herr Gutsbesitzer hatte eine schwere Lungenentzündung. Doktor Ischiasen hat gesagt, daß der Herr Gutsbesitzer noch mindestens eine Woche im Himmelbett bleiben muß.»

«Hä?» fauchte der Alte und ließ den Haushofmeister rufen. «Her mit meinen gefütterten langen Unterhosen und meinen schwarzen Reitstiefeln, du Schlappschwanz! Und sorge dafür, daß Prinz gesattelt wird und der Stallknecht ihn zur Haupttreppe führt.»

Die Frau Gutsbesitzerin, die gerade ein paar seidene Putzlappen bestickt hatte, kam herbeigestürzt.

«Du willst doch nicht etwa ausreiten, Hannibal?» rief sie aufgebracht.

«Der Herr Gutsbesitzer hat sich ja seit vielen Jahren kaum noch auf einem Pferd festhalten können», gab der Gutsverwalter zu bedenken.

«Aber jetzt kann ich! Ich habe lange genug gelegen und Kräfte gesammelt. Von jetzt an werde ich jeden Morgen ausreiten, unabhängig vom Wetter. Ich habe die Absicht, noch mindestens zwanzig Jahre zu leben.»

Man zog dem alten Knaben seinen Reitanzug und die schwarzen Reitstiefel an, und er stapfte tatsächlich hinaus zur Haupttreppe.

«Wo ist der Gaul?» brummte er und blinzelte gegen das grelle Licht. Seine Augen waren auch nicht mehr die besten.

«Prinz steht gesattelt am Fuß der Treppe», sagte der Haushofmeister. «Ich werde dem Herrn Gutsbesitzer in den Sattel helfen.»

«Nichts wirst du tun, du Halunke! Hau ab!»

Der Gutsbesitzer humpelte hinunter und ergriff die Zügel.

Die alten, spröden Knochen schienen zu knirschen, als er den Fuß in den Steigbügel steckte. Erst nach dem sechsten Versuch war er im Sattel. Er richtete sich auf und blickte triumphierend auf seine Frau, den Gutsverwalter und den Stallknecht hinunter.

«Was habe ich gesagt, ihr Waschweiber? Sitze ich jetzt hier oder etwa nicht?»

«Du sitzt da, mein lieber Hannibal», räumte die Gutsbesitzerin mit einem verzweifelten Blick auf ihren Mann ein. «Du sitzt da, aber . . . du sitzt falsch herum . . . du sitzt umgekehrt . . . du sitzt ja mit dem Rücken zum Kopf des Pferdes!»

Einige Sekunden saß der Gutsbesitzer ruhig da, ohne etwas zu sagen. Dann blickte er seiner Frau gerade in die Augen, beugte sich ein wenig vornüber und knurrte: «Woher zum Teufel willst du, liebe Constance, wissen, in welche Richtung ich reiten will?»

Sonnenbrillen

Es ist durchaus möglich, daß Landwirtschaft und Fischfang früher die wichtigsten Erwerbsquellen unseres Landes waren. Heute aber ist es ohne Zweifel die Sonnenbrillenindustrie. In der Tat ist die Entwicklung auf dem Gebiet der Sonnenbrillen imponierend. In früheren Zeiten waren Sonnenbrillen ein unbedeutendes Groschengeschäft. Sonnenbrillen wurden nebenbei verkauft, die Händler bewahrten sie in Pappschachteln auf, die vorher Fahrradklammern oder Negerküsse enthalten hatten. Es existierte nur ein einziges Modell, bestehend aus zwei runden, gefärbten Gläsern in einer Zelluloidfassung. Man kaufte sich eine Sonnenbrille zu dem einzigen Zweck, im starken Sonnenlicht besser sehen zu können, und aus keinem anderen Grund.

Heute werden große Sonnenbrillenfabriken gebaut, mit großen Dachfenstern, Forschungsabteilungen, Schichtarbeitern, Personalräten, Sonnenbrillenarchitekten und Design-Abteilungen, wo unter großer Geheimhaltung und Furcht vor Industriespionage die Modelle am Reißbrett entstehen.

Sonnenbrillen sind heute etwas Unentbehrliches: Hat man Augen, braucht man auch eine Sonnenbrille. Mehrere Sonnenbrillen. Und es ist nicht mehr damit getan, einfach zum Kaufmann zu sagen: «... und dann noch eine Sonnenbrille», nein, man geht zu einem Optiker und läßt sich die Kreationen zeigen.

So war es vor kurzem auch bei mir. Ein mit grünem Filz ausgelegtes Tablett wurde feierlich, als handele es sich um die englischen Kronjuwelen, aus dem Ladentisch herausgezogen und vorsichtig vor mir aufgebaut.

«Vielleicht wäre diese etwas für Sie?» fragte der weißbekittelte Optiker. Er hielt mir eine sogenannte Shantung-Sonnenbrille in schiefem Pekingaugendesign hin.

«Wir führen sie mit Gläsern in Türkis, Ultramarinblau und Malachitgrün, aber vielleicht ist Ihnen das Pekingdesign etwas zu ... na ja, sagen wir linksgerichtet?»

«Haben Sie nicht etwas mehr Maskulines, das besser zu meinem robusten Typ paßt?»

Ich probierte eine riesengroße Kreation im Costa-del-Sol-Stil. Viereckige Gläser mit abgerundeten Ecken, ein festes Gestell aus formgepreßtem Acryl mit drehbaren Lichtklappen, die aussahen wie Scheuklappen, und galvanisierten, rostfreien Scharnieren mit Löchern zum Schmieren.

«Wollen wir diese nehmen, mein Herr?»

«Nein, ich glaube, ich muß erst mit meiner Frau darüber reden. Es ist so schwer zu beurteilen, wenn man angezogen ist. Ich will die Sonnenbrille nämlich für den Strand, wissen Sie? Ich habe schon eine für die Straße, eine zum Spazierengehen, eine zum Lesen und eine zum Tragen bei schlechtem Wetter.»

Der Optiker zog schnell einen Vorhang zur Seite.

«Bitte sehr», sagte er zuvorkommend. «Sie können sich gerne hier ausziehen, damit Sie besser beurteilen können, ob Ihnen das Costa-del-Sol-Modell auch am Strand steht. Suchen Sie sich bitte eine passende Badehose aus dem Regal.»

Ich entledigte mich meines Sommeranzugs und kam schnell zu der Einsicht, daß durch die Costa-del-Sol-Schöpfung meine noch sehr helle Hautfarbe zu stark hervorgehoben wurde. Ich zog mich wieder an, ging in den Laden zurück und sagte zum Optiker:

«Am Bellevuestrand habe ich letztens eine Sonnenbrille gesehen, mit achteckigen, plankonkaven, antiken Gläsern, abgerundeten Ecken mit eingelegtem Blattgold, in einer herrlichen, azurblauen Mittelmeerfarbe; die Einfassung war in einem Sepiaton gehalten. Sie war ausgerüstet mit breiten, handziselierten Playboybügeln und –»

«Wir führen leider nur das Modell mit Karmoisinbügeln aus selbstleuchtendem Exton. Soll ich es Ihnen vorführen?»

«Nein, vielen Dank. In dieser Saison läuft ja schon jeder zweite damit herum.»

Der Optiker holte ein neues Modell hervor, eine wirklich interessante, italienische, von Luigi Cadova gestylte, bikonvexe Lido-Festival-Sonnenbrille à la Venedig mit japanischen Fudschijama-Mikro-Ferngläsern zum Gebrauch am Strand und auf der Promenade. An den Bügeln waren kleine, lustige Schweizer Alpenkuhglocken in Phantasiefarben befestigt, und die Scharniere waren so eingerichtet, daß man bei festlichen Anlässen kleine Fahnenstangen aus Chrom montieren konnte.

«Wir haben sie soeben hereinbekommen. Prinz Charles und Jean-Paul Belmondo tragen genau die gleiche Brille. Nur 117,85. Für die Fahnenstangen und die Nationalflaggen kämen noch 27,35 dazu.»

Ich bezahlte, setzte das Luigi-Cadova-Modell auf und begab mich ins großstädtische Menschengewühl. Würde ich Aufsehen erregen? Würde man sich nach mir umdrehen? Es goß in Strömen, aber das war sonnenbrillenmäßig ohne Bedeutung. Hunderte von Sonnenbrillenkreationen zogen an mir vorüber. Die Leute drehten sich häufiger interessiert um, nachdem ich meine beiden kleinen Nationalflaggen befestigt hatte.

«Hast du den gesehen?» hörte ich einen jungen, langhaarigen Menschen sagen. Er selbst trug eine häßliche Hippie-Sonnenbrille in Psychodelicfarben.

«Hätte ich mir bloß eine solche gekauft statt dieser hier», bemerkte sein Begleiter mit einem großen, auffallenden Modell in Raff Red und mit kleinen, rot-blau-weißen Markisen aus einfachem Leinen, die bei besonders starker Sonneneinstrahlung heruntergezogen werden konnten.

Eigentlich fühlte ich mich mit meiner neuen Sonnenbrille recht wohl... bis ich zu Hause ankam. Gerade hatte ich das Gartentor geöffnet, als ich meinen Nachbarn erblickte. Er stand vor der Garage und polierte seinen Wagen. Er trug genauso eine Cadova-gestylte, bikonvexe Lido-Festival-Sonnenbrille, wie ich sie mir gerade gekauft hatte.

«Na», meinte er. «Du willst in diesem Jahr wohl auch mit der Mode gehen, ist deine alte Zelluloidbrille hinüber?»

Darauf dippte er mit der Nationalflagge. Ich wandte ihm schnell den Rücken zu. Im Hausflur warf ich die Cadova-

Lido-Festival-Sonnenbrille in den Papierkorb. Ich wollte nicht als Dutzendmensch herumlaufen.

Jetzt habe ich mir einen Taucherhelm angeschafft, ihn mit Bronzefarbe angestrichen und eine runde Scheibe aus seegrünem Marineglas eingesetzt. Ich beabsichtige, damit am Sonntag am Bellevuestrand zu promenieren.

Wenn *diese* Sonnenbrille kein Aufsehen erregt, kann es nur daran liegen, daß die Sonnenbrillenindustrie meine Idee übernommen und die Serienproduktion bereits begonnen hat.

Paradies für zwei

Herbert Harrisons Nervenkostüm war ruiniert, so ruiniert, daß es praktisch jederzeit auseinanderzufallen drohte. Er bekleidete ein recht gut bezahltes Amt innerhalb der englischen Diplomatie, genauer gesagt, er war Legationsrat 1. Klasse, wurde aber durch diese Arbeit so wenig gefordert, daß darin nicht der Grund für seine schlechten Nerven liegen konnte. Er war glücklich verheiratet, er liebte seine junge, hübsche Frau Patricia über alles, sie führten eine in jeder Beziehung glückliche Ehe. Auch hier war also die Ursache für sein kaputtes Nervenkostüm nicht zu suchen. Aber Patricia hatte eine Mutter – und damit nähern wir uns dem Kern der Sache, der Wurzel allen Übels, denn Patricias Mutter war ja gleichzeitig Herberts Schwiegermutter.

Schwiegermutter, ja! In den sieben Jahren, die Herbert mit Patricia verheiratet war, hatte sie ihn nicht eine Sekunde in Frieden gelassen. Nie ließ sie die beiden jungen Leute in Ruhe, unaufhörlich hängte sie sich an, unaufhörlich kam sie zu Besuch, unaufhörlich mischte sie sich in alle Dinge ein. Nein, Herbert konnte sie keinen Tag länger ertragen. Sie machte ihn desperat, sie zerstörte, verpestete sein Dasein, sie ging ihm ganz einfach auf die N-e-r-v-e-n.

«Wissen Sie, was Sie tun sollten?» sagte Dillmann, der Hausarzt der Familie, als Herbert ihn eines Tages aufsuchte, um sich ein Beruhigungsmittel geben zu lassen. «Sie sollten eine schöne, lange Seereise unternehmen. Das ist hundertmal besser als alle Pillen, die ich Ihnen verschreiben kann!»

Herbert dachte über den Vorschlag nach.

«Und nehmen Sie Ihre Frau mit», fügte Doktor Dillmann hinzu.

Warum eigentlich nicht? Herbert sah schon die Doppelkabine auf dem weißen Luxusdampfer vor sich, wo er mit seiner Patricia ganz allein sein konnte – während sich seine Schwiegermutter tausend Meilen weit entfernt befand.

«Das ist ein guter Vorschlag.» Dankbar nickte er Doktor

Dillmann zu. «Patricia und ich machen eine Seereise. Um die ganze Welt! Mindestens. Mir stehen ja noch einige Monate Urlaub zu. Es wird herrlich sein, mal von dieser –» er unterbrach sich selbst, «von diesem täglichen Trott loszukommen!»

Er überließ Patricia die Reisevorbereitungen: Fahrkarten bestellen, packen, Milch und Zeitung abbestellen und so weiter. Sie gingen an Bord des Luxusliners *South Pacific,* und ein Steward führte sie zu der gebuchten Kabine auf dem Promenadendeck.

«Eine Drei-Bett-Kabine?» wunderte sich Herbert. «Aber –»

Er kam nicht weiter. Seine Schwiegermutter erschien in der Kabinentür, und er brauchte nichts mehr zu sagen.

Die Seereise wurde ein Alptraum. Von Privatleben nicht zu reden . . . zu allem Überfluß hatte Schwiegermutter auch noch auf der mittleren Koje bestanden. Patricia war unglücklich. Ihre Mutter hatte ganz einfach verlangt, mitgenommen zu werden.

«Was sollte ich denn machen?» fragte sie immer wieder, ohne eine Antwort zu erwarten. «Mutter bezahlt alles selbst, Mutter wollte auch mal eine Weltreise machen, Mutter wollte nicht allein im Hause zurückgelassen werden, und sie ist ja immer noch meine Mutter. Mich schmerzt es doch auch, daß sie uns nie allein lassen kann, daß wir nie einen Augenblick für uns selbst haben.»

Sie erreichten die Jungfraueninseln im Karibischen Meer, und jetzt tat Herbert etwas völlig Unerwartetes: Er türmte mit seiner Patricia, er ließ sich achteraus fahren und brachte einen Eingeborenen in einem Kanu dazu, beide auf einer kleinen, unbewohnten Jungfraueninsel an Land zu setzen . . . mit Kokospalmen, brausender Brandung, Riesenschildkröten, blendend weißem Sandstrand, kurz, mit allem, was man sich nur wünschen konnte. Auf dieser kleinen Insel wollte er mit seiner Patricia ein göttliches Leben anfangen, ein paradiesisches Dasein zu zweit – ein Dasein völlig ohne Schwiegermutter!

Schnell hatte er eine primitive Hütte gebaut, auch ein

großes, breites, funktionsgerechtes Bett aus Pandanusholz, das er mit einer herrlich weichen Matratze aus Venustang und Palmenblättern ausstattete, und dann nahm er Patricia auf seine Arme und trug sie in die Hütte.

«Endlich!» sagte er. «Endlich allein, meine Geliebte!»

So begann ihr göttliches, paradiesisches Dasein. In der folgenden Zeit lebten sie von Fischen, Schildkrötensuppe, Kokosmilch, Bananen und vor allem Liebe. Viele Monate lang waren sie glücklich.

Aber eines Morgens passierte etwas. Herbert saß unter einer Kokospalme und feilte an einem Nagel von einem Stück Treibholz herum, um daraus einen Angelhaken zu machen, als er sah, daß Patricia sich bückte und etwas aufhob, das von der Brandung auf den sonnigen, weißen Strand gespült worden war. Einen Augenblick später kam sie damit angelaufen.

«Herbert», rief sie. «Ich habe eine Flaschenpost gefunden! Nimm deinen Nagel und kratz den Korken heraus, damit wir nachsehen können, was drinsteht. Vielleicht ist es ein Notruf von irgendwelchen Seeleuten, die auf einem Floß hilflos durchs Wasser treiben!»

Herbert weigerte sich, den Korken aus der Flasche zu ziehen.

«Ich weiß schon, was es ist», sagte er bitter. «Es ist natürlich ein Brief von deiner Mutter, mit dem sie uns ihre Ankunft ankündigt!»

Ein Küßchen in Ehren ...?

Es war zu der Zeit, als es noch etwas gab, das man «Kundendienst» nannte. Der Milchmann stellte frühmorgens um fünf seine Flaschen vor die Haustür, der Zeitungsjunge raste mit seinen Zeitungen durch die Gegend, und der Bäckerlehrling brachte frischgebackene, duftende Brötchen. Und gerade der Milchmann spielt eine wesentliche Rolle in der kleinen Episode, von der hier berichtet werden soll.

Er hieß Shorty. Und er mochte seine Arbeit. Seit fast sieben Jahren war er schon Milchmann in dem kleinen Vorstadtviertel mit den vielen hübschen, etwas zurückliegenden Villen. Jeden Morgen die gleichen Gartenpforten, die gleichen Fußmatten, die gleichen Treppen, aber ihn störte das nicht. Er machte, wie gesagt, seine Arbeit gern; das war damals nun einmal so. Auf dem Weg zur Haustür der Greenhills pfiff er eine Melodie aus *The Old Spinning Wheel*. Es hörte sich sogar ganz gut an. Er sprang die sechs Stufen zur Haustür hoch und stellte eine Flasche Vollmilch und eine Flasche Sahne neben die Fußmatte. In einer der dort stehenden leeren Flaschen steckte ein Zettel. Er fischte ihn heraus und studierte ihn. Es war eine sehr lange Nachricht, der ganze Zettel war vollgeschrieben.

Er setzte sich auf die oberste Treppenstufe, kehrte der blendenden morgendlichen Sonne den Rücken und begann zu lesen:

«Lieber Milchmann! Heute bitte keine Sahne. Und statt der Milch stellen Sie bitte vierzig Flaschen Buttermilch auf die Treppe oder so viele, wie darauf Platz haben. Es ist sehr, sehr wichtig für mich, lieber Milchmann, daß Sie die Buttermilch hinstellen, obwohl Sie es vielleicht für eine verrückte Idee halten, und das ist es wohl auch, ich weiß ja kaum noch, was ich ... O nein, ich habe bis jetzt geweint, und ich bin so unglücklich. Sie können sich nicht vorstellen, wie unglücklich ich bin. Und Perley (mein Mann) kann mich nicht trösten, denn wir haben uns furchtbar gestritten. Deshalb bin ich ja so unglücklich. Perley (wie schon gesagt, mein Mann) schläft heute nacht oben im Gästezimmer, und er hat mir weder gute Nacht gesagt noch einen Kuß gegeben, bevor er hinaufging (was er sonst immer tut). Er ist sehr, sehr wütend.

Ich werde Ihnen erzählen, lieber Milchmann, warum ich die ganze Buttermilch haben möchte. Sie sollen alles erfahren, und hinterher können Sie dann entscheiden, ob es dumm von mir ist (oder auch besonders klug), soviel Buttermilch zu bestellen. Wenn ich alles erzählt habe, und wenn Sie es gelesen haben, würden Sie dann bitte so nett sein und vorsichtig an das Fenster links von der Treppe klopfen (da schlafe ich) und mir sagen, ob es klug ist, diese vierzig Flaschen Buttermilch zu bestellen?

Ich werde es Ihnen jetzt erzählen (haben Sie Zeit?). Sie wissen ja, daß Coughlins (der Anwalt drüben in Nummer 9) gestern abend eine große *house warming party* gegeben hat. (Sie haben dafür sicher eine Menge Sahne und Butter geliefert.) Perley (mein Mann) und ich waren auch da. Sie kennen Davy nicht. Mein Mann kannte ihn auch nicht. Aber ich kannte ihn.

Davy war früher einmal sehr, sehr verliebt in mich. Vor zwei Jahren. Bevor ich Perley heiratete (den ich sehr liebe, auch wenn er immer so furchtbar eifersüchtig ist, völlig ohne Grund, natürlich). Davy ist ein ganz anderer Typ als Perley, groß und dunkel, sehr groß und mit braunen Augen. Dunkelbraunen. Ich hatte schon immer eine Schwäche für Männer mit braunen Augen. Und es gibt wohl auch nicht viele Frauen, die bei Davy nicht schwach würden. Sie sollten mal sein Lächeln sehen. Wenn er einem tief in die Augen blickt, werden die Knie fast zu Gelee. Kennen Sie das Gefühl? Er ist einfach unwiderstehlich.

Er tanzte viel mit mir. Er wollte den ganzen Abend mit mir tanzen (obwohl ich ihm sagte, daß ich ja auch mal mit meinem Mann tanzen müßte). Davy sagte aber, ich sollte nicht alles so ernst nehmen, man sei ja schließlich nicht jeden Tag auf einer *house warming party*. Da hatte er eigentlich recht, oder? Und dann zog er mich auf die Terasse hinaus, in die sternenklare Nacht. Wir könnten ein bißchen frische Luft vertragen (sagte er). Aber bevor wir hinausgingen, sagte ich ihm ausdrücklich, wenn er versuchen sollte, mich zu umarmen und zu küssen, dann wollte ich nicht mitgehen. Er versprach, ein Gentleman zu sein. Und das ist er auch (wir wollten ja nur etwas frische Luft schnappen, weil es drinnen so warm war, sagte er).

Aber dann küßte er mich trotzdem. Und er umarmte und streichelte mich und so weiter, worauf ich hier nicht näher eingehen möchte, aber natürlich alles innerhalb der Grenzen des Anstands. Aber dann schob ich ihn von mir und meinte, daß Perley (mein Mann) jeden Moment auftauchen könnte und daß er (Davy) seine Hände bei sich behalten sollte, weil ich nicht wollte, daß er mich anfaßte (auf diese Art und Weise), und daß alles, was einmal zwischen uns gewesen war, jetzt aus und vorbei sei, jetzt sei ich mit Perley verheiratet, den ich sehr liebte, und daß er jetzt nicht zwischen uns treten und alles kaputtmachen dürfte, sagte ich. Und Davy sagte, daß er das auch gar nicht vorhätte, es wäre nur ein Küßchen in Ehren und bedeutete nichts anderes, als daß man sich etwas vergnügte und Spaß miteinander hätte, und dann küßte er mich wieder und umarmte mich, daß ich wieder wie in alten Zeiten Gelee in den Knien hatte. Und er flüsterte, ich sei die Frau seiner Träume, flüsterte er, aber eigentlich sagte er es viel poetischer, als ich es hier aus Zeit- und Platzgründen schreiben kann. Er sagte, ich sei der leuchtende Stern in seinem Leben, und noch viel mehr in dieser Art. Sehr, sehr poetisch. Aber dann stand plötzlich Perley in der Tür und rauchte eine Zigarette.

‹Bist du es?› fragte ich und schob schnell Davy von mir fort.

‹Ja, ich bin es›, antwortete er.

Ich wies auf Davy.

‹Das ist Davy Melford›, stellte ich vor. ‹Wir schnappen gerade etwas frische Luft.›

Dann wies ich auf Perley.

‹Das ist Perley, mein Mann.›

Sie verbeugten sich voreinander, und dann fragte ich Perley, wo er gesteckt hätte. Er antwortete, daß Coughlin (der Gastgeber) ihm ein paar Neuerwerbungen für seine Waffensammlung gezeigt hätte. Und dann trat er ganz hinaus auf die Terrasse. Plötzlich sah ich, daß er ein großes Jagdgewehr in der Hand hielt und daß er Davy ganz merkwürdig anstarrte. Schnell sagte ich, daß wir jetzt wieder hineingehen sollten, um ein Glas heißen Punsch zu trinken, denn der Abend sei doch etwas kühl und mir sei etwas kalt geworden, sagte ich. Und dann wollte ich ihm das Gewehr abnehmen, aber er schob mich weg und sagte mir, ich solle es bloß nicht anfassen, es sei geladen. Und dann starrte er Davy wieder so merkwürdig an. Davy wurde ganz blaß, und plötzlich sprang er über den Zaun und landete in einem Rosenbeet, wobei er sich einen Fuß brach. Dann meinte Perley, daß wir wohl besser nach Hause gingen, denn mit dem Fuß würde der Lackaffe (er meinte Davy) an diesem Abend ja doch nicht mehr viel tanzen können, und mir tat es dann sehr leid, als sie Davy in ein Auto bugsierten und ihn ins Krankenhaus brachten, denn das war kein schönes Ende einer *house warming party*. Und Davy tat mir besonders leid, denn er hatte mir so viele schöne Sachen gesagt (das mit dem leuchtenden Stern seines Lebens, zum Beispiel). Aber Perley wollte nach Hause, also gingen wir nach Hause.

Perley nahm seine Bettdecke und ging ins Gästezimmer. Ich habe bis jetzt geheult, denn ich liebe ihn ja trotzdem, und ich habe doch beim besten Willen nichts falsch gemacht, oder?

Aber dann hatte ich eine Idee, lieber Milchmann, und ich möchte jetzt von Ihnen wissen, ob sie gut oder schlecht ist. Sehen Sie, Perley (inzwischen wissen Sie ja, daß Perley mein Mann ist) holt normalerweise morgens die Milch von draußen herein, und das wird er sicherlich auch morgen früh tun (wenn auch nur aus alter Gewohnheit). Und wenn er das erledigt hat, wird er hereinkommen und herumschimpfen und eine Szene machen und mit den Türen knallen (und noch vieles mehr, was morgens die Harmonie einer Ehe zerstört). Er wird dann damit drohen, mich zu verlassen, und ich werde völlig zusammenbrechen. Aber dann fiel mir ein, wenn er nun morgen ein besonderes Problem hätte, über das er nachdenken muß, ein ganz außergewöhnliches Problem, das ihn völlig vergessen ließe, mit den Türen zu schlagen, dann würde das eine sehr große Hilfe für mich sein. Und wenn er sieht, daß vor der Haustür vierzig Flaschen Buttermilch stehen, wird er denken, daß entweder der Milchmann (also Sie) oder er selbst komplett verrückt geworden ist! Dann wird er ins Schlafzimmer stürzen und ausrufen: ‹Sissy! (das bin ich.) Sissy! Du kannst es mir glauben oder nicht, aber draußen stehen vierzig Flaschen Buttermilch!› Und ich werde antworten: ‹Das ist doch völlig unmöglich, Perley, mein Schatz!› Und er wird sagen, daß ich es mir selbst ansehen soll. Das werde ich dann tun, und schon haben wir ein interessantes und ungewöhnliches Thema, über das wir diskutieren können, und er wird völlig vergessen, daß er mich eigentlich verlassen wollte, bloß weil Davy mich gestern abend auf der Party ein bißchen geküßt hat (dabei ist ein Küßchen in Ehren doch ohne Bedeutung, oder?). Klopfen Sie jetzt vorsichtig ans Fenster, lieber Milchmann, und sagen Sie mir Ihre Meinung. Es bedeutet so unendlich viel für mich, daß ich mich wieder mit Perley versöhne. Sie brauchen nicht so laut zu klopfen, denn ich werde doch nicht schlafen. Herzliche Grüße, Sissy Greenhill.»

Shorty kratzte sich nachdenklich am Kinn, während er den Zettel in die Brusttasche seines blaugestreiften Hemdes steckte. Dann erhob er sich und klopfte leise an das Fenster links von der Treppe. Sofort wurde dieses von einer hübschen, jungen Frau im Negligé geöffnet. Sie sah verweint aus.

«Was halten Sie davon?» flüsterte sie. «Ist es eine hirnrissige Idee?»

«Nein, nein, es ist sogar eine sehr gute Idee, die beste Idee aller Zeiten, Mrs. Greenhill. Ich stelle vierzig Flaschen Buttermilch hin. Oder so viele, wie auf der Treppe Platz haben.»

«Tausend Dank für Ihre Hilfe, lieber Milchmann. Von jetzt an werde ich noch mehr Sahne bei Ihnen kaufen. Und auch die Butter.»

«Okay, Mrs. Greenhill. Und wenn wieder einmal etwas sein sollte, brauchen Sie nur einen Zettel in die Flasche zu stecken.»

«Das werde ich tun . . . und vielen Dank!» Mrs. Greenhill lächelte Shorty liebenswürdig zu, er errötete etwas und krempelte sich dann die Ärmel hoch. Dann ging er die Buttermilch holen, und Mrs. Greenhill schloß vorsichtig das Fenster. Shorty schaffte es sogar, ganze vierundfünfzig Flaschen Buttermilch auf die Treppe zu stellen, aber dann hatte auch keine einzige mehr Platz.

Perley Greenhill hatte schon mehr als eine Stunde wachgelegen. Er lag und starrte leer in die Luft. Sein Kopf tat furchtbar weh. Er mußte wohl bei Coughlins viel zuviel getrunken haben. Aber der Mann machte ja auch einen sehr starken Punsch. Es fiel ihm außerordentlich schwer, zu rekonstruieren, was eigentlich geschehen war. Plötzlich schoß ihm der Gedanke durch den Kopf, daß er einen Mann erschossen hatte. Mit einem Ruck setzte er sich auf. Einen Mann erschossen? Er faßte sich an die Stirn, kniff die Augen zusammen und konzentrierte sich darauf, alles noch einmal genau zu durchdenken. Natürlich hatte er keinen Mann erschossen. Das konnte er nur geträumt haben. Etwas beruhigt schwang er sich aus dem Bett und ging ins Badezimmer. Als er sich kaltes Wasser ins Gesicht gespritzt hatte, war er sich ganz sicher und würde jede Wette eingehen, daß er keinesfalls einen Mann erschossen hatte.

Plötzlich fuhr er ein zweites Mal zusammen. Was war denn das? Warum in aller Welt hatte er im Gästezimmer geschlafen? Hatte er sich mit Sissy gestritten? Schwer ließ er sich auf die Bettkante sinken und überlegte ein letztes Mal, was vorgefallen war. Er blieb sehr lange sitzen. Sein Gesichtsausdruck wurde immer verzweifelter, je länger er saß. Dann erinnerte er sich schwach daran, Mrs. Coughlin geküßt zu haben, als sie in den Keller gegangen waren, um mehr Sekt zu holen, und dort für einen Augenblick allein waren. Ihm fiel auch wieder ein, daß er ihren Rock etwas hochgeschoben und mit ihr geschmust hatte; aber mehr war ganz bestimmt nicht gewesen, obwohl sie sich sehr anschmiegsam gezeigt hatte, und beide hatten sich nichts Böses dabei gedacht. Es war ja eigentlich nicht viel mehr als ein Küßchen in Ehren gewesen. Aber Sissy mußte es trotzdem mitgekriegt haben, und jetzt war sie wütend auf ihn und hatte ihn daher ins Gästezimmer verwiesen. Er gelobte sich selbst, daß er niemals wieder so unsinnig viel Punsch trinken würde. Oder so viel Sekt. Er gelobte sich auch, daß er niemals mehr versuchen würde, eine verheiratete Frau in den Weinkeller zu locken. Nie wieder.

Und jetzt würde es einen fürchterlichen Ehekrach geben. Seine Laune sank unter den Nullpunkt. Er haßte Streit. Er liebte Sissy... die Episode mit Mrs. Coughlin war ohne Bedeutung. Das konnte man vergessen. Nichts weiter als ein bißchen Spaß auf einer fröhlichen Party, auf der alle ein paar Drinks zuviel genommen hatten.

Endlich klärte sich sein Gesicht auf. Er hatte eine Idee. Er würde Sissy das Frühstück ans Bett bringen. Das würde die Situation vielleicht etwas entkrampfen. Entschlossen erhob er sich und ging hinunter.

Die Tür zum Schlafzimmer wurde geöffnet. Perley stand in der Tür. Er trug einen Bademantel und hielt in jeder Hand eine Milchflasche.

«Guten Morgen, mein Schatz!» lächelte Sissy liebenswürdig und zuvorkommend vom Doppelbett aus. «Bist du schon aufgestanden?»

«Wie du siehst», antwortete Perley und knallte die Tür hinter sich zu.

«Du warst schon draußen, um die Milch zu holen?»

«Ja, ich war schon draußen, um die Milch zu holen.»

«Ja, ich sehe es. Du hast in jeder Hand eine Flasche.»

«Ja, und soll ich dir etwas sagen? Ich sage dir, draußen auf

der Treppe stehen noch mindestens fünfzig weitere Flaschen!»

Mit einem Ruck fuhr Sissy im Bett hoch.

«Was sagst du da? Das kann doch nicht wahr sein! Was in
aller Welt ist denn da passiert? Das müssen wir uns genauer
ansehen... Stell dir mal vor, wenn die Nachbarn gar keine
Milch bekommen haben und wir alles! Was sollen wir bloß
machen?»

Perley knallte die eine Flasche gegen das Fußende des
Bettes. Die Flasche zersprang, und der Inhalt spritzte in alle
Richtungen.

«Du mußt raus aus meinem Haus!» schrie er wild. «Dieses
Mal reicht es für die Scheidung! Ich kann dich nicht einen Tag
länger ertragen. Du gemeines, kleines –»

«Aber, liebster Perley, warum schreist du denn so?»

Perley fuchtelte weiter wild mit den Armen, noch einmal
brüllte er: «Du mußt raus aus meinem Haus, sage ich nur.
Raus!»

Sissy begann zu schluchzen.

«Erinnerst du dich an den Abend, als wir bei Pelhams
eingeladen waren, erinnerst du dich? Du tanztest die ganze
Nacht mit diesem Dummkopf Steve Austin, du ließt dich
überall von ihm betatschen und benahmst dich insgesamt
unter aller Kritik!»

Sissy hatte es nicht vergessen. Sie nickte schwach. Im
Grunde erinnerte sie sich sogar sehr gut.

«Als ich am nächsten Morgen die Brötchen hereinholen
wollte, was fand ich da auf der Treppe? Ich fand *zwölf* Tüten
mit Brötchen, nicht wahr? Stimmt es, was ich sage?»

Wieder nickte Sissy schwach.

«Diese elenden Brötchen beschäftigten mich so sehr, daß
ich völlig vergaß, daß ich auf dich wütend war. Den ganzen
Sonntag über versuchte ich, herauszufinden, für wen diese
vielen Brötchen waren. Und erinnerst du dich auch daran,
als wir zu einem Fest bei Summerfields waren, erinnerst du
dich, frage ich? Ted Sherwin hieß der junge Spund, mit dem
ich dich erwischte, als du ihn küßtest und umarmtest und

dich an ihn schmiegtest und ganz hin und weg warst. Ich hätte dich ermorden können, und das hätte ich wohl auch getan, wenn ich nicht morgens *vierundzwanzig* Morgenzeitungen im Briefkasten gefunden hätte. Die Zeitungen für die ganze Nachbarschaft. Den ganzen Vormittag lief ich mit den Zeitungen durch die Gegend, und als ich nach Hause kam, hatte ich keine Lust mehr, mich mit dir zu streiten. Meine Wut war gleichsam verraucht. Viel später ging mir auf, daß du das alles eingefädelt hattest, sowohl die Sache mit den Brötchen als auch die mit den Zeitungen . . . aber jetzt . . .*jetzt!* Jetzt stehen da draußen mindestens fünfzig Flaschen Buttermilch! Ich habe keine Ahnung, was du gestern abend auf der Party bei Coughlins gemacht hast, aber die Flaschen da draußen auf der Treppe schreien ja geradezu zum Himmel, daß du ein schlechtes Gewissen hast! Deswegen . . . du gemeines Biest . . . zum letzten Mal . . . *raus aus meinem Haus!*»

Der Mann hinter der Zeitung

Frau Nora war seit siebzehn Jahren mit Fabrikant Schwanholm verheiratet, so daß es natürlich Unsinn wäre, zu behaupten, daß sie keine Ahnung hatte, wie er aussah. Aber etwas war an der Sache dennoch dran. Fabrikant Schwanholm gehörte nämlich zu diesem auf die Nerven gehenden Typ von Ehemännern, die immer hinter einer Zeitung zu finden sind – beim Frühstück, beim Mittagessen, beim Abendbrot.

Und Frau Nora haßte zeitunglesende Männer. Nicht zuletzt beim Frühstück war es hoffnungslos mit ihrem Mann Anton. In dem Moment, in dem er sich in der großen Eßküche hinsetzte, hielt er auch schon die Zeitung vor sich, und ab sofort war er für die Umwelt verloren. Es war genauso unmöglich, zu ihm vorzudringen, wie der Versuch, mit einem abgebrochenen Teelöffel eine sieben Meter dicke Betonwand zu durchbohren. Egal, welches Thema Frau Nora anschnitt, er hatte nie eine andere Antwort als ein abwesendes Brummen.

«Ich habe mir gedacht, daß wir am Sonntag gebratene Seezunge essen. Mit Trüffeln und Champignons. Von Charlotte habe ich dafür ein sehr interessantes Rezept gekriegt. Und du magst doch Seezunge, oder?»

«Hm.»

Frau Nora öffnet die Post . . . ein Brief von ihrer Schwester. Sie überfliegt ihn schnell und berichtet erfreut:

«Denk dir bloß! Elisabeth schreibt, daß Annelise Zwillinge bekommen hat. Ein Junge und ein Mädchen, wie sie es sich gewünscht hatte . . . aber natürlich hatte sie nicht gedacht, daß beide Wünsche gleichzeitig in Erfüllung gehen würden. Übrigens sah sie ja auch gar nicht nach Zwillingen aus, oder?»

«Nee . . . eee.»

«Sie wiegen beide sechs Pfund. Eine beachtliche Leistung, nicht wahr?»

«Äh ... hm.»

Frau Nora schweigt. Ein paar Minuten starrt sie schweigend die Zeitung an. Dann meint sie spitz: «Ich weiß nicht, ob du dir darüber im klaren bist, aber du hast den Gürtel vom Bademantel statt deines Schlipses um den Hals.»

«Aha.»

Anton rührt sich nicht. Frau Nora hatte erwartet, daß seine eine Hand sich automatisch von der Zeitung lösen würde, um nachzuprüfen, ob sie die Wahrheit sagte, aber er liest stur weiter. Es ist nicht verwunderlich, daß Frau Nora langsam sauer wird und die Stirn runzelt, um irgend etwas auszuhekken, das ihn zu einer Reaktion bringt.

«Ich habe übrigens den Premierminister und Kaiser Hirohito für Sonntag zum Essen eingeladen. Ich finde, wir sollten unseren Bekanntenkreis erweitern. Auch wenn du vielleicht mit deren Politik nicht gerade sympathisierst.»

«Hm.»

Die erwartete Schockwirkung bleibt aus. Unangefochten blättert Anton weiter zum Wirtschaftsteil mit den Aktienkursen. Frau Nora gibt sich noch nicht geschlagen. Sie fährt fort:

«Ist es möglich, daß dir jemand nach dem Leben trachtet, mein Lieber? Heute früh fand ich eine Tretmine unter deinem Bettvorleger.»

«Ja?»

«Um Gottes willen! Ist es schon so spät? Dann mußt du mich jetzt bitte entschuldigen. Ich habe keine Zeit mehr, dir Gesellschaft zu leisten. Ich habe einen Termin beim Friseur. Um elf bin ich mit der Königin verabredet. Erst bummeln wir ein wenig durch die Geschäfte, und dann gibt es ein Essen auf dem Schloß. Wir werden insgesamt 38 Damen sein.»

«Soso.»

«Sieh mich an, Anton! Ich kann auf dem Küchenhocker einen Kopfstand machen!»

«So?»

Frau Nora überlegt angestrengt. Sie muß etwas besonders Pfiffiges unternehmen, etwas, worauf ihr unerträglicher, zeitunglesender Mann auf der Stelle reagiert.

«Ich habe die Masern», stöhnt sie plötzlich. «Es ist furchtbar. Mein ganzes Gesicht ist voller großer, hochroter Flecken. Ich glaube, ich falle gleich in Ohnmacht. So tu doch etwas, Mann!»

«Hm ... hm.»

«Du mußt mir helfen ... oh, oh! Ich kriege keine Luft mehr! Ich ersticke ... ich sterbe ...»

«Na?»

Frau Nora unternimmt einen letzten, verzweifelten Versuch. Sie lehnt sich über den Tisch, so daß sie die ausgebreitete Zeitung fast mit der Nasenspitze berührt.

«Ach, mein Schatz», turtelt sie leise. «Gib mir doch mal 5000 für einen neuen Pelzmantel, dann bist du lieb.»

Blitzschnell wirft Anton die Zeitung weg und blickt ihr steif in die Augen.

«Neuer Pelzmantel? Wozu in aller Welt brauchst du einen neuen Pelzmantel?»

Aber eine gute Generalversammlung war's trotzdem

Ich war zwar nie ein Caruso, Gigli, Kollo oder Tom Jones. Meine Stimme ist aber auch nicht so schlecht, als daß man mich nicht noch als Brummer im Gesangverein «Die Leier» brauchen kann. Einmal jährlich halten wir unsere Generalversammlung ab, ich sitze im Vorstand, es wird immer später, als vorgesehen, und der Abend verläuft meistens auch ziemlich feucht. Aber was soll's, wenn man das ganze Jahr hindurch jeden Donnerstag seine ganze Seele in *«Am Brunnen vor dem Tore»* und *«Wer hat dich, du schöner Wald»* hineingelegt hat, dann bin ich der Meinung, daß uns diese Generalversammlung zusteht.

Glücklicherweise gibt es heutzutage nicht mehr diese Art von Furien, die sich drohend an der Haustür aufstellen und danach gieren, einem das Fell zu gerben, wenn man einmal etwas später nach Hause kommt. So ist meine Marianne nicht, und sie ist es nie gewesen. Und dafür bin ich ihr dankbar. Aber damit sei nicht gesagt, daß sie es besonders lobenswert findet, wenn ich spät nach Hause komme. Im Gegenteil, sie sieht es gern, wenn ich früh nach Hause komme. Und das war vor kurzem der Fall, als ich gegen vier Uhr morgens von unserer Generalversammlung nach Hause kam. Ich hatte große Schwierigkeiten, das Haus zum Stillhalten zu bewegen, während ich das Schlüsselloch suchte. Endlich hatte ich es gefunden. Blitzschnell steckte ich meinen Zigarrenstummel hinein und drehte ihn zweimal herum, hatte jedoch nicht bedacht, daß diese Art von Zigarren keine Schlösser öffnen können. Ich durchwühlte meine Taschen, bis ich das Schlüsselbund fand und endlich ins Haus konnte. Eine ganze Schachtel Streichhölzer verwandte ich darauf, den Lichtschalter zu suchen, was ich mir aber hätte sparen können, denn das Licht war eingeschaltet. Das fiel mir allerdings erst auf, als ich den Lichtschalter betätigte, worauf alles dunkel wurde. Im

Schutz der Dunkelheit entledigte ich mich meiner Schuhe und hängte sie fein säuberlich an die Garderobe, während ich meinen schwarzen Filzhut unten im Schrank verstaute. Ohne Lärm zu machen – ich wollte Marianne ja nicht wekken –, zog ich mich aus und legte die Klamotten auf die Kommode. Dann schlich ich die Treppe hinauf zum Schlafzimmer. Vorsichtig bückte ich mich, um durchs Schlüsselloch zu lugen. Ich wollte herausfinden, ob Marianne das Licht brennen hatte. Ich lugte und lugte, fand das Schlüsselloch aber nicht. In diesem Haus müssen unbedingt noch ein paar weitere Schlüssellöcher in die Türen gebohrt werden, überlegte ich, bis ich entdeckte, daß die Tür zum Schlafzimmer offenstand. Es brannte kein Licht. Also schlief sie. Rückwärts bewegte ich mich auf mein Bett zu. Wenn man rückwärts geht, kann man notfalls schnell wieder abhauen. Mit einem Bein stieß ich gegen einen Hocker. Marianne fuhr hoch und schaltete die Nachttischlampe ein. Ohne mir etwas anmerken zu lassen, ging ich zur Tür, als wäre ich gerade aufgestanden.

«Wo willst du denn hin?» Ihre Stimme hatte genau den Klang, den ich nicht leiden kann. Jedenfalls konnte man solche Töne nicht einem Manne bieten, der gerade von der Generalversammlung des besten Gesangvereins am Ort nach Hause kam.

«Wer, ich? Nirgendwohin! Ich geh nur mal runter. Ich hörte die Katze bellen, und dann... ich dachte...»

«Wir haben keine Katze», stellte sie kühl fest.

«Nein, du hast ja recht, Schatz. Aber wie ist es mit Hund? Haben wir einen?»

Sie erhob sich halb.

«Wo kommst du eigentlich um diese Zeit her?»

Ich wies auf das Doppelbett.

«Von dort, mein Engel! Ich wurde wach und spürte, daß meine Füße nicht zugedeckt waren, und wollte daher runtergehen, um sie auf... am Kamin zu wärmen. Sie sind eiskalt.»

«Dann deck sie doch einfach zu.»

«Glaubst du etwa, ich will diese kalten Dinger unter meiner herrlich warmen Decke haben?»

«Du bist überhaupt nicht im Bett gewesen . . . es sei denn, du hast mit Oberhemd und Schlips geschlafen!»

Sie reckte sich nach dem Wecker, um nachzusehen, wie spät es war.

«Bist du am Eierkochen, Schatz?» kam es unbedacht aus meinem Mund. Im gleichen Augenblick flog der Wecker wie ein Projektil durch die Luft. Ich duckte mich . . . aber zu spät. Der Wecker traf mich voll an der Stirn, fiel zu Boden und begann zu läuten.

«Aufstehen!» murmelte ich und versuchte, die Lage von der humoristischen Seite zu sehen. Was aber keine gute Idee war, denn Mariannes Pantoffel flog mir ins Gesicht, so daß meine Brille in hohem Bogen auf dem Boden landete und zersprang.

«Das waren 150 Kronen für eine neue Brille», stellte ich mit einem Blick auf die Splitter fest. Es folgten ein Zerstäuber und ein Flacon mit französischem Parfüm. Sie hatte schlecht gezielt, der Flacon traf den Spiegel. Beides ging kaputt.

«Das waren 65 Kronen für das Parfüm, wir haben es damals im Flugzeug nach Mallorca gekauft, und 200 Kronen für den Spiegel. Macht jetzt alles zusammen 415 Kronen. Sollten wir es nicht dabei belassen?»

Marianne war anderer Meinung. Sie fuhr aus dem Bett und hinüber zu ihrem Kleiderschrank. Ich wußte, was jetzt kommen würde. Sie würde zu ihrer Mutter fahren. Auf der Stelle fühlte ich mich absolut nüchtern. Es gab jetzt nur eines, nämlich dem Lauf der Ereignisse vorzugreifen. Blitzschnell kniete ich mich vor meinem Bett hin und vergrub das Gesicht in den Kissen. Dann erhob ich mein Gesicht wieder und sagte mit Verzweiflung in der Stimme, Verzweiflung, gepaart mit dem Gefühl, zu Unrecht so behandelt zu werden:

«Oh, ihr Emanzipierten habt auch für nichts Verständnis! Da rackert man sich das ganze Jahr hindurch ab, und was tue ich, dieses eine Mal im Jahr, wo ich etwas spät nach Hause komme? Ich tue alles, um dich nicht zu wecken, nehme jede nur erdenkliche Rücksicht, ziehe mich unten im Flur schon aus, schleiche die Treppe hoch, und das alles nur, damit du schön weiter schlafen kannst, damit du deine acht Stunden Schlaf bekommst. Nein, ich halte das nicht mehr aus... ich... ich fahre nach Hause zu meiner Mutter, jawohl!»

Marianne blickte mich überrascht an.

«Was tust du?»

«Was ich gesagt habe: Ich fahre zu meiner Mutter», antwortete ich stur.

Sie stand ganz ruhig, ohne etwas zu sagen. Sie war deutlich erschüttert.

«Haben wir einen Koffer?» fuhr ich fort. «Könntest du mir bitte ein paar Hemden bügeln? Habe ich einen sauberen Schlafanzug, und wie ist es mit Taschentüchern? Ich brauche auch einen zweiten Anzug. Ist der helle schon von der Reinigung zurück? Oder meinst du, ich sollte besser den dunkelbraunen mitnehmen? Denkst du bitte nächste Woche daran, die Hypothek zu bezahlen, und grüß die Kinder, du kannst auch ruhig meine Briefmarkensammlung verkaufen, damit ihr in der ersten Zeit etwas zum Leben habt, zu Weihnachten schreibe ich euch eine Karte, und...»

«Was redest du denn da für einen Unsinn!» rief sie aus und kam zu mir und küßte mich auf die Stirn. Genau dorthin, wo mich der Wecker getroffen hatte.

Liebe Briefkastentante!

Die junge, frischverheiratete Frau Rosenknospe hatte ein Problem. Ein sehr ernstes Problem. Ein Herzensproblem. In ihrem noch jungen Leben hatte sie auch schon früher Probleme gehabt, aber noch nie ein so großes und unlösbares. Sie wußte sich keinen Rat mehr. Als Teenager gab es für sie manchmal auch Probleme. Sie konnte sich noch gut daran erinnern, wie sie plötzlich entdeckte, daß sie häßliche, schwarze Ringe unter den Augen bekommen hatte, und sich ganz sicher war, daß sie an einer ernsten Krankheit leiden müßte, weil sie auch morgens vor lauter Müdigkeit kaum aufstehen konnte, obwohl sie sich am Abend niemals abgespannt oder müde fühlte, wenn sie zum Tanzen ging. Und obwohl sie darauf achtete, nachts mindestens drei bis vier Stunden zu schlafen, konnte sie nicht verstehen, woher die dunklen Ränder und die Müdigkeit kamen. Sie schrieb daher einen Brief an den medizinischen Ratgeber in ihrer Lieblingsillustrierten, woraufhin ihr geraten wurde, mindestens dreimal in der Woche um neun Uhr zu Bett zu gehen, und merkwürdigerweise hatte das ihr Problem gelöst, obwohl der Arzt ihr weder Tabletten noch Penicillin noch irgend etwas anderes verordnet hatte. Seitdem hatte sie großes Vertrauen zu allen Ratgebern in den vielen Illustrierten, die sie las, und da sie jetzt wieder ein Problem hatte, lag es nahe, daß sie sich an die Ratgeberin ihrer Frauenzeitschrift wandte. Sie setzte sich also an ihren kleinen Schreibtisch, holte Papier und Füllfederhalter hervor und schrieb:

«Liebe Frau Irene! Ich habe schon früher an Sie geschrieben und damals einen guten Rat bekommen. Als meine Gardenie sämtliche Blüten, Blätter und Knospen verlor, rieten sie mir, die Blume rauszuschmeißen und eine neue zu kaufen. Ich habe ihren Rat befolgt, und heute habe ich eine wunderschöne Gardenie. Aber jetzt habe ich ein viel größeres Problem. Ein Herzensproblem. Ein ganz persönliches. Es ist wegen Karl-August, das ist mein Mann, in den ich seit unserer Hochzeit unsterblich verliebt war und in meinem innersten Innern auch noch bin. Es begann damit, daß ich ihn verdächtigte, mir nicht mehr treu zu sein und eine andere zu haben. Ich wußte aber nichts Genaues, es war nur ein Verdacht, und ich hatte keine Ahnung, was ich machen sollte; aber eines Tages erhielt ich dann Gewißheit. Ich werde Ihnen jetzt alles erzählen, und entschuldigen Sie bitte die Schrift, aber ich bin sehr aufgeregt und vergesse immer die i-Punkte.

Vergangenen Montag begann Karl-August mit seiner neuen Arbeit. Abends kam er spät nach Hause und stank meilenweit nach Parfüm. Ich tat, als merkte ich nichts, und war genauso lieb und nett zu ihm, wie ich es immer gewesen bin. Am Dienstag abend kam er erst nach Hause, als das Essen längst kalt geworden war. Es war ein Fischomelett, das ja nun warm wirklich am besten schmeckt. Er sah mir nicht in die Augen, als er mir erzählte, daß er in seinem neuen Job sehr viel zu tun gehabt hatte, sondern stocherte nur im Omelett herum, um herauszufinden, ob ich es mit Champignons oder mit etwas anderem gemacht hatte. Und wieder stank er meilenweit nach Parfüm. Vor kurzem kam er wieder spät nach Hause und roch so stark nach Parfüm, daß ich kaum atmen konnte, so schlimm war es, und da fragte ich ihn geradeheraus, ob es eine andere Frau in seinem Leben gäbe, denn dann sollte er es mir sagen und nicht versuchen, es vor mir zu verbergen. ‹Eine andere Frau?› sagte er und tat, als interessiere er sich nur für die Kartoffelkroketten. ‹Natürlich gibt es keine andere Frau, du kleines Dummerchen! Wie in aller Welt kommst du denn bloß auf so einen absurden Gedanken?› Das war seine Antwort, aber an seiner Stimme merkte ich, daß er log, obwohl er den Mund voller Kroketten hatte und recht undeutlich sprach. Ich bohrte daher weiter, und zum Schluß schob er seinen Teller weg und gestand alles.

‹Also gut›, sagte er. ‹Es gibt eine andere Frau! Und wenn du es unbedingt genau wissen willst, dann nicht nur eine, sondern sogar drei. Und da du es ja sowieso bald herausfinden wirst, kann ich dir genausogut gleich erzählen, wer sie sind. Es sind Sophia Loren, Brigitte Bardot und Gina Lollobrigida. Jeden Abend, wenn ich im Büro fertig bin, treffe ich mich heimlich mit allen dreien auf der Spitze des Rathausturmes. Und jetzt möchte ich meinen Kaffee!›

Als er fertig war, hatte ich das Gefühl, als ob irgend etwas in mir kaputtging. Meine ganze Welt brach zusammen, und ich wurde unheimlich wütend, weil er auch in einer solchen Situation nur an seinen Abendkaffee dachte. Und dann verlor ich völlig die Besinnung und ergriff die große, schwere chinesische Vase (die, für die Sie mir seinerzeit einen guten Rat gaben, wie ich sie wieder leimen konnte, weil ich nämlich unglücklicherweise eine kleine Ecke abgeschlagen hatte), und dann zerschmetterte ich die Vase auf seinem Hinterkopf, wobei er fast bewußtlos wurde und eine mächtige Beule erhielt. Er mußte sich aufs Sofa legen, und da liegt er jetzt noch. Zuerst lag er nur da und starrte in die Luft, aber jetzt ist er richtig eingeschlafen.

Und jetzt, liebe Frau Irene, kommt meine Frage: Habe ich mich falsch verhalten, hätte ich ihm lieber die Chance geben sollen, seiner vielen Geliebten überdrüssig zu werden, so daß ich ihn wieder ganz für mich haben könnte? Denn in meinem innersten Innern liebe ich ihn immer noch sehr. Antworten Sie mir blitzschnell, da ich überhaupt nicht weiß, was ich machen soll. Herzliche Grüße, Ihre Frau Parfümfabrikant Lotte Rosenknospe.»

Das Mädchen aus dem Straßencafé

Heinrich war ein recht flotter Bursche. Und er wußte das. Wie er smart und weltmännisch mit seinem Drink in der Hand in dem exklusiven Straßencafé so dasaß, konnten die Mädchen leicht auf ihn fliegen. Und das war auch die Absicht. Er wollte ein Mädchen aufreißen. Seiner vielen Freundinnen wurde er nämlich immer sehr schnell überdrüssig, und dann gab er ihnen den Laufpaß. Ab mit dir! Mädchen gab es genug. Das heißt – im Augenblick gab es gar nicht so viele. Er ließ seinen Blick von Tisch zu Tisch schweifen. Die weiblichen Gäste sahen ihm entweder zu alt, zu verheiratet oder zu langweilig aus – und trotzdem! Die hochgewachsene Blondine am Nachbartisch war eigentlich nicht schlecht, sie war gut gebaut, alles saß, wo es sollte, vielleicht war sie ein wenig naiv, aber das würde die Sache ja nur vereinfachen! Sie hatte gerade die Rechnung verlangt, und jetzt wühlte sie fieberhaft in ihrer Handtasche... während sie sich gleichzeitig nervös umblickte, in der Hoffnung, der Ober sei noch nicht unterwegs. Es war eindeutig – sie konnte ihr Portemonnaie nicht finden. Heinrich erhob sich resolut und setzte sich zu ihr an den Tisch.

«Gestatten Sie, daß ich diese Rechnung begleiche, Fräulein?» sagte er mit seinem betörendsten Lächeln.

«Es ist furchtbar», ergriff das junge Mädchen den so unerwartet aufgetauchten Rettungsring. «Ich muß mein Geld zu Hause liegengelassen haben. Und jetzt habe ich hier für viel Geld gegessen. Aber ich kann Sie doch nicht einfach bezahlen lassen... oh, das ist die blödeste Situation, in der ich jemals...»

Heinrich rief den Ober und bezahlte.

«Wenn Sie mir ihre Adresse geben, kann ich Ihnen einen Scheck schicken, und –»

«Vergessen Sie es!» unterbrach Heinrich und versuchte es noch einmal mit seinem allerbetörendsten Lächeln.

«Ah...» atmete das Mädchen erleichtert auf und stellte

ihre Handtasche wieder hin. «Das war ein schlimmer Schreck. Ich glaubte schon, ich müßte in die Küche zum Tellerwaschen!»

«Wenn Sie es nicht so eilig haben, Fräulein, darf ich Sie vielleicht einladen, mit mir etwas zu trinken, bevor Sie gehen? Selbstverständlich ohne jede Verpflichtung.»

«Ja, ich könnte eigentlich etwas brauchen... nach dem Schock!» lächelte das junge Mädchen. Sie tranken etwas. Eine halbe Stunde später fragte Heinrich, ob er Annegret (so hatte sie sich vorgestellt) ins Theater einladen dürfe. Sie könnten es gerade noch schaffen, meinte er. Wenn sie Lust hätte. Sie hatte Lust.

Sie amüsierten sich köstlich über das Stück. In der Pause lud Heinrich sie zu einem Drink ein, und mitten im dritten Akt ergriff er ihre Hand und hielt sie ganz fest. «Alles klar!» dachte er, das Mädchen war so gut wie sein. Aber sie gehörte zu dem Typ, bei dem man langsam und methodisch vorgehen mußte. Nicht gleich mit der Tür ins Haus fallen und versuchen, schon am ersten Abend mit nach Hause genommen zu werden! Nein, es war eher eine langfristige Investition nötig; aber mit ein bißchen Geduld würde es schon klappen. Es war nicht das erste Mädchen, das er ins Verderben geführt hatte. Er verstand sein Metier.

Nach der Vorstellung gingen sie tanzen. Dann wollte Annegret nach Hause. Am nächsten Morgen um halb neun müsse sie zur Arbeit im Flughafen sein, sagte sie.

Heinrich brachte sie nach Hause.

«Es war ein schöner Abend», sagte sie beim Abschied. Heinrich fragte nicht, ob er mit hereinkommen dürfe. Dazu war er zu routiniert. Annegret gehörte zu den etwas altmodischen Mädchen, bei denen man sein Ziel nur erreichte, wenn man sich die ersten Abende wie ein hundertprozentiger Gentleman benahm – aber diese Methode war dann auch bombensicher.

«Vielleicht könnten wir uns an einem anderen Abend wiedersehen?» fragte er mit seinem gewinnendsten Lächeln. «Es ist wundervoll, daß wir uns getroffen haben. Darf ich Sie morgen früh zu Ihrer Arbeit im Flughafen fahren? Ich muß sowieso in die Richtung.»

«Ich möchte Ihnen keine Ungelegenheiten bereiten.»

«Das tun Sie auch nicht... ganz im Gegenteil.»

«Also gut, dann sehen wir uns morgen früh um acht. Vielen Dank für den schönen Abend.»

Sie gab ihm einen zurückhaltenden Kuß auf die Wange und ging hinüber zu einer kleinen Villa. Noch einmal winkte sie ihm zu, als er mit seinem Wagen aus der stillen Nebenstraße davonfuhr. Dann drückte sie die Haustürklingel. Eine ältere Frau öffnete.

«Ich komme vom Zimmernachweis des Fremdenverkehrsbüros. Mir wurde hier ein Zimmer angewiesen, bin ich richtig?»

«Ihr Zimmer ist bereit», antwortete die Frau. «Sie benötigen es nur für eine Nacht, nicht wahr?»

«Ja, morgen fliege ich wieder nach Hause», antwortete Annegret.

«Soll ich Ihnen ein Taxi zum Flughafen bestellen?»

«Nein, vielen Dank. Ich habe schon eine Transportmöglichkeit!»

Sie dachte an Heinrich. Wie konnten junge Männer bloß naiv sein!

Grimassen

Marianne und ich saßen in einem Nahverkehrszug, als er auftauchte. Er war ein ganz gewöhnlicher kleiner Mann mit einer ganz gewöhnlichen kleinen Frau. Es gab absolut nichts, das ihn aus der Menge heraushob, aus dieser großen, grauen, anonymen Masse, die nach des Tages aufreibender Arbeit nach Hause hastete. Nach einem flüchtigen Blick auf den Mann las ich weiter meine Zeitung.

Da plötzlich passierte es. Ich blickte zufällig auf, als ich vom Kulturteil der Zeitung zu den Comics weiterblättern wollte. Der Mann schnitt eine häßliche Grimasse, eine Grimasse so grotesk, wie ich sie noch nie gesehen hatte. Er hatte das Gesicht völlig verzogen, die Mundwinkel verschwanden irgendwo oben bei den Ohrläppchen, die eine Augenbraue hatte er irgendwie ganz hoch zwischen die Stirnfalten gezogen, die wie frischgepflügte Ackerfurchen aussahen, und die Wangen waren ausgebeult wie bei einem Glasbläser. Das Ganze dauerte nur ein paar Sekunden, plötzlich verschwand die Grimasse, und der Mann sah wieder völlig normal und ganz gewöhnlich aus. Ich blickte Marianne an. Sie hatte nichts bemerkt. Ich begann die Comics zu lesen. Die Grimasse konnte ich jedoch nicht vergessen. Deshalb lugte ich hinter der Zeitung hervor, um den Mann weiter zu beobachten. Er saß friedlich da und blinzelte gedankenverloren mit seinen gutmütigen, runden, mausgrauen Augen ... bis es plötzlich wieder passierte! Er schnitt eine neue Grimasse, aber jetzt ganz anders als vorher. Die Zunge schob er an die Unterlippe, so daß diese riesengroß wurde, seine weit aufgesperrten Augen sahen groß und blöd aus, und mit seinen Zeigefingern schob er auf eine verrückte Art die Ohren weit vor. Es dauerte nur eine Sekunde oder zwei.

Marianne ergriff meinen Arm.

«Er schneidet dir Grimassen!» flüsterte sie aufgebracht.

«Unsinn», flüsterte ich hinter der Zeitung zurück. «Doch

156

nicht mir. Vorhin schnitt er eine völlig andere Grimasse, und da blickte er aus dem Fenster.»

Mariannes Blick wich keine Sekunde von dem Mann. Fast hätte sie ihre Einkaufstasche verloren, als sie einige Minuten später nach Luft schnappend in den Sitz zurückfiel.

Noch einmal verzog der Mann das Gesicht zu einer widerlichen Grimasse. Er sah aus wie eine Mischung aus einem Werwolf und Frankenstein. Es war fast unheimlich. Dreimal kurz hintereinander verzog er das Gesicht zur gleichen Fratze. Ich bemerkte, daß er einen kleinen Taschenspiegel in der Hand versteckt hielt. Damit beobachtete er seine Grimassen.

«Die Grimasse von eben war besser», sagte seine Frau gedämpft, wobei sie Marianne einen vorsichtigen Blick zuwarf.

«Die mit dem Mund bis an die Ohren?»

«Nein, die mit der vorgeschobenen Unterlippe. Die war recht lustig.»

Der Mann schnitt diese Grimasse noch einmal.

«Ja, genau die», flüsterte seine Frau. «Die mußt du dir merken.»

Noch ein paarmal verzog der Mann sein Gesicht in der gleichen Weise, wobei er sich im Spiegel genau beobachtete.

«Ja, du hast recht», antwortete er. «Eigentlich ist die ganz gut! Aber was hältst du von dieser Grimasse? Die fiel mir heute morgen beim Rasieren ein.»

Er zog kräftig die Wangen ein und schob die Oberlippe hoch, wobei zwei lange Schneidezähne zum Vorschein kamen. Darauf wurden seine Ohren ganz lang und spitz. Er sah eindeutig aus wie ein Kaninchen.

«Komm, wir setzen uns woanders hin», zischelte Marianne. «Der Mann nimmt dich ja auf den Arm! Das sind genau deine Ohren.»

«Quatsch! Vielleicht bereitet er sich nur auf einen Auftritt als Clown vor, oder er übt seine Rolle in einer Laienspielgruppe. Meine Ohren waren noch nie besonders lang oder besonders spitz. Ich habe ganz durchschnittliche Ohren.»

Stur blätterte ich weiter in meiner Zeitung. Schon dreimal hatte ich inzwischen Donald Duck gelesen. Ich mußte immer wieder an den Kerl mit seinen absonderlichen Grimassen denken. Als ich kurz darauf aufblickte, drehte er schnell den Kopf zur Seite. Es war klar, daß er mich genauestens beobachtet hatte. Plötzlich klammerte sich Marianne an meiner Schulter fest.

«Guck mal!» flüsterte sie aufgeregt. Ich blickte hin und sah eine neue Grimasse, ein richtiges Tölpelgesicht, das reinen, unverfälschten Schwachsinn ausstrahlte. Seine Frau amüsierte sich. Er selbst schien die Grimasse auch unwiderstehlich zu finden, denn er konnte sich kaum vor Lachen halten. Dann machte er es noch einmal.

«Phantastisch, Theodor!» jubelte seine Frau. «Das ist die lustigste Grimasse, die du jemals geschnitten hast! Die mußt du dir unbedingt merken.»

Marianne zog meine Zeitung vor ihr Gesicht.

«Ich finde, jetzt reicht es aber, flüsterte sie gekränkt. «Du bist es, den er die ganze Zeit zum Narren hält. Seine letzte Grimasse, das warst eindeutig du.»

Der Mann ging mir langsam auf die Nerven.

«Sagen Sie mal», wandte ich mich an ihn. «Wollen Sie mich hier zum Narren halten?»

Er blinzelte nervös mit seinen kleinen, runden, mausgrauen Augen.

«Sie zum Narren halten? Das würde mir nie einfallen.»

«Sie sitzen doch da und schneiden mir immer wieder Grimassen. Ihre Fratze von eben erkannte meine Frau genau als mein Gesicht.»

Er verzog sein Gesicht zu der Fratze, die mich an Frankenstein erinnert hatte.

«War es diese?»

«Nein, natürlich nicht!»

Der Mann versuchte es mit ein paar anderen Grimassen. Dann kam das Tölpelgesicht. Beifall und begeisterte Ausrufe erklangen im Abteil.

«Genau die!» rief Marianne aufgebracht.

«Ich wollte Sie nicht zum Narren halten, verehrter Herr»,
verteidigte er sich. «Sie müssen aber wissen, daß ich auf der
Suche nach neuen Ideen und Einfällen bin. Deshalb kann ich
nicht umhin, auch unterwegs gewisse Studien zu betreiben.
Die Sache ist nämlich die, daß ich in einer Pappmachéfabrik
arbeite – als Modell für Karnevalsmasken!»

Safari auf Leben und Tod

Wir befinden uns im Herzen Afrikas. Schon seit Wochen streift die Safari mit Lord Kingston durch den riesigen, drückenden tropischen Regenwald, durch dessen grünes Dach niemals ein Sonnenstrahl dringt. Man hat sich über die riesige Steppe bei Utuku-kuku gequält, wo man große Herden von Impalas und Gazellen gesichtet hat. Ab und zu wurde ein Wasserbüffel erlegt oder auch eine Antilope, um die schwarzen Töpfe des Massaikochs Kadongo mit Fleisch zu füllen. Man hat breitnasige, plattfüßige Wacoma-Neger getroffen, ebenso muskulöse, gutgebaute Kikuyus; Giraffen und Zebras hat man friedlich nebeneinander grasen sehen; man hat gespürt, wie die Erde unter dem Sturmlauf von Elefanten und Nashörnern erzitterte; und aus den Baumwipfeln haben plappernde Affen das weitere Vordringen der Expedition verfolgt. Das einzige, was man noch nicht zu Gesicht bekommen hatte, waren Löwen. Vor Wochen hatte man von Nairobi aus begonnen, das ganze Land systematisch nach Löwen abzusuchen. Es zeigte sich jedoch bald, daß die Safari von Anfang an ziemlich schlecht organisiert war, und man war bisher noch nicht einmal in Schußnähe eines Exemplars des Königs der Tiere gekommen.

Während der Leiter der Safari, der professionelle weiße Jäger Bob Steele, sich nach einem geeigneten Lagerplatz umsieht, streift Lord Kingston mit seinem Gewehrträger, dem Kikuyu-Boy N'dagara, weiter über die Savanne. Plötzlich ergreift N'dagara heftig den Arm des Lords.

«Simba!» flüstert er aufgeregt und rollt derart mit den Augen, daß das starke Sonnenlicht reflektiert wird. Jäh hält Lord Kingston inne. Durch das Dickicht, nur einen Steinwurf entfernt, erblickt er zwischen dem hohen Savannengras ein Prachtexemplar eines jungen männlichen Löwen, ohne Zweifel der imposanteste Löwe, der ihm in seiner bisherigen Laufbahn als Jäger begegnet war. Die meisten anderen Amateur-Großwildjäger hätten jetzt wohl so schnell wie möglich die Winchester angelegt und dem Löwen eine Kugel zwischen die Augen geschickt, nicht aber Lord Kingston. Er ist der Meinung, daß auch die Tiere ihre Chance haben sollen, und versucht daher, den Löwen näher zu locken, ihn zum Angriff zu reizen, aber das Tier rührt sich nicht vom Fleck. Der Lord macht einige Schritte auf den Löwen zu, nach Ansicht N'dagaras viel zu lebensgefährlich nah.

«*Mazunga, aga-aga, Bhwana!*» ruft er warnend und geht hinter einem Affenbrotbaum in Deckung. Aber der Lord übergeht die Warnung, nähert sich noch einen Schritt, legt das Gewehr an, läßt einen Warnruf erschallen – und schießt. Fünf Fuß hinter dem jungen Löwen bohrt sich die Kugel in einen Rizinusbaum. Mit ärgerlicher Miene legt der Lord erneut an, aber in diesem Moment springt der junge Löwe – und landet fünf Fuß hinter seinem Opfer. Genau fünf Fuß ist er zu weit gesprungen. Ein Sprung von nur zwanzig Fuß – Lord Kingston hätte nie mehr die Sonne hinter der schneebedeckten Spitze des Kilimandscharo untergehen sehen. Der junge Löwe läßt ein tiefes, ärgerliches Brüllen hören und schleicht beschämt in den Dschungel zurück.

«Du hältst deine große, schwarze Klappe und erzählst niemandem etwas», faucht der Lord seinen Gewehrträger an. Er kann es nicht fassen, daß er auf eine Entfernung von zwanzig Fuß danebenschießen konnte. Er wirft noch einen letzten Blick in den Dschungel, wo sich der junge Löwe unsichtbar gemacht hat, dann wirft er mit einem kräftigen britischen Fluch die Winchester über die Schulter und begibt sich zum Lagerplatz. Beim abendlichen Whisky im Zelt des Safarileiters kann er es dann doch nicht lassen, Bob Steele von seinem niederträchtigen Pech zu erzählen.

«Auf zwanzig Fuß daneben!» schüttelt er immer wieder irritiert den Kopf und nippt an seinem Glas. «Das ist doch das Dümmste, was mir je passiert ist. Der einzige Trost ist, daß dem Löwen der verfehlte Sprung genauso peinlich war wie mir mein schlechter Schuß!»

In dieser Nacht machte Lord Kingston kein Auge zu. Seine Gedanken kreisten immer wieder um sein Schußpech draußen auf der Savanne. Es störte ihn auch sehr, daß er Spott aus N'dagaras Augen gelesen hatte. Er haßte es, sich vor diesen schwarzen Kerlen lächerlich zu machen.

Am nächsten Tag war eine Gazellenjagd geplant; er sagte sie jedoch ab. Statt dessen trainierte er den ganzen Vormittag hinter dem Zelt das Schießen auf kurze Distanz.

«Guter Gott!» grinste Bob Steele. «Beim nächsten Löwen wollen Sie wohl sichergehen, was?»

«Darauf können Sie sich verlassen!» fauchte der Lord zurück. «Das war das erste und letzte Mal, daß ich auf so kurze Distanz ein so großes Tier verfehlt habe!»

Auch den ganzen Nachmittag verbrachte der Lord mit dem Schießtraining, bis N'dagara, der ihm seine Treffer anzeigte, zu ihm kam und sagte: «Hörst du den Lärm da drüben im Dschungel, *Bhwana*?»

«Ja», antwortete Lord Kingston, überrascht, daß N'dagara den merkwürdigen Lärm auch bemerkt hatte, der von einer Lichtung drinnen im Wald zu kommen schien. «Das geht schon den ganzen Tag so. Was in aller Welt kann das bloß sein? Laß uns vorsichtig hinübergehen und nachsehen.»

Mit N'dagara auf den Fersen, bahnte sich der Lord einen Weg durch das mannshohe, harte, graugelbe Savannengras hinein in den Dschungel, und bald sahen sie des Rätsels Lösung.

Es war der junge Löwe, der den Sprung über zwanzig Fuß trainierte.

Nur ein bißchen vergeßlich

Der Intelligenzquotient von Frau Abteilungsleiter Müller-Numme könnte sich ohne Zweifel sehen lassen, wenn es auf einen Vergleich mit dem geistigen Habitus anderer Damen ankäme. Sie war auch genauso präsentabel und wohlgekleidet wie andere Damen auf ähnlich hohem sozialen Niveau. Wenn es überhaupt etwas zu bemängeln gab, dann die Tatsache, daß sie ein klein wenig vergeßlich war. Wenn wir nun sagen «ein klein wenig», treffen wir die Wahrheit nicht ganz. Wollen wir dieser näher kommen, müssen wir einen Schritt weiter gehen und enthüllen, daß sie in Wirklichkeit ganz furchtbar vergeßlich war.

Damit ist es gesagt.

Sie vergaß alles. Wie oft hatte nicht ihr Mann sie die Hände über dem Kopf zusammenschlagen sehen, wenn sie, von einer Gesellschaft kommend, im Auto nach Hause fuhren und sie plötzlich ausrief: «Mein Gott, Anton, meine Handschuhe! Jetzt habe ich meine Handschuhe vergessen! Du mußt noch einmal zurückfahren!»

Oder: «Mein Gott, Anton, meine Stola! Ich habe meine Stola vergessen. Wir müssen sie holen.»

Oder: «Mein Gott, Anton, der Hund! Ich habe vergessen, den Hund rauszulassen. Und die Katze ist im Haus. Die kriegen sich bestimmt in die Haare! Laß uns noch einmal zurückfahren!»

Wie oft hatte sie den Wagen ihres Mannes in der Stadt vergessen und erst wieder daran gedacht, als sie zu Hause vor der Villa aus dem Taxi stieg. Es gehörte auch zur Tagesordnung, daß sie im Taxi all die Pakete liegen ließ, die sie nicht schon in den verschiedenen Geschäften vergessen hatte.

Als sie im Laufe eines Monats nicht weniger als zwölf Paar teure Handschuhe irgendwo liegengelassen und damit ihren bisherigen Rekord, acht Paar, überboten hatte, riß ihrem Mann der Geduldsfaden.

«So kann es nicht weitergehen, Emma», sagte er und blickte seine Frau bekümmert an, während er ihr den Regenschirm reichte, den sie am Vormittag in seinem Büro vergessen hatte. «Am Montag fahren wir nach Paris, um Professor Blancard zu konsultieren. Er hat schon vielen geholfen.»

Professor Blancard war ein bekannter Pariser Arzt, der wegen seiner erstaunlichen Fähigkeiten, Menschen mit schwindendem Gedächtnis wieder heilen zu können, große internationale Anerkennung genoß. Sie hatten schon oft darüber gesprochen, diese Kapazität aufzusuchen, und jetzt sollte Ernst gemacht werden.

Sie reisten nach Paris. Ihre Schwester begleitete sie zum Bahnhof. Frau Müller-Numme war todunglücklich, denn sie hatte ihr französisches Taschenlexikon vergessen.

«Es liegt bestimmt in deinem Koffer, Emma», wurde sie von ihrer Schwester beruhigt.

«Um Gottes willen!» rief Emma fassungslos. «Der Koffer! Ich habe den Koffer vergessen!»

Sie hatten keine Zeit mehr, den Koffer zu holen. Emma würde sich damit abfinden müssen, einen Schlafanzug ihres Mannes anzuziehen. Ihr Mann vergaß niemals etwas.

«Du hast doch hoffentlich nicht deinen Paß vergessen?» fragte die Schwester.

«Nein, den habe ich in meiner Handtasche», sagte Emma beruhigend. Dann schrie sie auf.

«Mein Gott! Meine Handtasche! Sie liegt noch zu Hause auf meinem Frisiertisch!»

Im letzten Moment konnten sie aus dem Zug springen, als der Abfahrtspfiff schon ertönt war.

Am nächsten Tag brachen sie zum zweitenmal auf, und diesmal hatten sowohl ihr Mann als auch ihre Schwester alles genauestens kontrolliert, um ganz sicherzugehen, daß nichts mehr fehlte.

Eine Woche verging. Dann kehrte Frau Müller-Numme von ihrem Besuch bei Professor Blancard zurück.

«Hat er dir geholfen, Emma?» wurde sie beim Aussteigen erwartungsvoll von ihrer Schwester begrüßt.

«O ja . . . sehr!» lächelte sie.

«Hast du deine Handtasche?»

Sie hatte sie und fuchtelte ihrer Schwester damit vor der Nase herum.

«Und deine Handschuhe?»

Auch die hatte sie.

«Und deinen Paß. Hast du deinen Paß?»

Sie hatte auch ihren Paß dabei. Es gab eigentlich nichts, was sie vergessen hatte. Oder vielleicht doch? Am letzten Abend in Paris waren sie in einem Nachtclub gewesen, und plötzlich durchfuhr sie die schreckliche Gewißheit, daß sie dort etwas vergessen hatte. Ihre Augen weiteten sich vor Entsetzen. Bestürzt starrte sie ihre Schwester an, schlug die Hände über dem Kopf zusammen und rief aus: «Mein Gott! Mein Mann!»

Der wohlerzogene englische Butler

Ich war zum Optiker gegangen, um mir eine Sonnenbrille zu kaufen, und traf dort einen alten Bekannten aus meiner Militärzeit. Er hatte eine zerbrochene Brille in der Hand und eine mächtige Beule auf der Stirn. Ich fragte ihn, was denn passiert sei.

«Ein kleiner Unfall», antwortete er ausweichend. Es war ihm deutlich anzumerken, daß er nicht darüber reden wollte. Also sprachen wir über unsere fröhliche Zeit beim Militär. Er freute sich anscheinend, daß wir uns nach so vielen Jahren wieder begegnet waren, und schlug vor, irgendwo etwas zu trinken. Wir gingen in eine Kneipe, und nach ein paar Gläschen hatte der Alkohol seine Zunge gelöst.

«Ich will dir jetzt doch noch erzählen, woher die kaputte Brille und die Beule auf der Stirn kommen», sagte er und beugte sich vertraulich vor. «Es ist schon eine merkwürdige Geschichte, und eigentlich sollte ich sie für mich behalten, denn sie klingt fast unglaublich . . .»

«Immer heraus damit», forderte ich ihn auf. Mein Interesse war geweckt. Aus unserer gemeinsamen Militärzeit wußte ich, daß man sich auf Moselberg, so hieß er, verlassen konnte. Er pflegte beim Erzählen niemals dick aufzutragen.

«Ich weiß nicht, ob du meine Karriere verfolgt hast», begann er. «Ich kam ja in die Filmbranche und hatte, wie man so sagt, das Glück des Tüchtigen und konnte als Filmproduzent ein paar Millionen zusammenkratzen. Und dann beschloß Clara, meine Frau, also, Clara und ich beschlossen, unser Geld in etwas Wertbeständigem anzulegen. Wir fanden ein altes Schloß, einen etwas vernachlässigten Herrensitz, der zu einem vernünftigen Preis zu erwerben war. Du kennst es sicher, Schloß Wiesenhof. Na ja, wir zogen also vor ein paar Wochen ein . . . und dann begann das Merkwürdige. Wir wohnten erst wenige Tage dort, als ich eine höchst absonderliche Entdeckung machte. Immer wenn ich die Hand nach einer Türklinke ausstreckte, um die Tür zu öffnen, ging sie von selber auf! Ich ging hindurch, und eine unsichtbare Macht schloß die knarrende Tür wieder hinter mir! Anfangs dachte ich nicht weiter darüber nach, sondern glaubte, es sei ein Windstoß von einem offenstehenden Fenster gewesen.

Aber eines Tages fragte Clara, ob die Türen sich merkwürdig verhielten, wenn ich hindurchging.

‹Eigentlich ja›, antwortete ich, und plötzlich wurde mir das sonderbare Verhalten der Türen bewußt.

‹Hier gibt es doch nicht etwa Gespenster?› fragte sie mit vor Angst bebender Stimme.

‹Gespenster!› wiederholte ich. ‹Wo denkst du denn hin, meine Liebe! Die gibt es doch nur im Film und in Gruselromanen!›

Ich begab mich zur nächstliegenden Flügeltür, aber bevor ich sie erreicht hatte, öffnete sie sich quietschend. Ich ging langsam hindurch, und die Tür schloß sich wieder. Blitzschnell drehte ich mich um, und sie öffnete sich sofort wieder. Ich ging ins andere Zimmer zurück, die Flügel schlossen sich quietschend hinter mir.

‹Das ist ja unerhört!› murmelte ich. ‹Das geht über meinen Verstand. Es sei denn, die Türen im Schloß werden durch Fotozellen gesteuert.›

Ich ließ eine anerkannte Elektrofirma untersuchen, ob irgendwo elektrische Türöffner eingebaut waren. Die Leute konnten absolut nichts entdecken. Es war undenkbar, daß ein solcher Mechanismus existierte, ohne daß irgendwo Kabel, Relais oder ähnliche Dinge zu finden waren.

Unterdessen stellte Clara auf einem anderen Gebiet Nachforschungen an. Sie fand heraus, daß der frühere Besitzer des Schlosses einen äußerst wohlerzogenen Butler namens Hopkins beschäftigt hatte. Dieser Hopkins war jedoch eines Tages auf einem Pfund Schmierseife ausgerutscht, das eine Putzfrau gedankenlos liegengelassen hatte, und zwar auf der obersten Steintreppe im Nordturm des Schlosses. Er war dann die ganze Wendeltreppe hinuntergesegelt, mußte diesen Segeltörn aber leider mit dem Leben bezahlen.»

«Und du glaubst jetzt, daß es der englische Butler war, der auf dem Schloß herumspukte?» schloß ich messerscharf. «Und daß es ihm so zur Gewohnheit geworden war, für seinen Herrn die Türen zu öffnen und zu schließen, daß er dieser Beschäftigung auch noch als Gespenst nachging?»

«Wir wußten nicht, was wir glauben sollten», fuhr der Schloßbesitzer fort. «Aber das war die einzige einigermaßen annehmbare Erklärung für das Phänomen. Und schließlich arrangierten wir uns mit Hopkins. Jedenfalls Clara. Sie fand es praktisch, daß sich die Türen wie auf Kommando öffneten, wenn man sich ihnen näherte. Ich konnte mich nicht so gut damit abfinden. Wenn ich allein war, experimentierte ich häufig mit den Türen. Immer wieder versuchte ich, Hopkins zu überlisten – es war unmöglich. Ich tat, als wollte ich ins Herrenzimmer, ging mit schnellen Schritten auf die Tür zu, hielt einen Meter davor plötzlich an und drehte mich um. Aber Hopkins ließ sich nicht hinters Licht führen: Er öffnete die Tür ein paar Zentimeter, sah dann ein, daß ich einen Trick versucht hatte, und knallte die Tür wieder zu! Ich versuchte auch, mich unbemerkt an eine der Türen heranzuschleichen, um selbst die Klinke zu ergreifen, aber immer war mir der Spukgeist überlegen! In dem Moment, als ich mit einer blitzschnellen Bewegung die Hand nach der Klinke ausstreckte, stand die Tür sperrangelweit offen. Wenn ich keine Lust hatte, hindurchzugehen, wurde sie einen Augenblick später behutsam geschlossen. Das geht jetzt schon ein paar Wochen so, und wir haben uns inzwischen damit abgefunden, daß Hopkins uns überall im Schloß die Türen öffnet und schließt. Wenn es ihm Spaß macht, uns soll es nur recht sein! Er soll ja überaus wohlerzogen sein und –»

«Entschuldige bitte», unterbrach ich ihn. «Ich sehe immer noch keinen Zusammenhang mit deiner zerbrochenen Brille und der Beule auf deiner Stirn!»

«Dazu komme ich jetzt gerade. Vergangenes Wochenende waren Clara und ich bei Freunden eingeladen. Es war das erste Mal, daß wir Schloß Wiesenhof verließen, seit wir es übernommen hatten. Nach dem Essen wollten wir eine

Partie Rommée spielen, und ich wollte schnell in die Diele gehen, um mein Portemonnaie aus dem Mantel zu holen. Da ich von zu Hause daran gewöhnt war, daß Hopkins immer die Türen öffnete, und er jetzt offensichtlich nicht hier war ... nun ja, da knallte ich eben mit voller Wucht gegen die alte, massive Eichentür, die zur Diele führte!»

Hoher Einsatz in Dodge City

Es war spät, und alle hatten die Schankstube in «Slade's Saloon» schon verlassen, mit Ausnahme von ein paar Leuten, die in einem Spielzimmer im Obergeschoß in ein scharfes Spiel High-Low-Stud-Poker vertieft waren. In dem kleinen Zimmer stand der Rauch. Tabaksrauch. Alle rauchten. Senator Jeff Kincaid rauchte. Ben Slade, der Inhaber des Saloons, rauchte. Will Haggerty rauchte ebenso wie der kleine, fette, schwarzhaarige Spanier Murillo Chávez. Will Haggerty war ein professioneller Spieler, in ganz San Francisco mehr berüchtigt als berühmt. Murillo Chávez war Rinderzüchter, einer der reichsten Männer im gesamten Sacramento-County.

Will mischte die Karten. Er verteilte sie und legte ein Bündel Geldscheine auf den Tisch. Der Senator und Ben Slade waren vorsichtig. Jeder von ihnen kaufte zwei Karten. Der Senator hatte drei gleichartige Karten, Ben Slade hatte alles Pik. Damit war er zufrieden, aber das sah man ihm nicht an. Auch Murillo war nicht anzusehen, daß er ein volles Haus hatte.

Will schob noch einen Haufen Scheine in die Mitte.

«Wollt ihr sehen?» fragte er.

«Ich nicht», meinte der Senator.

Ben Slade überlegte etwas. «Nein», sagte er dann.

Will legte noch ein paar Scheine auf den Tisch. «Na, Spanier?» lockte er.

«Okay, ich will sehen.» Der Spanier deckte die drei verdeckten Karten auf. «Volles Haus», sagte er.

Auch Will deckte seine Karten auf. Er hatte vier gleichartige und konnte das Geld einstreichen. Der Senator nahm die Karten. Er mischte und verteilte sie langsam und sorgfältig, zwei verdeckt, vier offen, eine verdeckt. Das neue Spiel sollte gerade beginnen, als das Haus plötzlich heftig erzitterte. Der Putz rieselte von der Decke, Türen und Fenster flogen auf, und der fette, spanische Rinderzüchter fiel vom Stuhl.

«Was, zum Teufel, war das?» fragte Will und schielte traurig nach seinem umgekippten Glas.

«Erdbeben», meinte Ben Slade. Er erhob sich und ging ans Fenster. Schreiend liefen die Leute auf die Straße. Manche waren halbnackt. Madame Mollys Freudenmädchen aus dem Haus gegenüber waren mehr als halbnackt.

«*Gosh!*» rief Ben Slade aus. «Welch ein Lärm!»

«Das ist doch uninteressant», meinte Will ungeduldig. Er wollte weiterspielen. «Nichts weiter als ein kleines Rütteln. Zur Hölle damit!»

Wie sollte er auch wissen, daß der 17. April 1906 ein Tag werden sollte, den San Francisco nicht vergessen würde. Er wußte nicht einmal, daß heute der 17. April war. Aber er wußte genau, daß er ein volles Haus hatte, und die Chance wollte er sich nicht entgehen lassen.

«Spielen wir oder spielen wir nicht?» fragte er.

Ben Slade lehnte seinen massigen Saloonwirttorso aus dem Fenster.

«Die Leute rennen, als wäre der Teufel hinter ihnen her», berichtete er. «Eines von Madame Mollys Mädchen hat keinen Fetzen am Leib.»

«Wer?» fragte der Senator.

«Die kleine Dunkle aus Yucatán. Die mit den vielen Spezialitäten.»

«Pearl?»

«Ja.»

«Das hat sie nie!» sagte Will.

«Was?»

«Einen Fetzen am Leib. Komm jetzt und nimm deine Karten.»

Ben Slade kehrte zum Spieltisch zurück. Am Stuhl des Spaniers war ein Bein abgebrochen. Er hatte sich eine leere Whiskykiste als neue Sitzgelegenheit geholt. Ben Slade leerte sein Glas und füllte es sofort wieder nach.

«Das geht wohl auf Kosten des Hauses?» fragte der Senator.

Ben Slade nickte. «Sicher. Wenn du mir gute Karten gibst.»

Der Senator wandte sich an den Spanier. «Wie viele?» wollte er wissen.

«Zwei», antwortete Murillo. «Nein, *un momento!* Alles neu!»

Er erhielt drei neue Karten. In diesem Augenblick bebte die Erde zum zweiten Mal, dieses Mal viel heftiger als vorher. Die Scheiben zersplitterten, und die Scherben flogen bis weit ins Zimmer hinein; ganze Gipsstücke fielen von der Decke, der Fußboden schwankte, breite Risse erschienen in den Wänden, und der fette Spanier purzelte von seiner Whiskykiste und knallte hart mit dem Kopf auf den Fußboden.

«*Demonios!*» fluchte er.

Wills Augen waren voller Kalkstaub. Er fluchte auch. Der Senator hatte eine blutende Wunde am Kopf; ein großes Gipsstück hatte ihn getroffen.

«Habt ihr das gesehen?» fragte Ben Slade grinsend.

Sekundenbruchteile bevor die Whiskyflasche den Fußboden erreichte, hatte er sie noch in der Luft aufgefangen. Nicht ein Tropfen war verlorengegangen. Will hatte es gesehen.

«Wenn es darauf ankommt, bist du ganz schön fingerfertig», lobte er und blies eine dicke Schicht Gipsstaub vom Tisch, damit die Karten wieder zum Vorschein kamen.

«Dieses Spiel muß wiederholt werden», forderte der Senator.

«Dazu haben wir keine Zeit», hielt Will dagegen.

«Ich sage, dieses Spiel muß wiederholt werden. Du hast zwei meiner Asse!»

Will versuchte zu grinsen. «Ich?» sagte er mit unschuldiger Miene. «Ja, verdammt noch mal, du hast ja recht. Okay, wir wiederholen das Spiel.»

Ben Slade erhob sich und ging wieder ans Fenster. Auf der anderen Straßenseite brannte es. Das ganze Etablissement von Madame Molly stand in Flammen.

«Wenn noch ein paar Mädchen da drin sind, wird bald nichts mehr von ihnen übrig sein», meinte Ben lakonisch.

Auch «Jeff's Bar & Pool Room» brannte. Die Leute liefen

hinein, um zu sehen, was noch an Alkohol zu retten war. Ben sah überall Flammen. Auch die Feuerwehrspritze vor der Telegrafenstation brannte. Ein Pferdegespann war mit einem brennenden Wagen durchgegangen. Die Menschen waren in Panik geraten und liefen mit Koffern, Decken, Vogelbauern und allen möglichen anderen Dingen durcheinander.

«Ist sie noch da?» wollte der Senator wissen, während er sich mit dem Handrücken das Blut von der Stirn abwischte.

«Wer?» fragte Ben Slade zurück.

«Dieses kleine schwarze Biest aus Yucatán.»

«Nein, aber Clementine, die Frau von Jeff, steht an einem Fenster im zweiten Stock und schreit. Jetzt kommen ein paar Leute mit einer Leiter. Sie kriegen sie aber nicht heraus, ohne die Fenstersprossen zu zerschlagen, bei dem Busen und dem Hintern! Über ihr steht das ganze Dach in hellen Flammen. Ich befürchte, daß Jeff bald Witwer sein wird.»

Es kam eine weitere Erschütterung, diesmal nicht besonders heftig, sie reichte aber aus, den Spanier noch einmal von seiner Whiskykiste purzeln zu lassen.

«*Demonios del infierno!*» fluchte er.

Will lachte lauthals. Der Spanier blickte ihn wütend an.

«Bald bist du an der Reihe, auf dieser verdammten Kiste zu sitzen!» fauchte er. Will antwortete nicht; er war damit beschäftigt, die Karten auf Vollständigkeit zu überprüfen.

Bei der nächsten Erschütterung schien sich das Zimmer fast zu heben. Die halbe Decke stürzte herunter. Eine Chaiselongue rutschte die Deckenbretter herunter und brachte den Spanier dazu, ein letztes Mal von seiner Whiskykiste zu fallen. Mit einem fürchterlichen spanischen Fluch schleuderte er die Kiste aus dem Fenster, zog die Chaiselongue an den Spieltisch und setzte sich auf deren Kopfende.

«Kriegen wir jetzt bald Karten?» knurrte er mit blitzenden Augen Will Haggerty an.

«Herz Dame fehlt», meinte dieser. «Wenn ihr jetzt mit Karten im Ärmel spielen wollt, braucht ihr es nur zu sagen. Ich kenne auch ein paar kleine Tricks, wenn es sein muß!»

Ben Slade fand die Herz Dame unter dem Tisch, und das Spiel konnte weitergehen. Er mischte und gab. Er selbst erhielt unter den drei offenen Karten drei gleichartige.

«Tüchtig, tüchtig!» meinte Will.

Diesmal waren gute Karten im Spiel; bald lagen mehr als tausend Dollar auf dem Tisch.

«Das sieht gut aus», sagte der Senator mit einem gierigen Blick auf den Geldhaufen.

Ben Slade holte seine fette Brieftasche und klatschte sie mitten auf den Haufen. «Noch ein Tausender, wenn ich meine Karten zeigen soll!» rief er.

Jetzt ging es hart auf hart.

Will überlegte, kaute auf seinem kalten Zigarrenstummel. Dann warf auch er seine Brieftasche in die Mitte. «Zeigen, du Bluffer!» brummte er.

Als Ben Slade gerade seine Karten umdrehen wollte, kam ein neues, besonders heftiges Beben. Die Wand gegen die Straße polterte ins Zimmer hinein; der hohe, eingemauerte Kachelofen stürzte um und landete auf der Chaiselongue mit dem Spanier. Er wurde schwarz wie ein Neger. Kalk, Staub und Putz fielen wie Schnee herunter und füllten die Gläser. Ben Slades Glas ging kaputt. Schnell steckte Will die Flasche unter seine Jacke, damit sie nicht das gleiche Schicksal erleiden sollte.

Niemand sagte etwas, bis sich die Staubwolke etwas verzogen hatte.

«Hier ist aber was los», meinte der Senator.

Will schob dem Spanier die Karten hin. «Du gibst», sagte er.

Murillo hatte genug damit zu tun, sich neben dem Kachelofen einen Sitzplatz zu schaffen.

«Oder spielst du etwa nicht mehr mit?» fragte Will.

«Der Einsatz bleibt auf dem Tisch», bestimmte Ben Slade.

«Die Karten vom Senator und mir fielen während des Bebens herunter.»

Der Spanier mischte. Will erhielt unter seinen offenen Karten zwei Damen, beide mit den schwarzen Fingerabdrükken des Spaniers versehen.

«Mit deinen schwarzen Pfoten kannst du doch keine Damen betatschen!» neckte Will.

«Halte dich ans Spiel!» antwortete Ben Slade mit einem neidischen Blick auf Wills offene Karten.

«Kaufst du?» fragte der Spanier.

«Zwei», sagte Will und spuckte seinen kalten Zigarrenstummel aus. Aus seiner Westentasche holte er eine fette Brasil und zündete sie an.

«Wenn man sich mit Teufeln herumschlägt, braucht man Feuer im Mund», sagte er.

«Du, Senator?»

«Gib mir drei.»

Der Spanier mußte plötzlich husten. Inzwischen brannte die Treppe, und bald war das Zimmer von beißendem Rauch erfüllt.

«Was kriegst du, Ben? Jetzt mal ran an die Klamotten!»

Ben Slade besah sich seine Karten und sagte dann: «Zwei, aber gute!»

Die ersten Flammen schlugen ins Zimmer. Sie hatten schon die Tür und einige der herabgestürzten Deckenbalken erfaßt und leckten jetzt gierig an der Chaiselongue des Spaniers.

«Leeren wir erst einmal die Gläser», meinte dieser. «Ich schwitze wie in der Hölle!»

«Sollten wir vielleicht lieber runtergehen?» fragte der Senator.

«Dann sag mir mal, wie du das machen willst», antwortete Ben Slade und nahm einen tiefen Schluck aus einer neuen Flasche, die er sich von der Eckbar geholt hatte.

«Vielleicht macht dir das Spiel keinen Spaß, Senator?» stichelte der Spanier. «Gerade jetzt sind aber fünftausend Dollar im Pott. Ist das für dich vielleicht nur Kleingeld? Dann hättest du vorhin mehr reinschieben sollen, als du die Chance hattest!»

«Bei den Karten, die ich in meinen Händen habe?» gab der Senator zurück. «Ein beschissenes Paar und fünf wertlose Karten!»

«Ich habe früher schon ganz andere Dinge geschafft», prahlte Will.

Als alle gekauft hatten, legte der Spanier den restlichen Kartenstapel weg. Will griff schnell danach und drehte ihn um. «Wo ist Pik As?» wollte er wissen. «Eben lag es noch ganz unten.»

«Das kannst du doch gar nicht wissen», antwortete der Spanier. «Oder sitzt du etwa da und guckst anderen in die Karten?»

«Du betrügst uns, du verdammter spanischer Tagedieb!»

Will sprang auf und wollte dem Spanier an den Kragen. Blitzschnell zog dieser sein Messer.

«Okay», sagte Will und setzte sich wieder. «Das Spiel geht weiter. Aber wenn du das Pik As hast, wirst du diesen Raum nicht lebend verlassen.»

«Wer wird das schon!» murmelte Ben Slade säuerlich.

Das Feuer hatte von der Chaiselongue des Spaniers Besitz ergriffen. Der Qualm wurde fast unerträglich. Der Senator hatte genug. Nach Luft schnappend, die Hand ans Herz gepreßt und ein leeres Whiskyglas in der Hand, glitt er bewußtlos unter den Tisch.

«Der ist nicht mehr im Spiel», meinte Will. «Der Senator paßt.»

Der Spanier wandte sich an den Saloonwirt.

«Willst du sehen?»

«Ich passe», sagte Ben.

«Und du, Will, wie ist es mit dir?»

«Was soll es kosten?»

Der Spanier kritzelte etwas auf einen Fetzen Papier und legte ihn zum Einsatz auf dem Tisch.

«Fünfhundert Stück Vieh», sagte er.

Ben Slade stieß einen grauenvollen Fluch aus. Seine Hose

176

begann zu brennen. Er löschte die Flammen und nahm wieder Platz. Nun wurde es spannend.

«Fünfhundert von den guten Longhorns! Das läßt sich hören, Will!»

Ein schwerer Deckenbalken stürzte brennend auf den Kopf des Saloonwirts, der darauf vom Stuhl rollte und leblos liegenblieb.

«Ben paßt», sagte Will. «Der macht nicht mehr mit.»

Dann holte er einige Besitzurkunden aus der Innentasche seiner Weste.

«Hier», sagte er. «Die Besitzurkunde von Madame Mollys Etablissements, der besten Häuser im Ort, und die Besitzurkunde von Vance Kirleys Kupfermine. Na, was sagst du jetzt?»

Unruhig rutschte der Spanier auf seiner Chaiselongue hin und her. Die Flammen züngelten schon nach seiner Hose; es tat fast niederträchtig weh, und er verzog das Gesicht vor Schmerzen, als er seine silberbesetzte Brokatweste aufknöpfte, einen Beutel mit Goldstaub herauszog und ihn auf den Tisch warf. Wills Stuhl war am Zusammenbrechen. Von den Verschalungsbrettern der Decke leckten lange Flammenzungen nach ihm; sein dichtes schwarzes Haar sah schon aus wie eine Negerkrause. Die Flammen hatten sich in seinem Ärmel festgesetzt. Er hüpfte herum, um das Feuer zu löschen. Mit einem kräftigen Ruck konnte er den Ärmel abreißen.

«Spielen wir oder spielen wir nicht?» wollte der Spanier wissen. Dann stürzte der Schornstein herunter, und wieder war das Zimmer von Kalk und Staub und Dreck erfüllt. Man konnte kaum noch eine Hand vor Augen sehen.

«Dies ist die unruhigste Partie High-Low-Stud, die ich je erlebt habe», brummte Will und tastete sich zu dem abgetretenen Senator vor. Er fischte dessen Brieftasche heraus, und als man trotz Rauch und Staub wenigstens den Tisch wieder sehen konnte, warf er sie in die Mitte.

«Jetzt will ich sehen, Spanier!» rief er.

Der Spanier hörte ihn nicht. Er war damit beschäftigt, sich

seiner Hose zu entledigen. Sie brannte lichterloh. Dann deckte er seine Karten auf. Er hatte geblufft. Er hatte nur drei gleichartige.

«Und jetzt sieh dir das an, Spanier!» rief Will triumphierend. «Volles Haus! Ein richtiges volles Haus!»

Der Spanier sagte nichts. Er war bewußtlos unter den Tisch gefallen. Für einen Moment spielten die Flammen mit seinem kräftigen schwarzen Bart. Mit den Karten in der Hand kroch Will unter den Tisch.

«Verdammt noch mal, Spanier!» brüllte er. «Jetzt sieh dir das wenigstens an! Volles Haus! Der ganze Einsatz gehört mir!»

Vor lauter Rauch konnte er dann nichts mehr sagen. Ein brennender Balken stürzte herunter und warf die Whiskyflasche um. Die kostbaren Tropfen bahnten sich einen Weg durch den Kalkstaub, erreichten die Tischkante und liefen genau in den Mund des schon längst dahingefahrenen Saloonwirts.

«Ja, trink du nur, Ben», sagte Will. «Es ist auf Kosten des Hauses!»

Dann stürzte der Giebel ins Zimmer, und Will sagte nichts mehr.

Der Mann mit der goldenen Trompete

Sein ganzes Leben hatte der berühmte Trompeter Jimmy Starr, der Mann mit der goldenen Trompete, von einer Reise nach Afrika geträumt, davon geträumt, mit eigenen Augen den weißen Berg Afrikas, den Kilimandscharo, zu sehen, Büffel und Nashörner zu jagen, mit einer Safari über die unendliche Savanne mit ihren Herden von grasenden Zebras, Gazellen und Giraffen zu ziehen und am Abend den wilden Stammestänzen der schwarzglänzenden Eingeborenen mit ihren aufreizenden Rhythmen zuzusehen. Und vielleicht, wenn er in Stimmung war, auch eine Nummer mit seiner goldenen Trompete zum besten zu geben.

Jetzt hatte er seinen Traum in die Tat umgesetzt. Er hatte alle Engagements abgesagt und war von Nairobi aus mit dem weißen Jäger Patrick O'Malley als Safarileiter zu einer dreißigtägigen Löwenjagd tief ins Innere von Kenia aufgebrochen. Sie hatten sich über die sonnenverbrannte Steppe und durch den heißen, feuchten Regenwald geschleppt und bisher nur ab und zu einen Wasserbüffel oder eine Antilope erlegt, um ihre Fleischtöpfe füllen zu können. Alles lief so, wie der Safarileiter es geplant hatte.

Eines Tages jedoch geschah etwas äußerst Beunruhigendes. An der Spitze der schwarzen Träger bahnte sich O'Malley einen Weg durch das hohe, harte, graugelbe Gras der Uhaiyana-Steppe, als er plötzlich stehenblieb und sich suchend umblickte.

«Dieser Idiot Jimmy Starr», murmelte er vor sich hin. «Ist er jetzt schon wieder verschwunden?»

Er wandte sich an den Gewehrträger von Jimmy Starr, N'dagara, der an der schweren, doppelläufigen Winchesterbüchse genug zu schleppen hatte.

«Wo ist der weiße Bhwana?» fragte er.

«*M'ne zunga usongwa kodak, Bhwana!*» antwortete der Gewehrträger und gab durch eine Reihe von Gesten zu verstehen, daß Jimmy Starr die Safari verlassen hatte, um zu fotografieren.

«Und wie immer natürlich ohne sein Gewehr!» fauchte O'Malley. «Irgendwann geht es noch einmal schief für diesen verrückten kleinen Hornbläser. Wenn er sich hier auf der Uhaiyana-Savanne verirrt, ist es aus und vorbei mit ihm.»

O'Malley reckte den Hals, um über das mannshohe Gras blicken zu können, aber Jimmy Starr war nirgends zu sehen. Er war verschwunden. Und je mehr er sich bemühen würde, zur Safari zurückzufinden, um so weiter würde er sich wahrscheinlich von ihr entfernen.

Als die größte Mittagshitze vorüber war, hatte sich Jimmy Starr tatsächlich so weit entfernt, daß er die Suche nach seinen Gefährten aufgab und erschöpft auf einen morschen Baumstumpf weit draußen in der Savanne niedersank. Klein, schmächtig und unansehnlich saß er da in seinem weißen Tropenanzug mit dem viel zu großen Tropenhelm. In einem verwitterten, knorrigen Affenbrotbaum hinter ihm hatten sich schon die Aasgeier niedergelassen, geduldig die weitere Entwicklung abwartend.

Bald würde die Sonne hinter den fernen Abungumabergen verschwinden. Das Heulen eines Schakals und das trockene Yak-Yak einer Hyäne durchbrachen die Stille der Savanne. Ein paar Aasgeier flogen um Jimmy Starrs Tropenhelm und ließen sich dann in einer Entfernung von weniger als einer Schußweite nieder, um ihn mit ihren kalten, gierigen Augen anzustarren. Er war eine sichere Beute für sie. Sie mußten nur noch ein wenig Geduld haben. Jimmy war gelähmt vor Angst. Die Schakale schlichen näher, die Hyänen schlichen näher, die Geparden schlichen näher. Er hatte keine Chance. Wenn O'Malley ihn nicht fand, bevor die tropische Nacht mit ihrer pechschwarzen Dunkelheit sich über die Savanne senkte, war es mit ihm vorbei.

Dann hatte er eine Idee! Die Trompete! Seine goldene Trompete, die er während der Safari keine Sekunde aus den Augen gelassen hatte, sondern an einem Riemen über der Schulter trug. Er könnte ein Signal blasen, und wenn O'Malley es hörte, würde er die Richtung wissen, in der er ihn suchen mußte.

Jimmy Starr setzte die goldene Trompete an die Lippen und begann zu blasen. Dann wartete er ein paar Minuten. Es kam keine Hilfe. Nur grasende Zebras, Wasserbüffel und Antilopen spitzten die Ohren. Jimmy spielte weiter. Ohne daß es ihm bewußt war, spielte er plötzlich seine Paradenummer: *Oh, mein Papa!* Die wehmütigen, einschmeichelnden, reinen und klaren Töne erklangen weit über die Savanne, worauf etwas sehr Merkwürdiges passierte. Die lauschenden Tiere kamen immer näher; Zebras, Gazellen, Schakale, Schimpansen, Löwen, Nashörner und Leoparden versammelten sich in einem andächtigen Kreis um den trompetenspielenden Weltstar.

«Oh, mein Papa, tra-la, la-la, la-la, la-la, oh, mein Papa...»

Tatsächlich! Es klang wunderschön! Ein paar Elefanten trabten herbei und stellten sich ebenfalls in den Kreis lauschender Tiere. Jimmy spielte nun: *My Irish Molly O,* worauf selbst in den kalten, gierigen Augen der Aasgeier ein wehmütiges, andächtiges Glitzern erschien. Jimmy merkte, daß er mit seinem Spiel die Herzen der Tiere gewonnen hatte und daß sie ihm nichts Böses antun würden. Er begann die Toselli-Serenata; die Tiere bewegten den Kopf im Takt. Ein großer, magerer alter Löwe kam plötzlich aus dem Gras gesprungen. Mit einem einzigen Schlag seiner schweren Pranken erledigte er Jimmy Starr und verschlang hungrig den kleinen Mann. Gleich darauf spuckte er den Tropenhelm wieder aus, leckte sich satt und zufrieden das Maul, fletschte die Zähne und blickte sich im Kreis der versammelten Tiere um.

«Du riesengroßes blödes Löwen-Rindvieh», rief wütend einer der Leoparden in der Tiersprache. «Hier hören wir tagaus, tagein nichts anderes als die phantasielosen Trompetenstöße der Elefanten, das Yak-Yak der Hyänen und das tödliche Krächzen der Aasgeier; dann kommt endlich ein Kerl, der spielen kann, und du hast nichts Besseres zu tun,

als dich auf ihn zu werfen und ihn in aller Ruhe zu verspei-
sen. Hast du denn überhaupt kein Gefühl für Musik?»

Der alte, jetzt nicht mehr so magere Löwe hielt sich eine
Pranke hinter das Ohr, beugte sich etwas vor und sagte mit
krächzender Altlöwenstimme: «Wie, bitte?»

Der Brieffreund

Abteilungsleiter Hermansen führte eine weitläufige Korrespondenz. Überall in der Welt hatte er Brieffreunde, und Abend für Abend saß er an seinem kleinen Rosenholzschreibtisch und schrieb und schrieb, daß der Kugelschreiber glühte.

Dieses dauernde Briefeschreiben störte seine Frau Wilma außerordentlich. Nie sprach er ein Wort mit ihr, nie ging er mit ihr aus, nie umarmte er sie – seine Gedanken beschäftigten sich immer nur mit dieser blödsinnigen Briefschreiberei.

«Ich wünschte wirklich, daß du bald ein wirklichkeitsnäheres Hobby finden könntest, als immer nur Briefe zu schreiben», sagte sie häufig. «Andere Ehemänner treiben Sport, gehen zum Fußball und zum Kegeln, spielen Golf, mähen den Rasen oder beschäftigen sich in ihrem Hobbykeller. Ja, es gibt sogar Ehemänner, die sich für ihre Frau interessieren! Aber du! Immer sitzt du über diesen blöden Briefen. Du schreibst und schreibst und schreibst. Wenn es wenigstens Briefe an deine Familie wären – oder an mich! Aber du schreibst an wildfremde Menschen, an denen du doch kein echtes Interesse haben kannst. Es ist einfach schade um die Zeit, Hermann.»

«Nun», wandte Hermansen ein. «Da bin ich anderer Ansicht. Es erweitert meinen Horizont; durch meine weltumspannende Korrespondenz erfahre ich viel über fremde Länder, fremde Sitten und Gebräuche. Und manchmal erhalte ich ja auch ethnographisch hochinteressante Objekte. Mein Brieffreund auf den Marquesa-Inseln schreibt mir zum Beispiel gerade, daß er eine der kleinen Götzenfiguren an mich abgeschickt hat, die Paul Gauguin seinerzeit vor seiner Hütte auf Hovaoa aufstellte, um den örtlichen Bischof zu verhöhnen. Und das halte ich immerhin für eine sehr erfreuliche Entwicklung, wo wir uns doch erst seit ein paar Monaten schreiben. Und mein Brieffreund in Ecuador fragt an, ob ich einen Schrumpfkopf eines Jivaro-

Indianers haben möchte; ein solcher Tsantsa ist heute eine große Seltenheit und...»

Wilma zog sich zurück. Sie mochte von diesen absonderlichen Brieffreunden nichts mehr hören. Sie hingen ihr allesamt weit zum Hals heraus.

Am nächsten Tag kam ein Brief von Hermansens Brieffreund in Point Barrow, Alaska, und einer von seinem Brieffreund in Kuwait. Er las die Briefe beim Frühstück.

«So», meinte er nach der Lektüre gutgelaunt. «In Point Barrow liegen jetzt zwei Meter Schnee.»

«Wie interessant!» war Wilmas säuerliche Reaktion.

Kurz darauf konnte Hermansen seinen Bericht fortsetzen: «Und in Kuwait haben sie 105 Grad. Fahrenheit natürlich, aber immerhin. Ist ja furchtbar, da unten in einer solch unmenschlichen Hitze nach Öl wühlen zu müssen. Aber bei den Preisen lohnt es sich vielleicht doch. Stell dir mal vor, 105 Grad!»

«Du könntest ja deinem Brieffreund in Point Barrow vorschlagen, einen Beutel Schnee an deinen Ölscheich in Kuwait zu schicken, dann kann er sich wenigstens abkühlen.»

Wilmas Stimme klang gereizt.

Dank seiner vielen Brieffreunde wußte Hermansen über alles Bescheid, was rundherum in der Welt passierte. Aber je mehr Briefe er seiner Frau vorlas, desto verärgerter reagierte sie, denn sein Interesse für Ölscheichs, Eskimos, Hottentottenneger, Feuerländer und was es sonst noch an absonderlichen Leuten gab, war entschieden lebhafter als das für seine eigene Frau.

«Herrgott noch mal, Hermann, dieses dauernde Briefeschreiben führt doch zu nichts», beschwerte sie sich. «Du schreibst im Büro schon genug. Such dir lieber ein anderes Hobby; du könntest zum Beispiel Badminton spielen, einer Loge beitreten oder eine Heimwerkerbank kaufen und eine Schlagbohrmaschine.»

Hermansen konnte jedoch seine vielen Brieffreunde nicht entbehren. Am nächsten Tag erhielt er Post von seinen

Brieffreunden aus Alice Springs in Australien und aus Mekka in Saudi-Arabien. Als er den Brief von Scheich Melikh Akbar, einem der reichsten Männer Saudi-Arabiens, gelesen hatte, packte ihn eine merkwürdige Unruhe. Er wanderte rastlos hin und her. Mehrfach war er drauf und dran, in die Küche zu gehen und sich Wilma anzuvertrauen, ließ es dann aber dennoch bleiben. Sie würde ihn sowieso nicht verstehen. Statt dessen begann er fieberhaft, seinen Koffer zu packen, um ihn gleich darauf wieder auszupacken. Erneut lief er unruhig im Herrenzimmer hin und her, bis er zum Telefon ging, die Arab Airlines anrief und sich erkundigte, was ein Ticket nach Mekka koste. Er erhielt die gewünschte Auskunft.

«Danke», sagte er. «Dann bitte ein Ticket in der Touristenklasse, einfach, für die nächste Maschine nach Mekka.»

Fünf Minuten später bereute er es und machte die Buchung rückgängig.

Darauf blickte er ratlos im Zimmer umher, faßte sich nachdenklich ans Kinn, faltete abwesend die Hände auf dem Rücken, setzte sich hin, erhob sich wieder, kratzte sich am Hinterkopf, packte wieder seinen Koffer. Er war völlig durcheinander.

Ein paar Minuten starrte er gedankenverloren das Telefon an. Dann griff er zum Hörer und wählte noch einmal die Nummer von Arab Airlines. Als sich jemand meldete, betrat Wilma das Zimmer. Er knallte den Hörer auf die Gabel.

«Was ist denn passiert?» fragte sie. «Du wirkst so zerstreut. Hat dich einer deiner blöden Brieffreunde so durcheinander gebracht, oder haben sie jetzt fünf Meter Schnee in Kuwait und 105 Grad in Point Barrow?»

Hermansen mußte sich nun einfach seiner Frau anvertrauen.

«Nein», murmelte er. «Aber ich glaube, ich werde mir überlegen, ob ich nicht einige meiner Brieffreunde aufgeben soll.

Scheich Melikh Akbar, seit über einem Jahrzehnt mein Brieffreund, hat mich in eine schlimme Verlegenheit

gebracht. Ich weiß wirklich nicht, was ich machen soll. Der
Brief ist von seinem Anwalt, und der schreibt, daß Scheich
Melikh Akbar von Allah heimgerufen wurde – und daß er mir
testamentarisch seinen gesamten Harem vermacht hat!»

Französische Spezialitäten

Es ist nichts dagegen zu sagen, daß alle Kinder verschieden sind, daß manche lieb und artig sind und andere weniger lieb und artig und daß manche verwöhnter sind als andere. Zu den sehr stark verwöhnten Kindern rechne ich den kleinen Alfred, den wir vor kurzem für eine Woche zu uns genommen hatten, während seine Eltern Urlaub in Südfrankreich machten. Manchmal war es sehr schwierig, ihn zufriedenzustellen, und er konnte unheimlich stur sein, wenn er sich etwas in den Kopf gesetzt hatte. Die größten Probleme gab es beim Essen. Klein Alfred hatte seine ganz konkreten Vorstellungen, was gut und was weniger gut schmeckte, und wenn er etwas nicht mochte, konnte keine irdische Macht es in ihn hineinzwingen.

Die von Marianne zubereiteten Mahlzeiten waren nicht das Wahre. Klein Alfred mochte lieber Torte, Würstchen und Limonade. Alles andere war für ihn kein richtiges Essen.

«Was bekommen Mama und Papa in Frankreich zu essen?» wollte er eines Tages wissen, als Marianne vergebens versuchte, ihn zum Essen ihrer herrlichen Holunderbeersuppe zu bewegen.

«Sie bekommen schönes Essen, genau wie hier bei uns», antwortete sie.

«Was ist schönes Essen? Würstchen mit Ketchup?»

«Ja, vielleicht. Aber man kann nicht nur von solchen Sachen leben. Man muß auch noch andere Dinge essen. Zum Beispiel herrliche Holunderbeersuppe...»

«Die ist nicht herrlich. Ich will das essen, was Mama und Papa in Frankreich kriegen. Sag etwas, das sie dort essen.»

«Sie essen dort französische Spezialitäten», sagte ich in einem weiteren Versuch, ihn zur Holunderbeersuppe zu überreden. «Das ist etwas, das den Franzosen genausogut schmeckt wie deine herrliche Holunderbeersuppe. Bouillabaisse zum Beispiel... das ist eine französische Fischsuppe. So etwas essen Mama und Papa.»

Ich mußte ein Denkpause einschalten und fuhr dann fort: «Und dann essen sie Poularden ... das sind französische Hähnchen, und französische Linsen und Bayonneschinken und ... ja, kleine französische Pasteten zum Beispiel ... und Weinbergschnecken, Froschschenkel und so weiter.»

Es war gar nicht so einfach, darzulegen, was man in Frankreich ißt. Hätte der Junge eine Frage nach dem französischen Nachtleben gestellt, hätte ich ihm besser antworten können.

«Und dann gibt es *flûtes* und *petits fours*», rundete ich meinen Vortrag ab.

«Froschschenkel?» meinte Klein Alfred interessiert. «Ißt man in Frankreich richtige Froschschenkel?»

«Ja. Manchen schmeckt das vorzüglich. Aber iß du jetzt schön deine Holunderbeersuppe, dann bekommst du hinterher herrlichen Weißkohlauflauf.»

«Nein, ich will Froschschenkel.»

«Das willst du ganz und gar nicht. Du wirst das essen, was auf dem Tisch steht und nicht...»

Der Junge begann zu heulen. «Ich will Froschschenkel haben!» kreischte er hysterisch.

«Jetzt mach hier kein Theater», mischte sich Marianne ein. «Wenn du deine Holunderbeersuppe nicht sofort ißt, dann...»

«Ich erzähle Mama und Papa, daß ich hier überhaupt kein anständiges Essen gekriegt habe...»

Und er brüllte wie ein abgestochenes Schwein.

«Ich will Froschschenkel haben!» schrie er immer wieder.

«Tsss ... nicht so laut. Man hört dich ja bis auf die Straße. Jetzt hör auf zu weinen, dann bekommst du morgen deine Froschschenkel», kapitulierte Marianne, und schon hatten wir ein neues Problem am Hals.

Am nächsten Vormittag fuhr ich in die Stadt zum allerfeinsten Delikatessengeschäft und besorgte echte französische, vorgekochte Fontainebleau-Froschschenkel von großen männlichen Fröschen, direkt am Ufer des Waldsees gefangen. Sie sahen entsetzlich unappetitlich aus.

«Ein einzelner Froschschenkel wird wohl reichen», sagte Marianne und stellte Klein Alfred einen Teller hin.

«Oh», rief der Junge begeistert. «Das ist ein Froschschenkel? Der sieht aber lustig aus!»

«Dann iß ihn auf», antwortete Marianne resolut.

Klein Alfred piekte ein wenig mit der Gabel. Dann wurde er nachdenklich.

«Du mußt aber die Hälfte davon essen», verlangte er mit einem gnadenlosen Blick auf Marianne. «Wenn du die eine Hälfte ißt, esse ich die andere . . . danach.»

«Niemals», wies sie das Ansinnen zurück. «Keine Macht der Erde wird mich dazu bringen, Froschschenkel zu essen.»

Marianne stammte vom Lande und war mit gesunder, deftiger Bauern- und Hausmannskost aufgewachsen; für französische Küche hatte sie nicht viel übrig.

Klein Alfred wandte sich an mich.

«Ißt du dann die eine Hälfte, Onkel?»

«Ich?» antwortete ich verunsichert. «Kommt nicht in Frage, mein Junge. Es ist dein Froschschenkel, du hast ihn bestellt.»

Klein Alfred erhielt von Marianne Unterstützung: «Könntest du es nicht wenigstens einmal probieren?»

«Mit solchem Gewürm gebe ich mich nicht ab», protestierte ich. «Als ich seinerzeit mit Thomasen in Paris war und er sich Weinbergschnecken bestellte, wurde mir schon beim Anblick schlecht. Vielen Dank, aber das ist nichts für mich.»

Klein Alfred ließ ein hysterisches Geheul ertönen.

Marianne schob den Teller mit dem Froschschenkel zu mir herüber. «Jetzt zeig, daß du ein Mann bist. Wenn die Franzosen Froschschenkel essen, kannst du das wohl auch.»

Ich zeigte mich als ein ganzer Kerl, schnitt den Froschschenkel in der Mitte durch, stopfte die eine Hälfte in den Mund und kaute drauflos. Mit geschlossenen Augen und allen Zeichen des Abscheus schluckte ich den Schenkel mit einem vernehmlichen Schmatzer herunter.

«Gott sei Dank», stöhnte ich. «Iß du jetzt schön deine Hälfte, mein lieber kleiner Alfred.»

Ich schob ihm den Teller hin, doch er schüttelte energisch den Kopf. Er wollte nicht.

«Du hast *meine* Hälfte gegessen», maulte er.

Die fünf Sinne

Thorsten und Tina hatten den brennenden Wunsch, sich innerhalb der bildenden Kunst einen Namen zu machen. Beide wollten Keramiken herstellen, beide sprühten vor Ideen, die sie mit der Kunst ihrer schaffenden Hände bei der Bearbeitung großer, kooperationswilliger Tonklumpen umsetzen wollten. Thorsten hatte alles, was heutzutage notwendig ist, um ein anerkannter moderner Künstler zu werden – einen dicken, ehemals weißen Pullover aus Islandwolle, einen starken, ungepflegten feuerroten Vollbart, schulterlange Haare sowie den unerschütterlichen Glauben, eines Tages Wunderwerke vollbringen zu können, wenn er nur einen Klumpen Ton in seine gefühlvollen Künstlerhände bekam. Tina ihrerseits verfügte über alles, um ihm eine gute Muse zu werden – ein buntes Leinenkleid mit aufgedruckten Motiven in psychedelischen Farben, pechschwarzes, glänzendes Haar, das aussah wie mit dem Lineal geschnitten, sowie vielerlei Kettenschmuck aus der Hippie-Ecke des Goldschmiedeladens. Dazu einen brennenden Ehrgeiz und die feste Überzeugung, daß die Welt voller Spannung und mit angehaltenem Atem auf ihre und Thorstens Kunst wartete. Das einzige, was fehlte, war ein großer Klumpen Ton – und ein möglichst ebenso großer staatlicher Zuschuß, denn selbstverständlich besaßen sie kein Geld, wie das bei jungen, verkannten Genies üblich ist. Aber endlich lächte ihnen das Glück. Thorsten erhielt ein Künstler-Stipendium über 5000 Kronen, und sofort legten sie los. Zuerst richteten sie eine kleine Boutique samt einer Werkstatt ein, dann kauften sie einen gebrauchten Brennofen, eine Töpferscheibe mit Fußantrieb, einen Sack Gips sowie Modellierstäbchen und Draht.

Damit waren die 5000 Kronen verbraucht. Für den allerletzten Zehner kauften sie sich Ton. Keinen besonders großen Klumpen, aber gerade groß genug, daß sie anfangen konnten.

«Jetzt müssen wir nur noch das Material bestmöglich ausnutzen», meinte Thorsten. «Wir müssen eine Serie machen,
die nur zusammen verkauft wird. Das bringt am meisten
Scheine, und Scheine brauchen wir, um weiterzukommen.»

Darauf modellierte er fünf Figuren, etwas abstrakt und
avantgardistisch, aber nur gerade soviel, daß man bei etwas
gutem Willen noch erkennen konnte, was sie darstellen
sollten.

«Nun, was stellen sie denn eigentlich dar?» fragte Tina, als
Thorsten seine Figuren fertig gebrannt hatte.

Thorsten blickte sie an, wie man eine Verrückte anblickt.

«Ja, aber hör mal», sagte er, «siehst du denn nicht, daß es
‹Die fünf Sinne› sind?»

Jetzt konnte Tina es deutlich sehen. Sie malte ein Schild mit
der Aufschrift: «Thorsten Hansen: Die fünf Sinne» und
stellte es mit den Figuren in das kleine Fenster der Kellerbou-
tique. Schon am nächsten Vormittag erschien eine Frau und
erkundigte sich nach den Figuren. Sie war aber nur an einer
interessiert.

«Sie werden nur zusammen verkauft», wies Tina sie ab,
wobei ihr Magen knurrte, denn in den letzten Tagen hatte sie
nichts anderes zu sich genommen als ein paar Flaschen Cola
und eine Dose Schmierkäse. Sie hörte Thorstens Magen
ebenfalls knurren, und darauf verkaufte sie eine Figur.

«Jetzt hast du die ersten fünfzig Kronen mit deiner Hände
Arbeit verdient, mit deiner göttlichen Kunst!» jubelte sie, als
die Kundin mit ihrer Figur gegangen war.

«Dafür haben wir jetzt vier Figuren übrig, die wir gleich auf
den Müll schmeißen können. Sie lassen sich doch nicht als
‹Die vier Sinne› verkaufen, wo jedermann weiß, daß zu
einem kompletten Satz fünf gehören!»

Thorsten sah traurig aus bei dem Gedanken, daß soviel
Ton, soviel Kunst weggeworfen werden mußte. Aber Tina
hatte glücklicherweise eine Idee. Sie holte schnell Farbe und
ein neues Schild, und kurz darauf prangten die Figuren
wieder im Fenster. Auf dem Schild stand: «Thorsten Hansen:
Die vier Jahreszeiten».

Ein paar Tage vergingen. Dann erschien ein Herr und fragte nach den Figuren. Als er hörte, daß sie nur zusammen für 1000 Kronen zu haben waren, wollte er nichts mehr davon wissen. Das Ende vom Lied war jedoch, daß er zum Preis von fünfzig Kronen eine der vier Jahreszeiten erstand, denn der Magen der beiden Künstler knurrte wieder bedenklich.

«Jetzt haben wir zwar wieder etwas Geld zum Leben», meinte Thorsten unsicher, als der Kunde den Laden verlassen hatte, «aber was ist jetzt mit den letzten drei Figuren, müssen die nun in den Abfalleimer?»

Das mußten sie nicht, denn auch diesmal wußte Tina Rat. Die Figuren erhielten den Namen «Die drei Grazien», und einmal mehr gelang es, eine davon für einen Fünfziger loszuschlagen.

Am nächsten Tag stellte Tina die beiden letzten Figuren als «Adam und Eva» ins Fenster, und noch am gleichen Nachmittag verkaufte sie Adam für hundert Kronen. Es begann, aufwärts zu gehen; Ruhm und Unsterblichkeit waren in Sicht. Wenn sie die letzte Figur zum selben hohen Preis verkaufen konnten, hatten sie genug Geld, um neuen Ton zu kaufen und sich mehrmals satt zu essen. Dann passierte jedoch das Unglück. Als Tina die Figur auf die Töpferscheibe gestellt hatte, um sie abzustauben, stieß Thorsten so unglücklich dagegen, daß sie auf den Fußboden fiel und beide Arme verlor.

Zerknirscht hob er die Scherben auf; aber wieder hatte seine liebe Muse einen rettenden Gedanken.

Am nächsten Tag verkaufte Tina den letzten der fünf Sinne als «Venus von Milo».

Service – damals und heute

Ich steuerte den Wagen zu einer Tankstelle der bekannten Art mit schneller, höflicher und absolut reeller Selbstbedienung. Während Marianne ihren Lippenstift hervorholte, tankte ich voll, füllte etwas Kühlwasser nach, schraubte den Tankdeckel wieder fest und trocknete mir die Hände an meinem neuen, sauberen Taschentuch ab. Dann ging ich hinein, um zu bezahlen. Im Service-Shop selbstbediente ich mich mit einem Liter Motorenöl, einer Dose Fensterspray, einigen Illustrierten, einer Dose Schildkrötensuppe, einem Antibeschlagtuch und vier Brötchen. Das Reizvolle an den heutigen Tankstellen ist, daß man dort Brötchen bekommen kann. So etwas gab es noch nicht, als ich mit meinem Onkel meine erste Autofahrt in seinem Ford 28 mit Zelluloid-Seitenfenstern machte. Damals gab es an einer Tankstelle Benzin und sonst nichts. An der Kasse erhielt ich eine Quittung, die ich für meine Steuererklärung und für meine Fahrtkostenabrechnung verwenden konnte. Die Kassiererin war für einen Moment unaufmerksam und rechnete die Brötchen mit.

«Das geht nicht», sagte ich zu ihr. «Die Brötchen kann ich bei der Steuer niemals absetzen. Ich brauche eine separate Quittung für die Brötchen.» Die junge Frau war verzweifelt; offenbar hatte sie noch keinen Spezialkurs dafür absolviert, wie man vier Brötchen wieder aus der automatischen Buchführung herausbekommt, wenn sie schon unter Super Oktan 99 gebucht wurden. Während sie über das Problem nachdachte, kam Marianne hereingestürzt. Sie sah aufgeregt aus.

«Draußen steht ein Mann und scheuert an der Frontscheibe», rief sie.

«Laß ihn doch», meinte ich und kaute an meinem Brötchen. «Wir leben in einem freien Land.»

«Aber er scheuert an *unserer* Frontscheibe herum!»

«An *unserer* Frontscheibe?» Ich riß meine Plastiktüte an mich und beeilte mich, nach draußen zu kommen. Da stand tatsächlich ein alter Knacker in öliger Mechanikermontur und trocknete mit einem Lederlappen unsere Frontscheibe ab.

«Was erlauben Sie sich!» begann ich aufgebracht.

«Service», sagte der Alte. «Gratisservice. Wie steht es mit Wasser, Öl und Luft? Ist alles in Ordnung, oder soll ich mal nachsehen?»

Er reichte mir eine Papierserviette. Ich glotzte sie verständnislos an.

«Zum Abwischen von Öl und Dreck am Lenkrad», erklärte er und gab mir außerdem eine große, zusammengefaltete Straßenkarte.

«Gratisservice», meinte er. Der Mann mußte verrückt sein. Oder zumindest einen leichten Schlag weg haben. Mit seinem breiten Daumennagel kratzte er an einem Möwenschiß, der offenbar als Gruß aus großer Höhe gekommen war und sich daher so stark festgesetzt hatte, als sei er ein Kontaktkleber. Dann prüfte er den Druck im rechten Vorderreifen.

Die Frau von der Kasse kam heraus.

«Aber Opa», sagte sie in vorwurfsvollem Ton. «Du belästigst ja schon wieder die Kundschaft!»

«Belästigen? Ich leiste Service», antwortete er. «Wie in alten Tagen. Mit welchem Druck fahren Sie in den Vorderreifen, mein Herr?»

«27», antwortete ich mechanisch.

«Der Zeiger steht aber auf 47. Der Reifen kann jeden Augenblick explodieren.»

«Geh jetzt nach Hause, Opa», sagte die junge Frau. «Du weißt ganz genau, daß ich und Klaus-Heinrich es nicht mögen, wenn du hier herumläufst und die Leute aufhältst.»

«Aber Erna», sagte er fast flehend. «Es ist doch ein Armutszeugnis, wenn überhaupt kein Service geboten wird. Zu meiner Zeit gab es keine Grenzen dafür, was wir alles für die Kunden getan haben.»

«Wir leben in einer anderen Zeit, Opa. Jetzt heißt es nur noch auftanken, bezahlen und nichts wie weg.»

Der Alte wandte sich an mich.

«Schlimme Zeiten», meinte er. «Als ich vor fünfzig Jahren

hier auf der Tankstelle begann, da gab es noch etwas, das man Service nennen konnte. Und die Kunden hatten Zeit zu einem kleinen Plausch, während man die Kühlerfigur polierte. Eine Ölkrise kannten wir damals auch nicht. Während man bei einem alten Ford am einen Ende Benzin hineinkippte, liefen am anderen Ende mehrere Liter Öl aus. Ja, das waren noch Zeiten. In meinen jungen Jahren war die Arbeitszeit auf den Tankstellen natürlich länger als heute. Die Leute kamen ja Tag und Nacht. An den großen Feiertagen war eine Arbeitszeit von 24 Stunden am Tag keine Seltenheit. Es gab jedoch keine sauren Mienen, auch nicht, wenn morgens um halb vier jemand ans Fenster klopfte, um Wasser für den kochenden Kühler zu verlangen oder die Schnullerflasche für den schreienden Säugling wärmen zu lassen. Natürlich alles Gratisservice. Wenn ich die Leute aus der Werkstatt mitrechne, waren wir damals acht Mann, um die Kunden zu verwöhnen. Und es gab Tage mit bis zu fünfzig Kunden. Jetzt schmeißt Erna den Laden ganz allein. Und sie verläßt ihren Platz an der Kasse nur, um mich wegzuscheuchen, wenn ich den Leuten meinen kostenlosen Service anbiete. Soll ich den Ölstand kontrollieren, mein Herr?»

Er reichte mir ein Fußballspiel und einen Malblock für die Kinder.

«Und die Frauen am Steuer», fuhr er mit verträumtem Blick fort, «die sind auch nicht mehr, was sie einmal waren. Zu meiner Zeit, da machte es noch Spaß, eine Dame zu bedienen! Der einzige technische Handgriff, den sie ohne fremde Hilfe ausführen konnten, war die Bedienung des Knopfes am Handschuhfach. Und was für ein Hallo, wenn sie die Karossen starten wollten! Da galt es, sich schnell in Sicherheit zu bringen. Denn diesen kleinen Unterschied zwischen erstem Gang und Rückwärtsgang, den lernten sie nie! Sie vollführten manchmal wahre Känguruhsprünge! Und die heutigen Frauen, du liebe Zeit! Während sie tanken, stehen sie mit dem Kopf tief in den Motor vergraben und dem Hintern nach oben, und bevor der Tank voll ist, haben sie schon die Zündkerzen und die Benzinpumpe ausgewechselt, die Zylinder geschliffen und einen Unterbodenschutz angebracht. Sie können alles. Aber die Romantik, wo ist die geblieben? So vor zwanzig, dreißig Jahren, als man die ersten Frauen am Steuer sehen konnte, gab es auch mal einen betörenden Augenaufschlag und ein Lächeln, so daß man weiche Knie kriegen konnte. Heute heißt es nur: Nichts wie weg! Sie müssen ja die Kinder abholen, bevor der Kindergarten schließt. Nein, das Leben auf einer Tankstelle ist einfach nicht mehr, was es...»

Er schwieg. Erna kam heraus.

«Sehen Sie mal», sagte sie und reichte mir neue Kassenbons. «Jetzt habe ich es doch geschafft, die Brötchen vom Benzin zu trennen, und...»

Sie warf dem Alten einen zutiefst mißbilligenden Blick zu. Fieberhaft rieb er an dem hartnäckigen Fleck auf meiner Frontscheibe.

«Ich muß doch bloß noch diesen Möwenschiß hier weghaben, Erna, dann lasse ich ihn fahren.»

Der Grundstücksspekulant und die Fee

Es wird zwar stets gesagt, daß Geld nicht glücklich macht; es gibt aber trotzdem Fälle, wo es das einzig Glückselige im Leben eines Menschen ist. Und von einem solchen Fall soll jetzt erzählt werden.

Jakob Spinkelberg hatte seine Millionen mit Grundstücksspekulationen verdient, und durch eine glückliche Hand bei Börsengeschäften hatte er seine Millionen noch einmal verdoppeln können. Das viele Geld war ihm zu Kopf gestiegen, und jetzt saß er tagaus, tagein bei heruntergezogenen Vorhängen in seiner riesigen Villa und rechnete sein Vermögen nach. Er zählte seine Geldbündel, stapelte sie vor sich auf, trug die Summe in sein Kassenbuch ein, zählte noch einmal nach und stopfte dann die Geldbündel in Geheimfächer hinter Regalen, Gemälden und Wandvertäfelungen. Dann kam das Gold an die Reihe, danach das Münzgeld, von dem er ganze Säcke hatte. Einer nach dem anderen wurden die Geldsäcke geleert und die Münzen auf dem Schreibtisch sortiert und gezählt. Wenn alles stimmte und er alles wieder sorgfältig versteckt hatte, begann er die Wirtschaftsteile der Zeitungen zu studieren. Darauf ging er zur Börse und sicherte sich ein paar gute Aktien, und zwar immer nur solche, denen er hundertprozentig vertraute. Das war nicht immer ganz einfach, aber bisher hatte er sich noch nie die Finger verbrannt. Nach des Tages Arbeit, wenn er bei seinen vielen notleidenden Mietern in sanierungsbedürftigen Altbauten die Miete eingetrieben hatte, von kinderreichen Familien, die sich nichts anderes leisten konnten als eine feuchte Einzimmerwohnung mit Klo im Hinterhof, begab sich Spinkelberg nach Hause in seine Prachtvilla und errechnete den Tagesgewinn. Dann ging er zu Bett, aber nicht ohne vorher sämtliche Türen sorgfältig verschlossen zu haben.

Er war ein typischer Schmarotzer der Gemeinschaft, ein

absoluter Geizhals, ein Schandfleck in einem ehrlichen, demokratischen Gemeinwesen. In dieser Geschichte gibt es keinen Helden, aber dann muß es eben ohne gehen – die Geschichte muß erzählt werden. Die Hauptperson ist jetzt bekannt, und wir kommen zu dem Abend, an dem etwas sehr, sehr Merkwürdiges geschah. Wie immer saß Spinkelberg an seinem Schreibtisch und stapelte Geldscheine zu großen Haufen. Er befeuchtete die Finger und zählte und zählte, als er plötzlich von einem starken, weißen, fast phosphorartigen Lichtschein geblendet wurde.

«Fürchte dich nicht», ertönte im gleichen Augenblick eine zarte Frauenstimme. «Ich will dir nichts tun.»

Jakob Spinkelberg hielt schützend eine Hand hoch und blinzelte mit seinen kleinen, kalten Augen in Richtung Tür, von wo die Stimme gekommen war. Undeutlich nahm er die Konturen einer schönen jungen Frau wahr, die in ein weißes, fast durchsichtiges Gewand gehüllt war. In der Hand hielt sie einen Stab, und auf dem Kopf trug sie eine kleine, glänzende Goldkrone.

«Wer sind Sie?» fragte Spinkelberg heiser.

«Eine Fee», antwortete das Wesen.

«Quatsch», fauchte Spinkelberg. «Feen gibt es nicht.»

«Doch, ich existiere.»

«Wenn Sie eine Fee sind, dann beweisen Sie es», forderte Spinkelberg – worauf die Fee mit ihrem Zauberstab leicht über die Geldbündel auf dem Tisch strich und sie alle in Groschen verwandelte.

Völlig gelähmt starrte Spinkelberg das für ihn wertlose Kleingeld an.

«Was haben Sie getan?» schrie er. «Was haben Sie mit meinem Geld gemacht, mit allen meinen schönen Tausendern? Zaubern Sie sie augenblicklich wieder zurück!»

Die Fee verwandelte die Groschen wieder in Geldscheine; Spinkelberg beeilte sich, nachzuzählen, ob auch alles da war. Dann warf er der Fee einen feindseligen Blick zu.

«Was haben Sie hier in meinem Haus überhaupt zu suchen? Sind Sie sich eigentlich darüber im klaren, daß Ihr

Eindringen eine grobe Mißachtung meiner Privatsphäre ist?»

«Ich habe mich im Haus geirrt», erklärte die Fee freundlich. «Ich wollte ein kleines krankes Mädchen besuchen und ihren Wunsch erfüllen, wieder gesund zu werden.»

«Das ist in der Villa nebenan», erklärte Spinkelberg kurz angebunden, und die Fee wollte sich zurückziehen. In diesem Moment hatte Spinkelberg eine Idee.

«Wenn Sie schon einmal hier sind», begann er hinterlistig, «dann müssen Sie mir auch einen Wunsch erfüllen.»

«Nun gut», willigte die Fee ein. «Aber Sie dürfen sich keine materiellen Werte wünschen, kein Geld oder Gold.»

Spinkelberg überlegte nicht lange. Er wollte sich eine Zeitung wünschen, eine Zeitung aus dem kommenden Jahr! Dann würde er alle Kurse studieren und sich in den nächsten Tagen genau die richtigen Aktien sichern und so im Handumdrehen sein Vermögen vervielfachen.

«Schaffen Sie mir das Börsenblatt vom 13. Januar des nächsten Jahres herbei!»

Einen Augenblick später lag die Zeitung vor ihm, und die Fee war verschwunden. Bis tief in die Nacht hinein studierte Spinkelberg Aktien- und Wechselkurse und durchforstete sämtliche Tabellen, bis er alle Kurse des 13. Januar nächsten Jahres auswendig konnte. Es war der glücklichste Tag seines Lebens . . . bis sein Blick auf die Titelseite fiel. Dort las er:

»Bei Umbauarbeiten in einer alten Villa fanden Handwerker gestern mehrere Millionen in Gold und Scheinen, die hinter Wandvertäfelungen und in eingemauerten Geheimfächern versteckt waren. Die Villa wurde früher von dem bekannten Grundstücksspekulanten Jakob Spinkelberg bewohnt, der am 13. Januar vorigen Jahres einem Herzschlag erlegen war, während er seine Zeitung las.»

Verkehrte Welt

Eigentlich ist ein Menschenleben nicht besonders genial eingerichtet. Wenn man die Fünfzig erreicht hat, geht es bereits wieder abwärts; man beginnt, langsam zu verkalken, und es wird immer schwieriger, sich zu bücken. Um sechzig herum melden sich weitere Zipperlein. Man wird siebzig, und schon kann man kaum noch sehen und hören. Vielleicht wird man auch achtzig oder neunzig oder erreicht gar das Alter von hundert Jahren. Eins aber steht unweigerlich fest: In der zweiten Hälfte des Lebens wird es von Tag zu Tag schlechter. Es müßte statt dessen umgekehrt sein – damit man sich auf seine alten Tage freuen könnte.

Wie auf dem Planeten Pluto, auf dem genau die gleiche Menschenrasse wie hier auf der Erde lebt, wo aber der Verlauf eines Menschenlebens genau umgekehrt ist: Man wird als Hundertjähriger geboren und verläßt die Welt als Säugling, und das ist doch viel sinnvoller. Wir folgen jetzt dem Pluto-Bürger Zero von der Geburt bis zum Tod.

An seinem 100. Geburtstag schlägt er zum ersten Mal die Augen auf. «Seht!» rufen die umstehenden Verwandten. «Er lebt! Der alte Zero lebt!» Es ist ein Freudentag, an dem bis in den frühen Morgen hinein Lebensbier getrunken wird. Der alte Zero ist noch zu schwach, um erfassen zu können, was um ihn herum geschieht; er hat Schwierigkeiten mit der Atmung, mit dem Kreislauf, mit Sehen und Hören, und auch die Nieren funktionieren nicht, wie sie sollten. Aber mit jedem Tag geht es mit ihm aufwärts; er kann jetzt aufrecht im Bett sitzen, Nahrung zu sich nehmen und zur Stärkung sogar einen Kleinen heben. Die Zeit vergeht, und an seinem 90. Geburtstag hat Zero seine ersten Zähne bekommen. Endlich kann er das Gebiß wegschmeißen; genug geplagt hat es ihn ja über all die Jahre hinweg. Seine Nieren werden immer besser, und sein Gehör ist inzwischen so gut, daß er die Musik erfassen und nach dem Essen ein kleines Tänzchen wagen kann. Mit dem Sehen hapert es noch, Gott sei's geklagt. Gott hört die Klage, und am 80. Geburtstag kann der alte Zero ohne Brille lesen, was sogar in der Zeitung erwähnt wird, in der außerdem berichtet wird, daß er gesund und rüstig geworden ist und am Tagesgeschehen lebhaften Anteil nimmt. Nicht in der Zeitung steht, daß Zero, wenn er ein hübsches, junges Mädchen auf der Straße sieht, sich neuerdings nach ihr umdreht, obwohl ihm noch nicht ganz klar ist, warum er das tut.

Es kommt der Tag, an dem Zero 65 wird. Man nimmt ihm seine Rente, er darf jetzt arbeiten, und von diesem Tag an wird Zero ein völlig anderer Mensch. Er denkt an wichtigere Dinge als an seine Zipperlein, er sitzt nicht mehr dösend im Stuhl am Fenster und denkt zurück an sein Alter, nein, Zero fängt ernsthaft an, das Leben zu leben. Er hat jetzt Haus und Hof und Auto und erwachsene Kinder. Seine Nieren sind völlig in Ordnung, kein dicker Bauch macht ihm Beschwerden, und bald trägt er wieder Hosen, die ihm lange nicht gepaßt haben. Mehr und mehr fühlt er sich in Form, bei Familienfesten hält er bis in die Nacht durch.

An seinem 50. Geburtstag werden ihm zu Ehren Festansprachen gehalten; es wird allen Ernstes festgestellt, daß jetzt der Spaß des Lebens für ihn beginnt, das Schlimmste liegt hinter ihm – auf ihn wartet die Jugend mit ihrer fröhlichen Sorglosigkeit. «Wir wissen ja alle, daß man sich nicht immer so alt fühlen kann, wenn man erst die 50 überschritten hat und sich den 40 nähert. Es lebe das Geburtstagskind! Er lebe hoch!» Zero wird 40, er wird 30, und er wird 28 und damit Junggeselle, und das lustige Leben beginnt für ihn! Denn gerade auf dieses freie, unbekümmerte Junggesellendasein hat er sich ein Leben lang gefreut. Ein flotter Bursche ist er jetzt. Er hat volles, lockiges Haar bekommen, trägt längst keine Brille mehr, und der dicke Bauch ist nur noch eine Sage; eine kräftige Heldenbrust trägt er am Strand zur Schau, und die Mädchen liegen ihm reihenweise zu Füßen. Eines Tages wird er Oberleutnant bei der königlichen Garde, dann Obergefreiter, Gefreiter und gemeiner Soldat, und nach der harten Rekrutenzeit kann er endlich dem Soldatenleben ade sagen.

An seinem 18. Geburtstag lernt er auf einer Studentenfete seine erste Freundin kennen, er kommt aufs Gymnasium, in die Grundschule, wird von Tag zu Tag dümmer, Mädchen interessieren ihn nicht mehr, sind für ihn bloß noch blöde Gänse. Er wird aus der ersten Klasse abgemeldet und hat nichts anderes mehr im Sinn, als drüben im Park Räuber und Gendarm zu spielen, zu raufen, frech zu sein und mit schmutzigem Hemd und zerrissener Hose nach Hause zu kommen. Er kommt in den Kindergarten.

Es geht jetzt schnell abwärts mit ihm, aber in einer schönen, behaglichen und schmerzfreien Art und Weise. Das Sprechen fällt ihm schwer, bald kann er nur noch «Mama» und «Papa» sagen. Gehschwierigkeiten kommen hinzu, er muß in den Laufstall, einer nach dem anderen verschwinden seine Zähne, bis er nur noch ein einziges, süßes kleines Beißerchen hat. Nachts kann er sich nicht mehr trocken halten, das Zahnen tut ihm weh, er lutscht an den Fingern, seine Mama gibt ihm die Brust, unentwegt wird er frisch gewickelt und gepudert – und schon kommt der Tag, an dem er mit seiner Mama in die Geburtsklinik muß.

Nur sechs bis acht Tage vergehen, dann ist es plötzlich eines Nachts so weit. Ein Schrei – und Klein Zero existiert nicht mehr. Seine Mama kommt aus der Klinik, das Umstandskleid sitzt eng um ihren dicken Bauch, die Monate vergehen, dann hat sie ihre natürliche, schlanke, frauliche Figur wieder, und nach neun Monaten hat sie alles über Klein Zero vergessen.

Er ist nur noch ein Name in den Journalen der Geburtsklinik.

Strafe muß sein

Ohne mich selbst zu loben oder überschätzen zu wollen, möchte ich dennoch gerne von mir selbst behaupten, daß ich ein guter, liebenswürdiger und umgänglicher Mensch bin, ein treuer Ehemann und ein liebevoller Vater und Großvater. Alles in allem ein durch und durch netter und ordentlicher Mensch. Dafür kann ich mehrere vertrauenswürdige Zeugen benennen. Es können Jahre vergehen, bevor zwischen Marianne und mir ein böses Wort fällt, ja, es ist sogar schon so lange her, seit wir eine kleine Meinungsverschiedenheit hatten, daß ich mich an den Anlaß überhaupt nicht mehr erinnern kann. Eigentlich könnte man daher jeden Eid schwören, daß in einem so harmonischen Heim wie dem unseren eine solche Situation gar nicht entstehen könnte, deren Höhepunkt es war, daß ein flacher Teller in gerader Luftlinie abgefeuert wurde, der mit solcher Kraft meinen Nacken traf, daß das teure Stück Porzellan der Marke «Sächsische Blume» von der Königlichen Porzellanfabrik in tausend Stücke zersprang, die wie Granatsplitter in alle Richtungen flogen. Man könnte beschwören, daß sich Marianne niemals eines derartig gewaltsamen Vorgehens schuldig machen würde. Aber dennoch – neulich abends, als sie sich draußen in ihrer Wunschküche mitten im Abwasch befand und dabei meiner Stimme lauschte, die durch die offene Tür des Wohnzimmers zu ihr hinausdrang, hatte ich das Pech, eine so unglückliche Bemerkung fallenzulassen, daß sie impulsiv besagten Teller abfeuerte! «Gong!» sagte es und tat sehr weh!

Es begann damit, daß der kleine Jakob auf meinen Schoß kletterte.

«Opa», fragte er, «wenn plötzlich die Königin käme, würdest du dann ‹du› zu ihr sagen?»

«Nein, mein Junge.»

«Aber zu Oma sagst du doch auch ‹du›.»

«Das ist auch etwas anderes.»

«Hast du Oma schon immer geduzt?»

«Nein, nicht immer.»

«Wie hast du sie eigentlich gekriegt?»

«Oma gekriegt?» wiederholte ich und nahm einen kräftigen Zug an der Abendzigarre. «Wie meinst du das, mein Junge?»

«Jaa . . . wo hast du sie gefunden?»

«Was heißt gefunden! Ich traf sie eines Tages.»

«Aber weißt du denn gar nicht mehr, wo du sie das erste Mal getroffen hast?»

«Doch, natürlich weiß ich das.»

Ich drehte mich halb im Sessel herum und warf einen Blick zu Marianne in die Küche. Sie trocknete gerade eine Sauciere ab und sandte mir ein wohlwollendes Lächeln als Zeichen für ihr Einverständnis, daß ich dem kleinen Jakob von unserer ersten Begegnung erzählte. Frauen sind ja sehr romantisch und lieben es, solche Dinge immer wieder aufgefrischt und nochmals erzählt zu kriegen.

«Wo ich deiner Oma das erste Mal begegnet bin?» begann ich mit einer Lautstärke, die gerade ausreichend war, daß jedes Wort in der Küche verstanden werden konnte. «Das will ich dir gerne erzählen, mein lieber Junge. Als ob ich jemals diesen Tag vergessen könnte! Es war ein wunderschöner, lauer Sommerabend vor langer, langer Zeit. Den ganzen Abend hatte ich mich in meiner Einsamkeit herumgetrieben, ich war im Kino gewesen, um irgendeinen blöden Film zu sehen, ich glaube, es ging um Cowboys und so weiter, das kennst du ja. Und als ich dann wieder hinausging in den lauen Sommerabend, sagte ich zu mir selbst: ‹Heute abend›, sagte ich, ‹heute abend gehst du in den Vergnügungspark, ins Tivoli. Du mußt dich mal amüsieren und vergessen, wie einsam du in dieser Welt bist.› Und genau das tat ich dann. Die ganze Umgebung dort in dem schönen, alten Vergnügungspark, die bunten Lampen, die Musik von den Tribünen, die vielen jungen Menschen Arm in Arm, die angestrahlten Springbrunnen, alles zusammen versetzte mich in eine merkwürdige Stimmung. Ich fühlte geradezu, daß an diesem Abend etwas Wunderbares geschehen würde, etwas, wovon ich mein ganzes bisheriges Leben lang geträumt und wonach ich mich gesehnt hatte. Ich schaute mir den Betrieb bei den Auto-Scootern an und ließ mich in der Menge der vielen fröhlichen Leute treiben, ohne richtig zu wissen, was ich eigentlich unternehmen wollte. Damals gab es ja noch keine Spielhallen mit einarmigen Banditen und Tele-Spielen und solchen Sachen. Ich fühlte mich merkwürdig rastlos, aber plötzlich flüsterte mir eine Stimme von ganz innen zu: ‹Du solltest mal eine Fahrt mit dem Riesenrad machen!› Also gut, ich folgte meiner inneren Stimme . . . und daß ich das tat, habe ich niemals bereut. Ich ging also hinüber und setzte mich in eine der Gondeln des Riesenrades, und als sich das große Rad in Bewegung setzte, die Erde langsam unter uns verschwand und wir hoch über dem bunten Treiben schwebten, hoch oben in der blauen Abendluft, erblickte ich plötzlich eine junge Dame, die mir in der Gondel gegenübersaß. Wir waren allein in der Gondel, sie und ich, und es geschah das Wunderbare, daß sie mir plötzlich zulächelte. Ich erwiderte natürlich ihr Lächeln, wir spürten beide, daß uns das Schicksal zusammengeführt hatte und . . . nein, Moment mal! Das war ja gar nicht deine Oma damals an diesem lauen Sommerabend im Riesenrad! Es war Charlotte . . . meine Jugendflamme Charlotte Lind! Jetzt weiß ich es wieder, als wäre es gestern gewesen! Deiner Oma bin ich natürlich nicht im Riesenrad begegnet, sondern . . . ja, laß mich mal überlegen, wo war es denn nun eigentlich, wo ich deiner Oma das erste Mal begegnet bin?»

Ich schwieg einen Augenblick, um nachzudenken – und dann kam auch schon der Teller durch die Luft gerauscht! Wenn ich mich heute im Nacken jucke, spüre ich immer noch die Narbe.

Mit Blindheit geschlagen

Ich bin der erste, der zugibt, daß ich als Ehemann meine Fehler habe. Niemand ist davon völlig frei. Von Natur aus ist in jedem Ehemann ein kompletter Fehlersatz eingebaut. Im wesentlichen sind die Fehler in meinem Fehlersatz jedoch nur kleine Fehler ohne Bedeutung, aber *einen* großen Fehler habe ich dennoch, das will ich frank und frei und ohne Vorbehalte zugeben, und dieser Fehler hat mich in all den gemeinsamen Jahren verfolgt, in denen ich an der kurzen Leine des ehelichen Zusammenlebens geführt wurde.

Der Fehler ist, daß ich keine Augen im Kopf habe. Ich sehe es einfach nicht, wenn Marianne sich irgend etwas Neues für unser Heim angeschafft hat, sei es ein Stück Nippes, eine blühende Begonie, ein Tischläufer, ein neuer Schirm für die Stehlampe, oder was es auch sonst sein mag, manchmal auch eine neue Schürze, ein Paar neue Schuhe, ein neuer Hut oder wozu auch immer eine Hausfrau das bißchen Kleingeld verwendet, das sie vom Haushaltsgeld beiseite legen kann.

Ich sehe es nicht, mir fällt überhaupt nichts auf. Das heißt, natürlich sehe ich es, bloß nicht aus eigenem Antrieb. Jedenfalls nicht, bevor ich nicht direkt mit der Nase darauf gestoßen werde. Man muß ja auch an so viel anderes denken, vertieft sich dann in die Zeitung oder setzt sich an den Tisch, ohne vorher noch einen Blick durch das gesamte Wohnzimmer schweifen zu lassen, um festzustellen, ob es vielleicht etwas Neues geben sollte. Man schaufelt sich Frikadellen auf den Teller und ißt mit gutem Appetit, bis man plötzlich hört:

«Na, was findest du? Du hast noch gar nichts gesagt. Magst du sie vielleicht nicht?»

Man blickt schnell überall umher. Mit etwas Glück entdeckt man etwas Neues, hat man weniger Glück, entdeckt man es nicht, und dann sitzt man einfach da mit einem blöden Gesicht, die Gabel mit der Frikadelle in der ausgestreckten Hand, und sieht keinen anderen Ausweg, als sich vorsichtig heranzufragen, um den Gegenstand oder vielleicht die Gegenstände zu identifizieren.

«Was ich finde? Was meinst du?»

«Herrgott noch mal, Mann, siehst du denn nicht, daß ich neue Seidenschirme für die Wandlampen gekauft habe? Ich habe die Lampen sogar extra angeknipst, damit du den richtigen Eindruck davon bekommen kannst.»

Dann sieht man sie. Unbegreiflich, daß man sie vorher übersehen konnte.

«Die sind hübsch. Wirklich schön. Merkwürdig, daß sie mir noch nicht aufgefallen sind.»

«Die Frikadellen . . . die fallen dir immer auf.»

Sie hat recht. Aber da kann man sich ja auch nach dem Duft richten.

Ein anderes Beispiel. Auch vom Essen. Ich habe gerade die Hälfte meines herrlichen, saftigen Filetsteaks hinter mir, als ich plötzlich spüre, daß mich Marianne durchdringend anstarrt. Schnell stelle ich die Worcester-Soße ab und blicke mich im Raum um. Keine neuen Seidenschirme. Kein neuer Tischläufer. Keine neuen Nippsachen. Dieses Mal ist es wirklich schwer.

«Na, was hältst du davon? Du hast ja noch gar nichts gesagt.»

Sollten es vielleicht doch die Seidenschirme auf den Wandlampen sein? Hat sie schon wieder neue gekauft? Wie sahen eigentlich die alten aus? Oder die rote Blume dort drüben im Erker? Ist die etwa neu? Oder stammt sie vielleicht doch noch von ihrem Geburtstag? Dann ist sie nicht neu. Ihr Geburtstag war vor einem Monat.

«Was ich davon halte? Äh . . .»

«Siehst du denn nicht, daß ich eine neue Bluse anhabe? Jersey, schick, nicht wahr? Aber nein, du siehst ja nie etwas!»

Unbegreiflich, völlig und absolut unbegreiflich, daß man diese Bluse übersehen konnte. Selten habe ich eine mehr ins Auge fallende Bluse gesehen. Aber warum hatte ich sie eigentlich nicht bemerkt?

Vielleicht sollte man sich eine stärkere Brille anschaffen,

aber andererseits stimmt es ja, was Marianne sagt, die Frikadellen, die Beefsteaks oder was auch immer auf dem Teller ist, die übersehe ich niemals.

Vor kurzem hatte ich nach einer überaus gut verlaufenen geschäftlichen Transaktion einige Hundertkronenscheine übrig, und anstatt sie dem Finanzminister in die Tasche zu stecken, beschloß ich, sie in ein Schmuckstück für Marianne zu investieren. Es wurde eine Halskette aus gehämmertem Gold. 18 Karat. Inflationszeit hin oder her, Gold behält seinen Wert. Ich bezahlte den Juwelier und beauftragte ihn, den Schmuck meiner Frau nach Hause zu schicken.

Nachdem ich gegen Abend zu Hause angekommen war, schärfte ich mir während des Umkleidens zum Essen mehrmals ein, um Gottes willen bloß nicht zu vergessen, irgend etwas darüber zu sagen, wie gut ihr die Halskette stünde. Daß der Juwelier sie geliefert hatte, dessen war ich sicher, denn als ich zur Begrüßung kurz den Kopf in die Küche steckte, konnte Marianne gerade noch rufen: «Vielen Dank für das Geschenk, Schatz!»

Ich setzte mich also an den Tisch. Und warf einen schnellen Blick über die ganzen aufgetischten Herrlichkeiten. Falscher Hase mit Speck, eins meiner Leibgerichte. Dann warf ich einen genauso schnellen Blick auf die andere Seite des Tisches, um zu sehen, wie die Goldkette sich machte. Sie hatte sie nicht an. Das erstaunte mich. Und enttäuschte mich ein wenig. War der Juwelier vielleicht doch noch nicht dagewesen? Aber sie hatte doch «Vielen Dank für das Geschenk» gerufen! Also mußte es angekommen sein. Warum hatte sie die Kette dann nicht angelegt? Während ich das Fleisch anschnitt und ein paar Scheiben falschen Hasen auf meinen Teller häufte, suchte ich nach einer Erklärung. Es blieb mir keine andere Wahl, als zu fragen.

«Sag mal», begann ich, «warum hast du sie denn nicht an? Ich meine . . . die neue Halskette?»

«Halskette?» kam es verständnislos zurück. «Welche Halskette?»

In diesem Augenblick kam Marianne aus der Küche.

«Herrgott noch mal, Mann!» sagte sie und schüttelte ergeben den Kopf. «Hast du denn überhaupt keine Augen im Kopf? Siehst du denn nicht, daß es meine Schwester ist, die dir gegenüber sitzt? Sie ist gerade zu einem kurzen Besuch gekommen!»

Jetzt sah ich es. Es war deutlich genug. Marianne ist dunkel, ihre Schwester blond.

Unfaßbar, das übersehen zu können.

Für meine Begriffe war es völlig in Ordnung, daß Marianne sich noch mehrere Tage nach dieser peinlichen Episode kategorisch weigerte, überhaupt ein Wort mit mir zu reden, während wir die verschiedenen Tagesmahlzeiten zu uns nahmen.

Wie man's macht, ist es falsch

Ich werde wohl nie lernen, die Frauen zu verstehen – und schon gar nicht Marianne. Insbesondere kann ich mit ihren manchmal absonderlichen Reaktionen nichts anfangen, wenn ich ihr etwas Gutes tun will, sie zum Essen in ein gutes Restaurant ausführen oder vielleicht ins Theater einladen. In solchen Fällen reagiert sie auf eine Art und Weise, der ich völlig machtlos gegenüberstehe. Ich verstehe sie überhaupt nicht.

Ich will es an einem Beispiel erklären. Wir brauchen gar nicht so weit zurückzugehen. Den ganzen Tag hatte ich gearbeitet, und nach dem Abendessen setzte ich mich bequem in den Sessel, um mich beim Zeitunglesen etwas zu entspannen.

«Du bist nicht gerade sehr unterhaltsam», erklang Mariannes Stimme anklagend.

Ich richtete mich im Sessel auf. Ich war wohl kurz eingenickt.

«Man wird sich doch wohl für einen Moment entspannen dürfen», verteidigte ich mich.

«Deine Momente werden immer länger . . . es ist nicht besonders aufregend, mit einem Mann verheiratet zu sein, der Abend für Abend über der Zeitung oder beim Fernsehen einschläft.»

«Am Mittwoch war ich zum Kartenspielen und am Sonnabend zum Festessen in meiner Loge.»

«Ja, *du* warst zum Kartenspielen, und *du* warst zum Festessen. Was meinst du wohl, wo *ich* war?»

«Zu Hause, nehme ich an.»

«Genau. Und das bin ich *jeden* Abend.»

Sie sagte nichts mehr.

Ich konnte direkt fühlen, wie nach dieser letzten Bemerkung die Stille durch den Raum kroch. Mit einem Mal wirkte die Luft merkwürdig klamm und unbehaglich. Blitzschnell sah ich ein, daß ich das Gespräch in weniger gefährliche

Bahnen lenken mußte, um die Stimmung zu retten.

«Es ist bald Kaffeezeit», sagte ich. «Haben wir noch von dem ausgezeichneten Pflaumenkuchen deiner Mutter?»

Normalerweise freut sie sich, wenn ich den Kuchen ihrer Mutter lobe, obgleich er mir, ehrlich gesagt, meistens recht schwer im Magen liegt. Besonders der Pflaumenkuchen.

«Es ist eine Ewigkeit her, seit du mich das letzte Mal zum Essen eingeladen hast. Du denkst nie daran, daß es eine reizvolle Abwechslung in meinem täglichen Trott wäre, wenn du einmal sagen würdest: ‹Laß uns heute abend auswärts essen. Ich lade dich ein!› Allein der Gedanke, daß ich dann nicht zu spülen brauche.»

«Ich helfe dir doch manchmal, wenn . . .»

«Oder ins Theater. Ich weiß gar nicht mehr, wann wir das letzte Mal im Theater waren, so lange ist das her.»

«Nun, ab und zu gehen wir doch, wenn etwas Besonderes aufgeführt wird. Aber diese absurden modernen Stücke . . .»

«Doch, jetzt fällt es mir wieder ein! Damals hatte ich gerade mein rotes Kleid gekriegt . . . weißt du noch, das Taftkleid. Es gefiel mir sehr gut, und ich habe es viele Jahre getragen. Natürlich weißt du es, du benutzt es doch heute als Putzlappen fürs Auto!»

So ist eben ihre Art, etwas auszudrücken. Was sollte ich anderes tun, als mich schuldbewußt hinter der Zeitung zu verstecken?

«Ich will gar nicht davon reden, daß wir auch mal zum Tanzen ausgehen könnten. Aber du schämst dich vielleicht, mit einer Frau in den Vierzigern zu tanzen!»

«Natürlich tu ich das nicht, aber . . . eigentlich hast du recht. Wir müssen sehen, daß wir abends auch mal aus unseren vier Wänden kommen.»

«Abends . . . mal . . . in hundert Jahren vielleicht! Ich gehe jetzt zu Bett. Mutters Pflaumenkuchen findest du im Schrank, wenn du etwas möchtest! Gute Nacht!»

«Gute Nacht . . . äh . . .»

Ein trostloser Abend, ein ganz und gar trostloser Abend.

Auf dem Küchentisch sitzend, beschloß ich bei einer Tasse lauwarmem Kaffee, schon am kommenden Sonnabend mit Marianne ganz groß auszugehen. Bei genauerem Nachdenken war ja wohl etwas dran, daß für sie die Tage nicht immer besonders abwechslungsreich waren, und wenn es ihr so viel bedeutete, mal wieder unter Menschen zu kommen – jedenfalls wollte ich da nicht im Wege stehen. Es sollte aber ein Abend in gepflegtem Stil werden.

Als ich am Sonnabend nachmittag gegen fünf nach Hause kam, ging ich sofort in die Küche und drückte Marianne einen Riesenstrauß Rosen in die Hand.

«Bitte, Schatz», sagte ich. «Die sind für dich!»

Sie trocknete sich die Hände an der Schürze ab. Sie putzte gerade Gemüse für eine Erbsensuppe.

«Für mich? Was heißt das?»

«Nichts weiter, als daß du einen Strauß Rosen haben sollst!»

Sie blickte mich prüfend an.

«Sag mal, hast du getrunken?»

Ich war etwas verletzt. «Natürlich habe ich nicht getrunken.»

«Du kommst doch sonst nicht mit Blumen nach Hause. Wo bist du übrigens den ganzen Nachmittag gewesen?»

Sie sprach es nicht aus, aber ich sah ihr an, was sie dachte. Sie glaubte, ich hätte mich mit anderen Frauen herumgetrieben, und sie wäre nicht im mindesten überrascht gewesen, hätte sie ein blondes Mädchenhaar an meinem Revers gefunden.

«Wo ich gewesen bin? Ich stand Schlange, um Karten für ‹Hello, Lady Eliza› zu bekommen. Wir gehen ins Theater.»

«Ins Theater? Wann? Etwa heute abend?»

«Genau, heute abend!»

«Ja, aber ich habe den ganzen Tag große Wäsche gehabt. Mit diesen Haaren kann ich mich doch nirgendwo sehen lassen!»

«Wir gehen erst essen! Ich habe im Royal einen Tisch für zwei bestellt, Candlelight-Dinner, sehr exklusiv! Mit Kerzen und Tischschmuck und allem Drum und Dran.»

«Aber die Erbsen! Ich wollte Erbsensuppe kochen. Ich kann doch nicht einfach alles so stehen lassen. Das Fleisch ist fast gar. Und . . . oh, es ist furchtbar! Und meine Haare . . . diese fettigen Strähnen . . . die kriege ich nie und nimmer in Ordnung.»

Ich legte einen Karton auf den Küchentisch. «Ich habe mir ein Paar neue schwarze Schuhe gekauft», erklärte ich und fing an, auszupacken. «Meine alten sind so zerschlissen, daß ich mich damit nicht aufs Tanzparkett wagen kann.»

«Tanzparkett? Tanzen sollen wir auch? Und ich mit meinem alten Samtkleid, es ist ganz unmöglich . . . und mein Cape ist zur Reinigung . . . und meine Frisur, die Haare sitzen nie . . . und die Erbsensuppe . . . und ich habe schon Teig für Pfannkuchen angerührt . . . o nein, es ist furchtbar!»

Hysterisch schluchzend sank sie auf einen Küchenhocker.

Wie gesagt . . . ich werde die Frauen nie verstehen lernen.

Unordnung mit System

Meine Frau Marianne hat keinen Respekt vor alten Sachen, keinen Respekt vor dem Wert der Dinge, es sei denn, sie sind mit einem Preisschild ausgezeichnet und im Schaufenster eines Pelzgeschäftes plaziert. Es sind keine Kleinigkeiten, die sie im Laufe der Zeit weggeschmissen hat, sondern alles Dinge, die bares Geld wert wären, wenn man sie eines Tages brauchen würde. Ich denke dabei an mein Büro . . . und an meinen kombinierten Werkstatt-Hobby-Aufbewahrungs-raum. Eines Samstags kam ich von mehreren anstrengenden Besprechungen in der Stadt zurück.

«Ich habe in deinem Büro aufgeräumt», wurde ich von Marianne empfangen. «Herr im Himmel, welch eine Unord-nung war das! Es will mir nicht in den Kopf, wie ein Mensch in einer derartigen Unordnung arbeiten kann!»

«Ich arbei . . .»

Ich sprach nicht weiter. Denn bei genauerem Nachdenken wäre es vielleicht nicht so gut gewesen, anzudeuten, daß ich nicht immer gleich hart und unmenschlich arbeitete, wenn ich mich in meinem Büro aufhielt.

«Und dann dieser ganze Mist, den du in deinem Hobby-raum aufbewahrt hast! Du meine Güte! Ich habe eine Spedition bestellt und 175 Kronen bezahlt, damit wenig-stens das Schlimmste herausgetragen und weggefahren wurde.»

Jetzt war mein Mißtrauen geweckt. Unersetzliche Werte waren verlorengegangen, sie hatte kein Gefühl für die Gemütlichkeit, die ein Hobbyraum ausstrahlen kann, wenn nicht unbedingt alles peinlich aufgeräumt ist. Dicht gefolgt von Marianne, ging ich mit zusammengebissenen Lippen in den Keller, um das Ausmaß ihres Vandalenaktes abzu-schätzen.

«Die Gartenbank!» rief ich aus. «Opas alte Gartenbank aus massivem Holz. Er hat sie seinerzeit selbst zusammenge-tischlert, und jetzt hast du sie rausgeschmissen!»

«Die Beine waren doch völlig verrottet und . . .»

«Sie hätte repariert werden können.»

«Du hast zwölf Jahre Zeit gehabt, um sie instandzusetzen!»

«Na ja, ich habe ja auch noch keine Zeit gehabt, aber . . . wo ist meine alte Smokingjacke?»

«Dieser Museumsgegenstand! Die Jacke war voller Motten!»

«Wir hätten sie für eine Vogelscheuche brauchen können, wenn wir eines Tages einen Kirschbaum kriegen sollten. Wo hast du den Elektromotor hingetan, der dort auf dem Regal lag?»

«Rausgeschmissen!»

«Damit wollte ich doch einen Plattenspieler bauen!»

«Das wolltest du auch schon vor fünfzehn Jahren, als du ihn auf das Regal legtest!»

«Und die alten Liegestühle? Sind die auch weggefahren worden?»

«Die Bezüge waren völlig vergammelt!»

«Ich hätte sie neu beziehen können!»

«Das Holz war auch nichts mehr wert.»

«Ich hätte ein neues Untergestell tischlern können . . . irgendwann.»

Ich warf einen Blick zur Hobelbank in der Ecke und erhielt den Schock meines Lebens.

«Omas alte Zimmerorgel! Wo ist sie?»

«Herrgott noch mal, die hat die letzten zwanzig Jahre keinen Ton mehr von sich gegeben. Sie hat doch nur Platz weggenommen.»

«Ich habe doch immer meine alten Farbtöpfe darauf abgestellt, jetzt kann ich sie nirgends mehr . . . wo sind eigentlich die leeren Farbtöpfe? Es kommt ja oft genug vor, daß man einen leeren Topf braucht . . .»

«Rausgeschmissen. Es waren 54 leere Töpfe. Ich habe sie gezählt.»

«Und mein altes Fahrrad. Willst du etwa behaupten, daß du das auch rausgeschmissen hast?»

«Die letzten siebzehn Jahre bist du nicht mit dem Fahrrad gefahren!»

«Jedenfalls ist das keine Art, alle guten Sachen einfach zum Fenster hinauszuschmeißen! Wir leben zwar in einer Wohlstandsgesellschaft, aber die Dinge könnten eines Tages wieder ihren Wert erhalten, wenn die Vorräte auf dieser Welt . . .»

Ich ging wieder hinauf in mein Büro. Auch hier herrschte eine furchtbare Ordnung.

«Wo ist meine alte Bürojacke?»

«Die ist fast auseinandergefallen, als ich sie anfassen wollte.»

«Und meine alten braunen Schuhe fürs Büro?»

«Das Oberleder war ganz morsch.»

«Es hätte erneuert werden können.»

«Die Sohlen waren papierdünn.»

«Die Schuhe hätten besohlt werden können. Und mein ganzes gebrauchtes Kladdepapier?»

«Es waren mindestens zehntausend Bogen. Du sagst es selbst . . . sie waren ja gebraucht.»

«Man hätte sie noch auf der Rückseite beschreiben können. Bei den heutigen Preisen für Papier war das ja ein kleines Vermögen . . .»

Fast eine Stunde ging es so weiter, und ich fühlte mich mehr und mehr deprimiert wegen all der guten Dinge, die jetzt nicht mehr da waren, die aber sowohl meinem Büro als auch meinem Hobbyraum ein besonderes Gepräge gegeben und diese Lokalitäten zu den gemütlichsten im ganzen Haus gemacht hatten.

Inzwischen habe ich mich jedoch gerächt. Vor kurzem fiel es Marianne auf, als sie einen Knopf an eins meiner Hemden nähen wollte. «Um Himmels willen!» rief sie mit allen Zeichen des Schreckens im Gesicht, als sie die Nähschublade herauszog. «Alle meine alten Knöpfe, meine leeren Garnrollen, meine Stoffreste und meine . . .»

«Ich habe aufgeräumt», sagte ich.

Es war ein großer und schöner Augenblick.

Seitdem hat sie nie mehr in meinem Hobbyraum oder meinem Büro aufgeräumt. Ich gebe ja zu, daß mein Schreibtisch langsam etwas unaufgeräumt aussieht; wenn man aber nur ein gewisses System in seiner Unordnung hat, dann . . . so, ich muß jetzt Schluß machen. Auf dem Papier ist kein Platz mehr, und die Schachtel mit dem Schreibmaschinenpapier muß ich wohl irgendwie verlegt haben . . .

Meine unvergleichliche alte Autojacke

Vielleicht ist es Einbildung, aber ohne meine alte Autojacke konnte ich nicht Auto fahren. Mein Auto und meine Autojacke, die gehörten zusammen, und wenn ich hinter dem Lenkrad eine wirklich gute Leistung zeigen sollte, dann mußte ich meine alte Autojacke anhaben. Ich hatte nie ein Kleidungsstück besessen, in dem ich mich so wohl fühlte wie in meiner alten, mausgrauen Autojacke aus grobem Tweed. Darin hatte ich Ellbogenfreiheit; es spielte keine Rolle, daß sich hier und da ein paar Ölflecken darauf befanden und daß sie hinten voller Falten war. Sie konnte es vertragen. Viele Jahre hindurch leistete sie ihrem Herrn treue Dienste.

Jetzt ist sie weg.

Ich kann den Verlust nur beweinen. Wir paßten so gut zusammen – meine schöne, alte, mausgraue Autojacke aus grobem Tweed und ich. Wie oft habe ich sie doch geflickt, die Ärmel etwas gestutzt, wenn es nötig war, fehlende Knöpfe angenäht – alles nur, um sie noch etwas länger behalten zu können.

Marianne verabscheute sie. Was sie eigentlich dagegen hatte, weiß ich nicht genau. Ich weiß nur, daß sie jede Gelegenheit zum Protest wahrnahm, wenn ich die Jacke anzog, um in die Stadt zu fahren.

«Also, ich *bitte* dich! Du willst doch nicht etwa in diesem Fetzen in die Stadt fahren?»

«Fetzen? Welcher Fetzen? Ich hoffe, du meinst nicht meine Autojacke?»

Wie oft erhielt ich Totalverbot, das Haus zu verlassen, wenn ich diesen «Putzlappen» anziehen wollte! Und wie oft gelang es mir trotzdem, mich in der Jacke zur Garage zu schleichen – und abzutöffen! Sie konnte aber auch manchmal so hysterisch werden, daß ich klein beigab und mein neues fischgrätgemustertes Mode-Jackett anzog, das sich wie laminierter Kunststoff mit Sperrholzeinlage vorn und hinten anfühlte. Es war ein durch und durch widerliches und nicht auszuhaltendes Gefühl, den Sicherheitsgurt um diese steife Konfektionsware legen zu müssen. Zwar hatte es eine Stange Geld gekostet, aber es war und blieb verbraucherfeindlicher Pfuschkram.

Wann immer ich Gelegenheit hatte, legte ich die Fischgräten ab und meinen guten, alten Tweed an . . . und war ein neuer und besserer Mensch! Ein herrliches Gefühl! Wir waren unzertrennlich, meine alte Autojacke und ich. Wenn man die Haube öffnete und den Kopf über den Motor beugte, um nachzusehen, warum er nicht richtig lief, brauchte man sich wegen etwas Öl oder Schmiere keine Sorgen zu machen. Flecken dieser Art waren schon längst über die ganze Jacke verteilt. Schlimm war nur, daß die Ärmel immer mehr zerschlissen, und eines Tages hatte ich ein Loch in dem Ärmel, den ich beim Fahren immer an der Tür rieb. Ich mußte mich zu einem Schneider schleichen. Er versah die Jacke mit ein paar soliden Lederflicken und kassierte dafür annähernd die gleiche Summe Geldes, die ich für mein Fischgräten-Jackett ausgegeben hatte. Nach dieser Verjüngungskur war meine alte Autojacke wieder so gut wie neu, und ohne wesentliche Einwände von Mariannes Seite konnte ich noch eine Zeitlang damit fahren. Aber eines Tages, als ich sie aus dem Schrank holen wollte, um schnell in die Stadt zu fahren, war der Bügel leer. «Wo ist meine Autojacke?» verhörte ich Marianne.

«Autojacke!» wiederholte sie. «Es paßt mir nicht, daß du sie immer noch eine Jacke nennst! Wenn du diesen Fetzen meinst, den du immer anziehst, dann habe ich ihn zu einer Altkleidersammlung gegeben. Eben waren hier ein paar Pfadfinder, um Lumpen zu sammeln . . .»

Ich sprang aus der Tür und erreichte die Pfadfinder noch in unserer Straße, als sie gerade Zeitungen und ein Dreirad luden. Aus einem großen Plastiksack ragte ein Ärmel meiner Autojacke hervor, als wollte er um Hilfe rufen. Ich riß die Jacke an mich. «He, was soll das?» rief einer der Pfadfinder. »Die haben wir gerade bekommen. Der Erlös dieser Sachen geht an bedürftige Menschen in . . .»

Ich hörte nicht mehr, welche Menschen bedürftig waren. Mit meinem kostbaren Kleinod war ich schon auf dem Weg nach Hause. Vorsichtig bürstete ich die Jacke aus und entfernte auch noch einige Ölflecken mit warmem Wasser . . . und sie war wie neu. Meine gute, alte, eingefahrene Autojacke.

Vierzehn Tage später war sie wieder verschwunden. «Wo ist meine Autojacke?» rief ich. So laut, daß man es im ganzen Hause hören konnte. Und dann entdeckte ich sie. Sie hing als Vogelscheuche im Erdbeerbeet. Schnell holte ich sie herunter, bürstete sie, entfernte den Vogelmist und was sonst noch unsere Umwelt verschmutzt – und zog sie an. Den Rest des Tages sprach ich kein Wort mit Marianne. Ich sagte ihr nicht einmal gute Nacht.

Einige Zeit danach geschah das Furchtbare. Ich öffnete den Schrank. Der Bügel war leer. «MEINE AUTOJACKE!» schrie ich. «WER HAT MEINE AUTOJACKE WEGGENOMMEN?» Kein Laut. Ich suchte meine Jacke überall im Haus, wobei ich mich immer mehr aufregte. Endlich entdeckte ich einen verkohlten Haufen in der Kompostecke des Gartens. Ich stocherte darin herum, fand noch Glut, und ein kleines Stückchen Tweed verriet mir die furchtbare Wahrheit. Als ich sofort danach in die Küche stürmte, stand ich so dicht vor einem Ehegattenmord wie wohl kein Mensch vor mir. Marianne verzog sich völlig verschreckt in die entfernteste Ecke der Küche. «Laß mich erklären!» rief sie. «Es war nicht meine Schuld. Jetzt hör mich doch bitte an!»

Ich beherrschte mich und hörte ihr zu. «Ich wollte sie lüften», begann sie etwas nervös. «Zufällig kam ich am Komposthaufen vorbei, und dort stand zufällig ein Benzinkanister. Unglücklicherweise stolperte ich darüber, die Jacke rutschte mir vom Arm und war augenblicklich mit Benzin durchtränkt . . . in diesem Moment verlor ich etwas Glut von meiner Zigarette, das Benzin entzündete sich und dein Fetzen einer sogenannten Autojacke ging in Flammen auf. Das ist die reine und volle Wahrheit und . . .»

«Es ist nichts weiter als eine voll und ganz zum Himmel schreiende Lüge! Deine Zigarette verloren! Du rauchst ja überhaupt nicht und hast es nie getan!»

«Doch, ich rauchte . . . die Jacke stank so fürchterlich nach Öl und Fett, daß ich es sonst nicht ausgehalten hätte!»

Ich hätte sie erwürgen sollen, tat es aber nicht. Das ist jetzt fünf Jahre her. In der Zwischenzeit habe ich mich daran gewöhnt, mit dem fischgrätigen Mode-Ding zu fahren. Es sitzt fast wie angegossen, am einen Arm, den ich immer an die Tür lehne, ist der Ärmel etwas zerschlissen, ein paar Knöpfe fehlen, und hier und da sind ein paar Ölflecken zu sehen. Wenn ich ehrlich sein soll, ist es eigentlich eine sehr schöne Autojacke. Man kann stundenlang damit fahren, ohne daß sie danach zerknautschter aussieht als vorher! Man kann sich darin bewegen, man kann darin Auto fahren, man kann atmen! Ich gehe gleich hinaus und ziehe sie an. Sie hängt an einem Nagel im Flur und . . .

«MARIANNE! WO IST MEINE AUTOJACKE?»

Früh übt sich . . .

Als ich ein Junge war, gab es noch kein teures, von Designern entworfenes Plastikspielzeug, das sich schon bei der ersten Berührung in seine Bestandteile auflöste. Wenn wir zum Beispiel ein Auto zum Spielen haben wollten, mußten wir es uns selbst bauen. Ganz einfach. Wir liefen zum Krämer und erbettelten eine leere Seifenkiste, oder wir holten uns eine Fischkiste unten am Hafen, befestigten vier Räder an der Kiste, versahen sie mit einem Steuerknüppel und einer alten, ausrangierten Hupe – und hatten das beste Auto aller Zeiten, ein Modell ohne überflüssige Narreteien, kein Statussymbol, aber ein gutes und absolut solides Spielauto, mit dem man herrlich fahren konnte und an dem wir lange Zeit unsere Freude hatten.

So etwas geht heute nicht. Die Kinder unseres Wohlfahrtsstaates wissen kaum noch, was ein Seifenkistenauto ist – obwohl es im Laufe der Jahre Millionen davon gegeben hat. Wenn die verwöhnten Kinder unserer heutigen Zeit Lust auf ein großes rotes Spielauto haben, kommen sie an und zupfen das nächst erreichbare Familienmitglied am Ärmel.

Etwas irritiert legt man die Zeitung weg und fragt:

«Was ist denn?»

Aus teuer erkaufter Erfahrung weiß man inzwischen, daß ein solches Zupfen am Ärmel immer auch Geld aus der Tasche bedeutet.

«Henrik hat gerade ein todschickes rotes Spielauto gekriegt. Mit echter McCloud-Polizeisirene, schußsicherem Glas in der Frontscheibe, Servolenkung, rutschfesten Rallyereifen und noch viel mehr. Darf ich auch so eins haben, Opa?»

«Du bist wohl nicht ganz bei Trost, mein Junge. So ein Auto kostet eine Stange Geld!»

«Nur 498.»

«Als ich noch ein Junge war . . .», begann ich, aber Jakob unterbrach mich sofort.

«Ja, ja», knurrte er. «Als du ein Junge warst, kriegtest du beim Krämer eine große Tüte Bonbons fürn Groschen! Diese ganze Leier kenne ich!»

«Laß mich ausreden, Junge. Als ich noch ein Junge war, haben wir uns selbst unsere Autos gebastelt. Hast du noch nie etwas von einem Seifenkistenauto gehört?»

«Nee.»

«Wir waren unsere eigenen Autohersteller; wir fingen ganz unten an. Wir befestigten vier Räder an einer Holzkiste, montierten einen Steuermechanismus – und schon fuhren wir damit herum und hatten unseren Spaß damit. Aber ein solches Auto kannst du natürlich nicht bauen ... dafür sind die heutigen Kinder viel zu ungeschickt. Die Kinder des Wohlfahrtsstaates haben keine Phantasie.»

Jakob warf mir einen tief gekränkten Blick zu.

«Leihst du mir deinen Werkzeugkasten?» fragte er.

Ich erteilte die nötige Erlaubnis, und Jakob verzog sich mit einem Spielkameraden in den Hobbykeller. Einige Stunden später erwachte ich aus meinem dringend benötigten Mittagsschlaf, weil jemand mich an der Schulter rüttelte. Es war Jakob.

«Welche Art von Musik magst du nicht besonders?»

«Warum?»

«Ich möchte es bloß wissen. Hörst du gerne Klavierspiel?»

«Ja, das kann sehr schön sein.»

«Magst du auch, wenn gesungen wird?»

«Ja, wenn es nicht gerade gewichtige Damen sind, die sich am hohen C versuchen! Aber jetzt hau ab und laß mich einen Augenblick in Ruhe. Du weißt ganz genau, daß du mich nicht stören sollst, wenn ich hier liege und denke.»

«Magst du den, der Beethoven heißt?»

«Ja, aber nicht alles. Er ist nicht gerade meine starke Seite. Da ziehe ich eine Platte mit Partymusik für junge Leute in den Vierzigern vor.»

Ich drehte mich auf die andere Seite, um mein Schläfchen fortzusetzen. Ich erwachte durch eine aufgeregte Jungenstimme. Jakob sprach in sein Spielzeugtelefon.

«Schicken Sie sofort einen Kranwagen und einen roten Rettungswagen! Ein Seifenkistenauto ist gegen einen alten Birnbaum gefahren. Der Fahrer muß sofort in die Unfallklinik!»

Mit einem Satz sprang ich vom Sofa und folgte Jakob in den Garten. Am Birnbaum stand ein stark demoliertes Seifenkistenauto. Daneben lag der Fahrer, Klein-Michael, und machte sich fertig für den Rettungswagen. Sein eifriges Lutschen an einem Lolly zeigte jedoch, daß der Fall wohl nicht allzu ernst war.

Ich besichtigte die Unfallstelle. Alle vier Räder unter der Seifenkiste waren zusammengebrochen. Die Teile lagen über den ganzen Rasen verstreut. Mit bedenklichem Gesicht ließ Jakob seinen Blick zwischen den kaputten Rädern und mir hin- und hergehen.

«Es war Klaus-Heinrich, der die Idee hatte», sagte er und zeigte auf einen Jungen, der neben dem Seifenkistenfahrer kniete und Erste Hilfe leistete. Als mir dämmerte, was hier eigentlich vorgegangen war, nahmen sowohl der verletzte Fahrer als auch Klaus-Heinrich blitzschnell Reißaus.

Ich begann die traurigen Reste der Seifenkistenräder wieder einzusammeln. Sie bestanden ganz einfach aus . . . allen meinen teuersten Langspielplatten. Beethovens Kreutzersonate!

Wehret den Anfängen!

Marianne kam mit einem Bild von Zahrtmann in mein Büro. Sie hatte es sehr vorteilhaft auf der Versteigerung einer sogenannten kostbaren Hinterlassenschaft erworben. «Würdest du für mich einen Nagel in die Wand schlagen?» fragte sie.

«Nein», sagte ich.

«Aber dein Büro hat so eine triste Ausstrahlung. Wir hängen diesen Zahrtmann über das Ledersofa, da hast du es vom Schreibtisch aus gut im Blick. Gerade eins seiner Bilder von Città d'Antino paßt doch genau hier ins Büro. Wir haben ja auch gar keinen anderen Platz, wo wir es hinhängen könnten. So hilf mir doch!»

«Nein», sagte ich. Ich geleitete sie zur Tür, schob sie vorsichtig, aber gnadenlos hinaus, schloß sorgsam die Tür hinter ihr und ging an meinen Schreibtisch zurück, um weiterzuarbeiten.

Hier kommt kein Nagel in die Wand. Ich habe noch nicht vergessen, wie sie mich letztes Jahr gebeten hatte, für eine kleine französische Bronzelampe einen Nagel in die Rückwand meines Büros zu klopfen . . . um den Raum gemütlich zu machen. Damals ergriff ich bereitwillig Hammer und Nagel und hämmerte drauflos, bis der Nagel auf einen Mauerstein stieß und sich jämmerlich verbog.

Etwas tiefer versuchte ich es mit einem neuen Nagel – das gleiche traurige Ergebnis. Als ich endlich eine Fuge zwischen zwei Steinen erwischt und den Nagel weit genug hineingetrieben hatte, war die Tapete durchlöchert wie ein Teesieb. «Jetzt muß das Büro völlig neu tapeziert werden», war Mariannes Schlußfolgerung. Sie zog sofort los und fand eine grobmaschige, maskuline, bengalische Hessian-Tapete, zu einem Preis, der einem das Weiße aus den Augen quellen ließ. Es sah sehr gediegen aus, als der Maler fertig war. Marianne war mit dem Ergebnis aber noch nicht zufrieden. «Die Gardinen», meinte sie, «deine alten Bürogardinen passen überhaupt nicht zu Hessian!»

«Dann müssen wir wohl neue kaufen?» fragte ich. Wir mußten. Nun habe ich von Gardinenstoffen nicht viel Ahnung, aber an so viel erinnere ich mich: Es war ein champagnerfarbener, rustikaler, wollener Hochlandstoff, sehr schonend von Schafen geschoren, die ihr ganzes Leben auf der Sonnenseite der Orkney-Inseln geweidet hatten. Hervorragende, gediegene Qualität. Der Gardinenverkäufer sprach darüber nur in gedämpftem Tonfall.

Die Gardinen wurden aufgehängt – und ich sah sofort, was jetzt los war. Es war keine richtige Atmosphäre mehr in dem Teil des Raumes, wo der alte Tisch mit der Sperrholzplatte und den vier einfachen Stühlen stand. Seinerzeit hatte ich alles auf einem Flohmarkt erstanden, für einen Fünfziger. «Ich habe vor kurzem ein Ledersofa in Chrom-Orange gesehen», sagte Marianne und erwähnte noch etwas über den Bezug, der von jungen indischen Wasserbüffeln stammte, die sich ihr ganzes Leben im Schlamm auf der Schattenseite des Ganges gesuhlt hatten. Zum Sofa gehörten die entsprechenden Stühle und ein laminierter Elfenbeintisch mit einer Weltkarte aus dem 17. Jahrhundert in Intarsien. Es würde wahnsinnig maskulin wirken und ausgezeichnet sowohl mit der Tapete als auch mit den Gardinen harmonieren.

«Auf meinen Tausendern steht aber nichts geschrieben von indischen Wasserbüffeln aus dem 17. Jahrhundert», wandte ich ein.

«Du brauchst ja auch nur 16 davon», beeilte sich Marianne zu sagen. Einige Tage lief ich mürrisch herum, dann gab ich mich geschlagen. Wie der Blitz kamen die Möbelleute mit den Wasserbüffeln – und zogen sich mit 16 großen, hübschen Inflationsscheinen zurück, die ich eigentlich für die nächste Terminzahlung zurückgelegt hatte. Trotzdem muß ich eingestehen, daß ich nie einen besseren Mittagsschlaf als auf der Wasserbüffelhaut gehalten habe.

So weit, so gut. Dann aber erblickte Marianne die Regalwand. Die hatte ich selbst aus 15 Millimeter dicken Brettern zusammengetischlert.

«Entschuldige, wenn ich das sage», ließ sich Marianne vernehmen, «aber diese Kleinholzgeschichte dort zusammen mit bengalischem Hessian, indischem Wasserbüffel und französischer Bronzelampe mit Sèvres-Oval, man muß sich ja schämen!»

Nachmittags sahen wir uns in der Stadt eine Schrankwand aus malaiischem Dschungel-Palisander an. Ich mußte mich auf einen Schreibtisch setzen, der in das Büro eines Botschafters gepaßt hätte, als ich den Preis erfuhr. «Wir führen es auch in einfachem kanadischen Redwood, aber soweit ich verstanden habe, suchen die Herrschaften etwas Exklusives. Diese Schrankwand steht übrigens auch in den Direktionsetagen von BASF, AEG und Danfoss.»

Damit waren meine Rücklagen aufgezehrt. Ich bin aber der erste, der einräumt, daß es phantastisch exklusiv aussah, als die Schrankwand aufgestellt war. Eine Woche lang konnte ich nichts anderes tun, als sie von meinem Schreibtischstuhl aus zu betrachten.

«Siehst du, was fehlt?» fragte Marianne.

«Fehlt?» Ich fuhr hoch. «Fehlt schon wieder etwas?»

«Der Teppich! Dieser Fetzen!»

Wir sahen uns also in der Stadt Auslegeware an. Wir entschlossen uns für kamelfarbene extradicke Teppichfliesen aus Hama-Lami-Lux, von der gleichen Art wie in den Direktionsetagen von Danfoss, Superfoss und all den anderen Fossen, die etwas für sich und die Büroatmosphäre taten. Ich hätte genausogut den Fußboden mit dicken Bündeln von Hundertkronenscheinen auslegen können – aber schick sah es aus. Als ich das erste Mal darüber hinwegschritt, hatte ich das gleiche weiche Gefühl in den Knien, als wandelte ich über den See Genezareth. «Jetzt hast du eine vollendete Atmosphäre in deinem Büro», stellte Marianne zufrieden fest. Um einen Augenblick später hinzuzufügen: «Vielleicht einmal abgesehen von dieser kleinen, phantasielosen Bronzelampe, die du an der Rückwand angebracht hast!»

Ein ruhiges Plätzchen

Die wenigsten können verstehen, daß ein Schriftsteller manchmal zwei, drei Jahre braucht, um ein Buch zu schreiben, das in wenigen Stunden gelesen ist, und sicherlich ist es genauso schwer zu verstehen, daß es mich mehrere Tage kosten kann, einen kleinen Bericht wie diesen zu schreiben, eine Bagatelle, von der man annehmen sollte, daß jeder sie in einer Viertelstunde herunterrasseln könnte. Das könnte ich vielleicht auch, wäre ich nicht *Heimarbeiter*, was bedeutet, daß ich im eigenen Haus ein Arbeitszimmer habe, wo ich ungestört in Ruhe und Frieden . . . oh, entschuldigen Sie mich bitte einen kurzen Augenblick.

So, da bin ich wieder. Es war Marianne, meine Frau, die wissen wollte, was sie am Sonntag kochen soll, wenn die Familie kommt. Es dauerte fast eine Stunde, bis wir uns auf Suppe, Braten und Eis geeinigt hatten. Und dann mußte ich noch in den Keller, um die Zusatzplatten für den ausziehbaren Eßtisch zu holen. Und auf den Speicher, wo Tante Olgas hübsches kleines Mahagoni-Nähtischchen steht, das wir immer herunterholen, wenn Tante Olga erwartet wird. Aber, wie gesagt, selbstverständlich könnte ich eine Geschichte wie diese in einer Viertelstunde herunterrasseln, wenn . . . einen Augenblick, bitte! Jemand drückt mir eine Leiter in die Seite.

Da bin ich wieder. Es war der Gardinenmann. Ich saß im Wege.

«Kann man ihn nicht woanders hinsetzen?» fragte er den Maler. Plötzlich war auch ein Maler aufgetaucht, der behauptete, er müsse die Decke in meinem Büro streichen.

«Ich muß schreiben», wandte ich ein. «Ich bleibe, wo ich bin, etwas anderes kommt gar nicht in Frage!»

«Dann müssen wir Sie mit Plastikfolie oder einem Laken abdecken», sagte der Maler. «Bei mir muß immer alles gut abgedeckt sein.»

Der Gardinenmann hatte immer noch nicht genug Platz.

Die Leiter mußte unbedingt genau da stehen, wo ich mit meiner Schreibmaschine saß.

«Faß mal mit an, Chef», sagte er zum Maler, «dann setzen wir ihn eben in den Flur!»

Sie setzten mich in den Flur. Mit Schreibmaschine und allem Drum und Dran. Ich kann jetzt also weitermachen. Die Schreibmaschine habe ich auf die kleine französische Konsole gestellt und hoffe, jetzt ausreichend Ruhe zu haben, um diese Geschichte . . . einen Moment!

Es kann weitergehen! Seit vorhin sind zwei Stunden vergangen. Ich habe für Marianne Besorgungen gemacht. Übrigens haben mich die Handwerker wieder umgesetzt. Im Flur war ich inzwischen auch im Wege. Jetzt sitze ich an der Eßbar in der Küche. In meiner Reichweite steht eine Dose mit frischgebackenen Vanilleplätzchen. Diese kleinen, erfrischenden Dinger fördern die Inspiration, so daß ich jetzt schreiben kann . . . eine Sekunde!

Es war Marianne. Sie wollte einen Teig ausrollen. Meine Nähe war absolut unerwünscht. Ich sammelte meine Papiere zusammen, ergriff die Schreibmaschine und versuchte, mich unbemerkt im Eßzimmer niederzulassen, obgleich ich ganz genau wußte, daß hier verbotenes Gelände war. «An *einem* Ort im Hause *will* ich Ordnung haben», pflegt Marianne zu sagen. Auch dieses Mal ging es nicht gut; sie tauchte plötzlich auf und verscheuchte mich mit einer Handbewegung von der Art, die man auch gegenüber störenden Kleininsekten anwendet. Ich ging zurück in mein Arbeitszimmer. Ich wollte versuchen, mich an den Schreibtisch zu setzen, ohne daß der Maler es bemerkte.

«Sie kommen gerade richtig», sagte er, «reichen Sie mir mal den Spachtel!» Ich reichte ihm den Spachtel.

«Halten Sie mal die Leiter», war das nächste, und er fing an, eine Deckenrosette mit Gips zu bearbeiten. Ich hielt die Leiter anderthalb Stunden. Der Maler war ein älterer Mann, und er traute der alten, wackeligen Leiter nicht.

«Reichen Sie mir den Pinsel!» sagte er. Ich gab ihm den Pinsel.

«Fangen Sie den Spachtel!» Ich fing den Spachtel auf.

«Und jetzt verschwinden Sie! Jetzt fängt die Schweinerei an!» sagte er und tauchte den Pinsel in den Farbtopf. Ich verschwand. Ich hatte die gute Idee, mich auf einem alten Klappstuhl oben auf dem Speicher niederzulassen. Und jetzt sitze ich hier, gut versteckt hinter dem Schornstein, wo ich in Ruhe und Frieden meine Geschichte . . . Augenblick mal!

Ich bin wieder da. Marianne hatte ihren Kopf durch die Luke gesteckt.

«Ach, *hier* versteckst du dich!» sagte sie. «Hattest du nicht versprochen, heute nachmittag den Wagen zu waschen? Du hast eine besondere Fähigkeit, dich unsichtbar zu machen, wenn es um kleine, körperliche Arbeiten geht!»

Inzwischen ist das Auto gewaschen, und ich sitze jetzt an Mariannes Toilettentischchen im Schlafzimmer. Ihren Puder und den ganzen anderen Kram habe ich zur Seite gefegt, jetzt wird diese Geschichte geschrieben, und wenn ich . . . entschuldigen Sie mich bitte für einen Moment.

Jetzt geht es wieder. Die Idee mit dem Toilettentischchen war schlecht. Ich brauche wohl nur schwach anzudeuten, daß Marianne es sehr übel aufnahm. Es war ja auch ein Pech, daß ausgerechnet der Deckel der Puderdose abfallen mußte, obwohl ich den Teppich mit dem Staubsauger wieder einigermaßen sauber kriegen konnte. Ich habe mich jetzt im Badezimmer niedergelassen – ein Brett über dem Waschbecken und darauf die Schreibmaschine. Das geht bestens! Wie ich schon am Anfang der Geschichte sagte, so verstehen die wenigsten, daß ein Schriftsteller manchmal zwei, drei Jahre benötigt, um . . . kleinen Moment, bitte!

Ich bin wieder da. Es war Benny, der Sohn des Hauses. Er wollte das Waschbecken benutzen.

«Weg!» sagte er. «Ich soll die Haare waschen. Anordnung von Mama.»

Ich verschwand mit meinem Papier und meiner Maschine. Runter in den Waschkeller. Ich hatte mich schon früher mit dem Bügelbrett begnügen müssen, das würde wohl auch jetzt wieder gehen.

«Du kommst gerade richtig», sagte Marianne, als ich die Tür öffnete. Sie drückte mir ein heißes Bügeleisen in die Hand. «Deine Schlipse und deine Taschentücher kannst du auch selbst bügeln!»

Jetzt sind sie gebügelt, und jetzt läuft es mit dem Schreiben. Ohne daß eine Menschenseele es bemerkte, schlich ich mich hinaus in Hassos große, neue Hundehütte und kantete mich samt Schreibmaschine hinein. Jetzt werde ich schnell diese Geschichte zu Ende . . .

Wau! Wau! Wau!

Ein Unglück kommt selten allein

Ich kann genau sagen, was vor kurzem für ein Tag war. Ich wußte es, aber sicherheitshalber blickte ich noch einmal auf den Kalender. Dort stand *Freitag, der 13*. Ein Tag, an dem alles schiefgeht, an dem die eine Unannehmlichkeit die andere ablöst.

Es begann damit, daß mein Verleger mich anrief und mir mitteilte, daß er den Liebesroman, an dem ich sieben Jahre lang Tag und Nacht gearbeitet hatte, nun doch nicht herausgeben wollte. So etwas bringt heutzutage kein Geld, meinte er. Und so ging es den ganzen Tag Schlag auf Schlag, eine Enttäuschung folgte der nächsten. Als ich nachmittags zu meinem Auto ging, klebte natürlich ein Strafmandat an der Scheibe. Zu Hause angekommen, stand mein Stimmungsbarometer auf Null. «Na», fragte Marianne gespannt, «hat dein Verleger angerufen? Kriegst du den Vorschuß von 10 000, von dem du gesprochen hast?»

Ich fauchte irgend etwas Unverständliches und warf den Mantel auf die Garderobe, worauf ich mich in mein Arbeitszimmer zurückzog. Leider hatte ich die Tür nicht richtig geschlossen. Ich konnte jedes Wort hören, das im Flur gesprochen wurde. Zunächst Marianne: «Das war das Schlimmste, was passieren konnte. *Ich* traue mich vorläufig nicht zu ihm hinein.»

«Au weia», sagte Doris. «Wenn er eine solche Laune hat, will ich auch lieber nichts mit ihm zu tun haben.»

«Wir waren uns doch einig, daß alle zusammen zu ihm hineingehen wollten, sobald er zu Hause ist», sagte Benny. «Ich marschiere jetzt rein!»

Benny zeigte sich in der Tür. «Störe ich?»

«Ja. Hau ab.»

Benny kam näher.

«Es ist mein Zeugnis», sagte er und legte mir sein Zeugnis hin. «Ich weiß, daß es diesmal nicht besonders gut ist, aber unterschreibst du es trotzdem, bitte? Ich habe auch eine

Strafpredigt verdient, aber das nächste wird bestimmt besser. Ich bin viel zu oft zum Fußballspielen gegangen, aber das hört ja jetzt sowieso auf, denn Kaufmann Fredriksen hat den Ball inzwischen konfisziert, weil gestern eine seiner großen Schaufensterscheiben kaputtging, als ich den Ball mit dem linken Fuß nicht richtig erwischte und ... wo ich gerade vom Kaufmann spreche, Papa, hier ist die Rechnung für seine neue Schaufensterscheibe, sie ist aus besonders dickem Glas, daher ist sie so teuer und ...»

Ich unterschrieb das Zeugnis. Ich schrieb einen Scheck aus für den Kaufmann. Mit einer Handbewegung machte ich Benny klar, daß er verschwinden sollte. Sich in Luft auflösen. Schleunigst!

Er zog sich zurück. Ich legte mein abgelehntes Manuskript, die Arbeit von sieben Jahren, in die unterste Schublade meines Schreibtisches und ... Doris stand vor mir.

«Was willst du?»

«Du weißt doch, diese Porzellanfigur, die Meißnergruppe ... auf der Vitrine im Eßzimmer ... ich habe Mama beim Staubwischen geholfen, und dann ... ich weiß gar nicht, wie es passierte ... aber plötzlich glitt sie mir aus der Hand und fiel auf den Fußboden ... aber wir haben sie inzwischen reparieren und leimen lassen, man sieht kaum noch, daß sie kaputt war. Ich habe die Rechnung hier, wenn du mir bitte einen Scheck dafür ausschreibst ... ja, es wurde etwas teurer, die sagten aber auch in dem Geschäft, daß fast siebenhundert kleine Scherben geleimt werden mußten, und ...»

Ich schrieb einen Scheck aus.

«Sei so lieb und geh», sagte ich und scheuchte sie weg.

Doris schlich hinaus. Marianne tauchte auf. Wie ein verschreckter Hund kam sie herein, ihr Blick drückte nackte Angst aus.

«Verd ... was ist denn jetzt schon wieder?» kläffte ich, einer Explosion nahe. «Wie, in aller Welt, siehst du denn aus? Hast du vielleicht das Auto zu Schrott gefahren, oder was ist los?»

Sie hatte gerade einen kleinen Zweitwagen bekommen, den sie für ihre Einkaufsfahrten benutzte, und es hätte mich nicht gewundert, wenn sie . . .

«Ja.»

«WAS?»

«Ja, der Wagen ist kaputt . . . ich wollte rückwärts aus der Garage und habe wohl etwas zuviel Gas gegeben . . . jedenfalls knallte ich gegen einen großen Tanklastzug . . . mir ist aber nichts passiert . . . und in der Werkstatt sagten sie auch, daß eine Reparatur sich lohnt . . . die tragenden Teile der Karosserie haben nicht so viel abbekom . . .»

Ich spürte, wie mein Gesicht die Farbe wechselte. Erst stieg mir das Blut in den Kopf, mein Gesicht wurde hochrot, dann verließ mich das Blut wieder, ich wurde leichenblaß. Ein Teil des Blutes kehrte wieder zurück, und ich fühlte mich merkwürdig gescheckt. Ich riß mich zusammen und zeigte auf die Tür.

«RAUS!» brüllte ich. Marianne verschwand. Ich ließ mich schwer in den Stuhl fallen und schloß die Augen. Als ich sie wieder öffnen konnte, stand unser Hund Pelle neben mir und wedelte mit dem Schwanz. Ich kraulte ihm das Fell. Der beste Freund des Menschen, sein einziger Trost, dieses liebe, stumme Tier.

«Wau», sagte er. Erst jetzt bemerkte ich den großen, gelben Umschlag in seinem Maul.

«Loslassen», sagte ich, und der Umschlag fiel zu Boden. Ich öffnete ihn und las den Inhalt des zusammengefalteten Schreibens.

Pelle hatte ein Strafmandat in Höhe von 200 Kronen bekommen, weil er den Briefträger gebissen hatte.

Freundnachbarliche Beziehungen

Seit zwanzig Jahren wasche ich jeden Sonntagvormittag mein Auto. Bei gründlicher Arbeit dauert es nur wenige Stunden. Wenn man es in Arbeitswochen umrechnen würde, hätte ich ungefähr fünfzig Wochen meines Lebens mit Autowaschen verbracht. Aber damit ist jetzt Schluß. Man hat mir gerade erzählt, daß eine Wagenwäsche an der Tankstelle nur vier Minuten dauert. Das hört sich schon ganz anders an.

Das Autowaschen selbst wird nicht gerade dadurch leichter, daß ich in der Stadt wohne. Die Leute draußen auf dem Lande – Landwirte, Hofbesitzer, Grafen und Barone – haben keine derartigen Probleme mit dem Autowaschen wie wir Eigenheimbesitzer in der Großstadt. Entweder waschen die Leute auf dem Lande ihr Auto gar nicht, weil es bei den schlechten Straßen dort ja doch sofort wieder schmutzig wird, oder wenn sie es vielleicht trotzdem einmal tun, dann gibt es wenigstens niemanden, der sich beschwert, wenn man etwas zu großzügig mit dem Wasser herumspritzt. Auf dem Lande hat man jede Menge Platz. Das kann man von unseren kleinen Reihenhausgärten und Garagenauffahrten in der Stadt nicht behaupten. Wenn man hier nicht ganz scharf aufpaßt, rauscht der Wasserstrahl unweigerlich zum Nachbarn hinüber. Ich für meinen Teil gebe immer sehr gut acht, aber man kann halt auch einmal Pech haben. Wie am letzten Sonntag.

Ich hatte den Gartenschlauch voll aufgedreht, um auch unter den Kotflügeln den Dreck wegzuspülen, als ich einen Augenblick nicht aufpaßte und dabei einen kräftigen Strahl in den Vorgarten des Nachbarn schickte – direkt gegen die Haustür, aus der mein Nachbar Mortensen eben heraustrat, um sich, angetan mit Frack und Zylinder, zu einer Versammlung seiner feinen Loge zu begeben.

«Hoppla!» sagte ich.

Wassertriefend kam er herüber an die neugepflanzte

Ligusterhecke, die zwischen unseren Grundstücken die Grenze markiert.

«Was, in aller Welt, bilden Sie sich eigentlich ein, Mann!» sagte er sehr laut. «Können Sie denn nicht aufpassen? Was machen Sie da überhaupt?»

Ich erklärte ihm, daß ich die Kotflügel meines Autos säuberte, und griff mit der einen Hand darunter, um ihm zu zeigen, wieviel Erde und Dreck und Öl sich dort festgesetzt hatte.

Mortensen starrte mir direkt in die Augen, er hörte mir überhaupt nicht zu.

«Dieses Hemd hat mich einige hundert Kronen gekostet. Ich trage es heute zum ersten Mal. Und jetzt ist es plitsch-naß.»

Mit einer freundnachbarlichen Geste streckte ich hilfsbereit eine Hand über den Zaun, um das Wasser von diesem wertvollen Kleidungsstück abzutrocknen, vergaß aber dabei, daß meine Hand inzwischen auch mit Erde und Dreck und Öl beschmiert war. Schon nach kurzem Reiben war das Hemd nicht mehr als weiß zu bezeichnen.

«Das war wohl nicht das Wahre», meinte ich und wollte mit der anderen Hand den Dreck wieder entfernen, ohne allerdings daran zu denken, daß diese Hand voller Konsistenzfett war. Mortensen schob mich undankbar zurück.

«Was bilden Sie sich eigentlich ein?» fragte er mit einer Stimme, die überall in der sonntäglich friedlichen Siedlung zu hören war. Ich erklärte ihm, daß ich nur das Wasser von seinem schönen neuen Hemd abtrocknen wollte, damit er zu seiner Logensitzung gehen könne. Dabei nahm ich die Gelegenheit wahr, ihn zu bitten, beim Logenpräsidenten ein gutes Wort für mich einzulegen, da ich schon lange daran gedacht hatte, einer Loge oder einem Bruderorden beizutreten. Gleichzeitig fragte ich ihn, ob ich gegebenenfalls dann auch im Frack erscheinen müßte oder ob ein dezenter, dunkelblauer Anzug ausreichen würde.

«Wo ist mein Zylinder?» fragte Mortensen. Ich sagte ihm, daß sein Zylinder weggeflogen sei, als er vom Strahl aus dem

Gartenschlauch getroffen wurde, und daß der kräftige Wind ihn jetzt weggeblasen hatte.

«Ich sehe ihn dort drüben im Rinnstein», rief ich.

Hilfsbereit lief ich hinter dem Zylinder her, und nach ein paar vergeblichen Versuchen gelang es mir, ihn unschädlich zu machen – ich konnte meinen Fuß draufstellen und den Zylinder mit einem Holzschuh festhalten. Einen Augenblick später lieferte ich ihn stolz wieder bei seinem Besitzer ab, nicht ohne ihn allerdings vorher wieder einigermaßen in Form gebracht zu haben.

«Das ist doch wirklich der Gipfel!» sagte Mortensen und riß das gute Stück an sich. Ohne ein Wort des Dankes.

Ich mußte plötzlich lachen. Mir war ein alter Chaplin-Film eingefallen, in dem Charlie Chaplin in einem furchtbaren Unwetter versuchte, seinen Hut einzuholen, aber jedesmal, wenn er danach greift und glaubt, ihn jetzt endlich zu haben, wird der Hut vom Sturm wieder weggepustet.

«Sagen Sie mal», sagte Mortensen und reckte seinen Kopf weit über die Hecke herüber, «haben Sie tatsächlich die Stirn, mir auch noch ins Gesicht zu lachen?»

Sein Gesicht hatte plötzlich eine rote, sehr gesunde Farbe angenommen. Ich erzählte ihm die Szene aus dem Chaplin-Film. Er verzog keine Miene.

«Nein», meinte ich. «So etwas läßt sich auch nicht gut erzählen. Das muß man selbst sehen!»

«Idiot!» war seine Antwort. Na ja, jedem seine Meinung. Ich persönlich war immer der Ansicht, Chaplin sei der Beste gewesen. Aber nicht jeder hat Sinn für Humor. Ich will über Mortensen nichts Unvorteilhaftes sagen, aber gerade daran haperte es wohl bei ihm.

Er ging ins Haus und knallte laut die Tür hinter sich zu, und nachdem ich meine schmutzigen Hände mit einem Lappen abgetrocknet hatte, ging ich auch nach drinnen. Es war Zeit für den Vormittagskaffee. Als ich den Mokka getrunken hatte, bat ich Marianne, in den Keller zu gehen und den Wasserhahn aufzudrehen, damit ich das Auto fertig waschen könnte.

«Du darfst aber auf keinen Fall aufdrehen, bevor ich ‹*Aufmachen!*› gerufen habe», schärfte ich ihr ein. «Ich möchte nicht noch einmal Ärger mit Mortensen.»

Dann ging ich zur Garagenauffahrt und hob den Gartenschlauch vom Plattenweg auf, wo ich ihn fallen gelassen hatte. In diesem Augenblick öffnete Mortensen seine Eingangstür einen Spalt, um nachzusehen, ob die Bahn frei war, damit er endlich weg konnte. Er trug jetzt einen Smoking. Vorhin hatte er wohl einen gehörigen Schrecken bekommen, denn als er mich mit dem Gartenschlauch in der Hand stehen sah, traute er sich nicht, die Tür ganz zu öffnen. Er konnte ja nicht wissen, daß sich noch gar kein Wasser im Schlauch befand.

«Sie können ruhig aufmachen!» rief ich ihm beruhigend zu.

Darauf öffnete er die Tür und trat hinaus auf die Treppe. Und dann drehte Marianne den Hahn auf. Der Wasserstrahl platschte ihm mitten ins Gesicht.

«Hoppla», sagte ich.

Winterliche Startschwierigkeiten

Es war beißend kalt. Ich strich mir die Eiszapfen aus dem Bart, sie fielen klirrend zu Boden. Ich beeilte mich, zum Auto zu kommen, das frierend in der Morgenkälte stand, mit klappernden Zündkerzen und kalten, steifen Reifen.

«Es geht los», rief ich Marianne zu, die noch nicht weiter als bis zur Eingangstreppe gekommen war. Ich steckte den Schlüssel ins Türschloß. Er brach ab. Der Rest blieb in dem vereisten Schloß stecken. Was sollte ich tun? Zum Glück war die eine Hintertür nicht verschlossen. Über die Rückenlehne kletterte ich an den Nackenstützen vorbei auf den Fahrersitz. Auch von innen ließen sich die beiden vorderen Türen nicht öffnen. Ich drehte den Zündschlüssel. Nichts. Biiiz – biiiz – biiiz, erklang es wie von einer älteren, asthmatischen Hummel. Die Batterie lieferte keinen Strom. Marianne rüttelte an der Vordertür. Ich verwies sie an die Hintertür.

«Ist kein Benzin mehr im Kühler?» fragte sie. In welchem Versandhaus hatte sie bloß ihren Führerschein erworben! Über Rückenlehne und Hintertür kroch ich aus dem Gefrierschrank heraus, öffnete die Motorhaube und warf einen Blick auf den Kühler. Eingefroren. Ich kroch wieder auf den Vordersitz und versuchte, den Motor zum Leben zu erwecken. Biiiz – biiiz – biiiz. Effekt gleich Null. Lahme Ente! Meine unbehandschuhten Hände froren am Lenkrad fest, und mein Ischias meldete sich mit einem kleinen, schmerzvollen Winterlied.

«Geh mal raus und kratz die Scheibe frei», sagte ich zu Marianne.

«Ich? In der Kälte? Warum gehst du nicht selbst?»

«Ich bin festgefroren.»

Sie zog den Persianer fest um ihre Schultern, kroch hinaus und kratzte. Sie hatte nichts Besseres zum Kratzen als ein Stück grobes Schmirgelpapier und ein Stückchen Holz mit einigen rostigen Nägeln, das sie auf der Straße gefunden hatte. Es gab ein furchtbares Geräusch. Ich probierte die

Waschanlage. Zugefroren. Die Scheibenwischer. Festgefroren. Hansen, unser Nachbar, kam hinzu.

«Will er nicht anspringen?»

Er zog den Lammfellhandschuh aus und taute mit der warmen Hand eine Ecke des Seitenfensters auf, damit er zu mir hineinsehen konnte.

«Haben Sie den Vergaser untersucht?»

«Er ist festgefroren», verkündete Marianne. Hansen besah sich den Vergaser.

«Völlig vereist», stellte er fest und ließ achselzuckend die Motorhaube wieder zufallen. Sein Blick fiel auf meine Vorderreifen.

«Bei diesem Glatteis können Sie doch nicht mit solchen Reifen fahren», sagte er. «Das Profil kommt ja schon auf der anderen Seite heraus, Mann! Beim ersten Bremsversuch kommen Sie sofort ins Schleudern.»

«Lieber das, als in diesem elenden Gefrierschrank Eiszapfen spielen!» fauchte ich und trieb Marianne zur Eile an. Der eine Ärmel ihres Mantels war eingeklemmt worden, als Hansen die Motorhaube fallen ließ. Sie ließ sich auch nicht mehr öffnen. Festgefroren.

«Befreien Sie meine Frau», rief ich Hansen zu.

Er griff ihren Arm und riß sie los. Ritsch, hörte ich ein Geräusch, als ob einem Fisch die Haut abgezogen würde. Der ganze Persianerärmel hing immer noch fest.

«Hoppla!» sagte Hansen.

«Was ist denn das für eine Art, sie einfach loszureißen!» knurrte ich bissig, inzwischen schon ziemlich sauer. «Sie hätte natürlich vorsichtig mit einem Schweißbrenner befreit werden müssen!»

«Das wird ein teurer Spaß!» rief Marianne ins Innere herein. «Dieses Mal gebe ich mich nicht mit einem billigen Kaninchen zufrieden. Es gibt auch Saphirnerz.»

«Wir müssen ihn anschieben», meinte Hansen. Durch die Hintertür kroch er auf den freien Vordersitz.

«Kupplung treten und zweiten Gang einlegen!»

Gemeinsam behauchten wir meine Hände, bis ich sie von

dem vereisten Lenkrad befreien konnte. Dann legte ich den zweiten Gang ein.

«Jetzt schieben!» riefen wir nach draußen, und Marianne schob uns ein paar hundert Meter die glatte, kalte Straße entlang. Dann ging es bergab, der Wagen lief ihr davon, sie stolperte und machte auf ihrem Persianer eine schnelle Schlittenfahrt den Berg hinunter. Ich ließ die Kupplung kommen und gab Gas. Es passierte nichts weiter als daß der Wagen schleuderte, auf dem Bürgersteig landete und mit dem Hinterteil voran sich durch ein schmiedeeisernes Gartentor zu quetschen versuchte, wobei die Motorhaube aufsprang. Ein Mann erschien auf der Treppe.

«Wo wollen Sie denn hin?» fragte er und beugte sich zum vereisten Seitenfenster herunter.

«Er springt nicht an», sagte ich.

«Er hat vergessen, Frostschutz einzufüllen», ergänzte Hansen. «Motorblock, Zylinderkopfdichtung, Kühler, Wasserpumpe, alles völlig vereist.»

«Haben Sie die Zündspule kontrolliert?» wollte der Mann wissen. Ich hatte nicht.

«Dann ziehen Sie das Kabel der Zündspule vom Verteiler, entfernen die Kappe und den Verteilerfinger, schalten die Zündung ein und lösen ein paarmal mit einem Schraubenzieher die Kontaktpunkte voneinander, worauf Sie dann prüfen müssen, ob das Spulenkabel in einem Abstand von acht bis zehn Millimetern von Masse Funken schlägt und . . .»

«Wie bitte?» unterbrach ich seinen technischen Vortrag.

Der Mann verschwand im Haus und holte einen Schraubenzieher, worauf er unter der Motorhaube zu wühlen begann. Nach einer Viertelstunde hatte er die Hände voller loser Kabelenden; es sah aus wie eine Portion stehengelassene Spaghetti.

«Der ganze Krempel ist ja klitschnaß, Mann!» sagte er mit heftigem Kopfschütteln. «Sagen Sie mal, lassen Sie Ihr Auto nachts in einem Moorloch? Wie wär's mit einer Art Anti-Feuchtigkeitsspray?»

Ich kletterte hinaus und durchwühlte meinen Ersatzteil-kasten im Kofferraum.

«Einen Spray gegen Blattläuse können Sie nicht gebrau-chen? Auch wirksam gegen Taubnessel, Löwenzahn und Quecken. Worcestershire-Sauce! Was macht die denn hier? Mückengift, wie wär's damit? Und dann habe ich noch ein Polsterreinigungsmittel. Vielleicht springt der Wagen an, wenn wir vorher die Sitze reinigen?»

Aus dem gegenüberliegenden Haus kam ein Mann hinzu.

«Vielleicht sollten wir alle elektrischen Kabel trocknen, das bringt die Karre bestimmt wieder auf die Beine», schlug er vor.

Kurz darauf zog er ein Verlängerungskabel aus seinem Küchenfenster bis zu meinem Wagen und schloß einen großen, altmodischen Fön an. Meinetwegen, wenn gefönte Elektrokabel den Wagen wieder zum Laufen brachten, warum nicht?

«Geben Sie zuerst dem Türschloß eine Dosis. Es ist eingefroren.»

Er versuchte es mit einem Tritt gegen die Tür, dabei traf aber sein Holzschuh den Rahmen, das Metall bröckelte weg und blieb als rostrotes Pulver im Schnee liegen.

«Sie haben wohl den Unterbodenschutz vergessen! Das Streusalz hat ja alles weggefressen.»

Ich bürstete etwas Schnee und Straßenstaub von Marianne ab, die zitternd vor Kälte in ihrem inzwischen reichlich mitgenommenen Persianer unseren Bemühungen zusah.

Der Postbote kam interessiert näher.

«Haben Sie es mit Anschieben versucht?» fragte er.

«Ich nicht», sagte der Mann mit dem Haartrockner.

«Aber ein Versuch kann ja nicht schaden», meinte der Mann an der Zündspule und warf das ganze Bündel Elektro-kabel von sich wie ein Metzger, der die Tagesausbeute an grober Bratwurst in eine Schüssel klatscht. Worauf er die Motorhaube zuknallte und zusammen mit dem Postboten, Hansen und dem Mann mit der Fön-Idee in den Wagen kletterte.

«Sie müssen die Kupplung treten und den zweiten Gang einlegen», sagte der Postbote. Der Mann hinter dem Lenkrad tat es. Ich zog mich etwas zurück, um nicht im Wege zu stehen.

«Und jetzt schieben!» kam das Kommando aus dem Auto.

Marianne schob das Auto wieder auf die Straße.

«Schneller!» erscholl es von den Männern im Auto.

Marianne schob, so schnell sie konnte. Was nicht gerade viel war, da sie immer wieder auf der glatten Straße ausrutschte.

Sie entfernten sich im Schneckentempo. Ich blieb stehen und sah ihnen nach, bis sie hinter der Biegung verschwanden. Wind kam auf, es begann zu hageln und zu schneien. Dann ging ich nach Hause und setzte Wasser für einen Vormittagskaffee auf. Inzwischen hatte ich den nötig. Bei dem Wetter. Während ich auf das Kochen des Wassers wartete, ging ich kurz in den Flur, um in meiner anderen Jacke an der Garderobe nachzusehen, ob sich vielleicht darin ein paar Tausender für ein neues Auto befanden. Es waren keine da.

Es blieb mir nichts anderes übrig, als mich ruhig hinzusetzen und zu warten, bis sie es schafften, mein altes Auto wieder flottzukriegen.

SOS – meine Frau ist verschwunden

Was würden Sie tun, wenn Sie mitten in der Nacht aufwachten und feststellten, daß das Bett Ihrer Frau leer ist? Daß sie ganz einfach verschwunden ist, spurlos. Als guter Ehemann würden Sie natürlich eine Vermißtenanzeige erstatten, oder? Genau das habe ich nämlich getan, als meine Frau verschwand. Allerdings mit dem Ergebnis, daß ich beschlossen habe, niemals mehr in einer solchen Situation etwas zu unternehmen, und wenn sie noch so lange verschwunden ist.

Es war in unserem Ferienhaus. Genau um 2.05 Uhr erwachte ich und spürte, daß ich Hunger hatte. Ich stieg vorsichtig aus dem Bett, um in die Küche zu schleichen und im Kühlschrank nachzusehen, welche Schätze er noch barg. Plötzlich fiel mir etwas an Mariannes Bett auf. Es wirkte merkwürdig unbewohnt. Schnell riß ich die Decke weg. Das Bett war leer. Leer wie das Sparschwein in meiner Kindheit. Seltsam. Normalerweise war ihr Bett nachts um 2.05 Uhr nicht leer. Also begab ich mich auf die Suche nach meiner Frau.

Im Badezimmer war sie nicht, auch nicht im Wohnzimmer, nicht in der Küche und nicht im Gästezimmer, ebensowenig wie in der Garage oder im Bootshaus oder gar im Müllsack. In den Brunnen konnte sie auch nicht gefallen sein, da wir keinen solchen hatten. Ich rief ihren Namen, erhielt aber keine Antwort. Darauf ging ich an den Strand. Niemand zu sehen. Ich kriegte einen gewaltigen Schrecken, als ich plötzlich im Sand ihren Kimonogürtel entdeckte. Das Meer sah dunkel und feindlich aus. Hatte es sich meine Frau geholt? Ein wilder und törichter Gedanke. Aber bei einem Ehemann, der letztendlich im tiefsten Innern seine Frau gern hat, melden sich wilde und törichte Gedanken, wenn er feststellt, daß sie nachts um 2.05 Uhr spurlos verschwunden ist. Könnte sie im Schlaf gewandelt sein? Hinaus in die Wellen? Und erst wieder zu sich gekommen sein, als es schon zu spät war? Wieder rief ich ihren Namen. Am öden Sandstrand lief ich hin und her und wußte mir keinen Rat.

Lähmendes Entsetzen befiel mich, als ich entdeckte, daß unser kleines Boot mit Außenbordmotor verschwunden war. War sie etwa damit hinausgefahren, hatte sie vielleicht jetzt einen Motorschaden? Und was, in aller Welt, hatte sie zu dieser nächtlichen Zeit auf dem Meer zu suchen? War sie womöglich in eine Alkoholschmuggelaffäre verwickelt? War ihr Bett dann *jede* Nacht um 2.05 Uhr leer? Ich hatte ja selten Gelegenheit, ihr Tun und Lassen während der Nacht zu kontrollieren, denn zu dieser Tageszeit schlafe ich in der Regel am besten. Ich stand vor einem Problem, das ich nicht allein lösen konnte. Es mußte etwas unternommen werden.

Ich lief zum Haus zurück und rief die nächste Polizeiwache an. «Meine Frau ist verschwunden», sagte ich außer Atem. «Ich habe schon überall nach ihr gesucht, aber . . .»

«Wie lange ist sie schon verschwunden?» unterbrach mich der Polizist.

Ich erklärte es ihm. Er schien nicht sonderlich interessiert zu sein. Aber das würde er schon noch werden. «Am Strand fand ich ihren Kimonogürtel, und unser Boot ist auch weg. Es hat ein Leck, und den Motor habe ich selbst aus einem alten Rasenmähermotor zusammengeschustert . . .»

«Ich sage der Wasserschutzpolizei Bescheid. Die fahren dann raus und sehen sich nach ihr um. Wie ist Ihre Anschrift?»

Ich gab sie ihm, bedankte mich und legte den Hörer auf.

«Mit wem, in aller Welt, telefonierst du denn mitten in der Nacht?»

Ich fuhr herum. Es war Marianne. Sie kam mit einer Scheibe Brot in der Hand aus der Küche. «Wo, zum Kuckuck, bist du denn gewesen?» rief ich aus.

«Ich konnte nicht schlafen, da ging ich etwas an den Strand und guckte mir den Mond und die Sterne an . . . aber wie siehst du denn aus! Ist etwas passiert?»

«Etwas passiert?! In diesem Augenblick sucht die Wasserschutzpolizei mit Schleppnetzen nach dir! Ich glaubte, du hättest Motorschaden und wärst aufs Meer hinausgetrieben worden. Das Boot ist nicht da und . . .»

Marianne kniff die Augen zusammen und betrachtete mich eingehend. «Bist du sicher, daß du richtig wach bist? Das Boot ist in keinster Weise verschwunden. Svendsen von nebenan hat es gestern ausgeliehen, er wollte auf Aalfang gehen. Das Boot bringt er morgen zurück.»

Einige Sekunden lang ließ ich mir die ganze Sache durch den Kopf gehen. «Ich mache mich lächerlich, wenn ich jetzt die Polizei anrufe und ihnen sage, daß du bloß spazieren warst. Und wir müssen dann auch noch die Kosten für die Suche bezahlen. Es bleibt uns nichts anderes übrig, sie müssen dich finden . . . auf dem Wasser. Ich hole das Boot, du fährst raus und fingierst einen Motorschaden. Sie finden dich dann und bringen dich wieder an Land . . . und wir brauchen nichts zu bezahlen!»

Trotz Mariannes lautem Protest lief ich am Strand entlang bis zu Svendsens Ferienhaus, ein paar Kilometer weiter. Schnell ließ ich das Boot zu Wasser, startete den Motor und tuckerte heimwärts . . . bis plötzlich der Motor streikte. Ich riß an der Startschnur. Nichts. Kein Benzin. Von der Strömung wurde ich langsam hinausgetrieben. Morgens um 5.22 Uhr fand mich die Polizei. Weit draußen, bei schwerem Seegang. Das Boot war voll Wasser und drohte zu sinken. Ich war total entkräftet, nachdem ich mindestens fünftausend Büchsen Wasser aus diesem elenden Kahn geschöpft hatte. Als mich die Polizisten an Bord gehievt hatten, verlangten sie meinen Namen und meine Anschrift.

Der Polizist sah mich verständnislos an. «Waren Sie es nicht, der heute nacht seine Frau als vermißt gemeldet hatte?»

«Nein», antwortete ich in einem ebenso tapferen wie dreisten Versuch, die Situation zu retten. «Das muß ein Mißverständnis sein. Sie war es, die mich als vermißt meldete.»

Karten lesen kann nicht jeder

Unser neues Wochenendhaus liegt sehr idyllisch, nahe am Wald und am Strand, vornehm zurückgezogen im Schutz eines Wäldchens, und was das allerbeste daran ist . . . es ist kaum zu finden! Unser früheres Refugium war von jedem unserer autofahrenden Freunde und Bekannten ohne weiteres anzupeilen. Mit dem Ergebnis, daß wir nie ein ruhiges Wochenende hatten. In unserem neuen Häuschen hat uns noch niemand besucht. Das ist ganz einfach herrlich! Vor kurzem sah es allerdings so aus, als sei die friedliche Zeit vorbei. Marianne saß im Schatten des Sonnenschirms und zeichnete mit Hilfe eines Bleistiftstummels irgend etwas auf ein Stückchen Pappe von einem Kuchenkarton. Meine Neugier war geweckt.

«Was machst du da?» erkundigte ich mich. «Willst du etwa Picasso Konkurrenz machen?»

«Es ist eine Karte.»

«Eine Karte?»

«Ja, eine Landkarte der Umgebung und unseres Wäldchens hier. Wir wohnen da, wo ich das große schwarze Kreuz gemacht habe.»

«Ach so.»

Ich stellte einen Liegestuhl auf und ließ mich mit einem spannenden Krimi darin nieder. Plötzlich hatte ich einen mißtrauischen Gedanken. Mit einem Ruck setzte ich mich auf.

«Was willst du mit dieser Karte? Es ist doch nicht etwa deine Absicht, sie an jemanden zu schicken?»

«Doch, an Mutter. Sie und Onkel Waldemar kommen am Sonntag. Wir können uns ja nicht Sonntag für Sonntag hier einigeln. Und auch andere wollen sich entspannen.»

Ich warf einen Blick auf die Karte. Die Ausführung war sehr amateurhaft, ohne Gefühl für geodätische Proportionen.

«In welchem Maßstab hast du die Karte gezeichnet?»

«Maßstab?»

«Na, wenn man sich danach richtet, dann liegen zwischen den beiden Nachbardörfern Föllensleben und Dünenberg mindestens 700 Kilometer, während es zwischen den größeren Städten nur ein Steinwurf ist!»

«Der Platz auf diesem Stückchen Pappe reicht nicht aus, um die Städte weit genug auseinander zu zeichnen, aber das ist ja auch egal. Das Wichtigste ist, daß Mutter und Onkel Waldemar erkennen können, daß sie an der Kirche von Dollmoor rechts abbiegen müssen.»

«Was ist das dort oben in der Ecke?»

«Das ist Skagen, die Nordspitze von Jütland.»

«Ist es nicht ein zu großer Umweg für sie, über Skagen zu fahren? Es gibt doch sicherlich einen bequemeren Weg von Kopenhagen in das nordwestliche Seeland.»

«Zuerst wollte ich ganz Dänemark zeichnen, aber . . .»

«Aber die Pappe war zu klein?»

«Genau, und außerdem ist es für sie einfacher, hierher zu finden, wenn ich nur die allernächste Umgebung zeichne. Die Leute verfahren sich ja immer nur auf dem allerletzten Stück des Weges. Hier, das ist der Weg von Dünenberg zu uns.»

«Hat das Straßenbauamt den Weg verlegt? Er geht ja nach Norden statt nach Westen!»

«Man muß die Pappe nur richtig herumdrehen.»

«Wo ist denn Norden . . . auf deiner Pappe?»

«Dort . . . an der Kirche.»

«Das ist doch . . .! Dann endet man ja am Südpol, wenn man immer nach Westen fährt! Jedenfalls nach deiner Karte. Wohin führen die vielen Nebenstraßen?»

«Das sind keine Nebenstraßen. Das sind Wellen . . . sie bezeichnen das Meer an unserem Haus.»

«Diese Wellen rufen ja in Föllensleben eine Sintflut hervor!»

«Ich war etwas zu schnell mit dem Bleistift. Er rutschte mir einige Male aus.»

«Wenn dann bloß nicht Mutter und Onkel Waldemar der

Sintflut folgen und direkt ins Meer hinaus fahren! Das gibt bestimmt Motorschaden.»

Marianne radierte die Wellen wieder aus. Dabei verschwand auch die Kirche. Sorgfältig wurde sie wieder eingezeichnet, mit sämtlichen kleinen Türmchen, dem Friedhof und den Bäumen.

«Sie müssen an der Kirche doch nicht nach links, sondern nach rechts abbiegen», korrigierte ich. «Dein Pfeil zeigt ja nach links.»

«Das ist kein Pfeil, das ist eine 1. Auf dem Karton stand 16,50. So viel habe ich für die Kuchen bezahlt.»

Sie radierte auch die 1 aus. Wieder verschwand die Kirche von der Bildfläche, nur eine einzige ungepflegte Grabstelle blieb übrig. «An der Kirche rechts ab», schrieb sie in eine Ecke des Pappstückchens, die noch nicht kartographisch erfaßt war. Ich zeigte auf eine breite, vierspurige Straße, die durch Dollmoor, das Wäldchen und hinaus ins Meer führte.

«Seit wann gibt es denn da eine Autobahn?» erkundigte ich mich. «Die muß heute nacht gebaut worden sein. Gestern war sie noch nicht da!»

«Es ist keine Autobahn. Es ist die Dollmoorer Au.»

«Und der Serpentinenweg an der Mühle?»

«Das ist die Mühle, die ich wieder ausgestrichen habe. Sie müssen ja nicht an der Mühle vorbei, das ist ein Umweg.»

Sie strich die Mühle noch einmal aus, mit dem Ergebnis, daß jetzt dort siebzehn Nebenstraßen zweiter Ordnung, eine Landesgrenze und fünf bis sechs unbewachte Bahnübergänge lagen. Zumindest sah ihr Bleistiftgekritzel so aus.

«Wenn sie nach dieser Karte fahren, finden sie nie hierher», stellte ich mit einem Kopfschütteln fest. Ich bereute sofort, was ich gesagt hatte, aber glücklicherweise hatte Marianne die Bemerkung überhört.

«Okay», sagte ich und reichte ihr einen adressierten und frankierten Briefumschlag. «Die Karte ist in Ordnung. Schick sie ihnen ruhig.»

Ich würde gern Onkel Waldemar sehen, wie er dem breiten Strich auf der Karte folgt – durch Dollmoor, das

Wäldchen und ins Kattegat hinaus. Wenn es im gelänge, auf dieser Route zu uns zu finden, wäre er der erste, der es geschafft hätte, in einem Volkswagen den gesamten morastigen Lauf der Dollmoorer Au bis zum Ende zu durchfahren!

Gehörschaden

Mit meinem Gehör muß etwas nicht ganz in Ordnung sein. Ich ertappte mich vor kurzem dabei, wie ich im Laufe des Tages mehrfach «*Wie, bitte*» sagte. Und da gerade Gehörschäden zu den verbreitetsten heutigen Berufskrankheiten gehören, entschloß ich mich auf der Stelle, meine alte Schreibmaschine, Modell T-1932, bei der nächstbesten Gelegenheit auszutauschen, wenigstens jedoch eine geräuschdämpfende Filzunterlage zu besorgen.

Es begann damit, daß ein Fernsehmechaniker ins Haus kam, um unseren Fernseher zu reparieren.

«So, mein Herr», sagte er, als er eine Zeitlang im Apparat herumgefummelt hatte, «jetzt ist alles wieder in Ordnung.»

«Wenn es noch mal passieren sollte, kann ich es dann selbst reparieren?»

«Aber klar doch! Sie müssen bloß die Schrauben von der Exponential-Zelle lösen, die Minusleitung vom Aussteuerungsindikator hinter den Ferrodur-Magneten führen und dann hier entlang hinter dem Netzspannungsstabilisator, so daß Sie den Deckel des Programmschalters lösen können, um etwa einen Viertelmillimeter vom Kopplungsklangometer abzuschleifen, ohne dabei aber die Impedanz-Kardioi-Röhre und die losen Enden des Ohm-UCH-Kabels zu beschädigen, und wenn Sie noch den Stromkreislauf durchchecken und die Plusleitung mit Flutter, Tweeter und Modulationsausgang verbinden, müßte alles wieder in Ordnung sein!»

«*Wie, bitte?* Könnten Sie das vielleicht noch einmal wiederholen?»

Etwas später kam Anton, mein neuer Bürolehrling, mit seinem Rechenheft aus der Berufsschule.

«Könnten Sie mir bitte mit dieser Aufgabe helfen?»

«Natürlich», sagte ich, obwohl ich damals in der Dorfschule nicht weit über das kleine Einmaleins hinausgekommen war. «Worum geht's denn?»

«A, B, C, D, E sind fünf äquidistante Punkte auf einer Geraden. Berechne die Koordinaten von B, C, E, wenn A gleich 0,4 ist und D gleich 12 Komma minus 2. Berechne danach die Koordinaten der Vektoren . . .»

«*Wie, bitte?*» unterbrach ich. «Bitte noch einmal, ich habe nicht alles mitgekriegt . . .»

Daß wirklich mit meinem Gehör nicht alles in Ordnung sein konnte, wurde mir endgültig klar, als ich nachmittags einen Kunden besuchen wollte, der in einem mir unbekannten Viertel wohnte. Ich hielt an und fragte einen Passanten nach dem Weg.

«Herzheimweg?» antwortete er. «Das ist ganz einfach. Sie fahren bis ans Ende dieser Straße, dann nach rechts, zwei Straßen weiter biegen Sie nach links ab, fahren danach drei Straßen weiter, halb durch den Kreisverkehr und biegen scharf in den Elfenmoorweg ein, wo sie beim Bäcker nach rechts fahren, dann die erste links und die zweite rechts, etwa hundert Meter den Ebereschenweg entlang, über die Kreuzung, durch die Unterführung und die dritte Seitenstraße nach rechts, die zweite nach links und . . .»

«*Wie, bitte?*» unterbrach ich. «Könnten Sie das bitte noch einmal wiederholen? Ich bin nicht sicher, ob ich alles richtig verstanden . . .»

Als ich abends vom Büro nach Hause kam, war Marianne gerade dabei, die Möbel umzustellen.

«Faß doch mal mit an», sagte sie. «Wir stellen den Fernseher dahin, wo die Nähmaschine steht, und die Nähmaschine auf den Platz vom Rokokostuhl, dieser kommt dann dahin, wo der Fernseher stand; dann schieben wir das Regal etwas und stellen den kleinen spanischen Medaillontisch unter das Fenster und den Rauchtisch dahin, wo die Nähmaschine stand; dann können der Kacheltisch und der Teetisch den Platz tauschen, wonach wir Opas Stuhl in der Ecke aufstellen, wo jetzt die Schatulle steht. Diese stellen wir dann dahin, wo der Fernseher steht, oder besser gesagt stand, denn den haben wir ja jetzt dahin gestellt, wo die Nähmaschine stand, bevor wir . . .»

«*Wie bitte?*» unterbrach ich. «Mir ist nicht ganz klar geworden, wo . . .»

«Hörst du eigentlich nie zu, wenn man mit dir spricht? Oder bist du etwa taub geworden?»

«Ja, ich glaube schon, daß ich nicht mehr so gut höre wie früher. Das liegt bestimmt an dem vielen Lärm im Büro.»

Abends kamen unsere Freunde Thomasen zum Kartenspielen.

«Ich zeige euch jetzt ein neues, sehr lustiges kleines Spielchen», begann er eifrig. «Jeder kriegt dreizehn Karten. Wir haben zwei Spiele ohne Damen und die Kleinen. Drei Karten werden offen gegeben, drei verdeckt, der Rest bleibt im Haufen, die schwarzen Asse sind Joker und Pik König gilt als Kreuz As, dieses sticht alles außer Trumpf und Herz Neun. Man kann in beiden Richtungen sammeln, das heißt Zehn-Bube und Acht-Sieben und so weiter, genau wie beim japanischen Sechsundsechzig mit Trommeln und Pfeifen, aber . . . nicht vergessen . . . niemals, wenn Herz Trumpf ist oder die Gegenspieler in der Gefahrenzone sind, mit fünf Honneurs auf jeder Hand und einem im Haufen. Dann zieht man bei Mittelhand eine Karte und meldet Volles Haus, Spitze oder auch gar nichts, je nachdem, was der Partner gemeldet hat und wieviel Geld im Pott ist . . .»

Ich schüttelte den Kopf und kratzte mich im Gehörgang.

«*Wie, bitte?*» fragte ich verzweifelt. «Ich habe nicht ganz . . .»

«Nicht?» meinte Thomasen spitz. «Du mußt wohl mal zum Ohrenarzt?»

Genau das tat ich dann. Ich erklärte ihm alles, wie es war, worauf mich der Ohrenarzt einer gründlichen Untersuchung unterzog.

«Ihr Gehör ist völlig in Ordnung», sagte er dann. «Nichts Abnormes in der Cavum tympani, der Cochlea oder der cortischen Membrane, es gibt auch keine Neurolabyrinthpathia Acustica, Vertigo, Tinnitus, Cholesteatombildung oder . . .»

«*Wie, bitte?*»

Thomasen läßt grüßen

Ich war geschäftlich in Stockholm. Jetzt saß ich in meinem Hotelzimmer, und, um ehrlich zu sein, ich langweilte mich etwas. Plötzlich fiel mir ein, was Abteilungsleiter Thomasen mir gesagt hatte, bevor ich von zu Hause weggefahren war: «Wenn Sie sich da oben langweilen, rufen Sie einfach einen alten Freund von mir an, Jönsson, Gösta Jönsson. Ich schreibe Ihnen seine Telefonnummer auf. Er ist ein fürchterlich netter Mensch und wird schon irgend etwas mit Ihnen unternehmen. Sie brauchen ihm nur Grüße von mir zu bestellen. Wissen Sie, ich traf ihn letzten Sommer in der Telemark in Norwegen, er lieh mir seine Angelausrüstung, und jeden Abend gab er einen aus . . . ich habe es Ihnen ja schon erzählt. Großartiger Kerl, obwohl er Schwede ist! Rufen Sie ihn einfach an und grüßen Sie ihn von mir!»

Ich wühlte also in meinen Taschen und fand den zerknüllten Fetzen Papier mit Jönssons Telefonnummer. Ich wählte, und eine männliche Stimme meldete sich mit «Hallo?».

«Ist dort Jönsson?»

«Jaa.»

Ich stellte mich vor. «Ich soll Sie von Abteilungsleiter Thomasen grüßen.»

«Von wem, bitte?»

«Abteilungsleiter Thomasen . . . in Kopenhagen. Ich bin ein Freund von ihm. Er hat mich gebeten, Sie anzurufen und zu grüßen, wenn ich in Stockholm bin.»

«Aha, so ist das.»

«Und jetzt bin ich also hier . . . und möchte Ihnen gern seine Grüße überbringen.»

«Vielen Dank.»

Pause. Ich war froh, wieder etwas sagen zu können: «Er lebt in bestem Wohlergehen . . . soll ich Ihnen ausrichten.»

«Aha, tut er das?»

«Und Sie?»

«Mir geht es gut, danke.»

Wieder eine Pause. Mir wurde es langsam heiß um die Ohren. Es gab bei dieser Sache etwas, das mir nicht gefiel, aber einfach den Hörer auf die Gabel knallen konnte ich ja nun auch nicht. Schließlich hatte ich den Mann ans Telefon geholt. Ich fuhr also fort:

«Soviel ich weiß, haben Sie Thomasen letzten Sommer in der Telemark kennengelernt und . . .»

«Ja . . . ja.»

«Unter anderem liehen Sie ihm Ihre Angelausrüstung.»

«Verzeihung?»

«Ihre Angelausrüstung. Soweit ich informiert bin, hatten Sie ihm Ihre Angelausrüstung geliehen.»

«Richtig, ja. Sicher.»

«Und zum Kaffee haben Sie immer einen Cognac ausgegeben und . . .»

«Ich habe im Augenblick keinen Alkohol.»

«So war es natürlich nicht gemeint. Ich erwähnte es nur, damit Sie sich wieder erinnern, von wem ich Sie grüßen soll. Selbst trinke ich kaum Alkohol. Ein Magenleiden, verstehen Sie?»

«Was sagten Sie?»

«Mein Magen verträgt keinen Alkohol.»

«Ach, nicht?»

«So, ich will Ihnen jetzt nicht noch mehr Zeit stehlen, Herr Jönsson. Wie gesagt, hatte ich ja auch nur versprochen, Sie kurz anzurufen, und . . .»

Am liebsten hätte ich den Hörer aufgelegt, dachte aber, es sowohl Jönsson als auch mir selbst schuldig zu sein, das Gespräch mit ein paar Worten abzurunden, und fuhr daher fort: «Gibt es sonst noch etwas, was ich ihm ausrichten kann?»

«Wem?»

«Thomasen.»

«Ja, bitte grüßen Sie ihn.»

«Ja, das werde ich tun. Ich bin morgen abend wieder in Kopenhagen. Mit dem Flugzeug geht es ja schnell.»

«Was sagten Sie?»

256

«Das Flugzeug ist schnell.»

«Ja, sicher.»

Jetzt wurde es ernst. Wir mußten zu einem Ende kommen. Es war deutlich genug, daß der Mann nicht im Sinne hatte, mich zu einem Grog nach Hause einzuladen, ebensowenig wie er mich einladen wollte, das Nachtleben der Stadt zu studieren. Wenn er aber nur darauf wartete, daß ich ihn einlud? Vielleicht hatte er zu Hause einen scharfen Besen, der kein Interesse daran hatte, uns Grog und Alkohol und kleine schwedische Schnäpschen trinken zu sehen? Vielleicht fieberte er danach, von zu Hause wegzukommen, und wartete nur auf das richtige Stichwort?

«Hätten Sie vielleicht Lust, auf ein Glas in die Bar des Hotels Carlton in der Kungsgatan zu kommen?» entfuhr es mir. Jönssons Antwort ließ mich den Hörer auflegen. Ich will nichts Schlechtes über Jönsson sagen, er war die Höflichkeit in Person und sicherlich ein hervorragender Mensch. Wenn ich mich hier über jemanden auslasse, dann über Thomasen. Klipp und klar schrieb ich meine Meinung über ihn auf den Zettel, auf dem er mir Jönssons Telefonnummer notiert hatte. «IDIOT!» schrieb ich und schickte ihm den Zettel per Eilboten.

Jönsson hatte gesagt, er würde gern kommen – wenn ich seine Angelausrüstung und die hundert Kronen mitbrächte, die Thomasen in Norwegen von ihm geliehen hatte!

Gesellschaftsanzug

Kein Wunder, daß auf der Erde immer noch primitive Völker leben, die sich hartnäckig weigern, zivilisiert zu werden, und es vorziehen, auf ihrer Steinzeitstufe stehenzubleiben, wo nur eine einzige Forderung an sie gestellt wird – jedenfalls, was ihre Bekleidung angeht –, nämlich, sich einen Fetzen Lendenschurz umzubinden und sich vielleicht bei Opferfesten oder ähnlichem eine Maske vor das Gesicht und etwas roten Lehm, vermischt mit Kuhdung, auf die Wangen zu tun. Ich weiß, was diese Völker abschreckt. Es ist die Angst, eines Tages ein derart fortgeschrittenes Stadium der Zivilisation zu erreichen, daß sie bei besonderen Gelegenheiten gezwungen sind, sich dieses blödsinnige Festfutteral anzulegen, das auch die Bezeichnung «Frack» trägt, ein Futteral, in das ich gestern abend selbst hineinzusteigen versuchte. Der Anlaß dazu war, daß mein Verleger sein 25jähriges Geschäftsjubiläum feiern wollte, und der Einladung zufolge war Gesellschaftsanzug vorgeschrieben.

«Sag mal», rief ich, fast schon in Panik, «habe ich kein weißes Hemd?»

«Natürlich hast du das.»

Ich räumte den Kleiderschrank aus und riß sämtliche Schubladen heraus. Kein weißes Hemd. Marianne kam hinzu.

«Laß mich mal . . .» meinte sie und schob mich weg. Minutiös durchsuchte sie meinen Stapel Hemden. Es zeigte sich, daß das weiße in der Wäsche war.

«Wie wäre es mit diesem rotkarierten? Kann ich nicht das nehmen?»

Ich konnte nicht. Ob ich wohl nicht ganz bei Trost sei?

«Ruf doch bei Thomasen an und laß dir von ihm ein weißes Hemd geben», löste Marianne das Problem, und ich rief bei Thomasen an. Er erwies sich als echter Freund und versprach, umgehend per Taxi ein weißes Hemd zu schicken.

Fünf Minuten später durchzuckte mich Schrecken Nummer zwei. Die Schachtel mit den Brust- und Kragenknöpfen war leer. Das war ungefähr das Schlimmste, was passieren konnte. Beim Frack sind es nämlich – jeder Besitzer eines derartigen Kleidungsstückes wird mir hier zustimmen – die Brust- und Kragenknöpfe, die den ganzen Klimbim zusammenhalten. Sie sind genauso unentbehrlich wie die Reifen bei einem Auto, wie das Pferd bei einem Sattel, wie das Schnäpschen zum sauren Hering, wie . . . Moment mal! Ich hatte sie verliehen. Aber an wen?

«Ich kann meine Kragenknöpfe nicht finden, Marianne. Kann ich nicht den schwarzen Rollkragenpullover anziehen?»

«Natürlich nicht, Menschenskind! Ruf irgend jemand an und leih dir welche.»

Ich rief Thomasen an. Besetzt! Die Zeit drängte. Anstatt es also später noch einmal zu versuchen, rief ich Karl-Günther an. Ob er Brust- und Kragenknöpfe besitze? Ja, sicher. Für einen Frack? Genau. Ob er sie mir leihen und so schnell wie möglich schicken könne . . . auf meine Rechnung, mit dem Taxi? Ja, das werde er tun.

Damit war das Problem gelöst.

Ich zog die schwarzen Seidensocken an und öffnete die Schublade, in der die weiße Fliege liegen sollte. Sie war nicht da. Schon völlig außer mir, begann ich zu suchen – die Fliege wollte sich nicht finden lassen.

«Marianne! Kann ich nicht meinen schicken neuen Schlips umbinden, den mit dem Weinrankenmuster, weißt du . . . statt der Fliege?»

Es war eine dumme Frage. Ich wußte es schon, bevor ich zu Ende gefragt hatte. Daher wartete ich ihre Antwort gar nicht erst ab, sondern rief resolut Thomasen an. Er meldete sich nicht. Ich versuchte es bei Karl-Günther. Besetzt. Schließlich erreichte ich meinen Kollegen Klaus Rifdahl. Natürlich könne ich seine weiße Fliege leihen, das sei doch selbstverständlich. Ob ich sonst noch etwas benötige? Ich bat ihn, einen Augenblick zu warten, während ich nachsah.

Doch, eine weiße Weste, meine eigene war reichlich eng.

«Ja, eine weiße Weste. Zu einem Frack. Läßt sich das machen?»

Es ließ sich. Er versprach, ein Taxi zu schicken.

Nach und nach fuhren die Droschken vor, und nach und nach verwandelte ich mich aus einem Mann in Unterhemd, knielangen Unterhosen und Sockenhaltern in einen Herrn im Frack. Als ich wegen dieses elenden schwarz-weißen Festfutterals kaum noch einen Finger bewegen konnte, wegen des störenden steifen Kragens den Kopf nicht einmal einen Viertelmillimeter drehen konnte, wegen des viel zu engen Hemdes außerstande war, tief einzuatmen, und die eng anliegenden Beinkleider mir Magenschmerzen beschert hatten, machte ich Marianne durch Zeichen klar, daß ich fertig sei und wir uns auf den Weg begeben könnten.

Steif wie ein Brett erreichte ich den Festsaal, derartig grauenvoll in mein feierliches Gewand verpackt, daß ich nichts anderes einigermaßen ungehindert bewegen konnte als meine Augen.

Der Reihe nach erschienen Thomasen, Karl-Günther und Klaus Rifdahl, die auch eingeladen waren. Jeder gab mir einen herzlichen Händedruck.

«Vielen Dank für den Anruf», sagten sie. Ohne weißes Hemd, ohne Brust- und Kragenknöpfe, ohne weiße Fliege und weiße Weste hatten sie sich leider außerstande gesehen, sich standesgemäß anzuziehen.

Während der ganzen geglückten Feier sprangen sie in ihren dunkelblauen Anzügen herum wie Fische im Wasser und amüsierten sich köstlich.

Die Kunst der Konversation

Richtig betrieben, muß Konversation so leicht und unbe-
schwert fließen wie frisches Quellwasser, und das tut sie
meistens auch bei uns zu Hause, wenn Marianne und
Schwiegermutter es sich mit vielen Kissen im Ecksofa bequem gemacht haben und die Stricknadeln wetzen. Meinetwegen können sie so lange plappern, wie sie wollen. Manchmal wundere ich mich aber dennoch darüber, in welcher
Form ihre Konversation verläuft. Egal, welches Thema ich
anschneide, um das Gespräch in andere, möglichst politi-
sche, literarische oder kulturelle Bahnen zu lenken, sie
haben die phantastische Fähigkeit, blitzschnell immer wieder ihre eigenen, ausgetretenen Pfade zu finden. Bisher
habe ich ihre Technik noch nicht durchschaut, es läuft
jedoch immer nach dem gleichen Schema. Wie zum Beispiel
gestern abend. Ich blicke kurz von meiner Zeitung auf und
sage:

«Die *Prawda* schreibt, daß der Preis für eine Flasche
Wodka um zehn Rubel erhöht wurde, weil die Russen zuviel
trinken.»

Tatsächlich kann man ja aus einer solchen kleinen Notiz
sehr viel entnehmen. Wenn der russische Lebensstandard
wirklich . . .

Marianne: «Zuviel trinken, sagst du? Da hättest du mal
sehen sollen, wie blau Hansen aus Nummer 47 gestern nach
Hause kam! Er schwankte über die ganze Breite des Bürgersteiges! Ich sage euch, er . . .»

Schwiegermutter: «Hansen? Ist er nicht Vertreter? Solche
Leute . . .»

«Ja, er reist in Nylonstrümpfen und Damenunterwäsche.
Wo wir gerade von Strümpfen sprechen, ich brauche schon
wieder ein Paar neue. Was heutzutage hergestellt wird, taugt
ja alles nichts. Ich hatte mir im letzten Ausverkauf sechs Paar
geholt, aber . . .»

«Ausverkauf? Du solltest mal die schicke Handtasche

sehen, die Magda vor kurzem aus Malmö mitgebracht hat. Echt Krokodil, und stell dir vor, für nur 198 Kronen, schwedische natürlich, vorher lag sie bei fast 400 Kronen. Man muß nur Glück haben, und . . .»

«Du kannst nicht immer davon ausgehen, was die Sachen gekostet haben, Mama. Hierbei wird doch soviel Augenwischerei betrieben. Nimm dagegen die Krokodilledertasche, welche die Königin auf dem Bild in der letzten Illustrierten trägt, die war bestimmt teuer! Frau Lund aus meinem Friseursalon hat eine Schwester, die in dem Geschäft arbeitet, in dem die Königin . . .»

«Frau Lund! Arbeitet sie wieder? Sollte sie nicht was Kleines kriegen?»

«Das ist doch schon lange her. Ein richtig süßes Kind! Aber rothaarig! Das Arme. Von wem auch immer es das hat. Vom Vater kann es nicht sein, er ist . . .»

«War sie nicht für vierzehn Tage allein nach Mallorca gefahren? Man kann ja nie wissen, ob sie . . .»

«Lise und Karl-Heinz sind übrigens gerade von Mallorca wiedergekommen. Sie müssen es herrlich gehabt haben. Und zu Hause erwartet sie dann der ganze Umzugstrubel! Sie haben sich ja in Albertslund ein Haus gekauft.»

«Daß jemand so weit draußen wohnen will!»

«Er behauptet, daß er als Malermeister bestimmt genug zu tun haben wird.»

«Vielleicht hat er ja mal Zeit, meine Küche zu streichen. Sie hat es sehr nötig.»

«Mit unserem Schlafzimmer ist es viel schlimmer, es muß dringend neu tapeziert werden. Aber das muß jetzt bis zum Frühjahr warten. Ich will den ganzen Dreck nicht ausgerechnet jetzt haben, wo ich gerade das Hauptreinemachen hinter mir habe.»

«Dreck? Was meinst du wohl, wie das bei Kirsten aussah? Sie hat das ganze Haus allein renoviert, vom Keller bis zum Speicher. Ihr Mann kommt jetzt bald nach Hause, er fährt als Matrose auf einem Supertanker.»

«Ich möchte nicht mit einem Mann verheiratet sein, der so

selten zu Hause ist. Immer allein herumsitzen müssen.»

«Sie wird sich daran gewöhnt haben. Jedenfalls kommt er weit herum und sieht eine Menge von der Welt. Jetzt ist er gerade in Bangkok. Und dann die vielen schönen Sachen, die er immer mitbringt! Kleine Schachteln aus Kampferholz, echte chinesische Teppiche, geschnitzte Elefanten aus Elfenbein und so weiter.»

«Jedenfalls nicht so wie bei Anton. Als der letztes Jahr mit der Landwirtschaftskammer auf einer Studienreise in Rußland war, brachte er nichts weiter mit als eine einzige, kleine, erbärmliche Flasche . . . na, jetzt fällt mir doch nicht ein, wie das Zeug hieß, es war jedenfalls irgendein russischer Schnaps. Wie heißt denn noch der Schnaps bei denen?»

Ich war gefragt, also wieder mit von der Partie. Die letzte Bemerkung war direkt an mich gerichtet gewesen, und ich ließ die Zeitung sinken.

«Bei wem?» fragte ich.

«Den Russen! Wie nennen die ihren Schnaps?»

«Wodka», gab ich bereitwillig Auskunft und fügte schnell hinzu: «Der ist übrigens gerade um 10 Rubel gestiegen. Aber sagt mal, wieso redet ihr beiden netten und nüchternen Damen plötzlich über russischen Wodka?»

«Weißt du, als Anton in Rußland war –»

«Apropos Rußland», unterbrach ich sie. «Ich lese gerade einen hochinteressanten politischen Kommentar zu den neuesten Unruhen an der Grenze zwischen der russischen Mongolei und dem kommunistischen China. Man meint, daß –»

«Kommunistisches China», fiel mir Marianne ins Wort. «Denk dir bloß, der kleine, rothaarige Junge von Frau Lund wird am Sonntag getauft, und ihr Mann besteht auf dem Namen MAO! Als ich das hörte, habe ich gleich gesagt . . .»

Und schon war ich wieder aus dem Spiel.

Unterhaltungsfrust

Es könnte sehr schön sein, hinter einer Schreibmaschine zu sitzen und von morgens bis abends zu dichten, während einem die Ehefrau die ganze langweilige Arbeit abnimmt, Fakturieren, Gespräche annehmen und Regale aufräumen. Ich bin aber so veranlagt, daß ich gerne zwischendurch eine rauche und mich über irgend etwas unterhalte. Hier wird es jedoch mit Marianne schwierig. Wenn sie arbeitet, dann arbeitet sie. Lehne ich mich einen Augenblick im Stuhl zurück, mache einen tiefen Zug an der Zigarre und spüre dabei, daß ich jetzt in der Stimmung bin, mich zu unterhalten – dann ist das Gespräch vorbei, bevor es überhaupt angefangen hat. Wie vor kurzem. Ich hatte mir ein paar Stunden freigenommen, um zu den Nachmittagsrennen auf der Trabrennbahn zu gehen, und als ich wieder ins Büro kam, um noch vor Feierabend ein paar Zeilen in die Maschine zu hauen, wollte ich gern erzählen, was ich erlebt hatte.

«Ich kann dir sagen, im letzten Rennen lag Dramatik in der Luft», begann ich. «*White Star* und *Red Nose* führten vom Start weg, aber kurz nach der Tribünenkurve galoppierte *White Star* und wurde disqualifiziert. *Flamingo Girl* zog an, riß das Feld auf, *Red Nose* wurde wegen unsauberen Trabens ebenfalls aus dem Rennen genommen, *Flying Eagle* schoß außen heran und . . .»

Marianne schaltete kurz die Fakturiermaschine aus.

«Wieviel hast du verloren?» fragte sie.

Wissen Sie jetzt, was ich meine? Wie soll sich unter solchen Bedingungen eine lange und gemütliche Unterhaltung entwickeln?

Nach der Frühstückspause stand ich kurze Zeit am Fenster und genoß den blauen Himmel.

«Welch ein herrliches Wetter», sagte ich und streifte die Asche der Zigarre in einen Blumentopf. «Ich kriege direkt Lust, mit Thomasen zum Angeln zu gehen, wenn wir hier den Laden dichtmachen. Es ist jetzt gerade die richtige Zeit für Makrelen und Aale, und außerdem kann man sich phantastisch entspannen, wenn man im Boot sitzt und . . .»

Marianne stellte einen Aktenordner ins Regal.

«Hast du den Rasen schon gemäht?» war ihr Beitrag zur Unterhaltung.

Ein weiteres Beispiel. Wir waren zum Essen bei meinem Verleger eingeladen. Als nachher, bei Kaffee und Kognak, die Stimmung auf dem Höhepunkt war, kokettierte ich ein wenig mit der jungen hübschen Frau meines Verlegers. Irgendwie kamen wir auf mein Alter zu sprechen, und Frau Vankelkär, die Frau meines Verlegers, schätzte mich um 4–5 Jahre jünger, als ich war, worauf ich sagte:

«Nein, nein, ich habe schon seit mehreren Jahren die 50 überschritten! Aber man tut ja, was man kann, um sich in Form zu halten. Kalte Dusche jeden Morgen. Mehrmals in der Woche Badminton. Neulich traf ich auf einer Gesellschaft sogar eine junge Schauspielerin, die mir sehr schmeichelhaft versicherte, wenn sie nicht schon verheiratet wäre, dann . . .»

Marianne stellte das Sahnekännchen auf den Tisch und flüsterte so diskret, daß es jeder hören konnte:

«Zieh den Bauch ein, Dicker!»

Und noch ein ausgezeichnetes Beispiel. In der Frühstückspause blätterte ich in einigen Reiseprospekten. «Phantastisch!» stellte ich fest. «Acht Tage in einem Hotel erster Klasse an der Costa del Sol für weniger als einen Tausender, dazu Vollpension und Wein zu allen Mahlzeiten. Ein solches Angebot sollte man ausnutzen.»

«Gut», antwortete Marianne, «wenn du meinst, den Betrieb hier gerade in der hektischsten Zeit allein zu schaffen, dann kannst du ruhig für mich buchen!»

Das folgende Beispiel spricht für sich. Ich lese meine Frühstückszeitung. «Bier, Alkohol und Tabak sollen schon wieder teurer werden! Aber das ist ja auch kein Wunder, bei der Regierung! Die sitzen nur da und backen ihren eigenen Kuchen, während das Land direkt in den Abgrund der Inflation steuert. Wenn das so weitergeht, weiß ich bald nicht mehr, wie wir unsere ganzen Ausgaben bestreiten sollen.»

Marianne legt eine Mappe beiseite und blickt mich scharf an.

«Du könntest das Rauchen aufgeben», sagt sie.

Sie stimmen doch mit mir überein, daß das eine merkwürdige Art ist, zu plaudern! Aber ich bin ja nicht so dumm, daß ich nicht mit der Zeit ihre Reaktionsweise durchschaut hätte. Als wir uns neulich Abend zu Tisch gesetzt hatten, versuchte ich es selbst mit einer Antwort nach der Art von Marianne, und dies hatte zumindest die eine Wirkung, daß jegliche Konversation zwischen den Parteien zum Erliegen gekommen ist! Ich hatte einen Bärenhunger und wartete mit Spannung darauf, was bei Mariannes vielem und langwierigem Hantieren in der Küche herausgekommen war. Endlich kam sie mit einer Schüssel herein.

«Ich habe etwas gekocht, was wir noch nie hatten», sagte sie begeistert. «Ich bin auch sehr gespannt. Wenn du es magst, werden wir es in Zukunft bestimmt einmal in der Woche essen. Das Gericht heißt ‹Schloßgärtners Spartopf›, es besteht aus kleinen Möhrchen, Blumenkohl, spanischem Pfeffer und Sellerie, alles wird mit kleinen Fischbällchen zusammen gekocht und . . .»

Ich legte Messer und Gabel weg und erhob mich.

«Mahlzeit!» sagte ich.

Fachwörter sind Glückssache

Ich saß an meiner Schreibmaschine, als Marianne herein-kam. In der Hand hielt sie einen merkwürdigen kleinen Metallgegenstand, der anscheinend kaputt war.

«Könntest du bitte mal schnell zum Eisenwarenhändler gehen und mir so ein Ding besorgen?» bat sie. «Es ist für den Fleischwolf. Weißt du ... da ist doch dieser komische, längliche Apparatismus mit Gewinde, der an die Tischplatte geschraubt wird, und dazu gehört dieses Ding. Ich habe es zu fest angeschraubt, und jetzt ist es kaputt.»

«Kaputt?»

«Ja, in der Mitte durchgebrochen. Und wenn du schon mal da bist, kannst du auch noch so ein kleines Teil mitbringen, womit man das Fenster festhaken kann. Ich kann das Küchenfenster nie öffnen, weil dieser kleine Apparat, mit dem man das Fenster festhakt, beim letzten starken Sturm zerbrochen ist. Außerdem ist es bescheuert, daß wir die Küchentür nicht abschließen können, ohne jedesmal den Schlüssel von der Eingangstür zu holen. Dieser kleine Nip-pel, den man vorschieben muß, funktioniert nicht, weil dieses Dingsbums, das am Türrahmen befestigt wird und in das der Nippel hineingeschoben werden muß, nicht mehr da ist. Bring doch einen neuen mit, wenn du sowieso hingehst ...»

Sicherheitshalber ging ich in die Küche, um mir selbst einen Eindruck davon zu verschaffen, welche Dingsbumse ich holen sollte. Es gab dann natürlich noch ein paar Kleinig-keiten, die Marianne benötigte. Unter anderem einen Kor-kenzieher, weil ich vor kurzem den alten demoliert hatte, als ich versuchte, eine Dose legierte Schildkrötensuppe für sie zu öffnen.

Als sie mir zum zweiten Mal alles erklärt hatte, um sicherzugehen, daß ich auch alles genauestens verstanden hatte, zog ich los. Im Eisenwarenladen wühlte ich in meinen Taschen, um das kleine Metalldingelchen für den Fleischwolf zu finden, aber leider hatte ich es zu Hause liegen lassen.

«Na, nun habe ich es vergessen ... aber ich brauche ein kleines Dingelchen, wissen Sie, für einen gewöhnlichen, altmodischen Fleischwolf. Also ... man schraubt einen runden, metallischen, länglichen kleinen Heini mit Gewinde ... wissen Sie ... den schraubt man an die Tischplatte, um den Fleischwolf zu befestigen, aber dann sitzt dort so ein kleines rundes Kerlchen, na, so ein kleines ... wie soll ich sagen, ein kleines Dingsbums ... das muß etwas nachgeben, damit ...»

«Eine federnde Unterlegscheibe für einen Gewindezapfen mit Flügelkopf?»

«Darf ich so etwas mal sehen?»

Aus einer Schublade kramte der Verkäufer ein kleines, rundes Ding hervor und zeigte es mir.

«Ja, genau», sagte ich. «So sieht es aus. Und dann brauche ich noch so ein Teil, wissen Sie, für ein Küchenfenster. Wo das Küchenfenster drin eingehakt wird, damit es nicht die ganze Zeit hin- und herklappert. Das ist so ein kleines Ding mit ...»

«Ein Sturmhaken?»

«Können Sie mir einen zeigen?»

Der Verkäufer zeigte mir einen Sturmhaken. Er hatte richtig gegriffen. Genau so etwas wollte ich haben.

«Danke», sagte ich. «Jetzt brauche ich noch ein Schloß für die Küchentür, das heißt, kein richtiges Schloß. Es ist so ein kleiner, kräftiger Apparatismus, wissen Sie, wo die ganze Mechanik in so ein Loch geschoben wird, das am Türrahmen befestigt ist ...»

«Einen Schubriegel?»

«Ja, so heißt es wohl. Kann ich mal einen sehen?»

Der Verkäufer holte einen Schubriegel. Das war es, was ich besorgen sollte.

«Sonst noch etwas, mein Herr?»

«Ja, ich hätte gern noch ein ... na ja, ich weiß nicht so ganz genau, wie es richtig heißt, aber es ist so ein kleines

Dingenot, das auf ein Vorsatzfenster gesetzt wird, und wenn man dann den Griff nach oben drückt, kann man das Fenster öffnen.»

«Einen Vorreiber?»

Er suchte einen Vorreiber hervor und hielt ihn mir vor die Nase.

«Nee, nee», sagte ich schnell. «So sieht das nicht aus. Nein, es ist wie ein kleiner Griff . . . mit einem Dingelchen, das dann einrastet und das Fenster verschließt und . . .»

Aus seinen unergründlichen Schubladen fischte der Verkäufer eine andere Einrichtung hervor.

«So etwas vielleicht? Einen Basküleverschluß?»

«Genau! Und jetzt brauche ich nur noch einen Dippedut, womit man mit einem Finger das Fenster schließen kann . . . man setzt ihn dann auf dieses Dingsbums, das sie mir eben gegeben haben, na . . . wie hieß es denn noch? Dieses da!»

«Auf den Sturmhaken?»

«Ja, und hierfür brauche ich diesen Dippedut, um ihn auf diesen Dingenot zu setzen, wenn das Fenster geschlossen ist.»

«Eine Anwerfhaspe!»

Er zeigte mir eine.

«Richtig!» sagte ich. «Das war, glaube ich, alles.»

Ich erhielt die Rechnung, bezahlte und ging nach Hause. Ich fuhr zusammen, als ich später die Rechnung hervorkramte, um zu kontrollieren, ob sie mit den gekauften Sachen übereinstimmte. Es stand geschrieben:

Nota: 1 Dingsbums 5,75 . . . 1 Apparatismus 7,50 . . . 1 kleiner Heini mit Gewinde 4,50 . . . 1 Dippedut 3,60 . . . 1 Mechanik-Loch 5,90!

Wie man sich lieb Kind macht

Ich habe nichts gegen Kinder – schon deswegen nicht, weil ich selbst seinerzeit mit Rangel und Beißring angefangen habe. Es ist mir jedoch nicht möglich, in zügellose Begeisterung zu verfallen, wenn ich die schreienden, windelverpackten Nachkommen anderer Leute sehe. Richtig betrachtet, sind alle kleinen Kinder ja doch gleich: zahnlos, quengelnd, ewig pinkelnd und lutschend. Um ehrlich zu sein, ich finde nicht, daß Säuglinge eine besonders geniale Erfindung sind. Aber natürlich ist eine solche Einstellung auch etwas davon abhängig, wer diese Wesen produziert und auf den Markt gebracht hat. Wenn es der hohe Chef ist, der Verleger, ja, dann müßte man schon geistig sehr schmalspurig sein, wenn man nicht augenblicklich sähe, wie hübsch und genial das Kind ist. Aber darauf kommen wir später noch zurück.

Zunächst ein paar Worte über meine frühere Büroangestellte, Fräulein Lind, jetzt verheiratete Frau Kesselflicker Mortensen. Neulich kam sie in mein Büro, um ihr Neugeborenes zu präsentieren. Zum denkbar ungeeignetsten Zeitpunkt, gerade als ich mit meiner jetzigen Sekretärin, Fräulein Hansen, mitten in der Beantwortung der Tagespost war. Fräulein Hansen fiel fast um vor Bewunderung, als ihr Frau Mortensen anvertraute, daß der kleine Kesselflicker junior gerade seinen ersten Zahn bekommen hatte. Aus irgendeinem unverständlichen Grund wollte Fräulein Hansen den Zahn unbedingt sehen, obwohl er sich kaum von anderen Milchzähnen unterscheiden konnte, es sei denn, er hätte sich zu einem Stoßzahn, einem Gorillazahn oder einem Walroßzahn entwickelt.

«Darf ich das kleine Beißerchen sehen?» lockte sie. Sie durfte nicht. Demonstrativ biß der Bengel seine Gaumen fest zusammen. Es zuckte in den Mundwinkeln. Ein Schrei war im Anmarsch. Die Mutter versuchte, ihr Kind zu beruhigen.

«Komm schon, Schätzchen, die liebe Dame will doch gern das kleine Beißer-Beißer-Beißerchen sehen!»

Ich wollte gerne mit der Arbeit fortfahren.

«So», sagte ich und versuchte, dem Knaben in die Augen zu sehen. «Zeig nun der Dame den Zahn. Wir werden ihn dir schon nicht ziehen!»

Das Kind ließ ein Schreckensgeheul ertönen und bleckte dabei den Zahn. Er sah aus wie alle Zähne. Wie ein kleines Häufchen Vogeldreck. Aus meiner Sicht jedenfalls.

«Nein, ist *der* aber schön!» jubelte Fräulein Hansen. «Ein richtiger kleiner Menschenzahn!»

Die Mutter strahlte wie eine Sonne. Für sie war der Zahn allem Anschein nach ein achtes Weltwunder.

«So», meinte ich, «wir sollten jetzt mit der Arbeit weitermachen.»

Die Frau Kesselflicker verstand den haarfeinen Wink und zog sich mit ihrem Kind zurück.

«Er saß schief, der Zahn», sagte Fräulein Hansen im gleichen Augenblick, als die Tür ins Schloß fiel, «und der Junge wird genauso rothaarig wie sein Vater!»

Ich antwortete nicht. Bei solchen Sachen halte ich mich raus. Meinetwegen können die Kinder anderer Leute so fuchsrot sein, wie sie wollen. Und wenn der Zahn schief sitzt, sollte man die Eltern darauf hinweisen, damit sie rechtzeitig etwas dagegen unternehmen können. Es würde mir niemals einfallen, mich wegen eines hysterischen Kindes heuchlerisch zu verhalten. Das heißt . . . es *kann* Situationen geben, wo es geradezu notwendig ist, sich ein klein wenig zu verstellen. Wie gerade vor kurzem, als ich mich in das Allerheiligste meines Verlegers gewagt hatte, um mich nach einem Vorschuß auf mein nächstes Buch zu erkundigen. Der Verleger war gerade nicht da, auf seinem Platz aber saß die junge Frau Verlegerin mit ihrem kleinen Erstgeborenen auf dem Schoß. Soweit ich es beurteilen konnte, hatte das Kind gerade eine herrliche Mahlzeit hinter sich. Jedenfalls legte die Frau Verlegerin letzte Hand an die Knöpfe ihrer Bluse, innerhalb derer sich die beiden hübsch geformten Depots für das Kind befanden. Es muß hier erwähnt werden, daß man lange nach einem hübscheren Mädchen als der Frau meines Verlegers suchen muß. Ehemalige Schönheitskönigin. Alles sitzt, wo es soll und wie es soll. Und ein Blick, der . . . nun ja, man ist ja im besten Alter und möchte einen so guten Eindruck wie möglich machen . . . man will sich ja gerne sowohl mit seinem Verleger als auch mit dessen Frau gut stellen. Also kitzelte ich das Kleine unter dem Kinn.

«Da haben wir ja das Wunderkind», sagte ich mit bewundernder Stimme. «Ich muß schon sagen, Frau Vankelkär . . . Sie haben aber auch ein süßes, liebes Kleines. Und diese Haare! Und erst die Augen! Ein richtiger kleiner Herzensdieb ist sie! Ganz und gar die Mutter! Und so lieb und nett und gut sieht sie aus. Hat sie schon ihren ersten Milchzahn? Nein, so weit bist du wohl noch nicht, was? Du hast noch keine Beißer-Beißerchen in deinem süßen kleinen Mund. Ach, wie ist sie niedlich, wenn sie lacht. Die hübschesten süßen kleinen Lachfältchen. Wieder etwas von ihrer Mutter. Sie haben es aber gut, Frau Vankelkär, mit so einem niedlichen kleinen Kind. Wenn du bald einmal gehen kannst, mein Kleines, dann kommst du mich ab und zu besuchen, und wir spielen zusammen, ja? Ich habe auch eine liebe kleine Miezekatze. Sehen Sie . . . sie hat gar keine Angst vor mir. Na ja, man sagt mir auch nach, daß ich mit kleinen Kindern umgehen kann. Dickedickedickedick, das kleine Näschen! Laß mich mal sehen, kannst du auch schon Kuchen backen? Großen, großen Kuchen? Na, sehen Sie, wußte ich's doch! Backe, backe Kuchen . . . Ha, ha! Sie versteht richtig Spaß, die Kleine, richtig lieb ist sie. Du bist doch lieb, oder? Man *muß* sie sich immer wieder ansehen! Der Mutter wie aus dem Gesicht geschnitten! Wie heißt die Kleine eigentlich, Frau Vankelkär?»

Ich wandte meine Augen von dem Kind ab und begegnete Frau Vankelkärs Blick. Er war scharf wie ein frisch geschliffenes Brotmesser, als sie antwortete:

«Er heißt Klaus-Heinrich!»

Wer die Wahl hat, hat die Qual

Ich ging mit Marianne Schuhe kaufen. Es macht mir überhaupt nichts aus, für mich selbst ein paar Schuhe zu kaufen, ich nehme das erstbeste Paar, das mir die Verkäuferin gibt, wenn es bloß einigermaßen meine Größe ist. Aber dabeizusein, wenn Marianne Schuhe kauft, ist mir fast zuwider. Sie ist einfach zu kritisch; es dauert eine Ewigkeit, bis sie etwas findet, das ihr gefällt. Wenn sie überhaupt etwas findet. In der Regel endet es damit, daß wir das Geschäft verlassen, ohne etwas gekauft zu haben. Sie möchte erst sehen, was es in den anderen Schuhgeschäften gibt.

Es stürmte furchtbar und goß in Strömen. Ungeniert schüttelte sie über dem roten Läufer das Regenwasser von ihrem Schirm, nachdem wir bei SCHUH-MEYER eingetreten waren. Dem Verkäufer konnte man deutlich ansehen, was er dachte: «Wichtigtuerisches, blasiertes, schwieriges Weibsbild, unmöglich zufriedenzustellen, kommt nur, um Schutz vor dem Regen zu suchen, bestimmt sehr wählerisch!»

Mit Sicherheit hatte er solche Gedanken. Trotzdem kam er mit einem breiten Verkaufslächeln angesprungen.

«Womit kann ich der gnädigen Frau dienen?»

«Dienen?» wiederholte Marianne. «Tja, ich weiß nicht so recht. Viel Auswahl ist hier ja nicht.»

«Unser Lager umfaßt mehr als zehntausend Paar Schuhe, gnädige Frau! Sie haben ja so einen feinen und eleganten Fuß, da dürfte es keine Schwierigkeiten machen, das Richtige zu finden.»

Marianne fühlte sich sichtlich geschmeichelt, und mit einem angedeuteten anerkennenden Lächeln ließ sie sich auf einem Probierstuhl nieder. Für mich schob der Verkäufer auch einen Stuhl zurecht. Obwohl er mit Sicherheit schon festgestellt hatte, daß ich hier und heute nichts zu sagen hatte.

«Hier haben wir zum Beispiel sehr elegante, italienische

Pumps, kalifornisches Boxcalf, stilecht und sehr nobel. Wir führen sie auch in den Farben Kit, Caramel und Champagner.»

«Nein, das ist nichts. So ein häßlicher Absatz!»

«Es gibt sie auch mit hohem Nippon-Blockabsatz.»

Sie probierte sie an.

«Nein», sagte sie kurz.

«Vielleicht mit Paradurabsatz?»

Sie probierte die Pumps mit Paradurabsatz.

«Nein.»

Der Verkäufer zog schnell drei, vier Kartons aus dem Regal.

«Dann wäre hier ein sehr, sehr eleganter, handgefertigter Chevreau . . . sehen Sie mal . . . achten Sie auf die überzogene Schmuckschnalle und die Schmuckbändchen . . . mit besonders fester Kante, wir führen sie auch in halben Nummern, wenn . . .»

«Lassen Sie mich mal probieren. Nein, nicht die . . . die anderen . . .»

«Die Blue-Marino?»

«Ja.»

Sie probierte sie an. Ich wurde nach meiner Meinung gefragt. «Was meinst du?»

«Doch», sagte ich. «Die kannst du nehmen.»

Sie schwänzelte ein paar Schritte auf dem roten Läufer hin und her.

«Die drücken ja überall», wandte sie ein. «In solchen Schuhen kann sich ja kein Mensch bewegen. Die können sie gern behalten. Was haben Sie denn da ganz oben im Regal?»

Ich bemerkte, wie der Verkäufer einen stillen Fluch ausstieß. Es war ihm anzusehen, daß er Kundinnen nicht ausstehen konnte, die sich für die obersten Fächer im Regal interessierten.

«Pumps aus imitiertem Brazil-Lama mit Petit-Stilett-Absatz, aber das ist ja nicht mehr richtig in . . . die gnädige Frau braucht einen Schuh, der jetzt in Mode ist . . . wenn ich das so sagen darf.»

Er kletterte die Leiter hoch und kam wieder herunter, die Arme voller Schuhkartons. Aber Marianne fand nichts, was ihr gefiel. Er mußte noch zwei- oder dreimal die Leiter hoch. Dann interessierte sie sich plötzlich für ein paar häßliche Schuhe mit flachem Absatz, die im Schaufenster standen.

«Was sind das für Schuhe?»

«American Ohio-Kroko.»

«Imitiertes Krokodil?»

«Ja.»

«Dann ist es nichts für mich. Haben Sie sonst noch etwas im oberen Regal?»

Der Verkäufer mußte noch einmal nach oben. Wieder hatte er beide Arme voller Kartons. «Hier ist ein bequemer und sehr kleidsamer Schuh . . . an den Kanten genähtes Sevilla-Calf . . . mit einstellbarem Fersenriemen, PVC-Sohle und überzogenem, modernem Tax-Absatz mit . . .»

«Um Gottes willen! Das ist ja ein ganzes Ruderboot!»

Der Verkäufer warf mir einen verzweifelten Blick zu. Ich konnte nichts tun. Er hatte ja schon fast das ganze Regal leergeräumt.

«Gibt es denn nichts, was dir . . .», begann ich. Plötzlich wollte sie dann ein paar braune Schuhe anprobieren.

«Wissen Sie was?» gurrte sie und war plötzlich begeistert. «Diese biberfarbenen hier . . . die sitzen phantastisch!»

Der Verkäufer ballte die Fäuste, um sich zu beherrschen.

«Das sind die Schuhe, die die gnädige Frau anhatte, als Sie kamen», konnte er gerade noch sagen.

«Ach so, ja, natürlich, stimmt ja. Haben Sie etwas in dieser Richtung? Vielleicht in einer anderen Farbe und mit einem anderen Absatz und nicht so stark ausgeschnitten. Ich denke zum Beispiel an Wildleder-Pumps in Silver-Sand. Haben Sie so etwas?»

Der Verkäufer bedauerte, nicht in Silver-Sand. Marianne warf einen schnellen Blick auf die obere Etage des Regals. Dort war nichts mehr zu holen. Eine weitere halbe Stunde verging. Dann geschah das Wunder. Sie entschied sich für einen ganz gewöhnlichen braunen Schnürschuh. Der Verkäufer beeilte sich, holte einen Karton hervor, legte die Schuhe hinein und verschloß ihn schnell mit dem Deckel. Er wollte mir gerade den Kassenzettel reichen, als Marianne etwas sagte, wodurch sich sein Gesicht American-Kroko-Green färbte. Er schien kurz davor zu sein, sie anzuspringen oder sie zu erwürgen. Marianne sagte:

«Nein, die will ich doch lieber nicht . . . diese Silver-Sand-Farbe auf dem Karton kann ich nicht ausstehen!»

Kofferpacken

Wir packten unseren Koffer für einen schnellen Trip durch unsere südlichen Nachbarländer. Das heißt – eigentlich war es Marianne, die packte, während ich versuchte, mäßigend auf sie einzuwirken. Nachdem es ihr gelungen war, 117 Kleider aus ihrem Schrank in unseren rindsledernen Reisekoffer zu stopfen, wandte sie sich mir zu.

«So», meinte sie. «Und was nimmst du mit?»

«Ich?» murmelte ich uninteressiert. «Meine Sonnenbrille und ein paar Krimis. Sonst nichts Besonderes. Nur noch die Zahnbürste und mein Rasierzeug. Schnaps kaufen wir erst, wenn wir über die Grenze gekommen sind. Zigarren auch.»

Sie reichte mir einen Kugelschreiber und einen Notizblock.

«Hier», sagte sie. «Schreib alles auf, was du brauchst. Mach eine Liste, ich suche dann schon alles heraus und packe es ein.»

«Unnötig», wandte ich ein und schob den Notizblock weg. «Mir reichen meine Sonnenbrille und . . .»

«Danke», fertigte sie mich ab. «Das kenne ich! Und später muß ich mir dann die ganze Zeit anhören, was ich alles vergessen habe einzupacken. Dieses Mal schreibst du, bitte schön, alles auf.»

«Okay.» Um den Hausfrieden zu retten, gab ich nach. «Rasierapparat, Rasierschaum, After-Shave, Zahnbürste und vielleicht ein paar Kopfschmerztabletten, wenn uns den ganzen Tag beim Fahren die Sonne in die Augen sticht . . .»

«Du meinst wohl, wenn du dir beim Rheinwein einen Kater geholt hast? Und Hemden? Weiße Hemden für den Abend. Und Manschettenknöpfe?»

«Gut . . . Hemden und Manschettenknöpfe. Reichen zwölf Paar?»

«Schreib *Hemden und Manschettenknöpfe.*»

Ich schrieb alles auf und legte Kugelschreiber und Notizblock weg.

«Schlafanzug! Oder willst du dich vor den Zimmermädchen im Hotel in ein Laken hüllen? Oder in gar nichts? Oder was?»

Ich schrieb *Schlafanzug* auf den Block. Dann kramte ich ein paar Krimis hervor und warf sie in den Koffer.

«Mehr brauche ich nicht», schloß ich die Diskussion. «Wir brauchen ja auch noch Platz für etwas Schnaps, wenn wir wieder nach Hause fahren. Es wäre absolut hirnverbrannt, wenn wir die neuen Einfuhrbestimmungen nicht ausnutzten und etwas Schnaps und Wein und . . .»

«Bademantel», sagte Marianne.

«Wozu denn?»

«Ich dachte, wir würden in ordentlichen Hotels übernachten? Willst du etwa mit Rasierschaum im Gesicht und einem Krimi in der Hand herumlaufen, wenn der Zimmerservice das Frühstück bringt? Etwas anderes hättest du ja nicht, um deine Blöße zu bedecken.»

Sie nervte mich.

«Und Hausschuhe . . . wenn du vom Balkon aus den hübschen Sennerinnen in Tirol zuschauen willst!»

Die Pantoffeln wurden notiert.

«Sicherheitshalber schreibe ich sechs Paar», bemerkte ich leicht sarkastisch und fügte hinzu: «Damit der Koffer so voll wie möglich wird. Oder sollte es etwa so weit kommen, daß ich selbst imstande bin, den Koffer vom Auto in die Rezeption zu schleppen?»

Keine Reaktion. Marianne hatte noch nie viel Sinn für Humor, wenn sie einen Koffer für eine Autofahrt in den Süden packte. Nun, es wurde langsam Schlafenszeit, und wir begaben uns zur Ruhe. Wir mußten am nächsten Morgen um sechs aufstehen, um noch die Fähre zu erreichen. Um Mitternacht erwachte ich dadurch, daß jemand an meiner Schulter rüttelte.

«Rollkragenpullover!»

Ich fuhr im Bett hoch und blickte verstört umher.

«Wo . . . was?»

«Ich sagte Rollkragenpullover. Für die kühlen Abende in

den Bergen. Deine weißen sehen zu deinem Abendanzug so schick aus.»

«Todschick», murmelte ich und kuschelte mich wieder in die Kissen.

«Dann schreib sie auf die Liste.»

Schlaftrunken wankte ich ins Wohnzimmer und schrieb die Pullover auf den erstbesten Zettel, den ich fand.

Am nächsten Morgen um halb sieben waren wir startbereit. Wir hatten keine Zeit mehr zu verlieren, wenn wir rechtzeitig an der Fähre sein wollten. Marianne hatte gerade die Autotür zugeschlagen, als ihr einfiel, daß sie ihre Handschuhe vergessen hatte. Sie mußte noch einmal ins Haus. Ich fuhr den Wagen schon aus der Garage. Wobei mir die Reisepässe einfielen, die ich auf die kleine französische Kommode im Flur gelegt hatte. Ich mußte auch noch einmal ins Haus. Endlich konnten wir starten. Auf der Autobahn angelangt, trat ich das Pedal durch, und wir flogen nur so dahin. Die Fähre lag noch am Kai, als wir den Hafen erreichten. Genau zwanzig Sekunden vor dem Kommando «Leinen los!» waren wir an Bord.

«Es ist beruhigend zu wissen, daß du dieses Mal nichts vergessen hast», sagte Marianne.

«Natürlich», sagte ich abwesend. In diesem Moment spürte ich, wie sich mir die Nackenhaare sträubten. Trotz aller Vorsichtsmaßnahmen mit Notizblock und so weiter hatte ich dennoch etwas vergessen.

Den Koffer.

Urlaubserlebnisse

Wir waren bei Abteilungsleiter Finkelberg zum Essen eingeladen. Die Familie war gerade von einer dreiwöchigen Reise auf die Kanarischen Inseln heimgekehrt. Es war ihre erste große Auslandsreise gewesen; wir wußten also recht gut, warum sie uns eingeladen hatten, und ich verspürte keine Begeisterung bei dem Gedanken, den ganzen Abend dasitzen und mir Reiseerlebnisse anhören zu müssen. «Wenn bloß seine Filme nicht allzu schlecht sind!» seufzte ich, als Marianne und ich im Wagen unterwegs waren. «Ich habe immer noch nicht Halmströms todlangweilige Farbdias von Rhodos verdaut. Meine Güte, war das ein Abend!»

«Denk dran, wie gerne du selbst deine Filme zeigst, wenn wir im Süden waren», wurden die Freunde des Hauses von Marianne verteidigt.

«Das ist doch etwas ganz anderes. Meine Schmalfilme sind Spitzenklasse, und sie werden auf einer richtigen Leinwand vorgeführt, nicht auf solch einem lächerlichen Stück Handtuch wie letztens bei Nyberg. Der mit seinen ägyptischen Farbdias!»

Wir waren an der kleinen Vorortvilla angekommen, wo der Abteilungsleiter residierte, und wurden hereingebeten. Ich wartete, bis Frau Finkelberg den Kalbsbraten ein zweites Mal herumgereicht und ich den schlimmsten Hunger gestillt hatte, bis ich das Thema zur Sprache brachte . . . eigentlich mehr, damit ich es überstanden hatte als aus wirklichem Interesse, denn im Grunde ist es ja im Süden überall das gleiche: Palmen, Sand, Fliegen, Touristen und bettelnde Kinder.

«Sagen Sie mal», begann ich und versuchte, meiner Stimme einen interessierten Klang zu geben, «ich hörte, Sie waren auf den Kanarischen Inseln. Wie war's denn da unten?»

«Es war eigentlich sehr schön», antwortete Finkelberg und linste nach der Soßenschüssel. «Aber im großen und ganzen ist es ja doch im Süden überall das gleiche, nicht wahr? Palmen, Sand, Touristen, Fliegen, Dreck und Bettelei. Gibst du mir bitte mal die Soße, Ellen?»

Finkelberg begann, über Trabrennen zu sprechen. Er hat selbst ein Pferd laufen. Ich war etwas aus dem Konzept gebracht.

«Wie war denn das Wetter da unten?» versuchte ich es erneut. Normalerweise gibt dieses Thema ausreichend Stoff für eine größere Abhandlung über die enormen Temperaturschwankungen, angefangen bei der nicht auszuhaltenden Hitze während der Siesta bis zu den kühlen Nächten.

«Das Klima?» meinte Finkelberg. «Eigentlich ganz gut. Oh, bitte, reich mir doch mal den Gurkensalat.»

«War es Ihnen nachts warm genug . . . ich denke an die leichten Decken, die es im Süden nur gibt.»

«Wir hatten Federbetten», sagte Frau Finkelberg.

Dann sprach Finkelberg über die derzeitige Regierung. Er war dagegen.

«Waren Sie zum Stierkampf?» fragte Marianne. Nachdem Finkelberg kurz genickt hatte, fuhr sie fort: «Das ist ja eine fürchterliche Tierquälerei. Ich habe gehört, daß es in den kleinen Arenen in Las Palmas und Puerto de la Cruz besonders schlimm sein soll.»

«Es war wie immer. Sechs Stiere.»

Finkelberg versuchte, eine Diskussion über die Wirtschaftspolitik und die hohen Steuern anzufangen.

«Waren Sie auf Lanzarote?» bohrte ich. «Dort soll es ja ganz phantastisch sein. Soweit ich weiß, gibt es da noch aktive Vulkane. Man kann in der Lava sogar Eier kochen. Stimmt das?»

«Ja, das stimmt», meinte Finkelberg.

«Man hört so viel von diesen hübschen geknüpften Tischdecken», sagte Marianne. «Haben Sie eine mitgebracht?»

Frau Finkelberg nickte.

«Stimmt es, daß sie von acht- bis zehnjährigen Mädchen geknüpft werden, weil diese mit ihren schlanken Händen die feinen, kleinen Knoten besser knüpfen können?»

«Ja, so ist es wohl», antwortete Frau Finkelberg.

«Wir würden die Tischdecke sehr gerne sehen», setzte Marianne hinzu.

«Ach, die sieht aus wie alle anderen geknüpften Tischdecken auch», meinte Frau Finkelberg und erhob sich, um das Dessert zu holen.

«Man sagt, Sie waren auch auf einer Tagestour in die frühere spanische Sahara», fing ich wieder an. «Das war bestimmt ein phantastisches Erlebnis.»

«Es war sehr heiß», sagte Finkelberg und schenkte Madeira ein.

«Wir haben ein wenig im Reiseprospekt geblättert; es steht darin, daß man auch in ein richtiges Beduinenzelt kommt, wo es Minzentee und Hammelkeule am Spieß gibt. Ist Minzentee nicht fürchterlich süß . . .den kann man doch eigentlich gar nicht trinken, oder?»

«Doch, es ging ganz gut. Lassen Sie uns noch einmal anstoßen. Prost!»

«Kuskus», sagte ich, «diese schlimme arabische Speise, haben Sie die probiert? Woraus besteht die eigentlich, ist es nicht saure Ziegenmilch und quabbeliges Hammelfleisch?»

«So ungefähr», antwortete Finkelberg. Kurz darauf hob er die Tafel auf, und wir begaben uns in den Salon, wo Kaffee und Kognak serviert wurden.

«Haben Sie da unten auch gefilmt?» wollte ich wissen.

«Ja, ich habe inzwischen alles zu einem Film von einer dreiviertel Stunde Dauer zusammengeschnitten.»

«Das hört sich ja interessant an. Können wir den Film sehen, wenn wir Kaffee getrunken haben?»

Finkelberg schenkte zum zweiten Mal Kognak ein.

«Ich will ja nicht unhöflich sein», sagte er. «Aber Ellen und ich haben ihn schon zwei- oder dreimal gesehen, und ich meine, wir haben es im Augenblick auch ohne Film sehr gemütlich. Die ganzen Sachen jetzt noch aufbauen, Projektor, Tonbandgerät, Leinwand und so weiter, ehrlich gesagt, ich möchte es lieber bleibenlassen. Urlaubsfilme sind ja doch alle gleich. Lassen Sie uns lieber noch einmal anstoßen.

282

Wie wäre es mit einer Runde Bridge?»

Wir spielten bis zwei Uhr nachts.

«Wenn ich es richtig mitgekriegt habe», sagte ich, als wir aufbrachen, «waren die Kanarischen Inseln wohl eher eine Enttäuschung, oder? Wo fahren Sie nächstes Jahr hin?»

Finkelberg half mir in den Mantel.

«Kanarische Inseln», sagte er.

Ein Traum von einem Sportwagen

Nein, nein ... es soll niemand daherkommen und mich einen Autonarr nennen oder einen Geschwindigkeitsfanatiker oder etwas ähnliches. Ich bin vollauf zufrieden mit dem kleinen Wägelchen, in dem ich herumgurke, und nachdem ich jetzt fast fünf Jahre mein bescheidenes Fahrbedürfnis damit befriedigt habe, werde ich wohl auch noch mindestens fünf weitere Jahre damit auskommen. Dennoch will ich gerne zugeben, daß der knallrote italienische Sportwagen, zu dem mich Marianne auf einer Automobilausstellung hinüberzog, damit wir ihn uns genauer ansehen konnten, etwas äußerst Anziehendes an sich hatte.

«Phantastisch», sagte sie und war wie elektrisiert. «Sieh mal den Bezug. Todschick, nicht wahr?»

«Es sieht nicht schlecht aus», räumte ich ein, allerdings leicht reserviert. Man lernt, auf der Hut zu sein, wenn Marianne einen solchen Blick hat, wie sie ihn hatte, als sie sich hinter das Lenkrad des Spaghetti-Flitzers schlängelte. Es hat mich früher schon einiges gekostet, wenn ich meine Begeisterung nicht rechtzeitig zügeln konnte – und es gab im Augenblick eine Menge andere Dinge, die wir benötigten, bevor ein italienischer Sportwagen an der Reihe war. Zum Beispiel wäre es ein schönes Gefühl, wenn die letzten Wechsel auf meinen alten Sedan zuerst aus der Welt wären.

«Was bringt der Spitze?» fragte ich einen jungen Mann in einem kanariengelben Jackett mit einem Revers von der Breite einer Ladeluke. Es war offensichtlich seine Aufgabe, das Wunder vorzuführen. Er warf einen schnellen Blick auf den Tachometer.

«360», sagte er. Das reichte mir. Wenn ich meinen alten Sedan auf 100 bringe, muß ich schon genug aufpassen.

«Himmlisch!» rief Marianne aus. «Ich kann es mir richtig vorstellen! An einem schönen Sommertag durch Europa ... wie der Blitz ... die Autostradas ... die Riviera ... ich mit offenen Haaren im Wind ... du mit Sixpence und Fahrerhandschuhen ... was sagten Sie, junger Mann, wie schnell kann der fahren?»

«360.»

«Sieh mal, sogar eine Beauty-Box ist im Handschuhfach eingebaut! Ist das nicht phantastisch? Oder?»

«Jaja, doch.»

Ich zog es vor, mich an die technischen Dinge zu halten, und fragte den jungen Mann nach Bohrung und Drehmoment. Nicht, daß ich mit den Zahlen etwas hätte anfangen können, aber das sind eben Fragen, die man stellt, wenn man sich einen Wagen ansieht. Der Jüngling reichte mir ein Handbuch mit allen wichtigen technischen Daten. Marianne blickte mich eindringlich an.

«Dies ist ganz einfach mein Wunschtraum», hauchte sie und griff um das Lenkrad, als würde sie es nie wieder loslassen wollen. «Wenn wir *den* hätten!»

«Jetzt beruhige dich erst mal», goß ich etwas Kühlerflüssigkeit in ihren viel zu stark beschleunigten Blutkreislauf. «Noch haben wir ihn nicht.»

Sie blickte mich weiter mit großen und flehenden Augen an. Ich setzte meine Fragen zur Technik fort.

«Wie sieht es aus mit der Kompression, dem Hubraum und den PS?» forschte ich.

«330 PS, superquadratischer Motor», erhielt ich zur Auskunft.

«Das ist unheimlich viel, nicht wahr?» mischte Marianne sich ein.

«Jedenfalls weit über dem, was wir brauchen können!» gab ich zurück. Darauf wandte ich mich wieder unserem jungen, kanariengelben Freund zu.

«Und die Beschleunigung?»

«Von Null auf Hundert in 4,5 Sekunden.»

4,5 Sekunden, das ist genau die Zeit, die ich brauche, um bei meinem alten Sedan den Schalthebel zu finden. Ich ließ einen imponierten Pfiff hören. Das hätte ich niemals tun sollen. Der Augenblick wurde von Marianne auf das gröblichste ausgenutzt. Sie sprang aus dem Wagen und schmiegte sich genauso an mich wie damals, als sie einen bestimmten Pelzmantel haben wollte. Und wie standhaft man auch immer im Laufe der Jahre geworden sein mag, es gibt einen Punkt, wo man anfängt, nachgiebig zu werden, weil man weiß, wie groß die Enttäuschung ist, wenn man endgültig nein sagt.

«Nun, was meinst du? Der ist doch todschick, oder?» Ich nahm ihren Arm von meiner Schulter.

«Wir sind inzwischen zu alt für einen Sportwagen», wandte ich ein.

Unter uns gesagt, muß ich allerdings einräumen, daß ich mehr als einmal davon geträumt habe, hinterm Lenkrad eines schicken, kleinen, schnellen, roten, supermaskulinen Sportwagens zu sitzen . . . mit Sixpence, Fahrerhandschuhen und so weiter . . . in einem Rutsch durch Europa brausend . . . die Küstenstraßen entlang . . . während die Mädchen auf den mit Palmen bewachsenen Strandboulevards mir bewundernde Blicke nachwerfen . . .

«Zu alt? Was ist denn das für ein Unsinn? Mich jedenfalls würde mein Alter nicht stören, wenn ich hinter diesem Lenkrad säße, darauf kannst du dich verlassen! Aber wenn du meinst, daß du . . .»

«Nun ja, ich würde ihn wohl fahren können. Natürlich könnte ich ihn fahren. Das wäre ja gelacht und außerdem nicht das erste Mal, daß ich in einem Sportwagen sitze. Als ich mit Thomasen an der Costa Brava war . . .»

«Dann ist es also abgemacht?»

«Das habe ich nicht gesagt. Ich sage, daß . . .»

«Nun komm schon, Schatz! Jetzt mach mir doch diese unendlich große Freude. Herrgott, wir leben doch nur einmal . . . jetzt entscheide dich doch . . . JETZT!»

«Na gut», gab ich mich geschlagen und bedeutete dem kanariengelben Jüngling, zu uns zu kommen. Worauf ich einen Zehner aus der Brieftasche fischte und ihm den Schein reichte.

«Geben Sie mir bitte drei Lose! Wann ist die Verlosung?»

Stoppuhr-Rekorde

Ich war in Zürich gewesen, auf Geschäftsreise. Von dort hatte ich verschiedene Kleinigkeiten mitgebracht, unter anderem eine 24karätige, automatische, antimagnetische, wasser- und stoßfeste, echte Swiss-made-Stoppuhr mit Präzisionswerk. Eine Stoppuhr hatte ich mir schon immer gewünscht.

«Hast du jemals darüber nachgedacht, daß du 18,7 Sekunden benötigst, um aus der Küche zum Eßtisch und wieder zurück zu gehen, und daß du das Tischtuch in 16,2 Sekunden zusammenlegst?» fragte ich Marianne eines Abends nach dem Essen. Ich hatte die Zeiten genau gestoppt. «Gestern abend legtest du das Tischtuch in 14,0 Sekunden zusammen. Es war unrationell, so wie du heute die Enden vom Tischtuch angefaßt hast.»

«Ach, hör doch auf!» fauchte Marianne. Für meine Stoppuhr hat sie nicht viel übrig. Ich selbst finde es überaus lehrreich und interessant, seine täglichen Bewegungen und die verschiedenen Tätigkeiten rein zeitmäßig zu dokumentieren. So kostete es mich beispielsweise vor kurzem 882,3 Sekunden, um die Zeit zu stoppen, die Marianne für das Fegen unseres Bürgersteiges und der Garagenauffahrt brauchte. Ich schrieb alle Zahlen auf, und als ich hinterher das gesammelte Zahlenmaterial studierte, ergaben sich viele interessante Einzelheiten. So benötigte sie 47,7 Sekunden mehr zum Fegen der zweiten Hälfte des Bürgersteiges als für die erste Hälfte. Hätte sie sich beim Fegen der ersten Hälfte die Kräfte besser eingeteilt, hätte sie bestimmt eine viel bessere Zeit für das Fegen der zweiten Hälfte erreicht.

Oder ein anderes relevantes Beispiel. Haben Sie jemals darüber nachgedacht, wie lange Sie den Atem anhalten können? Es könnte ja von außerordentlich großer praktischer Bedeutung sein, die genaue Anzahl von Sekunden zu kennen, falls man mitten im Atlantik mit einem Ozeandampfer untergehen sollte. Welche Chancen hätte man, wenn es zum Beispiel 47,2 Sekunden dauern würde, bis man die Wasseroberfläche wieder erreicht? Ich wette, Sie haben keine Ahnung, ob Sie überhaupt irgendeine Chance hätten. Bei mir habe ich vor kurzem gestoppt, wie lange ich den Atem anhalten konnte; es ergaben sich 18,5 Sekunden. Ich war schockiert. Inzwischen habe ich meine Technik bedeutend verbessert. Ich ruhe mich längere Zeit aus, bevor ich das Experiment beginne. Ich atme ganz langsam tief ein, starte die Stoppuhr und atme danach langsam wieder aus, bis meine Lungen völlig leer sind. Nach einer Woche Training erreichte ich auf diese Weise eine Zeit von 52,2 Sekunden, was wohl als recht gut angesehen werden muß.

Ich habe auch gestoppt, wie schnell ich eine Zigarette rauchen kann. Wenn ich in kleinen, blitzschnellen, heftigen Zügen den Rauch einziehe und wieder ausblase, schaffe ich eine Zeit von 78,6 Sekunden. Marianne hält es für einen fürchterlichen Quatsch, herumzusitzen und derartige Experimente zu unternehmen, ich aber bin der Meinung, wenn man schon eine Stoppuhr im Hause hat, dann soll man sie auch benutzen. Es ist ja fast unglaublich, wie viele bemerkenswerte und interessante Dinge es gibt, bei denen man die Zeit stoppen kann.

Als Marianne sich neulich abends schon hingelegt hatte, experimentierte ich mit der Stoppuhr an der Hausbar. Ich wollte feststellen, wie lange es eigentlich dauert, eine Flasche Bier zu trinken, wenn man es in drei großen Schlucken tut, was meiner Meinung nach beim Biertrinken die Norm sein dürfte. Ergebnis: 16,7 Sekunden. Ich kippte vier bis fünf Flaschen Bier herunter, stoppte jedesmal die Zeit, arbeitete mich zu einem Durchschnittswert vor, genau 16,2 Sekunden, und bearbeitete weiterhin das zusammengetragene Datenmaterial. Nimmt man zum Beispiel eine Baustelle mit 100 Arbeitern, von denen jeder pro Arbeitstag durchschnittlich acht Flaschen Bier trinkt, dann ergibt sich, daß durch diesen Bierkonsum im Laufe eines normalen Arbeitstages 12 960 Sekunden, oder 3 Stunden und 31 Minuten verlorengehen. Man bedenke, was das landesweit an nur einem Tag

an verlorener Arbeitszeit bedeutet. Wenn man die Schluck-
zeit auf vielleicht nur 12,5 Sekunden herabsetzen könnte,
was wäre dann für die Volkswirtschaft gewonnen. Eifrig
nahm ich daher wieder die Stoppuhr zur Hand, setzte eine
frische Flasche an den Mund, um festzustellen, wieviel Zeit
ich gewinnen würde, wenn ich die Flasche mit einem
einzigen großen Schluck in mich hineinschüttete.

«13,7!» rief ich begeistert und stellte völlig außer Atem die
Flasche wieder hin. Ich hatte nicht bemerkt, daß Marianne
inzwischen in der Tür stand.

«Oh, ich bitte um Entschuldigung!» sagte sie in einem
sehr kühlen Ton und zog sich kopfschüttelnd zurück.

Sie weigerte sich, mit mir das Zimmer zu teilen, als ich
mich wenig später vom Barhocker erhob, um mich zur Ruhe
zu begeben.

Ich besitze übrigens die Stoppuhr jetzt nicht mehr. Gestern abend habe ich sie mit der Axt zertrümmert. Wir saßen
gemütlich im Wohnzimmer. Marianne war in einen dieser
beliebten modernen Sexromane vertieft. Ich hatte ihn schon
gelesen, saß mit meiner Stoppuhr in der Hand und stoppte
die verschiedenen Zeiten, während Marianne las. Plötzlich
blickte sie mich scharf an.

«Was machst du eigentlich da mit der blöden Stoppuhr?»
fragte sie.

«Ich habe nur deine unterschiedlichen Zeiten gestoppt.
Bist du dir eigentlich darüber im klaren, daß deine Lesege-
schwindigkeit sehr stark schwankt? Die Seite 22 mit den
Naturbeschreibungen hast du in 67,4 Sekunden gelesen, die
Seite 23, wo der Marquis die Odette in den Wald lockt, in
62,3 Sekunden, während du für die Seiten 24 und 25, wo er
sie verführt, nur 58,0 beziehungsweise 52,9 Sekunden
brauchtest! Ich halte das für eine interessante Entdeckung: je
mehr dich etwas interessiert, desto größer wird deine
Lese . . .»

Marianne unterbrach mich.

«Was sagtest du letztens, wie lange du den Atem anhalten
kannst?» fragte sie.

«52,2 Sekunden», sagte ich nicht ohne Stolz.

«Phantastisch!» meinte sie. «Ich schaffe es nicht länger als eine halbe Minute. Schaffst du es vielleicht noch einmal?»

«Selbstverständlich», sagte ich und gab ihr die Stoppuhr. «Du kannst ja die Zeit stoppen.»

Ich hielt den Atem an, und sie startete die Stoppuhr.

«Jetzt sind es 50 Sekunden», sagte sie eifrig. «Weiter anhalten!»

Krampfhaft hielt ich den Atem an.

«55 Sekunden», jubelte sie. «Weiter anhalten! Weiter anhalten!» Ich hielt den Atem an, meine Ohren sausten.

«Bravo!» rief sie begeistert. «60 Sekunden! Anhalten! ANHALTEN!»

Ich hielt den Atem an, bis mir schwarz vor Augen wurde und ich fast das Bewußtsein verlor.

«Anhalten! Anhalten! Anhalten . . .» hörte ich eine ferne Stimme jubeln. Dann wollte ich nicht mehr und atmete aus. Mir war ein furchtbarer Verdacht gekommen.

«Sag mal», fragte ich, während ich hechelnd ein- und ausatmete. *Was wolltest du eigentlich eben erreichen?»*

Konditionstraining

Als alter Sportler habe ich die ganze Trimm-dich-Aktion eifrig verfolgt. Na ja, Sportler ist vielleicht etwas zu hoch gegriffen, ich habe mich nie in einer bestimmten Sportart spezialisiert; aber als Junge konnte ich immer gut laufen, wenn es darauf ankam, als junger Mann war ich Mitglied eines Motorradklubs, und in den Kneipen haben wir damals viel Billard gespielt. Dann heiratete ich, gründete eine Familie mit Frau und Kindern und Haus und Auto, worauf 20–25 Jahre vergingen, in denen ich nicht immer auf ausreichende Bewegung achtete, es sei denn, wenn ich das Gaspedal durchdrückte, um noch die Fähre zu erreichen. Mein Interesse für den Motorsport aber blieb bestehen; bei einem Autorennen kriegt man ja auch viel frische Luft. Und wenn die Fahrer sich gegenseitig die Wagen demolieren, dann steigt der Puls, und der Kreislauf kommt auf Hochtouren. Daß mein Puls steigen und fallen kann, ist doch immerhin etwas.

Auch als vor kurzem der Radsportverband zu einer großen Trimm-dich-Aktion aufrief, war ich dabei. Soweit ich mich erinnere, mußte eine Strecke von 50 Kilometern in vier Stunden durchfahren werden. Als ich das erste Mal, nur so zum Training, die durch sehr unterschiedliches Gelände führende Strecke absolvierte, blieb ich nicht innerhalb der festgesetzten Zeit. Teils hatte ich mich verfahren, teils ein paar Reifenpannen.

Beim zweiten Mal wäre es mir fast gelungen, als ich aber dann an einem Dorfkrug vorbeikam, meldete sich der Hunger. Ich ging hinein, um meine Leistungsfähigkeit mittels eines großen, saftigen Steaks zu erhöhen. Mit Zwiebeln und allem Drum und Dran. Beim dritten Mal schaffte ich es in der ausgesprochen guten Zeit von 3 Stunden und 58 Minuten, worauf ich mir allerdings von einem Offiziellen sagen lassen mußte, daß eine der Bedingungen lautete, die Strecke auf dem Fahrrad zurückzulegen und nicht, wie ich geglaubt hatte, mit dem Auto – und da gab ich's auf. Aber allein schon das Mitmachen hat Spaß gemacht.

Vor kurzem bekam ich allerdings einen ersten kleinen Schreck, und mir wurde klar, daß ich vielleicht doch zuviel Zeit hinter dem Lenkrad verbrachte und daß meine Kondition nicht so war, wie sie für einen Mann meines Alters hätte sein sollen. Achtundvierzig. Ich hatte schon lange bemerkt, daß mein Puls wohl etwas zu stark hochschnellte, wenn ich morgens die Treppen zum Haus hochstieg, frische Brötchen und Kaffeesahne in der Hand. Eines Morgens bemerkte Marianne, wie ich außer Atem die Brötchentüte auf den Küchentisch warf.

«Endlich wirst du vernünftig», sagte sie. «Anstatt mit dem Wagen die paar hundert Meter zu fahren, bist du ausnahmsweise einmal den ganzen Weg zu Fuß gegangen.»

«Nein.» Ich schnappte immer noch nach Luft. «Die Treppe macht mir Schwierigkeiten . . . ich bin jedesmal ganz aus der Puste.»

Zu meiner Eingangstür führen drei Stufen.

«Und es macht die Sache ja nicht einfacher, daß man die ganzen Brötchen schleppen muß», stöhnte ich.

«Glaubst du nicht, daß es an der Zeit ist, daß du etwas mehr Bewegung bekommst?»

«Ich bin zu alt, um noch auf dem Fußballfeld herumzuspringen», wandte ich ein.

«Dann schaff dir eine Sprossenwand an und tu etwas für deine Kondition. Ihr Autofahrer müßt lernen, daß ihr durch das Anlegen und Lösen des Sicherheitsgurtes allein nicht genügend Bewegung kriegt.»

Ich holte mir also eine Sprossenwand. Sie wurde an eine Wand in der Garage montiert, wonach ich mir die Benutzungsanleitung genauestens durchlas: «Wenn Sie es am Anfang durch zu langes und zu häufiges Training übertreiben, können sowohl die Muskeln als auch die Glieder und Sehnen überbeansprucht werden. Lassen Sie im übrigen Ihr Herz bestimmen, wieviel Sie sich zumuten können.»

Ich mutete mir zu, an der Sprossenwand einmal die Beine

hochzuziehen, dann bestimmte mein Herz, daß es genug sei. Um meine Muskeln, Glieder und Sehnen nicht zu überanstrengen, habe ich die Sprossenwand seitdem nicht mehr benutzt, womit nicht gesagt werden soll, daß sie mir gleichgültig geworden ist. Ich benutze sie manchmal als Trockengestell für Fensterleder und nasse Lappen, wenn ich den Wagen gewaschen habe. Und wenn man Besuch hat und das Gespräch sich um Fitness, Kondition und diese Dinge dreht und man dann gefragt wird, ob man auch Sport treibt, kann man ja immer darauf verweisen, daß man eine Sprossenwand besitzt.

Ich möchte sie nicht entbehren. Meinetwegen kann die Firma, die Sprossenwände herstellt, das gerne als Empfehlung in ihren Anzeigen verwerten.

Ich habe auch einen Hometrainer. Sie kennen sicherlich so einen Apparat, ein Fahrrad ohne Räder, bei dem sich auf dem Lenkrad verschiedene Uhren, Trittzähler und weitere Narreteien befinden. Einer unserer Freunde hatte sich ein solches Testfahrrad angeschafft, um sich fit zu halten, worauf Marianne meinte, daß ich auch so etwas brauchen könnte. Sie schenkte es mir zum Geburtstag, zu dem ich mir nun allerdings etwas anderes gewünscht hatte, eine Kiste Zigarren, eine Flasche französischen Kognak und eine Stange Zigaretten. Es war daher eine echte Überraschung.

«Kann man es umtauschen?» fragte ich, immer noch an Kognak und Zigarren denkend. Man konnte nicht.

«Wann soll ich dies Ding denn benutzen?» versuchte ich es noch einmal. «Denk daran, ich habe auch noch meine Sprossenwand in der Garage.»

«Thomasen radelt jeden Abend beim Fernsehen. Er stellt das Fahrrad auf den Teppich und trainiert eine Viertelstunde. Dadurch verliert er keine Zeit, fernsehen tut er ja sowieso. Du kannst es ja auch so machen.»

Das tat ich dann. Abends schleppte ich das Testfahrrad ins Wohnzimmer, schaltete den Fernseher ein und das Deckenlicht aus und bestieg den radlosen Metallgegenstand. Als die Tagesschau vorbei und die Viertelstunde vergangen war, konnte ich keine Sekunde länger im Sattel hängen. Ich war völlig fertig, hatte mir mehr zugemutet als für meine Muskeln, Sehnen und Glieder gut war. Selten habe ich mich so steif in den Gliedern gefühlt wie nach dieser Viertelstunde. Nicht einmal damals, als ich mit unserem neuen Wagen in einem Rutsch nach Italien gefahren war.

«Puuh-ha!» stöhnte ich, als ich völlig fertig von dem Folterinstrument herunterkrabbelte und mich in meinen tiefen, gepolsterten Lehnstuhl sinken ließ. «Das war ein hartes Stück Arbeit. Und dann sagst du, daß ich nichts tue, um mich in Form zu halten.»

Marianne machte Licht, um den Kilometerzähler abzulesen. «Du hast die Pedale ja überhaupt nicht getreten!»

Ich erhob mich schwer und besah mir den Martergegenstand etwas genauer.

«Die Pedale?» murmelte ich. «Muß man die denn treten?»

Wahrhaftig! Es ist nicht wenig, was in dieser verrückten Trimm-dich-Zeit von einem verlangt wird. Ich bin zwar auch der Meinung, daß man mehr und andere Bewegung braucht, als man beim Autofahren kriegt, wenn man den Blinkerhebel bedient und ab und zu das Autoradio ein- oder ausschaltet, aber muß man denn gleich ein Herkules, ein Tarzan, ein Supermann, ein Cassius Clay oder ein King Kong sein?

Meine neueste Schlankheitskur

Wollen Sie abnehmen, weil Ihr Autofahrerbauch Sie stört? Dann sind Sie bei mir richtig. Ich habe jahrelang immer wieder irgendeine sensationelle, absoluten Erfolg versprechende Schlankheitskur durchgemacht, um meinen Autofahrerbauch loszuwerden. Was ich nicht über Schlankheitskuren weiß, braucht man nicht zu wissen.

Die Ananaskur ist keine fünf Ananasscheiben wert. Die habe ich abgeschrieben. Ich war soweit, daß ich täglich sechs Dosen Ananas gemampft habe, aber je mehr ich von dem faserigen, süßen Kram in mich hineinstopfte, um so gewichtiger wurde mein Bauch. Sie können mir glauben, die Ananaskur ist nicht das Wahre, auch wenn man sie mit einem kräftigen Beefsteak zwischendurch aufmöbelt, um nicht völlig ananasverrückt zu werden.

Die Mayo-Diät, sagen Sie? Ob ich auch die probiert habe? Danke, ich habe sie probiert. Es ist die Schlankheitskur, die mich am meisten enttäuscht hat. Es stimmt zwar mit den zwei Pfund, man nimmt sie aber zu statt ab. Ich kann Ihnen aber gerne das Rezept geben, wenn sie es noch nicht probiert haben: Morgens ein kleines, weichgekochtes Ei, ein Glas Weißwein und ein durchgebratenes Steak; mittags zwei weichgekochte Eier, zwei Gläser Weißwein und zwei durchgebratene Steaks; zum Nachmittagskaffee drei weichgekochte Eier, drei Gläser Weißwein und drei durchgebratene Steaks, und zum Abendessen vier weichgekochte Eier, vier Gläser Weißwein und vier durchgebratene Steaks. Das Rezept für die Mayo-Diät erhielt ich von meinem Metzger. Er hat auch die Steaks geliefert, an denen überhaupt nichts auszusetzen war, wenn man vom Preis einmal absieht. Aber mit der Mayo-Diät seinen Autofahrerbauch loswerden, das ist nichts für mich!

Jetzt habe ich aber die ganz richtige Schlankheitskur für mich gefunden, eine Kur, die in all ihrer Einfachheit von einer laborgetesteten, ärztlich anerkannten Kalorienbedarfstabelle ausgeht. Ich erhielt sie vor kurzem in der Apotheke, und zu Hause beschäftigte ich mich sofort eingehend damit. Ich überflog die Beschreibung und fand schnell heraus, daß ich bloß meine tägliche Kalorienzahl um nur 600 kleine Kalorien reduzieren mußte, wenn ich zwei Kilo abnehmen wollte. Worauf ich die nächste Tabelle betrachtete, die angab, wie groß der tägliche Kalorienbedarf einer Person männlichen Geschlechts in den Vierzigern ist: 3000 Kalorien. Hiervon zog ich 600 Kalorien ab und erhielt ein Endergebnis von 2400 Kalorien, nicht wahr? Um zwei Kilo loszuwerden, durfte ich also nicht mehr als die erlaubten 2400 Kalorien auf meinen Teller laden. Anhand der eigentlichen Kalorieninhaltstabelle stellte ich anschließend mein spartanisches Schlankheitsfrühstück zusammen, wobei ich gleichzeitig die Bestellung bei Marianne in der Küche aufgab:

«Ein Stück Brot mit geräuchertem Aal und Rührei, 450 Kalorien», begann ich. «Ein Stück mit Leberpastete, Schinken und gerösteten Champignons, 500 Kalorien, ein Stück mit Hühnerbrust, Gurkensalat und Mayonnaise, 350 Kalorien, ein Stück mit Schweinebraten und Rotkohl, 400 Kalorien, und ein Stück mit Tatar und Spiegelei, 350 Kalorien. Dazu ein kaltes Pils, 250 Kalorien, und einen kleinen Schnaps, 100 Kalorien, das macht summa summarum 2400 Kalorien. Und keine Sahne zum Kaffee hinterher.»

«Das ist genau das, was ein erwachsener Mann mit mäßiger körperlicher Tätigkeit zu sich nehmen darf, wenn er seinen Autofahrerbauch loswerden will», stellte ich nach einer nochmaligen Überprüfung fest.»

«Es ist merkwürdig mit deinen Schlankheitskuren», philosophierte Marianne. «Je mehr Kuren du machst, um so dicker wirst du!»

Ich überhörte die Bemerkung und setzte mich an den Tisch. Als ich das letzte Stück Schweinebraten heruntergeschluckt hatte und mein Teller endgültig leer war, fühlte ich mich eigentlich recht gut satt, obgleich ich ja nur 2400 Kalorien konsumiert hatte statt der 3000, die ich eigentlich benötigte. Zum Mittagessen hatte ich einen Bärenhunger, war aber fest entschlossen, mich an die neue Diät zu halten und nicht über die erlaubten 2400 Kalorien hinauszugehen. Nach einer entsprechenden Konferenz mit Marianne erhielt das einfache Mittagessen folgende Zusammensetzung: Erbsensuppe, 400 Kalorien, mit Bauchspeck, 450 Kalorien, und gekochter Bratwurst, 350 Kalorien, dazu eine Flasche Starkbier, 250 Kalorien, und einen kleinen Schnaps, 100 Kalorien, danach Pfannkuchen, in Butter gebraten, 450 Kalorien, mit Marmelade, 150 Kalorien, und etwas Schlagsahne, 250 Kalorien. Alles in allem: 2400 Kalorien. Keine Vorspeise, keine Nachspeise, hinterher keine Sahne in den Kaffee. Drei Tage hielt ich mich streng an meine neue Diät. Dann stieg ich auf die Waage. Und erhielt den Schock meines Lebens. Ich hatte . . . halten Sie sich fest . . . zweieinhalb Kilo zugenommen! Das war neuer dänischer Schlankheitskur-Rekord!

«Darf ich mal deine so stark propagierte, laborgetestete Kalorienbedarfstabelle sehen?» verlangte Marianne. Ich gab sie ihr, sie studierte sie genauestens, worauf sie folgende Aussage machte:

«Du liest Kalorientabellen und Schlankheitskurbeschreibungen nur so weit, wie es dir in den Kram paßt», sagte sie mit Verachtung in der Stimme. «Die 2400 Kalorien sind zwar richtig, aber nicht pro Mahlzeit . . . sondern pro Tag! Das ist ein ziemlicher Unterschied, Dickerchen! Wenn ich dir einen guten Rat geben darf, dann laß es ein für allemal sein mit deinen Schlankheitskuren und Diäten und behalte deinen Autofahrerbauch!»

Das ließ ich mir nicht zweimal sagen. «Geht in Ordnung», antwortete ich begeistert und holte mir ein kaltes halbes Hähnchen aus dem Kühlschrank. Das sollte mir helfen, nach dem gerade abgeschlossenen Schlankheitsprogramm meinen normalen Appetit wiederzugewinnen. Ich wollte kein Risiko eingehen. In einem Gesundheitsmagazin hatte ich gerade gelesen, daß eine zu starke Abmagerung auch gesundheitsschädigend sein kann.

Erziehung zur Pünktlichkeit

Wir wollten ins Theater, und ich war schon fast eine halbe Stunde auf dem alten Hamadan-Läufer im Flur hin- und hergelaufen und hatte mit Engelsgeduld darauf gewartet, daß Marianne endlich fertig wurde. Nichts kann mich mehr ärgern als Frauen, die nicht rechtzeitig mit dem Anziehen fertig werden können, ich hatte aber gelernt, mich zu beherrschen. Inzwischen hatte ich ja eine fast fünfundzwanzigjährige Erfahrung darin, zu warten, immer wieder zu warten, bis man vor lauter Wut schreien könnte. Doch wie gesagt ... ich beherrschte mich, paffte an meiner Zigarre und beherrschte mich. Endlich hörte ich die Tür vom Schlafzimmer, und Marianne zeigte sich auf der Treppe.

«Ich bin jetzt fertig!» gab sie bekannt.

Ich nahm meinen Hut und öffnete die Haustür.

«Nein, warte noch einen Moment», sagte sie. «Die Schuhe drücken. Ich ziehe mir lieber ein anderes Paar an.»

Sie verschwand wieder die Treppe hoch, und ich setzte geduldig meine Wanderung über den handgeknüpften persischen Läufer fort.

«So, jetzt bin ich wirklich fertig. Wir können losfahren.»

Wir gingen hinaus auf die Treppe. Ich schloß die Tür und prüfte noch einmal am Griff, ob auch wirklich abgeschlossen war.

«Meine Handschuhe! Ich habe meine Handschuhe vergessen.»

Ich fischte den Sicherheitsschlüssel wieder hervor, öffnete, und sie verschwand. Es begann zu regnen. Ich ging ebenfalls zurück ins Haus und zerschliß weiter den alten Hamadan.

«Fertig!»

Sie zog sich die schwarzen Netzhandschuhe an, während sie die Treppe hinunterlief.

«Nein, warte!» rief sie und hielt mir ihren Daumen unter die Nase. Er war durch den Netzhandschuh gedrungen und sah jetzt nackt und unbekleidet aus. «Ich muß die anderen anziehen, mit diesen kann ich mich nicht sehen lassen. Schaffe ich das noch?»

Ich blickte auf die Uhr.

«Ja, wir haben noch jede Menge Zeit», nickte ich. «Berge von Zeit. Wir haben noch nie soviel Zeit gehabt wie heute abend.»

«Spar dir deinen Sarkasmus. Was kann ich denn dafür, daß . . .»

Sie war wieder außer Hörweite. Geduldig trabte ich siebzehnmal auf dem Läufer hin und her, dann erschien sie wieder.

«Wir brauchen bald einen neuen Läufer für den Flur», sagte ich. «Dieser hat schon ziemlich gelitten.»

Wir schafften es bis zur Garage, ich öffnete das Tor und machte Licht.

«Meine Brille! Ich habe meine Brille nicht mit! Ohne Brille sehe ich vom 2. Rang aus gar nichts.»

Im Laufschritt verschwand sie Richtung Haustür. Einen Augenblick später war sie zurück, immer noch im Laufschritt.

«Den Schlüssel!» sagte sie. «Gib mir mal deinen Haustürschlüssel.»

Sie erhielt den Schlüssel und lief wieder zur Haustür, worauf ich mich ins Auto setzte, den Zigarrenstummel in den Aschenbecher warf und mir eine neue Zigarre anzündete.

«Fertig! Jetzt müssen wir aber wirklich los. Glaubst du, daß wir es noch schaffen?»

«Wir haben noch viel Zeit.»

Ich startete den Wagen. Sie fing an, in ihrem kleinen, silberbesetzten Täschchen zu wühlen.

«Dein Lippenstift», stellte ich tonlos fest. «Du hast deinen Lippenstift vergessen.»

«Ja», nickte sie schuldbewußt. «Jedenfalls kann ich ihn nicht finden.»

«Hol ihn!» sagte ich nur und gab ihr wieder den Schlüssel.

Vier Minuten und siebenunddreißig Sekunden später fiel sie außer Atem wieder in das Polster.

«Er lag in dem anderen Täschchen . . . weißt du, in dem kleinen französischen. Es ist mir ein Rätsel, wie er dort hingekommen ist. Entschuldige bitte, daß es so lange gedauert hat, aber ich wußte nicht mehr, wo ich es hingestellt hatte . . . das französische Täschchen.»

«Können wir fahren?»

«Ja, natürlich. Nichts wie los. Hast du die Karten?»

Ich nickte und fuhr den Wagen rückwärts aus der Garage. Marianne warf einen letzten Blick aufs Haus.

«Das Fenster im Schlafzimmer! Ich habe vergessen, es zu schließen! Wenn es weiter so regnet, werde ich wohl besser . . .»

Schon war sie aus dem Auto raus. Bevor die Dunkelheit sie verschluckte, sah ich gerade noch, daß sie ihre Ohrclips abnahm. Ich wartete fünf Minuten – sechs Minuten – sieben Minuten und dreiundvierzig Sekunden. Dann war sie wieder da.

«Jetzt müssen wir aber los. Puuh-ha . . . mir ist ganz heiß geworden von der Lauferei, aber jetzt . . . Himmel! Ich habe meine Handtasche drinnen stehen lassen! Schaffe ich es noch, sie zu holen?»

Ich nickte entgegenkommend.

«Ja, Liebling, natürlich schaffst du es. Wie gesagt, wir haben noch jede Menge Zeit.»

«Jede Menge Zeit? Was heißt das, jede Menge Zeit?»

Leicht verwirrt blickte sie mich an. Die Vorstellung begann in zwei Minuten, und wir benötigten mindestens eine halbe Stunde, um zum Theater zu kommen. Ich gab ihr die Karten.

«Wie gesagt», wiederholte ich. «Endlich einmal haben wir jede Menge Zeit! Guck dir mal die Eintrittskarten an und was drauf steht!»

Sie sah sich die Karten an.

«Donnerstag, 20 Uhr . . . aber heute haben wir doch . . . oh, du bist unausstehlich! *Heute ist Mittwoch!*»

«Ja», nickte ich. «Genau. Zum ersten Mal, seit wir verheiratet sind, haben wir ausreichend Zeit, wenn wir zu einer bestimmten Uhrzeit irgendwo sein müssen!»

Den Rest der Geschichte können wir übergehen. Nur noch eine kurze Bemerkung an meine männlichen Leser, die selbst eine Frau haben, an der sie meine zwar lebensgefährliche, aber äußerst effektive Methode ausprobieren möchten, weil auch ihre Frau nie rechtzeitig fertig ist. Selbstverständlich explodiert das Weibsbild und versucht, einem die Augen auszukratzen. Wenn man sich aber wie ein Igel zusammenkrümmt, das Gesicht mit Händen und Armen bedeckt und ansonsten einfach die Schläge einsteckt, die auf einen niederprasseln, dann hat man gute Chancen, diesen Ausbruch ohne größere Schäden zu überstehen. Es geht nur darum, alles einzustecken, bis der Anfall vorbei ist. Und dann muß man sich natürlich damit abfinden, daß sein zutiefst gekränktes Eheweib mindestens vierzehn Tage lang kein einziges Wort mit einem spricht.

Jeder mag dann für sich selbst entscheiden, ob das eine Strafe oder eine Wohltat ist.

Ein gelungenes Abendessen

Die ganze Woche hindurch war ich mit wichtigen Geschäfts-
freunden zum Essen gewesen, und Marianne, die nicht ganz
versteht, wie wichtig es in der heutigen Zeit ist, seine
Verbindungen mit etwas geräuchertem Lachs und leckeren
Kleinigkeiten zum Schnaps aufrechtzuerhalten, hatte schon
mehrfach höflich nachgefragt, ob sie nicht auch bald an der
Reihe sei. Vor kurzem war sie es, als ich nämlich ihre
Absicht durchschaute, Steckrübeneintopf zum Essen zu
servieren. Ich kenne nichts Schlimmeres.

«Hör mal», sagte ich, «laß uns doch heute auswärts essen.
Es ist schon lange her, daß ich dich eingeladen habe . . .»

«Aber was mache ich dann mit den Steckrüben? Ich kann
sie doch nicht einfach wegschmeißen!»

Ich ging nicht darauf ein.

«Wir fahren in einer halben Stunde. Es wird Zeit, daß du
auch mal unter die Leute kommst. Damit du erkennst, daß es
außerhalb unserer kleinen Steckrübenwelt noch anderes
gibt. Mach dich hübsch, dann fahren wir.»

Sie macht sich hübsch, und eine Stunde später fahren wir
los. In dem exklusiven Speiserestaurant bekommen wir
einen Tisch am Fenster. Auf dem Tisch stehen Blumen und
Kerzen. Das ist richtig etwas für Marianne. Sie ergreift
meine Hand, um sie leicht zu drücken.

«Schau, die Kerzen», sagt sie, «und die Blumen! Wie
hübsch!»

Ich spreche es nicht aus, aber ohne prosaisch zu werden,
möchte ich doch festhalten, daß ein gutes Essen auf dem
Tisch wohl das Entscheidende ist. Meiner unmaßgeblichen
Meinung nach steht der ganze übrige Kram bloß im Wege.

«Es war wirklich eine gute Idee, mich hierher einzuladen», sprach sie weiter, «obwohl ich ja nun die Steckrüben
hatte und . . .»

«Vergiß sie! Die laufen nicht weg . . . vorläufig!»

Wir studieren eingehend die Speisekarte.

«Wie wäre es mit Lammkoteletts vom Grill mit Spinat sauté, Lauchgemüse und Pommes gaufrettes?» schlägt Marianne vor. Ich werfe einen schnellen Blick auf den Preis.

«58 Kronen pro Person», stelle ich fest. «Zu zweit also 116. Dafür könntest du fast neue Küchengardinen kriegen!»

«Du hast recht», räumt sie ein und scheint richtig zu erschrecken, «einfach hier zu sitzen und so teuer zu essen . . . und gerade neue Küchengardinen brauche ich schon lange!»

«Teuer?» wiederhole ich. «Dann hast du noch nicht richtig hingesehen! Wir nehmen doch Rotwein?»

Mein Finger wandert die Preisangaben auf der Weinkarte entlang.

«Du liebe Zeit!» murmle ich. «88 Kronen für eine Flasche ganz gewöhnlichen Château-Neuf-de-Chaiselongue! Dafür kriegst du ja ein völlig neues Waffeleisen mit allen Schikanen! Hattest du nicht gesagt, daß das alte kaputt ist?»

«Ja, ich habe seit vielen Jahren keine Waffeln mehr gebakken, nur weil das Eisen kaputt ist. Und dabei ist es sogar dein Leibgericht.»

Sie spricht offen aus, daß es Wahnsinn sei, soviel Geld für Wein auszugeben, worauf ich ihr in ruhigem Ton entgegenhalte, daß man an einem so exklusiven Ort nicht dinieren könne, ohne zum Essen auch Wein zu trinken. Ich widme mich wieder der Speisekarte.

«Wir könnten mit ein paar Kanapees beginnen, oder vielleicht mit einem Hummer-Cocktail . . . hm, 28 Kronen pro Glas . . . und wie ist es mit einem Dessert? Pfirsich Supérieur, Mousse au chocolat, Crêpes Suzette . . .»

«Crêpes Suzette! Was kosten die?»

«26 gediegene dänische Kronen für jeden! Mindestens zwei Personen! Macht also zusammen 52 Kronen . . . dazu noch den Hummer-Cocktail, 56 Kronen, zusammen also 108 Kronen. Was kannst du für 108 Kronen kriegen?»

«Ein neues Bügeleisen. Das brauche ich schon lange . . . aber hör mal, das hier ist doch kompletter Wahnsinn!»

«Und wir können es nicht als Repräsentationsspesen

abbuchen . . . das wage ich nicht. Nach den jüngsten Beste-
chungsskandalen und den vielen Stichproben, die das Finanzamt jetzt . . . nun ja, weiter! Hinterher kriegen wir
Mokka, Petits Fours, Kognak und Likör. Was macht das
ungefähr? Ein Griff in die Tasche . . . ein kleiner Hunderter!
Mit dem Bisherigen zusammen also . . .»

Sie ergreift ihr Perlmutt-Täschchen.

«Laß uns gehen», flüstert sie. «Das mache ich nicht mit.»

In diesem Augenblick steht der Ober an unserem Tisch.

«Haben die Herrschaften gewählt?»

«Noch nicht.» Marianne lächelt gezwungen. «Wir haben
noch nicht das Richtige . . . oder?»

Ich schüttle den Kopf. Dann kommt mir ein Gedanke, und
ich blicke dem Ober fest in die Augen.

«Haben Sie Steckrübeneintopf?» frage ich. Sein Gesicht
nimmt einen konsternierten Ausdruck an, als er antwortet,
damit könne das Haus leider nicht dienen. Ich sehe ihm an,
daß er am liebsten hinzufügen möchte, man könne ja nicht
eine ganze Lastwagenladung Rüben aufkaufen, bloß um
zweimal Eintopf zu servieren.

Marianne greift meine Idee auf.

«Ich glaube, ich habe zu Hause noch ein paar Steckrüben
liegen», sagt sie. «Komm, laß uns gehen. Wir kommen ein
anderes Mal vorbei, Herr Ober!»

Wir erheben uns und fahren nach Hause. Marianne wärmt
den Eintopf auf, und wir nehmen die Mahlzeit auf dem
Küchentisch sitzend ein. Ich überschlage kurz, daß wir an
die vierhundert Kronen gespart haben. Und was man spart,
hat man verdient. Satt und zufrieden springe ich vom
Küchentisch.

«Wieso eigentlich neue Küchengardinen?» frage ich. «Die
alten machen sich doch prima!»

Selbstbedienung

Natürlich weiß ich, daß es bei uns schon seit ewigen Zeiten Selbstbedienungs-Cafeterias, Snack Bars und ähnliches gegeben hat. Nur habe ich mich noch nie hineingewagt. Schon von außen sind sie mir zu hektisch, kompliziert, supersmart und amerikanisch. Und ich mag eben nichts, was ich nicht kenne. Man kann sich ja so leicht danebenbenehmen. Neulich hatte ich aber mein Butterbrotpaket vergessen, und da ich einen Bärenhunger hatte, hängte ich ein Schild mit der Aufschrift *Komme gleich! Bin zu Tisch!* an meine Bürotür und begab mich zur nächstgelegenen Cafeteria. Kurz entschlossen riß ich die Glastür auf und trat ein. Die Leute standen Schlange hinter einem Messinggeländer und rückten langsam, aber recht sicher vor. Ich rückte mit vor, bis es nach Beefsteak duftete. Eine weißbekittelte Dame, die einen großen Schöpflöffel und eine Batterie von Töpfen und Pfannen mit den diversen Tagesgerichten bediente, blickte mich fest an.

«Und Sie?»

«Ein Beefsteak, bitte!» Eine Sekunde darauf reichte Sie mir mit zwei Schöpflöffeln ein Beefsteak, Zwiebeln und Soße entgegen, und etwas verwirrt streckte ich meine Hände zur Entgegennahme aus. «Sie haben ja noch kein Tablett und kein Besteck, mein Herr», sagte sie streng. «Sie müssen sich doch Tablett und Besteck nehmen, bevor Sie sich anstellen.»

«Ach so», murmelte ich und stieß beim Rückwärtsgehen gegen eine ältere Dame mit einer Portion Spargelsuppe, diese stieß gegen einen Herrn mit dampfender Erbsensuppe auf seinem Tablett, wobei dessen Hintermann sein Tablett und seinen Teller verlor. Dieser war aber noch leer, so daß er gar nichts über seinen Mantel verschütten konnte. Trotzdem wollte er wütend wissen, was das da vorne denn für ein Idiot sei. Ich entschuldigte mich so oft, wie es nötig war, und rückte wieder vor, die Unmöglichkeit einsehend, sich nach hinten zu begeben, wenn man erst einmal in der Schlange drin war. Eine Aufpasserin, deren Aufgabe es offensichtlich war, solch unsichere Cafeteria-Kandidaten wie mich im Auge zu behalten, reichte mir gnädig ein Tablett mit diversem Geschirr, und ich erhielt mein Beefsteak. Etwas weiter vorne sicherte ich mir einen Becher Himbeerkompott mit Sahne.

«Nein, Entschuldigung», sagte ich und zeigte auf die Glastheke. «Ich möchte doch lieber die Portion Weingelee dort.»

Die Frau hinter der Theke beurteilte jedoch die Richtung meines Zeigefingers nicht richtig, und einen Augenblick später standen zwei Blumenkohlomeletts und drei Schnitten mit Camembert auf meinem Tablett.

«Nein, den Weingelee . . .»

Ich erhielt meinen Weingelee, aber bevor ich es geschafft hatte, die Blumenkohlomeletts und den Camembert wieder abzuladen, war ich schon am Kaffeeausschank. Die Kaffeefrau weigerte sich, die Blumenkohlomeletts entgegenzunehmen, obgleich ich ihr erklärte, daß ich keine Omeletts vertrage.

«Kaffee, Tee oder Kakao? Sie müssen sich schon entscheiden, die Leute kommen ja nicht weiter!»

«Ja, bitte», nickte ich etwas verwirrt, denn ich war mir völlig im klaren darüber, daß ich das schwache Glied in der Kette ausmachte. Ich bekam Kaffee, Tee und Kakao.

«47,85», sagte die Frau an der Kasse.

«Ja, aber die Blumenkohlomeletts, der Tee, der Kakao und . . .»

«Ich habe alles eingebont. 47,85.»

Es war nichts zu machen, ich mußte bezahlen. Einen Augenblick später stand ich im eigentlichen Restaurant mit dem Tablett hoch über dem Kopf und sah mich nach einem freien Platz um. Es gab keinen. Ich fischte die Serviette hervor und plazierte sie am Kragen, in der Hoffnung, jemand werde sich erheben und gehen.

Viele waren schon fertig, aber als sie sahen, daß dort ein Gast stand, der einen Tisch suchte, blieben sie selbstverständlich sitzen.

306

«Ist kein Platz mehr frei?» fragte ein älterer Herr mitten aus seinem Labskaus heraus. Bevor ich antworten konnte, gab er mir zu verstehen, daß ich mich völlig falsch verhalten hatte.

«Bevor Sie sich in die Schlange stellten, hätten Sie hierher gehen, sich einen freien Tisch suchen und ihn als besetzt bezeichnen sollen», sagte er. «Jetzt können Sie hier stundenlang stehen. Es gibt hier niemanden, der aufsteht, bevor er nicht gesehen hat, wie Sie sich aus der Affäre ziehen.»

Ich wechselte das Tablett von der linken in die rechte Hand. Das eine Blumenkohlomelett rutschte über die Kante und landete klatschend auf dem Fußboden. So diskret wie möglich versuchte ich, es mit dem Fuß unter den Tisch des älteren Herrn zu schieben. Wahrscheinlich würde ich mit meinem Tablett immer noch dort stehen, wäre mir nicht der Zufall zu Hilfe gekommen. Ein rotbackiger Mann saß an einem Ecktisch mit seiner ebenso rotbäckigen Frau. Er winkte mir.

«Hören Sie mal, Herr Ober», sagte er, «jetzt sitzen ich und meine Frau seit elf Uhr vormittags hier, und weder wurde uns etwas Kaltes noch etwas Warmes serviert! Kriegen wir jetzt ein Beefsteak, oder kriegen wir kein Beefsteak, das will ich jetzt, verdammt noch mal, endlich wissen, sonst gehen wir woanders hin!»

Vorsichtig senkte ich meinen Arm und ließ das Tablett mit den ganzen Herrlichkeiten leicht und elegant auf den Tisch gleiten, nicht ohne diesen vorher noch schnell mit der Serviette abgewischt zu haben.

«Bitte sehr, der Herr!» sagte ich dabei beflissen. «Das heutige Tagesgericht! Ein Beefsteak für Sie und ein Omelett für Ihre Gattin! Das macht genau 47,85!»

Der Bauersmann strahlte.

«Das sieht aber richtig lecker aus, Mutter!» sagte er in breitem Dialekt und bezahlte.

Worauf ich mich zum nächsten Imbißstand begab und drei Bananen, zwei Bockwürste und eine Tüte Taubenfutter kaufte.

Konversation im Korridor

Ich hasse diese langen, häßlichen Korridore in modernen Bürokomplexen. Sie wissen sicher, woran ich denke . . . ein trostloser, kunststoffarbener, linoleumbelegter, phantasieloser Gang mit zwei Reihen absolut gleichartiger Teakholztüren, die man unweigerlich verwechseln würde, wenn man nicht durch kleine Metallschilder, in Augenhöhe eines Gardisten an jeder Tür angebracht, erkennen könnte, wer sich dahinter verbirgt: *Käse aus Dänemark, Europa Expresso, Textila-Danco, Scandia Schrott* und die *Staatliche Kinderwagenaufsicht.* Ich habe neuerdings mein Büro am Ende eines solchen Korridors, und mehrmals am Tag muß ich mich zum anderen Ende des Korridors begeben, wo sich die Toiletten, der Waschraum und die Aufzüge befinden. Das würde mich alles überhaupt nicht stören, wenn ich nicht andauernd dem Mann begegnete, der sein Büro neben meinem hat, nämlich *Käse aus Dänemark.* Da Käse aus Dänemark weiß, wer ich bin, und da ich weiß, daß er Käse aus Dänemark ist, bin ich der Meinung, daß man sich höflich grüßen und im Vorbeigehen ein paar Worte miteinander wechseln sollte.

Am Morgen, wenn wir uns das erste Mal begegnen, nicke ich ein freundliches «Guten Morgen – guten Morgen!». Das ist noch einfach. Es paßt jedoch nicht den ganzen Tag. Bei der zweiten Begegnung auf dem Korridor sage ich: «Welch eine Hitze!» oder «Ist das aber kalt heute!», worauf Käse aus Dänemark antwortet: «Ja, das kann man wohl sagen!»

Wenn wir das dritte Mal aneinander vorbei müssen, wird es schon schwieriger. «Na, Sie auch?» sage ich dann meistens. «Die Welt ist klein!»

«Ja, nicht wahr?» lächelt Käse aus Dänemark, und damit ist es geschafft. Beim vierten Mal versuche ich, irgendeinen Ausdruck aus dem Business anzubringen, zum Beispiel: «*Still going strong?*»

«*Yes, Sir!*» antwortet Käse aus Dänemark, um damit

anzudeuten, daß er meine flotte Bemerkung zu würdigen weiß.

Die Zeit fürs zweite Frühstück naht, und ich muß hinunter in die Kantine, um ein paar belegte Brötchen zu holen. Es trifft sich fast immer, daß ich auf dem Korridor Käse aus Dänemark begegne – er hat die gleiche Absicht wie ich.

Bin ich auf dem Weg nach unten, sage ich: «Fütterung der Raubtiere!» Gleichzeitig mache ich ein paar lustige Kaubewegungen. Wenn ich schon auf dem Rückweg bin, halte ich das Butterbrotpaket vor mich hin und sage: «Schon wieder die gleichen trockenen Krusten!»

Dann lächelt Käse aus Dänemark und wünscht mir guten Appetit. Es kommt auch vor, daß ich mir zwei Finger vor die Nase halte und sage: «Geräucherter Hering und alter Käse!» Käse aus Dänemark lächelt auch dann und wünscht mir guten Appetit.

Wie Sie sehen, ist das Frühstück nicht das Schlimmste. Es wird viel schwieriger, wenn wir uns anschließend begegnen, der eine geht zum Händewaschen, der andere kommt gerade von dort. Hierzu fällt mir nicht so leicht etwas Lustiges ein. Aber wir meistern das Problem, seit ich die Idee hatte, im Augenblick der Begegnung das Handtuch in der Art eines Toreros vor mich zu halten und leicht vor Käse aus Dänemark hin- und herzuhüpfen. Er stößt dann mit imaginären Hörnern nach mir, und ich rufe: «Olé! Olé!»

Der Nachmittag schreitet voran, und langsam wird das Gehirn matschig. Wenn wir uns zum vielleicht zehnten Mal auf dem Flur begegnen, wird es naturgemäß immer schwieriger, unsere freundliche Einstellung zueinander zum Ausdruck zu bringen. Manchmal mache ich dann zum Spaß ein paar Sprint-Schritte mit hochgezogenen Schultern und Ellbogen, während ich an ihm vorbei muß. Käse aus Dänemark sprintet auch ein paar Schritte, und auf diese Art erzählen wir uns, daß wir beide diesen Korridor idiotisch lang finden. Bei der nächsten Begegnung lasse ich dann die Arme schlaff herunterhängen, und Käse aus Dänemark lächelt, um anzudeuten, daß er verstanden hat, worauf ich hinaus will –

nämlich, daß es immer noch ein idiotisch langer Korridor ist. Mit der Zeit sind jedoch meine Ressourcen erschöpft, und dann bleibe ich so weit wie möglich in meinem Büro, bis ich höre, daß Käse aus Dänemark seine Tür abschließt und nach Hause geht. Erst dann packe ich meine Sachen, ziehe meinen Mantel an und spaziere in aller Ruhe zu den Aufzügen. Es ist ein befreiendes Gefühl, zu wissen, daß Käse aus Dänemark nicht mehr plötzlich auftaucht und daß es nicht mehr nötig ist, sich das Gehirn auszuquetschen, um irgendeine lustige Art zu finden, ihn zu grüßen.

Es war 16.15 Uhr. Ich hätte eigentlich schon um 16 Uhr gehen wollen, aber ich hatte immer noch nicht gehört, wie Käse aus Dänemark den Schlüssel in seiner Tür herumdreht, und daher wartete ich in meinem Büro. Im Laufe des Tages waren wir uns nicht weniger als 15 Mal auf dem Korridor begegnet, und beim letzten Mal war mir nichts Besseres eingefallen, als im Vorbeigehen so zu tun, als würde ich Käse aus Dänemark ein Bein stellen, und dann hatte Käse aus Dänemark auch so getan, als würde er mir ein Bein stellen. Irgendwie hatten wir uns dabei aber beide auf den Allerwertesten gesetzt. Ich sagte: «Hoppla!» Käse aus Dänemark sagte auch: «Hoppla!» Danach ging jeder schnell wieder seiner Wege. Um 16.45 Uhr konnte ich nicht länger warten. Ich öffnete vorsichtig meine Tür und sondierte das Terrain. Im gleichen Augenblick öffnete auch Käse aus Dänemark vorsichtig seine Tür – es war just dieser Moment, in dem mir aufging, daß er vielleicht über die ganze Entwicklung genauso verzweifelt war wie ich! Falls das zutrifft und falls Sie dies lesen, lieber Käse aus Dänemark, sollten wir uns dann nicht dahingehend einigen, daß wir in Zukunft, wenn wir uns auf dem Korridor in die Arme laufen, so tun, als ob wir beide zufällig im Gebäude etwas zu erledigen hätten und einander daher auch nicht zu grüßen brauchen? Wir könnten uns statt dessen vielleicht zu Weihnachten und Neujahr eine Karte schreiben? Bei Weihnachtsgrüßen braucht man nicht so viel Einfallsreichtum!

Erlaubnis per Telefon

Ohne mich zu loben und ohne daß mir irgendwo Engelsflügel wachsen, kann ich wohl behaupten, daß ich immer daran denke, zu Hause anzurufen, wenn ich durch die Arbeit im Büro verhindert bin, zu Hause aufzutauchen, bevor die Frikadellen kalt geworden sind. Ich mag es nicht, wenn Marianne warten muß, ohne zu wissen, warum sie wartet. Sie soll nicht unruhig werden, wenn es einmal ein paar Stunden mehr als üblich werden. Marianne gehört aber nicht zu den Frauen, die sich über solche Anrufe ärgern. Ich muß schon sagen, sie nimmt es immer gelassen hin. Und so etwas schafft Harmonie in einer Ehe. Wie vor kurzem an einem Nachmittag. Normalerweise geht die Bürozeit bis 16.30 Uhr. Als ich gerade gehen wollte, schaute *Käse aus Dänemark*, mein Büronachbar, herein.

«Hallo», sagte er, «wir sitzen gerade zu dritt beisammen und brauchen einen vierten Mann für ein schnelles kleines Pokerspiel. Nur eine Stunde!»

«Moment», sagte ich und nahm den Hörer von der Gabel. «Ich muß nur eben zu Hause anrufen. Bist du es, Schatz? Ich werde mich etwas verspäten. Hast du etwas dagegen, daß ich noch ein kleines Poker mit *Käse aus Dänemark* spiele? Nur eine Stunde!»

«Jetzt?» ließ sich Marianne vernehmen. «Schon wieder? Das bedeutet also, daß ich das Auto nicht haben kann. Und daß ich zu spät zum Französisch-Kurs komme. Ich hatte versprochen, Connie abzuholen, und meine neue Nähmaschine wollte ich mitnehmen, weil ich anschließend zu Erika gehen wollte. Oder glaubst du etwa, daß wir die neue Bluse ohne Nähmaschine nähen können? Aber das ist ja *mein* Problem. Natürlich habe ich nichts dagegen, daß *Käse aus Dänemark* dich wieder um etliche hundert Kronen erleichtert, das ist doch einleuchtend!»

«Sie sagt, sie hat nichts dagegen», sagte ich schnell, und damit war die Sache klar.

Als ich letzten Mittwoch gerade die Schutzhaube über meine Schreibmaschine gelegt hatte, hupte unten auf der Straße ein Auto. Ich sprang runter, um nachzusehen, was los war. Fünf Minuten später saß ich wieder am Schreibtisch, um zu Hause anzurufen.

«Ich bin's, Schatz», sagte ich. «Unten steht Thomasen und fragt, ob ich mit zum Trabrennen komme. Er will auch das Essen ausgeben.»

«Trabrennen?» meinte Marianne. «Schon wieder? Na ja, bitte, geh du ruhig zum Trabrennen! Mach dir bloß nichts draus, daß du mich eigentlich zum Krabbenessen ins *Tivoli* eingeladen hast. Ich kann ja zur nächsten Würstchenbude gehen. Dann wird es für dich auch nicht so teuer. Was du sparst, kannst du dann im Pferde-Toto anlegen.»

Erleichtert sprang ich zu Thomasen hinunter.

«Alles klar», rief ich gutgelaunt und ließ mich ins Polster fallen, «sie hat es erlaubt.»

Freitag kam *Käse aus Dänemark* wieder in mein Büro. Ich mußte zu Hause anrufen.

«Ach, Schatz», sagte ich, «*Käse aus Dänemark* ist hier. Er fragt, ob ich morgen, Samstag, mit ihm und den anderen zum Angeln kommen will. Was dagegen?»

«Zum Angeln? Schon wieder? Heißt das, daß ich morgen früh um fünf aufstehen muß, um dir die Butterbrote zu schmieren? Der einzige Tag in der Woche, an dem ich länger schlafen kann! Im übrigen, hattest du nicht versprochen, morgen die Decke in der Küche zu streichen, damit ich endlich mit dem Hausputz anfangen kann? Gut, das kann natürlich warten, ich sehe schon, das Angeln ist wichtiger! Obwohl du ja noch nie etwas gefangen hast . . . ja, bitte, geh du ruhig zum Angeln!»

Sie knallte den Hörer auf die Gabel.

«Sie meint, es kann losgehen. Eine liebe kleine Frau. Sie sagt immer ja.»

Gestern nachmittag rief ich zu Hause an.

«*Käse aus Dänemark* steht hier mit zwei Karten für die Boxveranstaltung heute abend, du weißt ja. Er würde mir eine Karte überlassen. Ich kann doch mit ihm hingehen, oder? Es fängt schon um sieben an, ich komme also vorher nicht mehr nach Hause.»

«Boxen? Ich habe Gäste eingeladen. Mutter und Onkel Bruno und Paul und Tut... zum Essen natürlich. Es gibt tausend Dinge, mit denen du mir hättest helfen können, aber natürlich, wenn du meinst, dieser Boxkampf ist wichtiger, als wenigstens *ein* Mal zu Hause zu bleiben und dich als guter Gastgeber zu zeigen, dann geh ruhig hin!»

«Tausend Dank», sagte ich schnell. «Ich wußte, du würdest es mir erlauben!»

Schön, eine Frau zu haben, die man um eine freie Stunde oder zwei zu bitten wagt, nicht wahr? Es gibt ja auch Kerle, die einfach aus dem Büro abhauen, ohne zu fragen. Das ist bei mir nicht so... *no, Sir!* Kommt überhaupt nicht in Frage, daß ich irgend etwas unternehme, bevor ich nicht von Marianne grünes Licht habe. Alles muß seine Ordnung haben.

Vor ein paar Minuten, während ich gerade im Büro saß und diese Geschichte niederschrieb, war es zur Abwechslung mal Marianne, die mich anrief.

«Hallo, Schatz», flötete sie, «Erika ist gerade hier. Sie erzählt, daß das Saphirnerzcape, das sie und ich vor kurzem gesehen haben, um 800 Kronen herabgesetzt wurde. Du hast doch nichts dagegen, daß ich hinfahre und es kaufe?»

«Saphirnerzcape?» Ich war bestürzt. «Meinst du etwa dieses teure Ding für fast zehntausend Kronen? Am Montag ist Zinstermin. Und wir müssen die Hypothek für das Sommerhaus bezahlen und die letzte Rate vom Motorboot. Und ich weiß immer noch nicht, wo ich das Geld hernehmen soll. Und jetzt fragst du, ob es geht, daß du zehntausend verpulverst, für so einen blödsinnigen Nerz! Aber meinetwegen, wenn du so wenig Respekt vor dem Geld hast, fahr nur hin und kauf den ganzen Laden, an mich brauchst du nicht zu denken.»

«Es klappt, Erika», hörte ich Marianne sagen, «er hat zugestimmt!»

Das kleinere Übel

Ich habe in meinem Leben schon oft einen Schock bekommen. Nun gut, oft ist natürlich relativ, aber es waren einige Male. Zum Beispiel damals, als Benny nach Hause kam und erzählte, daß er mit einem Mädchen im Kino gewesen sei. Er war gerade vierzehn, vielleicht fünfzehn Jahre alt, und ich hatte nie daran gedacht, daß er auch einmal damit anfangen würde. Glücklicherweise passierte nichts Ernstes, ein Schock war es aber trotzdem. Um gar nicht davon zu reden, wie es war, als er anfing zu rauchen. Es ist ja wohl verständlich, daß es einem als Vater einen Schock versetzt, wenn man plötzlich sein eigenes Kind an einer Zigarette paffen sieht. Und dann sogar ohne Filter. Inzwischen ist er allerdings auf Pfeife umgestiegen, weil es ein zu tiefes Loch in seinen Taschengeldetat reißt, jeden Monat eine Schachtel Zigaretten zu kaufen. Ein Autonarr war der Bengel auch schon immer. Als Kind spielte er mit Rennwagen, und nachdem er jetzt achtzehn geworden ist und sein bester Freund, Klaus-Heinrich, ein Motorrad bekommen hat, haben seine Mutter und ich schon häufig darüber gesprochen, wie furchtbar es wäre, wenn er ankäme und um den Führerschein bettelte. Man weiß ja, wie wild und verantwortungslos junge Leute fahren. Und wenn man bedenkt, was ein Führerschein alles nach sich zieht – Mädchen auf dem Rücksitz zum Beispiel. Und bevor sie sich umsehen, hat das Mädchen sie dann eingefangen. Und dann sitzen sie fest. Alles nur wegen dieses kleinen, verdammten Führerscheins!

Als Benny vor kurzem Besuch von Klaus-Heinrich hatte, dem Jungen mit dem Motorrad, kam er zu mir in mein Arbeitszimmer. Ich spürte sofort, daß er etwas Besonderes auf dem Herzen hatte, und beschloß, wenn es der Führerschein sein sollte, um den er mich anbetteln wollte, nicht eine Sekunde etwas darüber hören zu wollen. Er war zwar inzwischen achtzehn Jahre alt geworden, aber trotz seiner Volljährigkeit praktisch noch ein Kind, und Vaters Wort war immer noch eine Art Gesetz. Daran mußte festgehalten werden. Basta. Kein Wort mehr darüber.

«Papa», sagte er und baute sich artig vor meinem Schreibtisch auf. «Darf ich an einem Kurs teilnehmen?»

«Ja», sagte ich und atmete erleichtert auf. «Warum denn nicht? Junge Leute müssen etwas lernen. Was ist es denn für ein Kurs?»

«Fallschirmspringen!»

Die Zigarre fiel mir aus dem Mund und auf den Teppich. Ich hatte nicht die Kraft, sie wieder aufzuheben. Noch nie in meinem Leben wurde mir ein derartiger Schrecken eingejagt. *Fallschirmspringen!* Benny! Unser einziges Kind!

«Fallsch . . .?» Ich brachte das Wort nicht über meine Lippen.

«Ja, Klaus-Heinrichs Onkel ist Fluglehrer, und er beginnt jetzt mit einem sechsmonatigen Kurs im Fallschirmspringen. Klaus-Heinrich sagt, mit einem Fallschirmspringerzertifikat hat man später beim Wehrdienst eine 99prozentige Chance, zur Luftwaffe zu kommen und Düsenjägerpilot zu werden.»

«Düsenjägerpi . . .?» Ich weigerte mich zu glauben, daß ich richtig gehört hatte. Mein einziger Sohn! Fallschirmspringer! Düsenjägerpilot! Wenn ich jemals schockiert war, jetzt war ich's.

«Klaus-Heinrich meint auch, wenn ich mein Zertifikat im freien Fall mache, bedeutet das, daß ich aus zehntausend Meter Höhe springen muß und den Fallschirm erst auf den letzten 500 Metern öffnen darf, dann kann ich später auch auf die Astronautenschule der Luftwaffe gehen, die im nächsten Jahr gegründet werden soll, wenn das neue, große Raumforschungsprogramm beginnt, von dem so viel die Rede ist, und wenn ich dann Astronaut werde und . . .»

«Astro . . .» stammelte ich. Mir wurde schwindelig, und ich mußte mich an der Armlehne meines Schreibtischstuhls festklammern. In diesem Moment kam Marianne herein.

«Um Gottes willen!» rief sie aus. «Was ist passiert? Du bist ja leichenblaß!»

«Es ist wegen Benny», stöhnte ich. «Er will an einem Kurs im Fallschirmspringen teilnehmen.»

«Fallschirmspringen?» wiederholte Marianne entsetzt. «Kommt nicht in Frage.»

«Er will ein Zertifikat im freien Fall aus 10 000 Meter Höhe, damit er Düsenjägerpilot werden kann.»

«Düsenjägerpilot?» wiederholte seine Mutter, wobei alle Farbe aus ihrem Gesicht wich.

«Ja, wenn das neue, große Raumforschungsprogramm beginnt, hat er als Düsenjägerpilot größere Chancen, zum Astronauten ausgebildet zu werden.»

«Astronaut!» stöhnte die geplagte Mutter, worauf sie in tiefer Bewußtlosigkeit auf den Fußboden sank. Benny und ich setzten sie auf einen Stuhl. Ich tätschelte ihr die kreidebleichen Wangen und befeuchtete ihr die Stirn mit einem kalten, nassen Schwamm. Sie öffnete wieder die Augen.

«Du bist wohl nicht ganz bei Trost, du Bengel!» fauchte ich Benny wütend an. «Kommst hier einfach an und erschreckst deine Mutter und deinen Vater zu Tode mit solch hochgestochenem Nonsens! Hättest du wenigstens um Geld für einen ganz gewöhnlichen Führerschein gebeten! Aber Astronaut!»

«Heißt das, daß ich den Führerschein machen darf?»

«Ja, natürlich. Wenn du dir nur den ganzen anderen Unsinn aus dem Kopf schlägst, dann . . .»

Ich gab ihm Geld für die ersten fünfzehn Fahrstunden. Etwas später kam ich an seinem Zimmer vorbei, wo er mit seinem guten Freund Klaus-Heinrich hockte.

«Siehst du?» hörte ich Klaus-Heinrich sagen. «Hab ich's nicht gesagt, man muß es bloß richtig deichseln, dann läuft alles wie geschmiert!»

Entschuldigen Sie, aber ist es nicht das, was man unter angewandter Psychologie versteht?

Warten auf den Straßendienst

Sofern man sein Auto nicht sein ganzes Leben in der Garage stehen läßt, sondern auch ab und zu für eine Wochenendfahrt oder etwas Ähnliches herausholt, muß der Fahrzeugführer der Tatsache ins Auge sehen, daß die Katastrophe zu jedem beliebigen Zeitpunkt und an jedem beliebigen Ort eintreten kann – und in neun von diesen berühmten zehn Fällen genau dann und dort, wo man es am wenigsten erwartet.

Für Marianne und mich passierte es am vorigen Sonntag auf einer idyllischen Nebenstraße tief im Landesinneren. *Päng!* machte es, und Marianne schrie auf, während ich versuchte, die Fassung zu bewahren und das Fahrzeug zum Stehen zu bringen. Ich fuhr den Wagen so weit wie möglich zur Seite.

«Bist du getroffen?» fragte Marianne ängstlich.

«Getroffen?» fragte ich zurück und atmete dabei tief ein. «Wovon?»

«Ja, war das denn nicht ein Jäger . . . das war doch ein Schuß . . . vielleicht ein Wilderer?»

«Es war das Hinterrad. Wir haben eine Reifenpanne.»

Ich stieg aus und besah mir den Schaden. Ich hatte recht. Das linke Hinterrad sah besonders platt aus.

«Was machen wir jetzt?» wollte Marianne wissen. «Du kannst den Reifen ja nicht wechseln.»

«Natürlich kann ich das. Aber warum sollte ich. In einem Fall wie diesem sollte man froh sein, daß es etwas gibt, das Straßendienst heißt.»

«Straßendienst?»

«Ja, das sind freundliche Mechaniker in schnellen Autos, die nichts anderes tun, als armen Autofahrern zu helfen, die sich einen platten Hinterreifen eingefangen haben.»

Ich setzte mich wieder ins Auto.

«Wir brauchen nur zu warten, bis ein Straßendienstwagen vorbeikommt. Dann kommt alles wieder in Ordnung. Und es kostet uns keinen einzigen Pfennig.»

Ich wartete eine halbe Stunde. Kein Straßendienst zeigte sich.

«Das ist merkwürdig», sagte ich, fischte ein Merkblatt über den Straßendienst aus dem Handschuhfach und überflog es. Es ließ sich nicht leugnen, der Straßendienst hätte schon längst da sein müssen. Es stand ausdrücklich geschrieben: «Sie brauchen bloß einen Straßendienstwagen anzuhalten oder vom nächsten Telefon aus anzurufen.»

«Wir brauchen nur abzuwarten», sagte ich.

«Vielleicht hat der Straßendienstmann den Knall nicht gehört», meinte Marianne.

«Natürlich hat er ihn gehört.»

Der Knall war so laut und deutlich gewesen, daß es das Kraftwerk in der Nähe hätte sein können, das in die Luft geflogen war. Vielleicht war der Straßendienst jetzt unterwegs zum Kraftwerk? Aber was wurde dann aus uns?

«Vielleicht haben wir eine ungünstige Stelle erwischt», bohrte Marianne weiter. «Ich meine . . . wir befinden uns ja nur auf einer sehr kleinen Nebenstraße. Vielleicht fährt der Straßendienst nur auf den großen Straßen.»

Ich blickte auf die Karte, wie weit die nächste Hauptstraße entfernt war. Vier Kilometer.

«Willst du oder soll ich?» fragte ich, nachdem wir geduldig eine weitere halbe Stunde gewartet hatten.

«Was?»

«Zur Hauptstraße spazieren und einen Straßendienstwagen anhalten.»

Marianne war deutlich anzusehen, daß sie ihre Wahl bereits getroffen hatte. Also stieg ich aus und begab mich in Richtung Hauptstraße. Ich mußte die Karte falsch gelesen haben. Als ich endlich an der Hauptstraße angelangt war, hatte ich das Gefühl, nicht vier, sondern vierzig Kilometer gelaufen zu sein. Erschöpft ließ ich mich am Straßenrand nieder. Ich wartete eine Stunde. Merkwürdigerweise erschien kein Straßendienst. Wenn ich noch vor Dunkelheit bei Marianne und dem platten Reifen sein wollte, mußte ich jetzt los. Also begann ich den Weg zurückzustiefeln. Nach einer halben Stunde begegnete ich einem Vieh-Lastwagen. Ich hob den Arm und hielt das Fahrzeug an.

«Wollen Sie sich eine halbe Flasche Schnaps verdienen . . . indem Sie ein Hinterrad wechseln?» fragte ich den Fahrer.

«Nein», sagte er. «Ich habe Besseres zu tun, Meister! Wenn ich an allen liegengebliebenen Karossen, die ich im Laufe des Tages sehe, den Reifen wechseln würde, hätte ich wahrhaftig genug zu tun! Gehen Sie zum nächsten Telefon und rufen Sie den Straßendienst an . . . oder meinetwegen ihre alte Tante!»

Und weg war er. Es wurde langsam dunkel. Endlich hatte ich das Auto erreicht. Ich starrte es an. Der Hinterreifen war gewechselt.

«Sag bloß, der Straßendienst . . .»

«Nein», unterbrach mich Marianne gutgelaunt. «Aber ein Viehlaster kam vorbei. Der Fahrer hielt an und sagte, es sei doch schade, daß ein so hübsches Mädchen . . . eigentlich sagte er flotte Puppe, aber dadurch wird es ja nicht schlechter . . . daß ich hier mit einem Platten liegengeblieben sei, anstatt hinaus in die weite Welt zu fahren und mein Glück zu machen! Und dann wechselte er ganz gratis den Reifen! Wir haben uns noch lange unterhalten. Ein richtig netter und freundlicher Mann. Und ich kann dir sagen, er gab mir etwas zum Nachdenken. Weißt du, was er sagte, bevor er weiterfuhr?»

Ich wußte es nicht.

«Er sagte, wenn ich daran denken sollte, mich von meinem Mann zu trennen, um mir etwas Besseres zu suchen, dann sollte ich es mir zweimal überlegen, bevor ich wieder einen feuchten Pappaffen nehme, der weder Hirn noch Muskeln hat, um so einen armseligen Hinterreifen zu wechseln!»

Verzögerungstaktik

Ich saß über meine Schreibmaschine gebeugt, angestrengt arbeitend, als Marianne ihren Kopf hereinstreckte.

«Jetzt tu bloß nicht so, als seist du derart in deine Arbeit vertieft, daß du nicht weißt, wie spät es ist.»

Ich wandte ihr halb das Gesicht zu und blickte sie mit einem fernen, abwesenden Ausdruck an.

«Sagtest du etwas, Schatz?»

«Ja, natürlich! Es ist schon nach sieben. Du mußt dich fertigmachen.»

«Mich fertigmachen? Ich glaube, ich verstehe nicht richtig . . .»

«Du kannst dir dein vergeistigtes Gesicht sparen. Du weißt ganz genau, was ich meine. Den Kammermusikabend.»

«Das ist doch erst morgen. Bis dahin . . .»

«Oh, nein! Geht das jetzt schon wieder los? Du weißt ganz genau, daß heute Sonntag ist. Es ist deutlich vom Kalenderblatt vor dir abzulesen. Und da der Veranstalter so nett war, uns Freikarten zu schicken, müssen wir uns da auch zeigen und . . .»

Ich blickte auf meine Uhr.

«Es ist doch schon viel zu spät. Bevor ich mich umgezogen habe und . . .»

Mariannes Blick durchbohrte mich, nadelspitz und frisch geschliffen. Ich erhob mich von meinem Stuhl.

«Okay, Schatz . . . wir können ja versuchen, ob wir es schaffen. Hast du ein Hemd herausgelegt?»

Ich lockerte den Schlips.

«Es liegt alles schon im Schlafzimmer.»

Ich begab mich also dorthin und fing an, mich auszuziehen. Der Abend war verdorben. Abgesehen von Brotsuppe, Kurkonzerten und einem Paar drückender Schuhe gibt es für mich nichts Schlimmeres als Kammermusik. Als Marianne zehn Minuten später hereinkam, um nachzusehen, wie weit ich war, lag ich in meinem Bett und hatte die Decke ganz hochgezogen. Über den Kopf.

«Ja, aber . . . was soll denn das schon wieder bedeuten?»
Ich fuhr hoch. «Was ist passiert? Brennt das Haus?»

«Du hast dich ja ausgezogen und bist ins Bett gegangen. Sag mal, bist du eigentlich ganz beieinander?»
Ich sprang aus dem Bett.

«Der Kammermusikabend!» rief ich. «Jetzt erinnere ich mich! Ich muß so müde und gestreßt und ausgebrannt und überarbeitet gewesen sein, daß ich, ohne nachzudenken, einfach den Pyjama angezogen habe . . . und nicht das Hemd. Ich muß wohl geglaubt haben, daß es Zeit ist, zu Bett zu gehen, und dann . . . ja, dann bin ich eben zu Bett gegangen. Aber abgesehen davon . . . jetzt schaffen wir es niemals mehr!»

«Ich kann dir sagen, daß wir es schaffen, mein Freund! So billig kommst du mir nicht davon. Ich kenne bald alle deine kleinen, billigen Tricks. In die Klamotten . . . und bitte ein bißchen schnell!»
Widerwillig griff ich nach dem weißen Manschettenhemd. Dann preßte ich die Hand hart an meine Seite und gab ein lautes Gebrüll von mir.

«Der Blinddarm!» jammerte ich. «Mein Appendix vermicularis! Es tut wahnsinnig weh . . .»

«Laß den Unsinn. Deinen Blinddarm hattest du schon nicht mehr, als wir uns kennenlernten. In fünf Minuten sitzt du unten im Auto . . . sonst ist es für alle Ewigkeiten vorbei mit deinen Bowlingabenden und den geheimnisvollen Sitzungen im Rotary-Club . . .»
Das waren harte Bedingungen. Minuten später gab ich bekannt, daß ich jetzt fertig sei.

«Du hast dich nicht rasiert.»
Ich faßte mir schnell ans Kinn.

«Das habe ich ganz vergessen. Mit diesen tagealten Bartstoppeln kann ich mich bei diesem erlesenen Publikum nicht sehen lassen. Was machen wir jetzt? Wollen wir nicht lieber ins Kino gehen?»

«Rein und den Bart ab . . . aber schnell!»

Zehn Minuten nach acht war ich fertig. Ich zog meinen Mantel an und ging zur Haustür, um sie zu öffnen.

«Sie läßt sich nicht öffnen», sagte ich und rüttelte an der Tür. «Der Schlüssel ist abgebrochen! Wir haben nur den einen. Ade, Kammermusikabend!»

«Laß mich mal!»

Brutal schob sie mich weg, drehte den Schlüssel und öffnete die Tür. Ich schlich an ihr vorbei und in die Garage.

«Hast du die Karten?»

«Hm», murmelte ich und blickte zur andern Seite.

«Dürfte ich sie vielleicht sehen? Wenn du glaubst, ohne die Karten hier wegkommen zu können, hast du dich gründlich geirrt. Zeig sie mir!»

Ich fischte die Karten aus der Brieftasche und zeigte sie ihr. Sie war zufrieden. Ich setzte mich hinter das Lenkrad und drehte den Zündschlüssel. Swirrr . . . swirr . . . swirrr . . .

«Er springt nicht an!»

«Zieh den Choke raus!»

Ich zog den Knopf heraus und versuchte es noch einmal.

«Du siehst es ja selbst . . . er will immer noch nicht.»

«Du hast ja auch den Knopf für die Heckscheibenheizung herausgezogen. Jetzt erzähl mir bloß nicht, du hättest vergessen, wo der Choke sitzt. Es ist *dieser* Knopf! Ich zähle jetzt bis drei, und wenn der Motor bis dahin nicht läuft, dann kannst du im Rotary-Club, im Bowlingclub, im Jagdverein und was weiß ich noch alles kündigen . . . denn dann ist damit ein für allemal Schluß. Das gilt auch für deine Fußballsonntage mit dem merkwürdigen Flaschengeklirre im Kofferraum!»

Schlag drei sprang der Motor an.

«Dann fahr aus der Garage.»

Ich saß wie versteinert und starrte mit leerem Blick vor mich hin.

«Ich kann nicht», murmelte ich. «Es sind die Nerven! Mir zittern die Knie . . . sieh doch mal. Das kommt daher, daß du immer so auf mir herumhackst, wenn wir . . . aber das macht nichts, dann bleiben wir eben zu Hause und machen uns einen gemütlichen Abend am Kamin.»

«Eins . . . zwei . . .»

Ich ließ die Kupplung kommen und gab Gas. Bei drei hatte ich beide Hinterräder auf der Straße und die Kegelabende gerettet. Wir fuhren los.

«Nicht diesen Weg, du Dummkopf! Wir müssen in die Stadt. Du weißt genau, wo die Konzerthalle ist.»

Zehn Minuten später kamen wir an.

«Ist es vorbei?» fragte ich hoffnungsvoll einen uniformierten Kontrolleur am Eingang.

«Nein, es ist gerade Pause. Zeigen Sie mir bitte Ihre Karten.»

Ich zog meine Brieftasche hervor.

«Ich muß sie verloren haben», murmelte ich.

«Quatsch!» fertigte Marianne mich ab. «Du hast sie mir doch eben noch gezeigt. Her damit.»

Sie zog mich ins Foyer. Gemeinsam mit dem Kontrolleur begann sie eine Leibesvisitation.

«Ja, zieht mich ruhig bis aufs Hemd aus», sagte ich hochmütig. «Ihr könnt machen, was ihr wollt. Ich habe sie nicht.»

In einem unbewachten Augenblick im Auto hatte ich sie verschluckt. In meiner Brusttasche fand Marianne plötzlich zwei zerknüllte Zirkuskarten.

«Das sind nicht die richtigen», sagte ich schnell. Der Kontrolleur schnappte sie mir weg, bevor ich sie vernichten konnte.

«Gehen Sie ruhig hinein», sagte er. «Heute sind nicht viele gekommen.»

Morgen werde ich mich schriftlich über den Mann beschweren. Er kann doch nicht mit Zirkuskarten die Leute zur Kammermusik locken. So eine Schlamperei. Wäre es wenigstens umgekehrt gewesen!

Wie geht's?

Ich mag überhaupt nicht, wenn sich die Leute immer nach meiner Gesundheit erkundigen. Mir hat noch nie etwas gefehlt, und soweit ich weiß, fehlt mir auch jetzt nichts. Ich sitze acht Stunden täglich im Büro, und alles läuft leicht und ohne Schmerzen. Bei mir gibt es keinen Streß. Trotzdem, wenn alte Bekannte auftauchen, lautet die erste Frage immer: «Na, wie geht's denn so, alter Junge?» Worauf ich nur antworten kann: «Bestens, und du?» Und schon sind wir mittendrin.

«Schlecht, mein Junge. Während der Grippeepidemie im Winter hatte ich auch diesen A 4-Virus, und es scheint fast so, als könnte ich jenen halben Tag nicht verwinden, den ich damals im Bett lag. Ich befürchte, ein paar kleine Viren jagen immer noch in meinem Körper herum. Ich habe zwar keine konkreten Schmerzen, es ist eher ein Zustand chronischer Müdigkeit. Besonders morgens, wenn ich aufstehen muß, habe ich das Gefühl, alle meine Knochen seien aus Blei. Ich habe alles Mögliche versucht, Vitamin A, Eisenpillen, B 2-Spritzen und was weiß ich nicht alles, nichts hat geholfen. Jetzt verschwinde ich für vierzehn Tage auf die Kanarischen Inseln, und wenn das auch nichts bringt, dann . . .»

So geht es immer weiter, wenn die Leute mich fragen, wie es mir geht. Vor kurzem hatte die Firma eine kleine Feier bei meinem Verleger organisiert. Nach dem Essen war mein Verleger so liebenswürdig, zu mir zu kommen, um sich nach meiner Gesundheit zu erkundigen.

«Na», sagte er, «wie geht es Ihnen denn sonst so?»

«Danke, bestens. Und Ihnen?»

«Völlig besch . . .! Sie wissen ja gar nicht, was es bedeutet, mit einem solchen Bauch wie meinem herumzulaufen. Haben Sie bemerkt, daß ich mir nur einmal von dem Rumpudding genommen habe? Noch eine Portion, und ich hätte den Geschmack den ganzen Abend im Mund gehabt. Ich habe alle einschlägigen Untersuchungen durchgemacht, habe aber nicht zu viel Magensäure, auch nicht zu wenig, der Zwölffingerdarm ist in Ordnung, und auch der Blinddarm kann es nicht sein, der wurde mir schon als Junge herausgeschnippelt. Die Ärzte wissen nicht weiter. Filetsteak, gebratener Aal oder ein fetter Entenbraten machen mir nichts aus, aber drei oder vier Portionen Rumpudding, und alles ist vorbei! Rülps, geht es dann, und ich habe Rumgeschmack überall im Mund. Mein Arzt traut sich nicht mehr, eine Diagnose zu stellen. In der Ärztezeitschrift hat er übrigens einen Artikel über meinen Fall geschrieben, dieser wurde sogar in einer medizinischen Abhandlung in unserer großen Tageszeitung zitiert, außerdem in dem angesehenen amerikanischen Ärzteblatt ‹Modern Hypochondria›, das an sämtliche Ärzte verteilt wird und darüber hinaus an alle medizinischen Lehranstalten und Forschungsinstitute in den USA gelangt. Ich habe jetzt aber gehört, daß in Lugano ein Bäcker wohnen soll, dessen Spezialität Rumpudding ist; dieser Mann soll exakt die gleichen Symptome wie ich haben. Wenn es die Arbeit im Verlag zuläßt, werde ich mich demnächst für etwa drei Wochen nach Lugano begeben, und . . . Rülps . . . da war es schon wieder!»

Neulich kam ich eine halbe Stunde zu früh ins Büro. Frau Hansen, die Putzfrau, war immer noch da.

«Sieht man Sie auch einmal!» begrüßte sie mich. «Wie geht es Ihnen?»

«Danke, gut, Frau Hansen. Und Ihnen?»

«Na ja, ich werde immer noch von meinen Gallensteinen geplagt. Gott sei Dank habe ich eigentlich keine direkten Schmerzen, und ich kann auch behaupten, mein ganzes Leben noch niemals einen ganzen Tag im Bett gelegen zu haben – lassen Sie mich mal auf Holz klopfen –, aber allein der Gedanke, daß man mit diesen Gallensteinen herumläuft . . . nicht wahr? Auf den Röntgenaufnahmen ist zwar nichts zu erkennen, aber mein Arzt, Dr. Ischiasen, ist wohl auch schon zu alt. Im nächsten Quartal werde ich den Arzt wechseln. Das heißt, wenn der Kräuteraufguß nicht hilft. Ich war nämlich gerade beim Heilpraktiker; er verschrieb mir einen Tee aus getrockneten Brennesseln, isländischem Moos und Basilikum. Das hat nämlich einmal einem kleinen zweijährigen Jungen geholfen, der, als er allein zu Hause war, den Inhalt eines Würfelbechers verschluckt hatte. Der Vater fuhr mit ihm zum Heilpraktiker, der Junge erhielt eine Tasse von diesem Kräutertee, und alle Würfel kamen auf natürlichem Wege wieder heraus. Und stellen Sie sich vor, als man im Topf genauer hinsah, lagen da sechs Sechser! Und dann gibt es immer noch Leute, die über Naturärzte und deren Erfolge die Nase rümpfen, aber ich bin hundertprozentig sicher, daß . . .»

So könnte ich fortfahren. Ich könnte noch jede Menge Krankengeschichten erzählen, die ich mir habe anhören müssen, bloß weil ich so dumm war zu sagen: «Danke, gut! Und Sie?», wenn die Leute mich fragen.

Das ist aber jetzt vorbei. Es ist endgültig Schluß damit, daß ich anderen Leuten zuhöre, wenn sie von ihren Krankheiten erzählen. Vor kurzem stand ich mit nacktem Oberkörper vor dem Spiegel im Badezimmer, und da bemerkte ich etwas Eigentümliches und höchst Beunruhigendes. In den allernächsten Tagen werde ich daher zum Arzt gehen, damit er ein paar Röntgenaufnahmen machen und mich zu einem Spezialisten überweisen kann, vielleicht sogar ins Ausland, ich habe gehört, daß es in Rumänien besonders tüchtige Spezialisten geben soll. Was mir fehlt? Genau das weiß ich ja eben noch nicht, aber als ich gestern meinem Verleger einen kurzen Besuch abstattete und er mich fragte: «Wie geht es Ihnen?», nahm ich die Gelegenheit wahr, meine interessante Krankheit zu schildern:

«Leider nicht so gut. Die Lungen machen mir Ärger. Wenn ich tief einatme, habe ich das Gefühl, mein Brustkasten erweitere sich!»

Medizinischer Zungenbrecher

Ich hatte es lange ertragen und mit mir selbst gekämpft, ohne jedoch etwas dagegen zu tun. Die Schmerzen zwangen mich aber schließlich dennoch dazu, unseren Hausarzt anzurufen und um einen Termin zu bitten. Als ich den Hörer abnahm, spürte ich, daß ich die Hand genauso krampfhaft darum klammerte, wie ich es auch beim Lenkrad in meinem Wagen tat. Der Wagen zog seit einiger Zeit stark nach rechts, in Richtung Straßengraben, und das machte sich auf die Dauer im Handgelenk bemerkbar, wenn man wie ich nur die linke Hand zur Verfügung hatte, da ich immer die beste Entspannung beim Fahren erreiche, wenn ich mit der linken Hand lenke, während der rechte Arm entspannt auf der Rückenlehne des rechten Vordersitzes ruht.

Am nächsten Tag suchte ich unseren Arzt auf, und als er mich nach meinen Fahrgewohnheiten befragt hatte, kam prompt die Diagnose. Hart und gnadenlos sagte er mir die volle Wahrheit direkt ins Gesicht.

«Sind Sie ganz sicher, Herr Doktor?» fragte ich ängstlich.

«Ganz sicher», nickte er.

«Das war das Schlimmste, was mir passieren konnte», murmelte ich deprimiert.

«Das ist doch Unsinn! Ich schreibe Ihnen ein paar Pillen auf, und nach einer Woche ist Ihre Hand wieder in Ordnung, vorausgesetzt, Sie ändern Ihre Fahrgewohnheiten und lenken mit beiden Händen. Eine Sehnenscheidenhautentzündung ist heutzutage nichts Schlimmes.»

«Das mag sein, aber sehen Sie, Herr Doktor, ich hatte schon einmal eine, als der Wagen eine Zeitlang immer nach links zur Fahrbahnmitte hin zog. Und die Leute amüsierten sich hemmungslos über mich, sie lachten mir sogar offen ins Gesicht, wenn ich Ihnen erzählte, daß ich eine Sehnenheidenschaut . . .»

«Sehnenscheidenhautentzündung.»

«Ja, genau. Ich habe aber immer Schwierigkeiten mit

diesem Wort, meine Zunge verknotet sich dabei, wenn ich versuche, es auszusprechen: Hehnenseidenschaut ... Scheinenseiden ...»

«Sehnenscheidenhaut! Das ist doch ganz einfach!»

«Für Sie vielleicht, Herr Doktor! Aber nicht für mich. Sie benutzen das Wort sicherlich mehrmals täglich, ich aber sage nicht so oft Sehnenhauden ... Heidenscheinen ...»

Ich gab's auf. Der Arzt klopfte mir aufmunternd auf die Schulter, gab mir mein Rezept, und ich fuhr nach Hause.

«Na», sagte Marianne. «Was hast du denn?»

«Nichts Besonderes», wich ich aus.

«Irgend etwas muß es doch sein», bohrte sie. «Was sagte denn der Arzt?»

«Eine leichte Überanstrengung des Handgelenks, weil der Wagen zu stark nach rechts zieht, wenn ich fahre ...»

«Etwa Muskelgicht?»

«Nein, bloß eine Scheidensehnen ... Heinenschauden ... Sehnenheidenschautenhaut ...»

Marianne lächelte.

«Was wolltest du eigentlich sagen?»

«Scheidensehenschautenhaut ...»

Jetzt lachte sie laut und unbeherrscht.

«Oh, nein! Schon wieder!» gluckste sie. «Ist das ein Spaß, wenn du eine Sehnenscheidenhautentzündung hast! Ich begreife nicht, daß es so schwierig sein kann, das Wort auszusprechen. Du sprichst viel zu schnell ... sag das Wort doch mal ganz langsam und deutlich und natürlich, dann geht es ganz von selbst. Versuch's noch einmal.»

Ich versuchte es noch einmal, langsam, deutlich und natürlich.

«Sehnen ... schauden ... nein, haut ... scheinen ... Sehnenhautensein ...»

Ich kapitulierte endgültig und zog mich zu meiner Zeitung und meiner Pfeife ins Wohnzimmer zurück. Zehn Minuten später tauchte Benny auf. Sein interessierter Gesichtsausdruck verriet mir sofort, daß seine Mutter ihn schon informiert hatte.

«Was war denn eigentlich mit deiner Hand los?» fragte er
betont gleichgültig.

«Eine leichte Verstauchung», log ich.

«Das stimmt nicht! Mama sagt, daß . . .»

«Was sagt sie?»

«Nichts. Aber du kannst mir doch ruhig erzählen, was los
ist. Ich habe doch ganz höflich gefragt.»

«Das könnte dir so passen, du Bengel! Du willst dich doch
nur über mich lustig machen, wenn ich Sehnenscheiden . . .
Heinenschauten . . . ach, hör doch auf! Und hau bloß ab!»

Er verschwand grinsend. Am Abend erwarteten wir Besuch von unseren Freunden, den Thomasens. Im Geiste sah
ich schon vor mir, wie ich wieder ausgelacht werden würde,
aber da wollte ich einen Riegel vorschieben. Ich erhob mich
resolut und rief unseren Hausarzt an. Mit der Beantwortung
meiner Frage war er mir außerordentlich behilflich, so daß
ich bedeutend besser gelaunt das Kommen der Gäste abwar-
tete.

Wir hatten uns kaum an den Tisch gesetzt, als Thomasen
sich schon nach meiner Hand erkundigte.

«Ich habe gehört, daß Sie wegen Ihrer Hand beim Arzt
waren», begann er, ohne mich dabei anzusehen. «Was
haben Sie denn?» Offenbar wollte er eine große Nummer aus
meinen Schwierigkeiten machen, dieses blöde Wort auszusprechen.

Ich setzte meine Kaffeetasse ab.

«Das will ich Ihnen gerne sagen. Ich klammere mich zu
stark am Lenkrad fest, wenn ich fahre, weil der Wagen nach
rechts zieht, und daher habe ich eine lokale chronische
Tendovaginitis, eine kosmetisch störende Handrücken-
myose. Der lateinische Ausdruck ist wie gesagt Tendovaginitis, sonst gibt es wohl auch kein passendes Wort dafür.»

Thomasen tappte geradeaus in die Falle.

«Ja, aber», sagte er, «das ist doch eine ganz gewöhnliche
Sehnenschaudenheit . . . Hehnenseidenscheit . . . Scheiden-
hehnensaut . . .»

«Genau!»

Die helfende Hand

Seit einigen Jahren habe ich mein Büro in einem dieser ausgezeichneten Bürogebäude, wo man sich auf einem langen Flur einen Raum mietet, inmitten einer Unzahl kleiner, geschäftiger Firmen. Mein Büronachbar zur Linken ist *Dänischer Pfannkuchenexport,* rechts sitzt *Scandi Trans Express,* und der gegenüber heißt *Madsens Schmelzkäse.* Als ich neulich morgens ins Büro kam, stand die junge Frau Madsen da und hämmerte und trat gegen die Tür zu *Madsens Schmelzkäse.*

«Ach», sagte sie mit einem unwiderstehlichen Lächeln, «können Sie mir vielleicht einen Gefallen tun? Wenn Sie Zeit haben?»

«Zeit?» sagte ich und stellte meine Aktentasche hin. «Ich habe nichts anderes. Wo Sie es doch sind, Frau Madsen! Was kann ich für Sie tun?»

«Es ist diese verdammte Tür. Sie fiel hinter mir ins Schloß, und jetzt komme ich nicht hinein.»

«Das kriegen wir schon hin, Frau Madsen. Haben Sie den Schlüssel?»

«Der steckt von innen, aber die Tür ist ja gar nicht verschlossen. Sie klemmt bloß. In diesem Gebäude findet man ja überall nichts als Pfusch.»

Ich stieß mit der Schulter gegen die Tür. Sie gab nicht nach. Von ganz drüben bei *Kommunales Puddinglabor* nahm ich einen Anlauf, knallte die Schulter gegen die Tür – und sie sprang auf.

«Tausend Dank. Das war sehr freundlich von Ihnen. Ich begreife auch nicht, warum diese Tür immer so klemmt.»

«Das liegt an der feuchten Jahreszeit, Frau Madsen. Sie müßte nur ein kleines Stück abgehobelt werden.»

«Das sagt mein Mann auch, aber er kommt nie dazu, endlich etwas zu unternehmen. Mal hat er vergessen, einen Hobel mitzunehmen, mal vergißt er, einen Schraubenzieher zu kaufen, um vorher die Beschläge abmontieren zu können.

Es ist einfach hoffnungslos!»

«Ich habe etwas Werkzeug unten im Wagen», sagte ich, «aus unserem Ferienhaus. Ich springe schnell mal runter und hole es. Die Tür haben wir dann in zwei Minuten wieder in Ordnung.»

«Wirklich? Das wäre zu schön!»

Ich holte das Werkzeug. Mit der Tür dauerte es dann etwas länger, als angenommen, weil die Beschläge so stark festgerostet waren wie eine alte Füllung in einem Backenzahn. Auch das Abhobeln der Tür dauerte etwas länger, weil es mit dem Hobel, den ich besaß, nicht klappte, sondern ein Stemmeisen erforderlich war, das ich erst im Eisenwarenladen um die Ecke kaufen mußte. Ich mußte dann auch noch eine Säge kaufen, weil sich herausstellte, daß das Stemmeisen allein nicht ausreichte. Es war eine schmale Kante abzusägen, und der größte Teil des Vormittags war vergangen, als endlich die Tür zu *Madsens Schmelzkäse* so funktionierte, wie sie sollte. Jetzt lief sie wie geschmiert. Sie ließ sich so oft öffnen und schließen, wie man wollte, ohne daß man unten dagegentreten und oben die Schulter dagegendrücken mußte – so wie ich es immer bei meiner eigenen Bürotür anstellen mußte. Bei feuchtem Wetter.

«Ich schulde Ihnen tausend Dank», sagte Frau Madsen und schenkte mir ein sehr, sehr süßes Lächeln. «Sie können sich nicht vorstellen, wie glücklich ich bin, daß Sie Lust und Zeit hatten, diese blöde Tür wieder in Ordnung zu bringen. Mein Mann taugt sehr gut dazu, Schmelzkäse zu verkaufen, aber er ist absolut überfordert, wenn es um solche Dinge geht. Er verspricht und verspricht und verspricht . . . aber er macht niemals Ernst damit. Es wird ihm bestimmt ein Stein vom Herzen fallen, wenn er heute nachmittag aus der Provinz zurückkommt und erfährt, daß die Bürotür wieder in Ordnung ist. Aber kommen Sie doch bitte mit herein, ich möchte Ihnen gern etwas anbieten.»

«Nein, vielen Dank, das ist . . .»

«Vielleicht ein Bier? Oder ein Glas Sherry?»

Ich hatte große Lust, einzutreten, denn ich hatte ja mitbekommen, daß ihr Mann auf Verkaufsfahrt in der Provinz war, und obwohl Frau Madsen nicht zu der Sorte gehörte, die mit verheirateten Männern flirten, konnte man ja nie wissen, ob . . .

»Nein, wirklich, vielen Dank», hörte ich mich selbst murmeln. «Ich sollte wohl lieber langsam mit meiner eigenen Tagesarbeit anfangen. Ich habe einen Haufen Manuskripte, die noch ins reine geschrieben werden müssen, weil . . .»

«Ein Bier schadet doch wohl nicht?»

«Nun ja, wenn . . .»

Ich folgte ihr also ins Büro und erhielt ein herrliches kaltes Bier und eine Zigarre, wobei Frau Madsen weiter darüber plauderte, wie unmöglich ihr Mann sich bei vielen Kleinigkeiten anstellte, die im Büro anfielen, und zu Hause sei es auch nicht besser. Gar nicht zu reden von den vielen Dingen, die noch im Wochenendhaus getan werden müßten.

«Er verspricht und verspricht und verspricht . . .» sagte sie.

«Und dann wird nichts daraus?» fragte ich.

«Genau!» antwortete sie. Und zeigte mir dabei einen Augenaufschlag, in den man viel hätte hineinlegen können, wäre man nicht ein verheirateter Mann gewesen, der nicht in solchen Bahnen denkt. Schon gar nicht während der Bürozeit.

«Ein Mann wie Sie wäre schon das richtige!»

«Nicht jeder hat das gleiche Glück», meinte ich, und darüber amüsierten wir uns beide. Ich prüfte die Bürotür ein letztes Mal. Sie ging wie geschmiert, worauf ich mein Werkzeug zusammenpackte und mich in mein eigenes Büro begab.

«Wo bist du denn den ganzen Vormittag gewesen?» wurde ich von Marianne empfangen. Sie war damit beschäftigt, die Manuskripte zu schreiben, die ich Frau Madsen gegenüber erwähnt hatte.

«Ich habe drüben bei *Madsens Schmelzkäse* die Bürotür repariert. Die ließ sich weder öffnen noch schließen.»

«Was mir gerade einfällt», fuhr sie fort, «es wäre gut, wenn du heute noch den Unterschrank vom Schreibtisch aufräumen würdest, es herrscht eine heillose Unordnung darin.»

«Den Unterschrank?» fragte ich. «Ja, aber da ist doch das Schloß kaputt. Seit Monaten können wir doch da nicht dran. Ich muß erst mit einem Dietrich den abgebrochenen Schlüssel herauskriegen und dann zum Schlüsseldienst und . . . ich werde es schon noch machen . . .»

«Du versprichst und versprichst und versprichst . . . aber jetzt ist das Schloß wieder in Ordnung.»

Ich verstand nicht ganz.

«Wieder in Ordnung? Wieso in Ordnung?»

«Tja, Herr Madsen, drüben von *Madsens Schmelzkäse,* war so nett, gestern nachmittag hereinzuschauen und das Schloß zu reparieren. So einen Mann hätte man kriegen müssen!»

Frau am Steuer

Als Marianne die Tür zu meinem Arbeitszimmer öffnete, konnte ich sofort sehen, daß etwas Ernstes passiert war. Sie war blasser als ein weißer Stangensellerie und zitterte am ganzen Körper wie Espenlaub, wenn Espenlaub überhaupt am ganzen Körper zittern kann. Mit einem Satz sprang ich vom Sofa, wo ich mir eine kleine, dringend benötigte Nachmittags-Siesta erlaubt hatte.

«Du hast eine fliegende Untertasse gesehen», versuchte ich zu raten und lief schnell zum Fenster, um nachzusehen, ob vielleicht eine auf dem Rasen gelandet war.

Das war nicht der Fall, es sei denn, es wäre eine dieser unsichtbaren fliegenden Untertassen gewesen, von denen man im Zusammenhang mit UFOs ja auch schon gehört hat.

Sie schüttelte den Kopf und öffnete den Mund, war jedoch außerstande, ein Wort hervorzubringen.

«Die Russen sind in Kopenhagen gelandet», versuchte ich es noch einmal, wobei mir aber ein kalter Schauer den Rücken herunterlief. Wieder schüttelte sie den Kopf.

«Der Wagen», stöhnte sie und sank schwer auf einen Stuhl. «Ich habe . . . ich habe ihn zu Schrott gefahren.»

Wir hatten den Wagen erst acht Tage, völlig neu, man konnte sich noch überall im Lack spiegeln, die verchromten Teile sahen aus wie frischgeputztes Tafelsilber . . . und jetzt lagen die traurigen, unkenntlichen Reste in einem Straßengraben, brennend, verkohlt, zusammengerollt und verbeult wie eine rostige Sardinenbüchse. Ich mußte erst dreimal tief einatmen, bevor ich mich so weit von meinem Schock erholt hatte, daß ich weiterfragen konnte.

«In welchem Straßengraben liegt er?»

«Er liegt nicht im Straßengraben. Er steht draußen in der Garage. Es passierte beim Rückwärtsfahren . . .»

Mit drei großen Sprüngen war ich draußen, um den Schaden näher in Augenschein zu nehmen. Ford sei gelobt und gepriesen, es war alles nicht so schlimm, wie ich befürchtet hatte. Die hintere Stoßstange hatte eine Delle, und das Plexiglas des Rückfahrscheinwerfers war zerbrochen. Mit ein paar Hundertern könnte der Schaden wohl behoben werden. Dennoch war ich natürlich nicht begeistert. Schließlich hatte ich mit meinen Hundertern andere Dinge vor.

«Du hast wohl deinen Führerschein gerade früh genug bekommen», sagte ich erbittert.

«Es war nicht meine Schuld», verteidigte sie sich. «Ich fuhr vorsichtig wie immer rückwärts aus der Garage, aber plötzlich kam ein großer Sportwagen in voller Fahrt angeprescht, fast hätte er eine alte Frau überfahren, kam dabei auf den Bürgersteig, wo ich . . . übrigens saß eine Frau am Steuer.»

Im Geiste sah ich vor mir, wie grob fahrlässig das Weibsbild durch unser verkehrsreiches Stadtgebiet gefahren war.

«Waren beide Räder auf dem Bürgersteig?»

Das war ein sehr wichtiger Punkt. Natürlich gibt es auch weibliche Raser und weibliche Alkoholfahrer, und wenn sie mit beiden Rädern auf dem Bürgersteig gefahren war, mußte sie angezeigt werden.

Ich eilte hinaus. Im Kies des Bürgersteiges waren auf einer Länge von annähernd einhundert Metern deutliche Reifenspuren zu sehen. Es gab keinen Zweifel, ich würde sie anzeigen.

«So ein blödes Oberklasseweib», fauchte ich, und es fiel mir schwer, mich zu beherrschen. «Ein großer Sportwagen, sagtest du? Das ist mal wieder typisch. Die Leute mit solchen Autos nehmen überhaupt keine Rücksicht. Schon gar nicht auf einen kleinen, renovierten Prinz wie unseren. Denen ist es egal, daß ich jetzt die Arbeit damit habe und zur Werkstatt fahren muß, um neues Plexiglas in den Rückfahrscheinwerfer einsetzen zu lassen. Man opfert seine kostbare Zeit, weil sich so eine Wahnsinnige nicht auf der Straße halten kann, wo sie . . .»

«Dann hätte sie die alte Frau überfahren.»

«Egal, alte Frau oder neues Glas. Auf dem Bürgersteig hat

sie jedenfalls nichts zu suchen. Diese Geschichte wird sie aber teuer zu stehen kommen. Nicht einmal anhalten, vielleicht sogar Erste Hilfe leisten, nein, abhauen mußte sie, mit irrsinniger Geschwindigkeit. Das soll sie büßen. Dafür werden ich und die kostenlose Rechtshilfe meines Automobilclubs schon sorgen. Hast du ihre Nummer?»

«Nein, aber ich kann sie beschreiben. Sie war Ende Dreißig, blond, gefärbt natürlich, nicht echt, das konnte man schon mit einem halben Auge erkennen, und dann trug sie so ein verrücktes kleines Nerzkäppchen auf dem Kopf, ein taubenblaues Flanellkostüm und eine flaschengrüne, kleinkarierte Bluse mit hinten hochstehendem Kragen, weißt du, dazu zwei viel zu große Toledo-Ohrringe, ein kleines silbernes Hufeisen auf dem Revers, eine dünne Halskette aus gehämmertem Gold und . . .»

Mit einer Handbewegung unterbrach ich ihren Redestrom.

«Das ist alles nicht so wichtig. Ich meinte eigentlich die Autonummer. Hast du die aufgeschrieben?»

Marianne sah mich an, wie man jemanden ansieht, den man für nicht ganz richtig im Kopf hält.

«Die Autonummer?» wiederholte sie. «Wo denkst du hin! Ich konnte nicht das geringste erkennen . . . bei der Geschwindigkeit!»

Der große Anfall von Autoputzwut

Ich trocknete mir mit der Serviette den Mund ab, erhob mich, bedankte mich artig für das gute Essen und holte die Kiste mit den besseren Sonntagszigarren hervor. Während ich mir eine gut abgelagerte, duftende Corona anzündete, überlegte ich kurz, ob ich in die Küche gehen sollte, um Marianne beim Abwaschen zu helfen. Unglücklicherweise fiel mein Blick jedoch auf einen instruktiven Artikel auf den Autoseiten der Sonntagszeitung: «Frühjahrsputz am Auto», und ich vergaß meine guten Absichten. Ich ließ mich in meinen Lieblingssessel sinken und legte die Beine auf den Couchtisch mit der dicken, rauchfarbenen Glasplatte, etwas, das normalerweise streng verboten war; aber man hat ja nur einmal in der Woche Sonntag, und außerdem war Marianne in der Küche, und was sie nicht weiß, macht sie nicht heiß. Ich paffte etwas an meiner Corona, bevor ich mir den Artikel vornahm. Als ich ihn gelesen und verdaut hatte, rief ich zu Marianne in die Küche hinaus:

«Weißt du noch, wie es am vergangenen Sonntag war? Ich verschlief den ganzen Nachmittag!»

Sie konnte sich sehr gut erinnern.

«Heute wird es anders», fuhr ich gutgelaunt fort. «Nach diesem guten Steak bin ich voller Energie. Ich bin genau in der Stimmung, am Auto den ganz großen Frühjahrsputz zu machen! Und wenn es dann frisch gewaschen und auf Hochglanz poliert ist, dann machen du und ich und die Kinder eine schöne Fahrt ins Grüne!»

Ich machte eine kurze Pause, während der ich meine Corona von der Magenbinde befreite. Ich spürte, wie mich für einen Moment die Energie verließ, dann riß ich mich wieder zusammen und fuhr fort:

«Zuerst werde ich das Frostschutzmittel aus dem Kühler ablassen. Haben wir eigentlich weiches Wasser? In diesem Autoartikel steht, daß sich weiches Wasser am besten zum Wiederauffüllen des Kühlers eignet. Und dann mache ich auch noch einen Ölwechsel, das kann man ohne weiteres selber. Hier ist genau beschrieben, wie man dabei vorgehen muß. Man braucht nur die Verschlußschraube von der Ölwanne abzuschrauben, dann geht der Rest von allein. Ich brauche deinen Staubsauger, es ist schon Jahre her, daß das Auto von innen gereinigt wurde. Dazu benötige ich auch etwas Seifenwasser für die Lederbezüge und die Gummimatten. Womit kann man Schokoladenflecken entfernen? Jakob hat ja den ganzen Rücksitz mit Schokolade beschmiert. Ja, es ist schon viel zu tun, aber wenigstens einmal sollte es gründlich gemacht werden.»

Ich nahm einen tiefen Zug an der Zigarre. Es mußte am ungewöhnlich schönen Frühlingswetter liegen, der frische Duft von Garten und Blumen und Rasen und Steinen erfüllte mich mit einem wahren Tatendrang, ich mußte meine Muskeln bewegen und den Wagen in einen tipptoppen Zustand bringen. So geht es uns Männern allen. Nach einem langen und dunklen Winter, wo man Sonntag für Sonntag in seinem Fernsehsessel verbracht hat, kann uns nichts mehr aufhalten, wenn der Frühling sich endgültig gemeldet hat, wir müssen hinaus und uns entfalten. Für uns Männer ist das eine der kleinen, herrlichen Freuden des Lebens, eine Freude, an der Frauen, die viel zuviel anderen Quatsch im Kopf haben, nicht teilhaben können.

«Soll ich dir noch etwas sagen, Marianne? Kannst du mich hören? Hinterher, wenn ich mit Staubsaugen fertig bin, werde ich dem ganzen Lack eine ordentliche Schicht Wachs verpassen, und beim Wienern lege ich meine ganze Kraft hinein, so daß der Wagen von oben bis unten glänzt wie eine frischgeprägte Fünfkronenmünze! Ich weiß, daß es viel Arbeit ist, aber es läßt sich machen, und bei diesem Wetter ist es nicht einmal der Rede wert. Du weißt, wie schick der Wagen von Thomasen letzten Sonntag aussah, nachdem er den ganzen Tag gewachst und gewienert und poliert hatte.»

Ich legte den Zigarrenstummel in den Aschenbecher, griff nach einem Kissen und legte mich etwas zurück. Ich faltete die Hände über dem Bauch (ich war schon immer der

Ansicht, daß Männer mit über dem Bauch gefalteten Händen am Sonntagnachmittag eine gewisse Gemütlichkeit ausstrahlen) und sagte weiter:

«Hinterher, Marianne . . . ich glaube, daß ich hinterher noch mit Petroleum eine Motorwäsche mache. Das hat der Motor noch nie bekommen, und nach diesem Winter mit all dem Dreck und Matsch und Salz hat er es bestimmt nötig. In dem Artikel steht, daß man ohne weiteres eine solche Motorwäsche selbst vornehmen kann, wenn man nur alle elektrischen Kabel gut abdeckt.»

Ich schloß für einen Moment die Augen. Im Wohnzimmer war es still, und die Frühlingssonne wärmte mir das Gesicht. Friedlich summten die Fliegen am Fenster. Die Sonne wurde mir zu heiß, ich breitete daher die Sonntagszeitung mit dem Autoartikel über mein Gesicht und faltete wieder die Hände über meinem Bauch. Ich fühlte mich unheimlich wohl. Aus dem Spülbecken in der Küche klang das Klirren von Gläsern und Tellern, die Geräusche waren aber gerade so weit entfernt, daß sie mich gar nicht störten. Ein paar Minuten vergingen, während ich zurückgelehnt im Lehnstuhl die Sonntags-Siesta in vollen Zügen genoß.

«Wenn ich es heute nachmittag noch schaffe, Marianne, klebe ich auch noch alle losen Gummidichtungen mit dem Spezialleim fest, den ich letztes Jahr kaufte, ich kontrolliere dann auch noch die Batterie, die Lichtmaschine, die Batterie, die Stoßdämpfer, das Getriebe und . . . und die Batterie . . . und das Differential und die Vorderradlager und . . . und die Lichtmaschine . . . und . . . die Batterie . . . und . . .»

Mehr konnte ich nicht sagen. Ruhig . . . ganz ruhig dämmerte ich langsam ein. Abermals war es mir gelungen, meinen unaufhaltsamen Tatendrang an einem Sonntag zu bezähmen.

Rache ist nahrhaft

Die Mode ändert sich. Auch beim Essen. Plötzlich ist es modern geworden, so zu essen wie früher. «Hausmannskost» heißt es dann. Verleger und Buchhändler im Land verdienen Unmengen daran, Bücher zu verkaufen, die Rezepte von guten alten Bauernmahlzeiten enthalten. Man sollte sie mit Gerstengrütze in warmer Milch zwangsernähren, damit sie lernen, die Finger von solch verantwortungslosem Vorhaben zu lassen. Bei uns zu Hause hat die Hausmannskost bereits Fuß gefaßt.

«100 x gesunde Hausmannskost» heißt Mariannes neustes Kochbuch. Zu meinem Lob muß angeführt werden, daß ich mich bisher standhaft geweigert habe, einen Bissen davon anzurühren. Ich kann darin nichts Falsches sehen und verhalte mich auch weiterhin absolut abweisend gegenüber 1. Reisbällchen, 2. Brotsuppe, 3. Milcherbsengrütze, 4. Fleischpudding und 5. gekochtem Salzhering mit gestobten Kohlrabi. Und von dieser Kategorie gibt es noch mehr. Man kann es gesunde Hausmannskost nennen, so lange man will, nur möge man mich damit verschonen.

Marianne behauptet, es sei ja nicht auszuhalten, wie wählerisch ich sei, und meint, man solle ruhig auch mal etwas Neues ausprobieren. Ja, aber Fleischpudding kennt man ja schon seit einigen hundert Jahren. Und meinetwegen darf man Fleischpudding auch noch einige weitere hundert Jahre kennen, bloß soll man bitte den Duft dieses Gerichtes weit weg von *meinen* Töpfen halten.

Vor etwa vierzehn Tagen hatten wir eine kleine, unangenehme Kontroverse über einen Pelz, den es im Schlußverkauf gab. Es ging um einen Pelz aus Bisamlamm. Ein wahnsinnig gutes Angebot, das Marianne ausnutzen wollte. Auf meinem Geld stand jedoch nichts von Bisamlamm geschrieben. Also gab ich ihr einen Klaps auf die Finger, als sie sich meine Brieftasche angeln wollte. Ein kleines Wortgefecht folgte. Aber kein ehelicher Zwist ohne Racheakt.

Marianne rächte sich zur Essenszeit. Der Racheakt stand auf dem Tischtuch, als ich im Eßzimmer erschien, um mich zu Tisch zu begeben. Der Racheakt war nachzulesen auf Seite 87 in ihrem Hausmannskochbuch, und zwar unter der Bezeichnung «Buchweizenwassergrütze mit gekochtem Schweinefleisch».

«Danke», sagte ich schnell, als sie mir etwas auf den Teller tun wollte. «Für mich nichts, bitte. Deine Hausmannskost kannst du für dich behalten . . . meinetwegen nimm deinen Hausmannstopf mit deiner Hausmannsgrütze und gib sie unseren Hausmannsschweinen. Wenn wir solche haben . . . sonst würde ich vorschlagen, daß wir uns baldigst ein paar grunzende Hausmannseber im Garten anschaffen.»

«Buchweizengrütze ist gesund und nahrhaft. Und außerdem billig. Wenn du dir nicht leisten kannst, mir einen kleinen Pelz zu geben, kannst du dir große englische Beefsteaks auch nicht leisten! Gib mir schon deinen Teller!»

Krampfhaft hielt ich meinen Teller fest.

«Niemals», sagte ich. «Dann lieber vor Hunger sterben. Was gibt es hinterher?»

«Gekochten Stockfisch.»

Angewidert verzog ich das Gesicht, als Marianne den stinkenden Stockfischkadaver hereintrug. Sie hatte ihn genau nach Rezept zubereitet. Armer Hausmann. Buchweizengrütze und gekochten Stockfisch! Das muß einem ja einen Schrecken einjagen, wenn man nach einem langen und harten Arbeitstag nach Hause kommt.

Hungrig stand ich wieder auf. Einige Stunden später knurrte mein Magen wütend, die Gedärme wanden sich vor Hunger, der Magensaft benötigte irgend etwas, an das er sich klammern konnte, bevor sich die ätzende Salzsäure durch die Bauchdecke fraß. Ich kapitulierte, riß einige Hunderter aus der Brieftasche und warf sie Marianne hin.

«Für diesen elenden Bisampelz», stöhnte ich. «Aber dann möchte ich auf der Stelle ein saftiges, großes Beefsteak mit gerösteten Zwiebeln!»

Zwanzig Minuten später stand das dampfende Beefsteak

auf dem Tisch. Ich weiß nicht, wie Sie darüber denken. Ich jedenfalls halte es für verwerflich, daß einer Hausfrau solche Macht- und Druckmittel in die Hand gegeben werden wie «100 x gesunde Hausmannskost», Mittel, bei denen sie nicht die geringsten Hemmungen hat, sie bis zum letzten auch einzusetzen. Man sollte sich eine Zensur für Kochbücher überlegen!

Im Laufe der Zeit bin ich vielen anderen Ungeheuerlichkeiten der Hausmannskost begegnet: Kartoffelmehlgrütze, Brotsuppe, Milchgrütze, Birnenbrei, Sagobier und ähnlichen Grausamkeiten. Alles Schöpfungen, bei denen ich mich schon vom Tisch entferne, bevor ich überhaupt den Löffel angerührt habe.

Aber jetzt habe ich endlich einen Riegel vor Mariannes Hausmannskost gesetzt. Als ich vor kurzem mutlos auf eine Schüssel mit Buchweizengrütze starrte, hatte ich plötzlich eine Idee, und seitdem habe ich auf unserem Tisch keine Hausmannskost mehr gesehen. Wenn wir eine kleine Meinungsverschiedenheit hatten und Marianne danach beabsichtigt, einen kleinen Racheakt zu starten, um mich fügsam zu machen, und dann ihr Hausmannskochbuch aufschlägt, um irgend etwas zu finden, das mich in die Knie zwingt ... dann findet sie nur Rezepte wie gespickten Rehrücken, Waldschnepfenbraten, gegrillte Lammkeule, Wachteln in Rahmsauce, geschmorte Wildente, Ochsenschwanzsuppe mit Markklößchen und Seezunge in Weißwein gedämpft.

Und all diese Dinge zwingen mich mit Sicherheit nicht in die Knie. Was habe ich getan? Ganz einfach, ich nahm den Umschlag von «100 x gesunde Hausmannskost» und legte ihn um «100 Gerichte nach Gutsherrenart».

Über die Tatsache, daß diese Gutsherrenspeisen vielleicht nicht ganz so gesund sind wie Buchweizenbällchen in warmer Milch, gehe ich großzügig hinweg.

342

Der verkorkste Korken

Ich hatte meinen hervorragenden Chef, den bekannten Verleger, zum Essen nach Hause eingeladen. Nun ist mein Chef eine hohe und sehr kultivierte Persönlichkeit, ein Mensch, bei dem ich stolz bin, ihn zu meinen Bekannten zu zählen. Um das zu würdigen und zur Feier des Tages – es war das erste Mal, daß er bei uns zum Essen war –, hatte ich eine Flasche Champagner besorgt, die ich zum Dessert servieren wollte. «So ein Herr aus der Oberschicht weiß ja schließlich, was sich gehört», bemerkte ich, als ich meiner Frau Marianne die Flasche vorführte. «Und wenn alles gut geht, könnte es sich bei den Honoraren bemerkbar machen!» fügte ich hinzu. Diese Seite der Sache darf man ja nicht außer acht lassen.

Vorsichtig stellte ich die Flasche auf den Küchentisch. *Cliquet de Saint Chaiselongue* oder etwas in der Art stand auf dem Etikett. Nach Aussage des Weinhändlers war es eine anerkannt gute Marke. Aus verständlichen Gründen war die Erwartung deshalb groß, als wir zum Dessert gelangten; ich erhob mich, um die Flasche zu entkorken. Aus zahlreichen Filmen über die High Society wußte ich, daß Champagnerkorken etwas besonders Feierliches sind und daß sie in dem Augenblick wie eine Rakete abzischen, in dem man den Stahldraht entfernt, der die dünne Blechplatte am Korken umgibt.

Bevor ich anfing, am Stahldraht herumzufingern, warf ich einen schnellen Blick durch das Eßzimmer, um die Richtung abzuschätzen, in welcher der Korken den geringsten Schaden anrichten würde. Ich hätte ihn ungern in den Prismenkronleuchter fliegen lassen; auch sollten die Fenster möglichst verschont bleiben, obwohl wir sowohl die Hagel- als auch die Glasversicherung pünktlich bezahlt hatten. Endlich hatte ich die Richtung und begann vorsichtig, den Stahldraht zu lockern. Marianne hielt sich die Ohren zu, um sich beim erwarteten Knall nicht das Trommelfell beschädigen zu lassen, aber mit einem schnellen, zurechtweisenden Blick gab ich ihr zu verstehen, daß ein derartiges Verhalten taktlos sei und nicht dem guten Ton entspreche. Es gibt zwar nicht täglich Champagner bei uns, dennoch weiß man ja, was in der guten Gesellschaft zur Etikette gehört. Endlich hatte ich den Stahldraht vom Korken abgedreht, schloß unwillkürlich die Augen und wandte das Gesicht zur Seite. *Kein Knall.* Im Grunde passierte gar nichts. «Merkwürdig», murmelte ich.

«Will er nicht?» fragte der Verleger interessiert.

«Nein», antwortete ich enttäuscht.

«Ist der Stahldraht ganz ab?»

«Ja, daran kann es nicht liegen.»

«Dann versuchen Sie doch, die Flasche mit der Hand etwas anzuwärmen.»

Ich erwärmte den Flaschenhals etwas. Der Verleger verlangte die Flasche, um sie genauer in Augenschein zu nehmen.

«Merkwürdig», murmelte er.

«Könnte man nicht versuchen, sie etwas zu schütteln?» kam ein Vorschlag von Marianne, die deutlich nervös geworden war. Ich ergriff die Flasche wieder und schüttelte sie etwas. Es passierte immer noch nichts. In einem Film über die High Society wäre eine solche Situation sicher undenkbar. Wenn im Film der Champagnerkorken knallen soll, dann knallt er. Auf die Sekunde.

«Was jetzt?» fragte Marianne ratlos.

«Tja», sagte ich, «wir müssen es wohl mit einem Korkenzieher versuchen.»

«Das geht nicht», meinte der Verleger sofort.

«Vielleicht könnte man mit einem Messer vorsichtig den Korken anheben, ihm sozusagen auf den Weg helfen?» kam ein weiterer Vorschlag von Marianne. Bereitwillig ergriff ich ein Messer vom Silberbesteck und versuchte es. Immer noch kein Erfolg.

«Stellen Sie die Flasche doch mal mit Wucht auf den Tisch, vielleicht geht der Korken dann von allein los», schlug der Verleger vor. Ich knallte die Flasche auf den Tisch. Unglück-

344

licherweise traf ich dabei das äußerste Ende vom Griff eines Silberlöffels, der in einem kleinen Schälchen mit Preiselbeeren steckte – mit dem bedauerlichen Ergebnis, daß ein großer Klumpen roter Preiselbeeren auf der weißen Hemdbrust des Verlegers landete. Meine Ohren wurden merkwürdig heiß, ich war jedoch geistesgegenwärtig genug, eine Serviette zu ergreifen und die Beeren wegzureiben, so gut es eben ging. Zu spät merkte ich, daß ich mir genau die Serviette gegriffen hatte, mit der ich vorher eine nicht unansehnliche Pfütze Sauce béarnaise von der Tischdecke abgewischt hatte, da ich bei einem früheren Gang etwas Pech mit der Soßenschüssel gehabt hatte. Die Hemdbrust sah nicht schön aus. Ich knöpfte den oberen Knopf des Verlegerjacketts zu. «So», sagte ich, während ich ein deutliches Prickeln in den Haarwurzeln verspürte. «Dann können wir uns wohl wieder der Béarnaise zuwenden . . . ähh, dem Champagner!»

«Hauen Sie mal mit der Hand von unten kräftig darauf», schlug der Verleger vor. Ich versuchte es. Der Korken blieb, wo er war.

«Heißt das, daß der Korken sich überhaupt nicht entfernen läßt?» fragte Marianne, alle Zeichen von Enttäuschung im Gesicht.

«Könnten Sie es nicht mit einer anderen Flasche versuchen?» meinte der Verleger. Aus guten Gründen zog ich es vor, diese Bemerkung zu überhören.

«Dann schütteln Sie sie noch ein letztes Mal und hauen Sie noch mal drauf!» sagte er. Ich schüttelte kräftig die Flasche . . . und dann geschah es! *Pfuww!* machte es, und der Korken flog wie ein 30-mm-Projektil in den Mund des Verlegers, der ihn gerade geöffnet hatte, um noch einen guten Rat loszuwerden. Ein Strahl Champagner wie aus einer Feuerwehrspritze folgte und ließ ihn bis auf die Haut naß werden. Einige Sekunden stand ich völlig bewegungslos da, außerstande, irgend etwas zu tun. Dann riß ich mich jedoch zusammen und vermochte den Strahl in eine andere Richtung zu lenken. Endlich hörte der Druck auf, und ich konnte erleichtert aufatmen. Das konnte der Verleger nicht. Er griff sich an den Hals und lief plötzlich blau an. «Um Gottes willen!» schrie Marianne. «Der Korken! Er hat den Korken verschluckt! Er erstickt ja! Was sollen wir bloß . . .»

Sie jagte in die Küche, um den Korkenzieher zu holen. Ich aber gab dem Verleger schnell einen kräftigen Schlag auf den Rücken. Der Korken löste sich und flog quer über den Tisch. In dem Augenblick kam Marianne mit dem Korkenzieher angerannt. Ich winkte ab und gab ihr mit einem Blick zu verstehen, daß sie sich beruhigen und das Dessert servieren solle. Darauf ergriff ich die Champagnerflasche, um einzuschenken. Mit dem Rest der köstlichen Flüssigkeit ließ sich aber nicht einmal mehr ein Fingerhut füllen. Ich wußte, daß irgendwo im Keller noch eine Flasche Kirschwein stand. Es blieb nichts anderes übrig, als diese zu holen. Das Essen als solches, so groß unsere Anstrengungen auch waren, hat sich noch nicht durch höhere Honorare ausgewirkt.

Aber das kann ja noch kommen.

Der Lohn der guten Tat

Glauben Sie nur nicht, daß Marianne und ich in der Sommerzeit jeden Tag zum Essen ausgehen. Ich bin aber der Meinung, daß man es sich einmal im Jahr leisten kann. Vergangenen Sonnabend konnten wir es uns leisten, und wir hatten dabei ein kleines Erlebnis, das mir immer noch nicht ganz aus dem Kopf gehen will.

Wir waren im Tivoli, dem großen Vergnügungspark in Kopenhagen. Am Nachbartisch im Restaurant saß eine liebe, kleine, vielleicht etwas eingetrocknete alte Dame. Vor ihr stand ein Krabbenbrot und ein Schnaps. Sie blickte immer wieder auf ihre Armbanduhr, bis sie das letzte Häppchen Krabbenbrot in den Mund steckte und nachsah, ob noch Schnaps im Glas war. Das Glas war leer. Als der Ober sich ihrem Tisch näherte, sah man ihm deutlich an, daß er der Ansicht war, jetzt habe sie den Platz lange genug in Anspruch genommen. Mit ein paar geübten Bewegungen entfernte er schnell einige Staubkörnchen von der Tischdecke.

«Geben Sie mir eine Tasse Kaffee und ... und einen kleinen Kognak», sagte sie und rutschte nervös auf dem Stuhl hin und her.

«Ein Kaffee und ein Kognak», wiederholte der Ober und entfernte sich.

Als die kleine, eingetrocknete Dame ihren Kaffee getrunken und den Kognak geleert hatte, blickte sie wieder nervös auf ihre Armbanduhr, bis sie sich an mich wandte und fragte:

«Entschuldigen Sie bitte, aber stimmt es wirklich, daß es jetzt fünf Minuten nach drei Uhr ist?»

Es stimmte.

«Das ist ja furchtbar», sagte sie und schien kurz vorm Weinen zu sein. «Jetzt habe ich schon mehr als vier Stunden gewartet.»

«Worauf?» fragte Marianne neugierig. Es hätte ja so vieles

sein können. Zum Beispiel das Krabbenbrot, man hat ja schon von vier Stunden Wartezeit auf ein Krabbenbrot gehört.

«Auf meinen Mann. Wir kommen aus der Provinz. Zum ersten Mal seit fünfzehn Jahren sind wir wieder in der Hauptstadt. Aber mein Mann mußte zum Ohrenarzt, sein Hörgerät war nicht in Ordnung. Wir hatten verabredet, daß ich hier auf ihn warte. Er wollte um elf hier sein, aber . . .»

Sie brach plötzlich ab. Der Ober warf wieder einen Blick auf ihren leeren Tisch.

«Geben Sie mir noch einen Kaffee, ein Stück Torte und . . . und einen kleinen Kognak dazu», bestellte sie und sah ganz erschrocken aus, als sie die Bestellung aufgegeben hatte. «Ach du meine Güte», sagte sie, an Marianne und mich gewandt. «Ich trinke doch sonst nie Alkohol. Aber ich kann ja nicht den ganzen Tag hier sitzen, ohne etwas zu verzehren. Seit elf Uhr habe ich ununterbrochen gegessen und getrunken. So etwas ist mir mein Lebtag noch nicht passiert. So schnell gehe ich nicht wieder in den Zoo. Aber wenn Rasmus, mein Mann, nicht plötzlich Ärger mit dem Hörgerät gehabt hätte, dann wäre ich auch nie . . .»

Ich erlaubte mir, sie zu unterbrechen. «Zoo?» sagte ich. «Sagten Sie wirklich Zoo?»

«Ja, wir wollten uns im Restaurant neben dem Turm treffen. Rasmus sagte mir, ich sollte nur immer geradeaus bis zum Turm gehen, dann . . .»

Marianne vergaß ganz ihr zartes Fischfilet. «Aber meine Liebste», sagte sie, «hier sind wir doch am chinesischen Turm im Tivoli!»

«Tivoli?» murmelte die liebe, kleine, leicht eingetrocknete Dame verwirrt. «Ich habe mich schon gewundert, daß . . . aber ich habe ja nur nach dem Turm Ausschau gehalten.»

«Das bedeutet also», zog Marianne die scharfsinnige Schlußfolgerung, «daß Ihr Mann draußen im Zoorestaurant auf sie wartet . . . und Sie sitzen hier im Tivoli und warten auf ihn! Es ist wohl das beste, wenn Sie sofort bezahlen und schnell zum Zoo fahren!»

348

Die alte Dame begann in ihrer Handtasche zu wühlen.

«Ach, du meine Güte!» murmelte sie und blickte Marianne und mich voller Verzweiflung an. «Ich komme nie hier heraus!»

«Nie hier heraus? Warum denn nicht?»

«Rasmus hat das Portemonnaie mit dem ganzen Geld!»

Ihre Hände zitterten plötzlich. Die Aufregungen der letzten Minuten waren wohl zuviel für ihre Nerven und ihre Gesundheit gewesen. «Du mußt etwas tun», flüsterte Marianne. «Wir können sie doch nicht einfach so sitzen lassen. Sie bekommt fürchterlichen Ärger mit dem Ober, wenn sie nicht bezahlen kann.»

«Hören Sie», wandte ich mich an die alte Dame. «Ich werde Ihre Rechnung bezahlen. Ich gebe Ihnen meine Adresse, und Sie können mir bei Gelegenheit das Geld wiedergeben.»

«Aber», wandte die alte Dame ein, und ein Leuchten ging über ihr Gesicht, «ich hatte ja sowohl Krabben- als auch Geflügelsalat und ein Stückchen Entenbrust und dann noch den Schnaps und . . .»

Ich rief den Ober herbei und bezahlte die Rechnung. Darauf erhielt die alte Dame meine Karte und steckte diese dankbar in ihre kleine schwarze Handtasche. «Tausend, tausend Dank», sagte sie und nickte mir freundlich zu.

Ein neues Problem tauchte auf. Marianne warf die Frage auf. «Wie kommen Sie denn jetzt zum Zoologischen Garten, wenn doch Ihr Mann das ganze Geld hat?»

Schnell entschlossen gab ich der alten Dame Geld für ein Taxi, sie war zu Tränen gerührt, als sie sich bedankte. Wir begleiteten sie durch den Hauptausgang und verfrachteten sie in ein Taxi.

«So eine liebe alte Dame», meinte Marianne, als wir zu unserem Fischfilet zurückkehrten. «Sie hat sogar geweint und wollte meine Hand gar nicht mehr loslassen.»

Eigentlich müßte die Geschichte hier zu Ende sein, dann wäre es eine ganz nette Geschichte gewesen. Es gibt jedoch eine Fortsetzung. Ein paar Tage später wurde ich von einem

Geschäftsfreund ins Tivoli eingeladen. Plötzlich erblickte ich die kleine, leicht eingetrocknete alte Dame an einem der Nachbartische. Vor sich hatte sie eine Tasse Kaffee und einen Kognak. Es war tatsächlich unsere damalige Bekanntschaft. Jeden Augenblick sah sie nervös auf ihre Armbanduhr, dann wandte sie sich an ein krabbenessendes Paar am Nachbartisch:

«Es ist furchtbar. Ich weiß nicht mehr, was ich machen soll», sagte sie. «Jetzt habe ich über vier Stunden hier auf meinen Mann gewartet. Wir kommen aus der Provinz und . . .»

Der verlassene Ehemann

Wenn Marianne nachmittags zum Bridge geht, wenn sie eine ihrer lieben, alten Tanten besucht oder zum Friseur muß, finde ich in der Küche immer einen Zettel an eine Flasche gelehnt, woraus hervorgeht, wo sie hingegangen ist, wann sie wieder nach Hause kommt und wo ich das Essen finde. Ich gebe gerne zu, daß ich den Zettel selten lese, da der Inhalt im großen und ganzen immer der gleiche ist, und ich weiß, daß sich das Essen entweder in einem Topf auf dem Herd oder im Kühlschrank befindet. In der Regel werfe ich mich daher direkt über die Fleischtöpfe und lasse den Zettel Zettel sein – bisher hatte das auch keine besonderen Folgen.

Als ich kürzlich nach Hause kam, sah ich zwar gleich den Zettel auf dem Küchentisch, ließ ihn aber ungelesen liegen und hob den Deckel vom Topf. Es gab aufgewärmte Erbsensuppe, mein Leibgericht, wodurch ich den Zettel endgültig vergaß. Das hätte ich lieber nicht tun sollen, denn gerade an diesem Tag stand etwas ganz Besonderes darauf:

«Ich mag Dich nicht mehr und habe Dich für immer verlassen. Ich fahre mit Deinem besten Freund nach Südamerika. Leb wohl.   Marianne»

Ein gutes Beispiel dafür, wie schnell das Leben dramatisch werden kann. – Was es aber in diesem Fall dennoch nicht wurde, da ich, wie gesagt, den Zettel übersah und statt dessen meine ganze Aufmerksamkeit der Erbsensuppe und dem Speck widmete.

Ich konsumierte die erlaubten drei Portionen, spülte mit einem Schluck Bier nach und erhob mich, um Wasser für eine Tasse Kaffee aufzusetzen. Ich räume ein, daß ich den dunklen Plan hegte, den Kaffee von einem Kognak begleiten zu lassen. (Und der wäre wohl auch nötig gewesen, wenn ich gewußt hätte, daß meine Ehefrau mit meinem besten Freund nach Südamerika abgehauen war. Nun, ich wußte es nicht, hatte aber trotzdem das Gefühl, daß ein kleiner Kognak mir guttun würde.)

Ich stellte also den Kessel auf den Herd und ging schnell in den Keller, um die Flasche zu holen. Ich wollte es möglichst überstanden und alle Spuren getilgt haben, bevor Marianne nach Hause kam.

Ich hatte gerade die Flasche in der Hand, als ich die Türklingel hörte. Ich ging öffnen.

Es war Frau Larsen, die Nachbarin.

«Ist Ihre Frau zu Hause?» fragte sie.

Hätte ich die Wahrheit gekannt, hätte ich ihr erzählen können, daß meine Frau mich für immer verlassen hatte und mit meinem besten Freund nach Südamerika gefahren war, und dann hätte Frau Larsen etwas zum Tratschen gehabt.

Da ich diese Wahrheit aber nicht kannte, sagte ich nur:

«Nein, sie ist zum Friseur oder vielleicht auch zu ihrer Tante gefahren.»

«Na ja, das macht nichts, ich wollte nur die Wäscheleine zurückbringen. Grüßen Sie Ihre Frau und sagen Sie vielen Dank!»

Ich nahm die Wäscheleine entgegen, und Frau Larsen zog sich zurück. In diesem Moment schellte das Telefon. Ich warf die Wäscheleine in die Ecke, ging hin und hob den Hörer ab.

«Ich bin es nur, Thomasen», klang es aus der Muschel. «Erna hat mir erlaubt, morgen auf die Jagd zu gehen. Ich dachte, ich sage dir Bescheid, falls du Lust hast, mitzukommen. Morgen geht ja die Hasenjagd wieder los, und ich nehme Bier und Schnaps mit. Wir können uns einen schönen Tag machen.»

Das war ein gutes Angebot. Man muß schon stark unter dem Pantoffel stehen, wenn man bei einer solchen Einladung nicht auf der Stelle zusagt.

Ich sagte daher sofort zu.

«Wenn Marianne mir einen freien Tag bewilligt», fügte ich der Ordnung halber hinzu.

«Das wird schon klappen», meinte Thomasen. «Vergiß aber nicht, das Gewehr mitzunehmen. Nicht so wie letztes

Jahr ... da hattest du Bier und Schnaps mit, aber das Gewehr, das ...»

Er hatte recht, das war schon peinlich gewesen.

«Ich gehe jetzt sofort hinein und hole das Gewehr von der Wand!» sagte ich.

Ich legte den Hörer auf und griff mir mein Schießeisen. Plötzlich roch ich Gas. Als ich den Kognak aus dem Keller holen wollte, hatte ich in der Eile vergessen, das Gas anzuzünden.

Ich ging in die Küche, um es nachzuholen, aber in diesem Augenblick hörte ich jemand kommen. Ich nahm die Wäscheleine aus der Ecke (Marianne mag es nicht, wenn etwas herumliegt), und mit dieser und mit meinem Gewehr bewaffnet, begab ich mich in den Flur.

Es war Marianne. Sie sah das Gewehr, schrie auf und warf sich hysterisch schluchzend an meine Brust.

«Es war doch nur ein Spaß!» rief sie. «Ich habe es nur getan, weil ich wissen wollte, ob du überhaupt meine kleinen Zettel liest, die ich dir immer schreibe. Ich konnte ja nicht wissen, daß du dich aus lauter Gram gleich erschießen ...»

Sie erblickte die Wäscheschnur.

«Du hast ja versucht, dich zu erhängen!» rief sie schreckensbleich.

Sie roch das Gas.

«O nein! Auch das noch!» schrie sie und klammerte sich an mich. «O Liebster! Liebster! Liebster!»

Was sollte ich machen? Ich stand da und guckte dumm aus der Wäsche.

Die ganze Episode brachte mich derart durcheinander, daß ich am nächsten Tag für die Hasenjagd mit Thomasen meine Angelausrüstung einpackte.

Eine haarsträubende Geschichte

In alten Stummfilmen in Slapstickmanier waren es häufig
Torten, die ein wesentliches Glied in der Handlungskette
darstellten. Man kennt diese zum Lachen bestimmten Einla-
gen besonders auf Streifen mit Harold Lloyd, Ben Turpin
und mit Dick und Doof. Normalerweise lief die Handlung so
ab, daß der eine Komiker mit voller Kraft dem anderen
Komiker die Torte an den Kopf warf, wodurch eine besonders lustige Wirkung erzielt wurde. Noch lustiger wurde es,
wenn Komiker Nummer zwei sich im allerletzten Moment
ducken konnte, so daß die Torte weiterflog und – päng! –
völlig unvermutet im Gesicht eines Dritten landete, beispielsweise eines riesigen, wütenden Schwergewichts-
boxers oder der barschen Schwiegermutter von Komiker
Nummer eins. Jedenfalls gab es von dieser guten alten
Torteneinlage zahlreiche Variationen. Ich weiß auch nicht,
warum man für diese Szene gerade eine Torte wählte. Mit
dem gleichen Effekt hätte man sich einer Portion Haferflok-
kengrütze bedienen können. Wenn ich hier als Alternative
Haferflockengrütze erwähne, dann deshalb, weil ich vor
kurzem mit voller Kraft eine derartige Portion mitten ins
Gesicht geklatscht kriegte. Zu meinem Pech reagierte ich um
Bruchteile einer Sekunde zu spät, sonst wäre die Grütze
klatschend an die Seidentapete hinter mir geflogen.

Es begann beim Essen, wo wir natürlich nicht – und das ist
das einzig Positive an der ganzen aufregenden Geschichte,
die jetzt folgt – Hafergrütze essen. Die Geschichte endet
jedoch beim Frühstück, und hier kommen dann die Hafer-
flocken ins Spiel.

Zunächst zum Mittagessen. Marianne schöpft aus der
Terrine mit der legierten Champignoncremesuppe. Die
Konversation ist lebhaft, so lebhaft, wie sie nun einmal ist,
wenn nur der eine Partner sich daran beteiligt, während der
andere Partner viel zu stark mit seiner Suppe beschäftigt ist,
um etwas anderes als ab und zu ja oder nein zu sagen.

Wir gelangen zum Rinderfiletbraten, und mir fällt auf, daß Marianne ganz still geworden ist. Als ich sie um die Soßenschüssel bitte, gibt sie mir zu verstehen, daß diese so auf dem Tischtuch plaziert ist, daß ich sie ohne weiteres selbst erreichen kann.

«Wenn du ißt, hast du nichts anderes im Kopf als essen», sagt sie.

«Wie bitte?»

«Weder hörst du noch siehst du etwas!»

«Wie . . . ich verstehe nicht.»

Dann kommt es: «Herrgott noch mal, siehst du denn nicht, was an mir neu ist?»

Ich starre sie an wie ein Besessener, finde aber nichts Neues. Für einen Moment lege ich Messer und Gabel hin und starre noch einmal. Endlich habe ich es.

«Du hast ja einen kleinen roten Pickel auf der Nase.»

Ihre Lippen werden schmal. Mir ist sofort klar, daß ich das Falsche getroffen habe. Den Pickel sollte ich wohl nicht sehen. Ja, aber was dann?

«Hast du denn keine Augen im Kopf? Siehst du denn nicht, daß ich eine neue Frisur habe?»

«Doch, natürlich . . . jetzt, wo du es sagst . . . ja, wahrhaftig, die Frisur ist neu.»

Ich hatte schon immer große Schwierigkeiten, derartige Sachen zu bemerken.

«Da opfert man einen ganzen Vormittag beim Friseur und eine Menge Geld dazu . . . und alles nur deinetwegen! Um dir zu gefallen! Und dann siehst du es überhaupt nicht! Typisch! Du sitzt einfach da und schaufelst in dich hinein. Aber ein Steak durchs Zimmer zu schmuggeln, ohne daß du die Fährte davon aufnimmst, das ist unmöglich!»

Ich gräme mich. Ich gräme mich derart, daß ich den letzten Bissen des saftigen Filetbratens kaum herunterbekomme.

Beim Frühstück am nächsten Morgen beschließe ich, den angerichteten Schaden wiedergutzumachen. Ohne mich eines Blickes oder eines Wortes zu würdigen, serviert Marianne die Haferflockengrütze.

Sie scheint meine Existenz nicht einmal zu ahnen. Unter peinlichem Schweigen schreitet die Mahlzeit voran. Dann lege ich den Löffel hin und starre sie anhaltend an, sehr interessiert. Sie kann nicht umhin, es zu bemerken.

«Warum starrst du mich so an?» fragt sie kalt und abweisend.

«Deine Frisur», sage ich mit meiner allerliebenswürdigsten Stimme. «Jetzt sehe ich sie erst richtig. Du siehst aus, als wärst du zehn Jahre jünger. Es ist die faszinierendste Frisur, die du jemals hattest. Ich verstehe überhaupt nicht, wieso mir gestern nichts aufgefallen ist. Ich meine es hundertprozentig, wenn ich sage, daß diese Frisur mindestens hundertmal hübscher ist als die alte.»

Der Teller kommt geflogen, bevor ich mich ducken kann. Klatsch! sagt es, und mein ganzes Gesicht ist mit widerlichem, klebrigem Hafergrützenzeugs beschmiert.

«Dummkopf!» höre ich eine gellende Frauenstimme vom anderen Ende des Tisches. «Siehst du denn wirklich nicht, daß ich wieder die alte Frisur trage?»

Wutanfall

Ich weiß nicht, wie andere Ehemänner reagieren, wenn ihre Frau einen solchen Anfall bekommt, wie es ab und zu bei Marianne der Fall ist. Ich weiß aber, was ich mache: Ich schließe sie ganz einfach ein.

Vielleicht bin ich zu hart und verhalte mich unmenschlich; als einfacher und unkomplizierter, ganz gewöhnlicher Ehemann ist mir jedoch bislang nichts Besseres eingefallen. Ich habe mehrfach versucht, sie mit gutem Zureden zur Vernunft zu bringen und dabei den natürlichen Intelligenzunterschied zwischen Mann und Frau ausgenutzt, aber immer ohne befriedigendes Ergebnis.

Zum Schluß habe ich keine andere Möglichkeit mehr gesehen, als sie einzuschließen.

Während ich dies schreibe, ist sie eingeschlossen.

Ich hatte gewartet, bis sie ins Schlafzimmer ging, um irgend etwas vom Toilettentischchen zu holen, dann schlich ich mich zur Tür, angelte mir unbemerkt den Schlüssel, steckte ihn von außen ins Schloß – und drehte ihn blitzschnell um. Als sie merkte, daß sie eingeschlossen war, hämmerte sie längere Zeit hysterisch an die Tür. Eine Zeitlang hatte ich Angst, die Türfüllung würde nicht standhalten, aber dann endlich gab sie Ruhe, und jetzt ist es dort drinnen ganz ruhig. Vielleicht hat sie sich aufs Bett geworfen und ist eingeschlafen. Wenn sie wieder erwacht, ist der Anfall sicherlich vorüber und sie ist wieder die gute, liebevolle, verständnisvolle, tüchtige Hausfrau, die nur für Mann und Kinder und Haus und Heim atmet.

Es begann beim Frühstück. Sie blätterte in der Zeitung, als ich sie unwillkürlich anblickte. Sie hatte plötzlich dieses merkwürdige, wilde Glitzern in den Augen, das ich schon von früheren Gelegenheiten kannte.

«Gibt es da etwas Besonderes?» begann ich vorsichtig.

«Ja», sagte sie und schob die Tasse von sich. Sie hatte ihren Kaffee überhaupt nicht angerührt, während sie sonst mindestens zwei Tassen trank – und noch eine halbe dazu, wenn sie den Tisch abräumte. «Ja, ich muß sofort weg, ich muß jetzt auf der Stelle los. Wenn ich mich nicht beeile . . .»

Sie zitterte vor lauter Aufregung am ganzen Körper, sie war nicht wiederzuerkennen, wußte kaum, was sie tat, als sie das Tablett mit den Frühstücksbrötchen nahm, um es in die Küche zu tragen. Ich erhob mich schnell und folgte ihr.

«Hör mal zu», sagte ich eindringlich, «laß das jetzt. Setz dich hin und trink in aller Ruhe deinen Kaffee, dann kommst du auf andere Gedanken.»

«Aber, Menschenskind!» wandte sie ein und blickte mich an, als hätte *ich* nicht alle Tassen im Schrank. «Verstehst du denn nicht, ich muß los! Jede Sekunde ist kostbar, wenn ich . . .»

Sie blickte mich mit diesem flackernden, wilden Glitzern in den Augen an, das mich so nervös macht.

«Nein, laß das lieber», sagte ich schnell. «Vergiß es! Beherrsch dich! Ich hole dir jetzt ein paar Beruhigungspillen, die nimmst du und überlegst dir dann, ob du dir nicht irgend etwas anderes Sinnvolles vornehmen kannst . . . etwas, das die Gedanken ablenkt. Hast du nicht noch Wäsche im Keller, die du einweichen wolltest? Du könntest auch ein paar Hemden bügeln. Das wird dich bestimmt beruh . . .»

«HÖR AUF, MENSCHENSKIND!» schrie sie mir hysterisch ins Gesicht. «Ich werde WAHNSINNIG, wenn ich mir deinen Quatsch noch länger anhöre. Geh mir aus dem Weg und laß mich endlich gehen. Dieses Mal soll es dir nicht gelingen, mich davon abzuhalten. Und wenn du mir eine Zwangsjacke anlegst, dann . . .»

Zwangsjacke! Ja, das wäre eine Idee. Aber woher sollte ich so schnell so ein Ding hernehmen, wenn es sich nur noch um Sekunden handeln konnte, bis sie . . .

Sie raste in den Flur, wußte wohl kaum, was sie tat, als sie ihren alten grauen Mantel anzog und dazu ihren hellblauen Hut.

Ich versuchte im Guten mit ihr zu reden, so als redete ich mit einem kleinen, uneinsichtigen, unartigen Kind.

358

«Komm jetzt, Schatz», sagte ich. «Sei lieb und zieh diesen blöden Mantel aus und komm ins Wohnzimmer, dann werden wir . . . dann kannst du staubsaugen und Blumen gießen und an etwas ganz anderes denken, nicht wahr? Vielleicht können wir heute abend ja auch ausgehen und uns amüsieren, vielleicht ins Kino oder . . .» Vorsichtig ergriff ich ihren Arm, sie riß sich aber los.

«ICH SCHREIE, WENN DU MICH NICHT LOSLÄSST!» schrie sie. Und mit Rücksicht auf die Nachbarn versuchte ich, ihre Lautstärke zu dämpfen.

«Nicht so laut . . . natürlich laß ich dich los, mein Schatz, aber . . .»

Sie raste in den ersten Stock und ins Schlafzimmer, um irgend etwas zu holen – und das war der Augenblick, wo ich meine Chance ergriff und sie einschloß.

Drei bis vier Stunden sind seitdem vergangen. Ich glaube, ich wage es, mal reinzuschauen. Vielleicht hat sie sich ja so weit beruhigt, daß man wieder mit ihr reden kann.

Ich war im Schlafzimmer. Es war leer. Ein paar zusammengebundene Laken am Fensterbalken zeigten mir, daß sie sich abgeseilt hatte.

Es ist furchtbar. Ich bin außer mir. Wenn ich bloß wüßte, was ich tun soll. Aber jetzt ist es wohl zu spät. Das Unglück ist bereits geschehen. Nein, ich verstehe die Frauen nicht. Ich lerne es wohl nie. Was, in aller Welt, ist denn Besonderes an einer blöden Anzeige wie dieser:

GROSSER JÄHRLICHER PELZAUSVERKAUF!
BIS ZU 35 PROZENT PREISNACHLASS
BEI ALLEN NERZMÄNTELN!

Wie du mir – so ich dir

Ich kann es nicht ausstehen, wenn Marianne in meiner Post schnüffelt. Ausgerechnet dann, wenn sich zwischen meinen Geschäftsbriefen ein weißer Umschlag ohne Absenderangabe und mit handgeschriebener Adresse befindet, erweist sie sich als besonders neugierig. Als ob sie mich irgendwelcher Liebschaften in der Stadt verdächtigte, die mir kurze Nachrichten schicken, daß ich heute abend kommen könne, denn heute abend sei die Luft rein.

Als ich vor kurzem von einer geschäftlichen Besprechung nach Hause kam, lag die Tagespost auf meinem Schreibtisch. Darunter ein weißer Umschlag ohne Absender. Als ich den Brief aufschlitzen wollte, fiel mir auf, daß die Klebestellen so merkwürdig uneben aussahen, als sei der Umschlag unter Dampf geöffnet und wieder zugeklebt worden. Ansonsten befand sich nichts weiter darin als eine Quittung des Grundeigentümerverbandes.

Ich saß und überlegte, wie ich dem völlig unbegründeten, ewigen Mißtrauen meiner Frau begegnen könnte, und nach einer Phase langen, gründlichen und intensiven Nachdenkens glaubte ich, die Lösung gefunden zu haben. Ich nahm ein weißes Blatt Papier und schrieb mit großen Buchstaben: «Ha! Damit hast du 100 Kronen verloren! Offenbar hast du ausreichend Haushaltsgeld zur Verfügung – daher ist der Etat ab sofort um 100 Kronen im Monat gekürzt. Dein ewig treuer Ehemann!» Worauf ich den Bogen zusammenfaltete, ihn in einen besonders luxuriösen Umschlag steckte, mit verstellter Schrift darauf meinen Namen und die Adresse schrieb, den Umschlag mit einer schräg in die rechte obere Ecke geklebten Briefmarke frankierte und mich in Mariannes Schlafzimmer begab, wo ich von ihrem Frisiertisch zwei, drei Fläschchen französischen Parfüms nahm und mit jedem den Umschlag kräftig bestäubte. Es stank meilenweit, als ich den Umschlag in den Briefkasten warf.

Als Marianne mir am nächsten Vormittag die Post in mein

Arbeitszimmer brachte, hielt sie mit allen Zeichen von Abscheu den Brief weit ausgestreckt von sich.

«Sag mal», fragte sie, «wer schickt dir denn parfümierte Briefe?»

«Parfümierte Briefe?» wiederholte ich. «Ich kann mir nicht vorstellen, daß mir jemand parfümierte Briefe schickt!»

«Dann riech mal!» meinte sie nur und hielt mir den Brief direkt unter die Nase.

«Ich rieche nichts», log ich, wobei ich es sorgfältig vermied, ihrem Blick zu begegnen.

«Nichts?» war ihre Antwort. «Dann wird es wohl Zeit für dich, zum Arzt zu gehen, denn dann kann dein Geruchssinn nicht in Ordnung sein!»

«Jetzt gib mir schon den Brief. Du siehst doch, ich bin beschäftigt.»

«Wenn du wirklich so beschäftigt bist, kann ich ihn ja für dich öffnen.»

Ich erhob mich. «Gib mir jetzt den Brief. Ich sage dir, es ist nichts Besonderes.»

«Du weißt also, von wem der Brief ist?»

«Ich weiß nur, daß mein Name darauf steht, und Briefe mit meinem Namen öffne ich, und du öffnest die Briefe, die an dich adressiert sind. Gib also den Brief her und laß den Unsinn!»

Sie gab den Brief nicht her. Dunkle Wolken zogen über ihr Gesicht und drohten, sich dort festzusetzen. «Du hast also Geheimnisse vor mir!» sagte sie, und etwas in ihrer Stimme sagte mir, daß ein ernstes Unwetter aufzog. Dann kam es schneidend kalt: «Wie lange kennst du sie schon, und wer ist sie?»

Anscheinend meinte sie es ernst.

«Also gut», sagte ich. «Du meinst, der Brief ist von einer Frau. Ich meine, er ist *nicht* von einer Frau. Ich mache dir einen Vorschlag. Gibst du mir 100 Kronen, wenn ich dir erlaube, den Brief zu öffnen?»

«Hundert Kronen? Wie meinst du das?»

«Ich meine, wenn der Brief von einer Frau ist, gebe ich dir

hundert Kronen. Ist er nicht von einer Frau, gibst du mir hundert Kronen!»

«So ein Quatsch!» war ihre Reaktion, worauf sie blitzschnell den Umschlag öffnete. Schnell las sie den Inhalt des Briefes. Einen Moment stand sie da, als wüßte sie nicht, ob sie lachen oder weinen sollte. Sie wählte eine dritte Möglichkeit, warf mir den Brief ins Gesicht und verschwand so schnell, wie sie gekommen war.

Seitdem habe ich nie mehr Ärger gehabt mit meiner Post. Sie hält die Briefe nicht mehr ans Licht, um eine Röntgenaufnahme des Inhalts zu machen, und außerdem muß zu ihren Gunsten gesagt werden, daß sie nicht vergaß, ihre Schulden zu bezahlen. Schon am nächsten Tag lag der Hundertkronenschein auf meinem Schreibtisch.

Nach einiger Zeit erhielt sie einen Brief. Hellrosa Umschlag mit dem Absender: «Marlon Brando, z. Zt. Hotel Palace.»

Ich flitzte zu ihr in die Küche hinaus.

«Gibst du mir 100 Kronen, wenn du den Brief öffnen darfst?» fragte sie sofort.

«Ha!» meinte ich. «Nein danke, darauf falle ich nicht herein. Was du und Marlon Brando miteinander habt, geht mich nichts an!»

Worauf ich ihr den Rücken zuwandte und ging. Später las ich in der Zeitung, daß der bekannte amerikanische Filmstar Marlon Brando gerade zu einem kurzen Aufenthalt in Kopenhagen eingetroffen war. Das gab mir dann doch zu denken. Er stand ja schon immer in dem Ruf, ein Frauenheld zu sein. Und man konnte ja nie wissen. Was sollte ich tun? Ich ging in die Küche, um ihr die hundert Kronen zu geben – und erhielt den Schock meines Lebens. An eine Tasse gelehnt erblickte ich einen Fetzen Papier mit den hastig hingekritzelten Worten: «*Ich fahre mit Marlon nach Hollywood! Leb wohl, Marianne.*» Davor lag der ungeöffnete hellrosa Brief. Blitzschnell öffnete ich ihn. «*Komm heute abend*», las ich, «*Dein M.*»

Mein Leben war zerstört, meine ganze Welt zusammengebrochen. Bewegungslos stand ich immer noch auf der gleichen Stelle, als die Tür aufging und Marianne mit einem gefüllten Einkaufsnetz hereinkam. Sie war im Supermarkt gewesen. Als erstes steckte sie den Hundertkronenschein ein.

Es sind jetzt drei Tage vergangen. Ich zittere immer noch am ganzen Körper.

Wie kann sich ein Mensch nur derart gegenüber einem ihm nahestehenden Menschen verhalten?

Pfeifenrauchen will gelernt sein

Ich bin für mäßiges Rauchen, innerhalb und außerhalb des Büros. Ich bin dafür, daß man das Leben ruhig ein wenig genießen sollte, solange man es hat, und betrachte Nichtraucher als Fanatiker, als Menschen mit verstockten Prinzipien. Die wollen wir hier vergessen. Damit sind nur noch wir Raucher übrig. Wir können verschiedenen Gruppen zugeordnet werden: den Zigarettenrauchern, den Pfeifenrauchern und den Zigarrenrauchern. Zigarettenraucher sind gestreßte, überbeanspruchte Geschäftsleute mit kurzer Lebenserwartung. Pfeifenraucher sind besinnliche Hausmannstypen, leicht einfältige und naive Seelen, die beispielsweise, um es sehr vereinfacht zu sagen, tagelang mit einer Angelrute in der Hand in einem kleinen, langweiligen Ruderboot sitzen können, ohne etwas anderes als Blasentang zu fangen, während sie mit leerem Ausdruck über das Meer blicken und idiotisch an ihrer Pfeife paffen. Zigarrenraucher sind Topleute in der Industrie, Intellektuelle, Dichter, mit anderen Worten, Leute, die es in dieser Welt zu etwas gebracht haben, eben Menschen aus der Oberschicht, denen ein gewisser Respekt gezollt werden muß.

«Du ruinierst uns noch mit deinem vielen Zigarrenrauchen!» schimpfte Marianne vor kurzem, als sie den Kopf in mein Büro steckte, wo die Luft nach goldenem Zigarrenrauch von Corona-Corona duftete. «Mit dem ganzen Geld, das du im Laufe der Zeit für Zigarren rausgeschmissen hast, könnten wir . . .»

«Ich könnte mir eine Menge Zigarren dafür kaufen!»

«Könntest du denn nicht auf Pfeife umsteigen? Ich hätte gern einen Mann, der Pfeife raucht. Pfeifenraucher sind so gemütlich!»

«Beides zusammen, Zigarren und Pfeife, wird zu teuer!»

«Natürlich sollst du dann *ausschließlich* Pfeife rauchen. Pfeifenraucher schwören auf ihre Pfeife und rauchen nichts anderes.»

364

In die Enge getrieben, mußte ich versprechen, mir eine Pfeife anzuschaffen. Am nächsten Tag suchte ich ein Pfeifengeschäft auf.

«Haben Sie eine Pfeife?»

Der Mann hatte kaum etwas anderes. Aus einem mit grünem Filz ausgekleideten Korb fischte ich mir die erstbeste Pfeife heraus.

«298 Kronen, mein Herr. Eine Briar-Castle-Pfeife. Versuchen Sie einmal, wie gut sie in der Hand liegt.»

298 Kronen! Ich ließ die Pfeife fallen wie eine heiße Kartoffel. Eigentlich hatte ich mir etwas so um die zehn, zwanzig Kronen gedacht, wagte es aber nicht zu sagen.

«Haben Sie nicht eine etwas günstigere?»

«Soll es ein Konfirmationsgeschenk sein? Es ist ja *in*, den jungen Leuten eine Pfeife . . .»

«Nein, es ist schon für mich. Es ist nur der Preis . . . es mussen ja auch noch ein paar Kronen übrig bleiben für den Tabak. Ha, ha!»

Er *hatte* Pfeifen für etwa fünfzig Kronen, ich hatte aber fast Verständnis für seine Geringschätzung von Pfeifen in dieser Preislage, die er wohl nur führte, um etwas zu haben, das er Leuten hinterherschmeißen konnte, die nichts als eine Schachtel Streichhölzer kaufen wollten. Das Ende vom Lied war, daß ich eine echte Irish-Briar-Pipe zu 288 Kronen wählte. Mit dieser Marke würde man immer richtig liegen, meinte der Verkäufer, wenn man eine Pfeife für den täglichen Gebrauch suchte, zum Beispiel fürs Büro.

«Wir geben sechs Monate Garantie und vollen Service, wo auch immer Sie sich im Land befinden. Vergessen Sie aber nicht, sich nach der beigefügten Anleitung zu richten, wenn Sie die Pfeife einrauchen.»

Er reichte mir eine Broschüre im Umfang von 24 Seiten: «So behandeln Sie Ihren neuen Freund, The Irish-Briar-Pipe.»

Einige Tage später ließ sich Marianne wieder bei mir im Büro blicken.

«Puuhh», sagte sie und wirbelte mit den Händen durch

die Luft. «Was für eine Luft! Das ist ja furchtbar, überall hast du Krümel vom Auskratzen der Pfeife liegen. Muß das denn sein?»

«Das ist noch gar nichts! Bei richtigen Pfeifenrauchern ist es noch viel schlimmer. Warte nur ab, bis ich eine zweite Pfeife habe!»

«Noch eine?»

«In meiner Briar-Gebrauchsanleitung steht, daß man mindestens zwei bis drei zusätzliche Pfeifen zum Wechseln haben sollte. Eine warme Pfeife darf nie gestopft werden. Heute nachmittag werde ich mir ein paar kaufen.»

«Was werden die kosten?»

Bei dieser Frage sah sie etwas nachdenklich aus.

«Eine gewöhnliche Büropfeife wie diese bekommt man für 288 Kronen. Dazu kommt dann natürlich noch verschiedenes Zubehör. Nach dieser Gebrauchsanleitung benötige ich noch eine Tabaksdose aus uruguayischem Kukuwalaholz, gefällt am Ufer des Rio Santa, dazu ein Absorptionsfilter, ein Pfeifenbesteck mit entmagnetisierter Chromklinge, einen Pfeifenständer aus Palisander mit Intarsien aus weißem Elfenbein von jungen, männlichen Elefanten aus Hinterindien, ein spezielles, einfach zu handhabendes Irish-Briar-Feuerzeug aus Sterlingsilber und einen Irish-Briar-office-air-Zerstäuber, um den Geruch von Pfeifenrauch aus Tapeten und Gardinen zu entfernen. Alles in allem belaufen sich diese Ausgaben auf gut eintausend Kronen . . . bevor du mich zu den richtigen, gemütlichen Pfeifenrauchern rechnen kannst, die ihre Füße auf den Schreibtisch legen und meditieren können, den Blick in die Ferne gerichtet und ein entrücktes Lächeln um die Lippen. Ich werde mir auch noch einen speziellen Irish-Briar-easy-to-handle-Staubsauger anschaffen müssen, es läßt sich ja nicht vermeiden, daß beim Pfeifenreinigen etwas daneben fällt . . . Vorsicht, tritt nicht in den Klecks Pfeifensoße dort! Dieses widerliche, klebrige schwarze Zeugs muß ja nicht über den ganzen Teppich verteilt werden! Hast du Heftpflaster?»

«Wozu?»

«Ich habe mir die Zunge verbrannt!»

Sie schwieg eine Weile. Dann kam's:

«Wie viele Zigarren rauchtest du früher im Büro, bevor du Pfeifenraucher wurdest?»

«Zwei», sagte ich schnell und lebte sofort richtig auf. «Zwei von den kleinen zu einsfünfzig. Ganz selten vielleicht einmal drei . . . das aber nur, wenn ich in einer Konferenz war.»

Sie nahm die Pfeife und betrachtete sie.

«Eigentlich sieht man kaum, daß sie benutzt ist, findest du nicht auch? Am Sonntag wird Thorkild konfirmiert. Ich hatte gedacht, daß . . .»

«Sehr gut», griff ich sofort den Gedanken auf, zog schnell eine Visitenkarte hervor, schrieb *Dem Konfirmanden* darauf und band die Karte an die Pfeife.

Worauf ich mir eine Zigarre ansteckte. Zur Feier des Tages eine von den mittelgroßen zu 3,50. Mit Bauchbinde.

«Hm», sagte meine Sekretärin, als sie vom Essen kam. «Es duftet hier so schön männlich!»

Faule Ausreden

Wenn Sie selbst Autofahrer sind, kennen Sie die Situation. Man fährt gemütlich auf der Straße, plötzlich setzt sich ein Auto vor einen, und ein Verkehrspolizist hält eine Stoppkelle aus dem Seitenfenster. Als jederzeit gesetzestreuer Bürger hält man an – und dann bleibt einem nichts anderes übrig als der Versuch, sich aus der Falle wieder herauszuwinden, in die man schon getappt ist. Man kann die Sache auf unterschiedliche Art und Weise anpacken. Als ich das erste Mal von einer Verkehrsstreife angehalten wurde, benutzte ich die verbreitete «Tachometer-Methode», um damit zu erreichen, mit nur einer Verwarnung davonzukommen.

«Das Schild? Aber natürlich habe ich das Schild gesehen, Herr Wachtmeister, und meine Geschwindigkeit unverzüglich auf 50 herabgesetzt. Wieviel, sagen Sie? 85 bin ich gefahren? Dann muß mit meinem Tachometer etwas nicht in Ordnung sein. Hier . . . möchten Sie nicht einmal eine gute Zigarre rauchen, Herr Oberwachtmeister? Ja, wie gesagt, es muß am Tachometer liegen. Ich werde umgehend eine Werkstatt aufsuchen, es ist ja unerträglich, mit einem Auto zu fahren, das nicht hundertprozentig in Ordnung ist . . . nehmen Sie doch die Zigarre. Sie können auch ruhig die ganze Kiste nehmen, ich rauche zur Zeit sowieso nicht . . . der Hals, wissen Sie? Wo waren wir stehengeblieben? Ich kann Ihnen gar nicht sagen, wie mich dieser idiotische Tachometer ärgert . . . aber es reicht eben nicht aus, ein Elite-Autofahrer zu sein, wenn die Technik . . .»

Zehn Minuten lang hörte der Polizist geduldig zu. Vierzehn Tage später flatterte mir ein Bußgeldbescheid über 300 Kronen ins Haus.

Als es das nächste Mal wieder passierte, benutzte ich eine ganz andere Methode, die darauf hinauslief, daß ich mich auf der Stelle für schuldig erklärte. Das macht meistens Eindruck, so daß man nur eine Verwarnung erhält.

«Was habe ich verbrochen, Herr Wachtmeister? Einen

Hasen überfahren? Steht mein Auspuff in Flammen? Was auch immer ich getan habe, ich bekenne mich schuldig – wenn Sie mich bloß nicht aufschreiben. Ich habe schon 18 Jahre meinen Führerschein, und noch nie habe ich mir etwas zuschulden kommen lassen. Was sagen Sie? 140 hatte ich drauf? Das ist unmö . . . gut, ich bekenne mich schuldig. Wenn Sie sagen, daß ich 140 fuhr, dann fuhr ich eben 140, da gibt es gar keine Diskussion. Aber können Sie mir nicht doch nur eine Verwarnung geben? Es ist ja das erste Mal. In den 18 Jahren, in denen ich . . .»

Drei Wochen später mußte ich ein Bußgeld von 400 Kronen bezahlen und beschloß daher, das nächste Mal ganz anders vorzugehen, nämlich nach der «Hart-auf-hart-Methode», mit der ich mir gute Chancen ausrechnete, mit einer Verwarnung davonzukommen.

«Fuhr ich 90, wo nur 60 erlaubt sind? Na ja, man muß sich ja auch auf den Verkehr konzentrieren und kann nicht dauernd auf den Tacho starren. Sie werden mir wohl eine Verwarnung geben? Unter uns gesagt, ich bin mit dem Polizeichef gut bekannt. Wir sind beide im gleichen Verein und spielen jeden Mittwochabend Karten. Sie brauchen sich nicht die Mühe zu machen, mich aufzuschreiben, Herr Wachtmeister, ich garantiere Ihnen, daß aus dieser lächerlichen kleinen Übertretung keine große Sache wird. Sie erreichen nichts weiter als einen Anpfiff vom Polizeichef, das verspreche ich Ihnen. Also denken Sie an sich selbst, klappen Sie ihr Notizbuch wieder zu und . . .»

Zu meinem großen Ärger erhielt ich acht Tage später einen Bußgeldbescheid über 500 Kronen.

Einige Monate später wurde ich wieder angehalten, weil ich ein Geschwindigkeitsbegrenzungsschild nicht beachtet hatte, und wieder krempelte ich meine Taktik völlig um und benutzte den alten «Soldatenkameraden-Trick», von dem ich so viel Gutes gehört hatte:

«Sag mal, ist das nicht . . . doch, tatsächlich! Wir waren doch als Rekruten zusammen. Welch ein Zufall! Erinnerst du dich, als wir damals über Nacht bei diesen beiden scharfen

Rothaarigen waren? Mann, o Mann . . . wenn ich dir damals
nicht geholfen hätte, über den Zaun zu klettern, wärst du mit
Sicherheit für zwei Wochen im Arrest gelandet! Ja, das
waren noch Zeiten! Weißt du noch, als ich vom Spieß einen
Anschiß kriegte, weil du . . . was sagst du, alter Junge, ich
bin zu schnell gefahren?»

Schon ein paar Tage später flatterte der bekannte große,
gelbe Umschlag ins Haus; er enthielt einen Bußgeldbescheid
über 800 Kronen.

Vor wenigen Wochen war es wieder soweit, Marianne
und ich waren etwas zu schnell durch eine geschlossene
Ortschaft gefahren. Zum Glück saß Marianne am Lenkrad,
und ich war nicht wenig gespannt, wie sie die Situation
meistern würde.

«Zu schnell gefahren? Was meinen Sie denn damit? Ist es
nicht vielleicht kompletter Wahnsinn, daß man auf einer
Strecke wie dieser nur 50 fahren darf? Sie brauchen nicht zu
glauben, daß ich mich von den erstbesten Verkehrspolizi-
sten kujonieren lasse. Mein Mann wird wegen dieser unver-
schämten Behandlung einen Leserbrief an die Lokalzeitung
schreiben, wie Sie mit wehrlosen Autofahrern umspringen,
die nichts Ungesetzliches im Sinn haben!»

Die Polizisten hatten genug. Sie beeilten sich, Marianne
die Papiere wiederzugeben, tippten noch kurz an die Mütze
und verschwanden in ihrem Auto. «Das war doch . . .»
murmelte ich, tief beeindruckt. «Du hast sie tatsächlich dazu
gebracht, ihre Fühler wieder einzuziehen!»

«So weit kommt's noch», meinte Marianne selbstsicher.
«Diese Milchbubis, gerade frisch von der Polizeischule,
die glauben doch tatsächlich, daß ihnen die ganze Welt
gehört.»

Ich war unheimlich beeindruckt. Und das bin ich immer
noch. Die Sache liegt jetzt schon mehr als einen Monat
zurück, wir haben nichts mehr von der Polizei gehört, und
ich bin überzeugt, daß wir niemals . . .

«Hier, bitte. Ein großer, gelber Umschlag vom Polizeichef.
Was will der denn von uns?»

Entspannung am Wochenende

Wenn die Plackerei der Woche zu Ende ist und ich am Freitagnachmittag die Schutzhülle über meine Schreibmaschine werfe, dann kann es manchmal ein Freitag sein, an dem ich physisch und psychisch total fertig bin und nicht einmal die Kraft haben würde zu protestieren, falls mich jemand auf den Schrotthaufen an der städtischen Mülldeponie fahren wollte. Am vergangenen Freitag hatte ich das Gefühl, meine Nervenstränge seien so sehr angespannt, daß eine Harfenspielerin ohne weiteres eine Trauersymphonie darauf hätte zum besten geben können.

«Ich halte das nicht noch eine Woche aus», sagte ich zu Marianne. «Wenn ich mich nicht bald etwas entspanne, ist es mit mir aus und vorbei.»

«Fahr doch mal raus», schlug Marianne vor. «Nimm den Wagen und mach eine schöne, lange Fahrt hinaus in die Natur. Wozu haben wir denn die Natur und das Auto?»

«Eine Fahrt? Wohin?»

«Hinaus in die Buchenwälder, zu den Feldern, Seen und Landschaften. Es gibt so viel Schönes zu sehen in unserem herrlichen Land. Wiesen und Moore, Heuhaufen, Kühe und Schafe, überall grasende Tiere. Halte auf einem Hügel an und genieße die Aussicht, entspanne dich für einen Moment am Straßenrand, mach es wie alle anderen auch, unternimm eine ruhige, kleine Fahrt ins Wochenende und werde ein neuer Mensch . . .»

«Gut, aber dann mußt du mitfahren.»

«Das geht nicht. Du weißt doch, daß Mutter kommt. Es wird dir aber guttun, allein zu fahren . . . in Ruhe und Frieden, ganz allein.»

Ich fuhr also los. Nach zwei Stunden und fünfunddreißig Minuten war ich zurück.

«Na, wo warst du?» fragte Marianne.

«Ganz in Düllenhausen», antwortete ich stolz und sank mit einem kühlen Pils aufs Sofa. «257 Kilometer in zweieinhalb Stunden, das ist doch eine Leistung, oder? Bei dem Verkehr! Ich hatte allerdings auch ein paar Überholmanöver zu überstehen, die schon hart an russisches Roulette grenzten, das muß ich schon sagen!»

«Dann warst du wohl auch auf dem Düllenhausener Berg?» fragte Schwiegermutter. «In dieser Jahreszeit soll es da sehr hübsch sein. Stimmt es, daß man von da oben dreizehn Kirchtürme sehen kann?»

«Dreizehn Kirchtürme! Keine Ahnung, auf der ganzen Strecke von Röddingborg aus lag ich zwischen schwedischen Ausflugsbussen eingeklemmt. Die fuhren wie die Teufel, wahrscheinlich wollten sie die Fähre noch erreichen, und es herrschte ein so starker Gegenverkehr, daß an ein Überholen nicht zu denken war. Auf einem Hügelkamm mußte ich fast bis in den gegenüberliegenden Straßengraben, bis es mir endlich gelang, die Schweden hinter mir zu lassen. So etwas kann einem aber den Schweiß ins Gesicht treiben, das kann ich dir sagen!»

«Dann warst du also nicht auf dem Düllenhausener Berg?»

«Wo denkst du hin! Ich hatte genug mit Überholen zu tun. Auf dieser Strecke . . . an einem Wochenende, an dem sich alle Idioten draußen tummeln . . . da heißt es nur, die Ohren steifhalten! Und voranzukommen!»

«Bist du durch Näsköbing gekommen und durch die Wälder bei Springenborg? Da ist es auch sehr schön.»

«Näsköbing? Das weiß ich nicht. Bei Skappenborg wurde ich von einem kleinen, aufgebohrten Renault überholt. Das war mir dann doch zuviel, so einem kleinen Hüpfer zu unterliegen, wenn man selbst einen Pallas fährt, der in der Spitze seine 320 bringt! Ich legte also meinen Bleifuß drauf und überholte ihn ein paar Kilometer weiter. Es mag sein, daß es in der Nähe von Näsköbing war. Jedenfalls waren da jede Menge 70-km- und 50-km-Schilder, aber die habe ich großzügig übersehen. Ich mußte ja diesen kleinen Renault schaffen!»

«Ist die Allee bei Lerchenholm noch genauso schön wie letztes Jahr, als wir da waren? Du bist doch sicherlich dort entlang gekommen und hast alles wiedererkannt.»

«Lerchenholm? Ja, das ist vielleicht eine Sauerei mit all den Straßenbäumen! Nicht zu begreifen, daß die nicht gefällt werden! Als ich bei Lerchenholm einen Deutschen überholen wollte, hätte er mich fast zwischen die Bäume gedrängt, aber in einer Kurve kurz danach konnte ich mich rächen. Ihr hättet mal sehen sollen, wie ich auf zwei Rädern an ihm vorbeipreschte ... es hat richtig gekreischt ... Mann, der Kerl hat vielleicht gehupt!»

«Hast du ein paar grüne Zweige oder Blumen aus dem Straßengraben mitgebracht?»

«Grüne Zweige? Nein, meine Liebe, ich hatte genügend andere Dinge im Kopf. Während der ganzen Fahrt überholte ich mit Sicherheit mehr als vierhundert Autos, darunter mehrere große Mercedes, einen Jaguar, einen italienischen Esta-Sport-Special 350 S und einen Aston Martin, weißt du, den gleichen, mit dem damals James Bond ...»

«Willst du etwa sagen, daß du überhaupt nichts gesehen hast?»

«Nichts gesehen?» wiederholte ich aufgebracht. «Ich kann dir sagen, man muß die Augen offen halten, wenn man bei dem Verkehr Slalom fahren muß ... und alle Sonntagsfahrer auf einmal unterwegs sind! Auf der Kurvenstrecke bei Kirchenholm hatte ich außerdem noch eine Verkehrsstreife im Nacken, aber die habe ich schnell abgeschüttelt.»

«Es war also eine schöne Fahrt?»

«Ja, es ärgert mich nur, daß ich so lange Zeit brauchte, um diesen verrückten kleinen Renault zu überholen. Aber der Fahrer holte nun auch das Äußerste aus dem Wagen heraus, und ...»

Marianne blickte mich traurig an.

«Jetzt hast du so eine schöne Wochenendfahrt gemacht, durch einige unserer schönsten Landschaften, aber ehrlich gesagt, du scheinst dich überhaupt nicht entspannt zu haben», sagte sie. «Sieh doch mal, wie deine Hände zittern und wie du die Zähne zusammenbeißt!»

Ich ging hinüber und schloß das Fenster.

«Der Lärm von den vielen Mopeds geht mir auf die Nerven», sagte ich. «Die jungen Leute fahren ja auch heute viel zu rücksichtslos . . . und das an einem Sonnabendnachmittag, wenn man sich nach einer Woche harter Plackerei im Büro nach ein klein wenig Ruhe sehnt!»

Wohnen mit Stil

Es ist immer interessant zu sehen, wie andere Menschen wohnen, in ein neues Heim zu treten, neue Impulse und neue Ideen zu erhalten. Marianne und ich sind immer sehr gespannt, wenn wir bei Leuten eingeladen sind, die wir vorher noch nicht besucht haben. Vor kurzem erhielten wir zum Beispiel die erste Einladung von meinem Verleger, Direktor Vankelkär.

«Bitte, kommen Sie doch herein und fühlen Sie sich wie zu Hause!» empfing uns Direktor Vankelkär lächelnd, womit gleich eine freundliche Atmosphäre geschaffen war.

«Oh!» rief Marianne aus, noch bevor sie abgelegt hatte. «Sie haben es aber wunderschön hier! Welch ein entzückender Gobelin dort an der Wand! Haben Sie den aus dem Ausland?»

«Ja», nickte Frau Vankelkär, «wir haben ihn zufällig im Winter auf Mallorca entdeckt. Es ist Petit-Point-Stickerei. Der portugiesische Botschafter hat fast den gleichen an der Wand hinter seinem Schreibtisch hängen.»

«Nein, so was!»

Ich sah mir eine alte Eichentruhe mit gediegenen Metallbeschlägen an. «Ich wette, diese Truhe hat mindestens ihre zweihundert Jahre auf dem Buckel», sagte ich.

«1762», erläuterte Vankelkär. «Ich fand sie auf einer Auktion irgendwo drüben in Jütland. Der frühere Besitzer hatte darin Setzkartoffeln aufbewahrt! Das schreit ja direkt zum Himmel! Der Hammer fiel bei 120 Kronen.»

«Bei einem Antiquitätenhändler müßten Sie heutzutage wohl mindestens acht- bis zehntausend hinblättern?» meinte ich.

«Das ist nicht weit daneben getippt, mein Lieber», stimmte Vankelkär mit geschwellter Brust zu.

Dann gingen wir in den Salon. «Oh, was für ein wundervoller Teppich!» rief Marianne aus. «Ist das ein echter Hamadan?»

«Es ist ein antiker Bidschar. Wir haben ihn übrigens gerade erst bekommen. Ich kann Ihnen gar nicht sagen, wie schwer es ist, genau das richtige zu finden! Wir hatten hier ein Sortiment zur Ansicht für einige hunderttausend Kronen. Aber Sie wissen ja . . . wenn man echte, gediegene Ware kauft und das Geld dafür auf den Tisch legen kann, dann bringen einem die Leute alles ins Haus.»

«Jedenfalls ist es eine absolut sichere Kapitalanlage», meinte ich.

«Genau!» sagte Vankelkär. «Wenn einem das Kleingeld in der Tasche brennt, ist es nie verkehrt, in echte Teppiche zu investieren. Jedenfalls besser, als dem gierigen Finanzamt alles in den Rachen zu schmeißen!»

«Hast du das schon gesehen?» kam Marianne an und zupfte mich am Ärmel. «Da, die Sèvres-Lampe! Ist die nicht schön? Es *ist* doch Sèvres, oder?»

«Ja, ich denke schon», lächelte Frau Vankelkär. «Mein Mann fand sie letztes Jahr in Südfrankreich. Sie soll aus einem Schloß stammen. Mein Mann behauptet, er habe nur 800 Francs dafür ausgegeben, aber . . .»

«Hepplewhite!» unterbrach ich, als ich einen Blick ins Eßzimmer warf. «Ja, Stilmöbel haben nun mal etwas Besonderes an sich! Wir haben übrigens selbst auch ein Hepplewhite-Eßzimmer, aber ich muß sagen, bei Ihnen kommt es erst so richtig zur Geltung, in dieser Umgebung! Diese Tapete ist ja wie geschaffen für Hepplewhite!»

«Ja», warf Marianne ein, «*unser* Eßzimmer müssen wir auch bald neu tapezieren lassen. Was sollen die Leute von uns denken, wenn . . . oh, *das* sind aber schöne Leuchter! Wo haben Sie die bloß her?»

«Ach, die fand mein Mann zufällig bei einer Kunstauktion von einer sogenannten herrschaftlichen Hinterlassenschaft. Aber bitte sehr, kommen Sie, der Kaffeetisch ist gedeckt!»

Wir nahmen im Rokokosalon Platz, und Marianne bewunderte die prachtvolle Tischdecke aus Valeurseide. So verging der Abend. Es war reichlich spät geworden, als wir aufbrachen. «Es war sehr, sehr interessant zu sehen, wie herrlich

Sie wohnen», sagte Marianne, als wir uns verabschiedeten. «Es war ein wirkliches Erlebnis!»

Dann winkten wir zum Abschied und gingen zum Wagen.

«Na», sagte Marianne, als wir durch die ruhige Villengegend nach Hause fuhren, «was findest du?»

«Na ja», meinte ich und zuckte die Schultern, «das war ja nicht gerade das, was ich erwartet hatte. Nicht nach allem, was er erzählt hat. Dieser Gobelin im Flur . . . ein hirnrissiger Platz dafür! Und wenn der portugiesische Botschafter wirklich auch einen solchen hat, dann bedaure ich seinen Geschmack!»

«Und die Eichentruhe! Wie alt, behauptete er, sollte die sein?»

«Von 1762! 1962 dürfte eher stimmen. Reine Imitation!»

«Und glaubst du wirklich, daß der Teppich im Salon ein echter Bidschar ist?»

«Bidschar! Es war Baumwolle, das Angebot der Woche aus irgendeinem Billig-Warenhaus! Auf Abzahlung und sechs Monate zinslos!»

«Und die Sèvres-Lampe hatte einen Sprung!» kicherte Marianne.

Mir fiel das Eßzimmer ein. «Ich begreife nicht, was die Leute mit einem Hepplewhite-Eßzimmer wollen, wenn sie nicht den Platz dafür haben», sagte ich.

«Und dann diese schreckliche Tapete!» Marianne schüttelte den Kopf.

«Und die Leuchter, um Himmels willen!» Ich schauderte bei dem Gedanken. «Die würde ich nie und nimmer haben wollen, und wenn sie mir nachgeschmissen worden wären, als ich ging!»

Nun ja, das könnte vielleicht noch passieren – wenn Vankelkär dies liest. Aber das wird er wohl kaum tun. Vorausgesetzt, man beurteilt seine Leseinteressen nach den Exemplaren von *Financial Times, Wirtschaftswoche* und dem *Hof- und Staatskalender*, die er sorgsam auf seinem Schreibtisch liegengelassen hatte.

Hungerkur

Es folgt eine kleine Geschichte aus der Zeit, als ich noch ein junger, armer Dichter war, ein verkanntes Genie, bei dem das Geld hinten und vorne nicht reichte. Ich hatte noch nicht meine vielen Bücher geschrieben, noch keine Ahnung, daß es etwas gab, das Straßburger Gänseleberpastete hieß; ich kannte keine Lammkeule, keine echte Schildkrötensuppe, keine halben Hummer und keinen frischen geräucherten Lachs. Ich hatte genug damit zu tun, überhaupt etwas Butter für das trockene Schwarzbrot und ein paar Frikadellen für die Pfanne herbeizuschaffen. Meine kulinarischen Ansprüche waren einfach und unkompliziert. Wie alle anderen Ehefrauen erhielt auch Marianne natürlich Haushaltsgeld, aber heute kann ich ohne weiteres zugeben, daß manchmal eine ziemlich lange Zeit zwischen den Zahltagen vergehen konnte.

Wenn Mariannes Haushaltskasse so leer war wie ein Klingelbeutel in der Hölle, wenn sie überall das letzte Kleingeld zusammenkratzen mußte, ja, dann gab es zum Essen unweigerlich Hornfisch oder gebratenen Hering, das Billigste, was es damals gab, und das Schlimmste, was ich damals kannte.

«Pah!» gab ich meinem Abscheu Ausdruck, als ich die Heringe ihr Fett in der Pfanne ausschwitzen sah. «Schon wieder gebratenen Hering! Du hast nicht gerade viel Phantasie, Schatz!»

«Dann mußt du mir eben mehr Haushaltsgeld geben!» Mariannes Verteidigungsmechanismus funktionierte augenblicklich.

«Du könntest das Geld, das du hast, vielleicht besser einteilen», schlug ich vor.

«Oder du schränkst deinen Bierkonsum ein. Außerdem kann ich mit den paar Kalorien, die wir uns leisten können, unmöglich mein Normalgewicht halten. In diesem Monat habe ich schon fast vier Pfund abgenommen!»

«Es steht dir gut, Schatz!»
Ich selbst zeigte keine Spur von Unterernährung. Ich übte
ja eine sitzende Tätigkeit aus, und man trank auch mal ein
Bier oder zwei, wenn man sich zusammen mit anderen
jungen, aufstrebenden Dichtern in den Künstlerkneipen der
Stadt seine Anregungen holte. Tatsächlich zeigte sich bei
mir schon damals der Ansatz eines kleinen, bürgerlichen
Grossistenbauches.

«Gib mir mehr Haushaltsgeld, und du kriegst zweimal in
der Woche ein großes, saftiges Beefsteak . . .»
Ich zog es vor, die Ermahnungen zu überhören. So völlig
leer war meine Brieftasche nämlich nicht. Wenn man sie
ganz genau durchforstete und sie ein paarmal drehte und
wendete, dann ließen sich durchaus ein Zehner oder zwei
finden, aber eine kleine Reserve wollte ich gerne für unvor-
hergesehene Ausgaben behalten, für Tabak, für ein Glas Bier
oder zwei, wenn mich der Durst überkam, nachdem ich von
Redaktion zu Redaktion gelaufen war, um die Schöpfungen
meines Geistes anzupreisen.

So sind wir Männer.

Und da konnte man nichts machen. Oder doch? Marianne
gab es zunächst auf, sich eine kleine Erhöhung des Haus-
haltsgeldes bewilligen zu lassen, aber damit war noch lange
nicht gesagt, daß sie nicht Mittel und Wege kannte, die doch
noch zum Ziel führen würden. Besonders an einen ihrer
kleinen, gemeinen Tricks erinnere ich mich noch sehr deutlich. Eine ganze Woche lang hatte es Hering und Wasser-
grütze gegeben, aber dann hatte ich mein erstes Buch
verkaufen können und sogar einen Vorschuß erhalten. Das
mußte gefeiert werden. Natürlich hätte man seine geliebte
Ehefrau auch an dem vielen, schönen Geld teilhaben lassen
sollen – indem man zum Beispiel das Haushaltsgeld aufbes-
serte –, aber ein solcher Gedanke kam mir nicht. Als Dichter
hatte man an genügend andere Dinge zu denken. Aber ein
Abend im Theater, das sollte sein. Seit Jahren waren wir
nicht mehr im Theater gewesen. Wir waren dabei, uns
umzuziehen (damals zog man sich nämlich noch um, wenn

man ins Theater ging), als ich plötzlich eine schockierende Entdeckung machte.

Fünf Minuten später steckte ich meinen Kopf ins Badezimmer.

«Marianne», sagte ich mit bebender Stimme, «ich habe beschlossen, dir ab sofort 100 Kronen mehr an Haushaltsgeld zu geben. Wir müssen dann eben überlegen, wo wir das Geld einsparen können. Aber ausreichend zu essen, das müssen wir auf jeden Fall haben – von morgen an.»

Glücklich flog Marianne mir um den Hals.

«Du bist ein richtiger Schatz», sagte sie. «Aber was hat dich auf einmal dazu gebracht, einen so ernsten Entschluß zu fassen?»

«Ich habe abgenommen», sagte ich, am Rande der Panik. «Von der Hungerration, die es in der letzten Zeit hier in diesem Haus gegeben hat, kann ich nicht leben. Ich habe alle meine Hosen anprobiert . . . und sie sind mir alle zu weit!»

Für die kommende Woche versprach sie mir Erbsensuppe, Braunkohl mit Speck, Bratwurst und große, saftige, mürbe Beefsteaks. Ich war beruhigt.

Einige Zeit später, als ich nach dem Essen zufällig durch den Flur ging, hörte ich Stimmen aus der Küche. Marianne und ihre Freundin unterhielten sich beim Abwaschen.

«Stimmt es wirklich, daß du jetzt mehr Haushaltsgeld kriegst?» hörte ich die Freundin sagen. «Oh, wie ich dich beneide, aber mein Sven rückt keinen Groschen extra heraus. Sag mal, wie machst du das eigentlich?»

«Das ist ganz einfach», klang die selbstsichere Stimme von Marianne zu mir heraus. «Ich lasse meinen Mann glauben, daß er abgenommen hat . . . und das glaubt er, wenn ich alle seine Hosen ein paar Zentimeter weiter mache!»

Rasanter Fahrstil

Die meisten Menschen sehnen sich nach Reichtum, Macht und Einfluß. Ich persönlich sehne mich eher nach eingelegtem Hering ... und den findet man ja zum Glück immer noch auf den meisten reichgedeckten Tischen in den Dorfkrügen überall an den Landstraßen. Und wenn man sich die Heringe und den Curry-Salat und die gebratenen Hähnchenschenkel zu Gemüte geführt hat und das alles sich in ein paar kleinen Schnäpschen tummeln darf ... ja, dann ist die Zeit gekommen, wo man getrost seine Autoschlüssel vergessen und Muttern fahren lassen kann. Diese gute Regel vergaß ich letzten Sonntag.

Wir hatten eine kurze Fahrt aufs Land gemacht, Marianne und ich. Und in einem gemütlichen kleinen Dorfkrug nahmen wir ein gemütliches kleines Essen zu uns. Mit allem, was dazu gehört. Es wurde schon dunkel, mein Schnapsglas war endgültig leer, die Konversation wollte nicht mehr vorangehen, es war Zeit, nach Hause zu fahren. Ich half Marianne in den Mantel und holte die Autoschlüssel hervor. Der Ober fragte, ob es nicht besser sei, daß ich meine Frau fahren ließe. Oder ob er vielleicht ein Taxi rufen sollte.

«Mit mir ist alles in Ordnung, mein Herr», sagte ich und legte dem Mann beruhigend die Hand auf die Schulter. «Ich fahre am besten, wenn ich ein klein wenig intus habe. Und außerdem habe ich ja meine Frau, die paßt schon auf, daß ich immer geradeaus fahre!»

Dann gingen wir in die Dämmerung hinaus und fanden auch unser Auto. Ich kletterte an Bord – plötzlich bekam ich einen Schreck.

«Verdammt noch mal», rief ich aus. «Irgend jemand hat das gesamte Cockpit entfernt, Lenkrad, Pedale, nichts ist mehr da!»

«Quatsch!» meinte Marianne. «Du bist nur auf den Rücksitz gekrochen. Meinst du nicht doch, daß ich lieber fahren sollte?»

«Unsinn . . . die paar Gläschen. Das ist alles schon längst verdunstet. Ich bin jetzt so nüchtern wie eine ganze Limonadenfabrik.» Ich kantete mich hinter das Lenkrad. Der Wagen sprang an.

«Sag mal, wer streut denn hier dauernd Zigarrenasche über mein schönes neues Hemd? Hoppla, das war wohl der Rückwärtsgang. Na ja, wird Zeit, daß wir losfahren. Je schneller wir fahren, um so geringer werden die Chancen, daß wir gefaßt werden!»

Nach einiger Zeit fanden wir den Weg auf die Landstraße. Plötzlich gab Marianne ein Geheul von sich. Ich stieg sofort auf die Bremsen.

«Hast du den kleinen Renault denn nicht gesehen?» fragte sie außer Atem.

«Einen kleinen Renault? Der muß schon *sehr* klein gewesen sein!»

In zügigem Tempo fuhren wir weiter. Wir waren eine Viertelstunde gefahren, ich döste vor mich hin, als Marianne plötzlich aufschrie:

«Bremsen! DER ZUG!!»

Ich fuhr zusammen, gab sofort Vollgas und zwängte mich über den Eisenbahnübergang. Guter Stil! Der heranbrausende Milchkannenexpress schaffte es nur gerade noch, das verchromte Ende meines Auspuffs abzuschneiden.

«Du bist wohl von Sinnen, so durchzupreschen!»

«Na, na . . . jetzt nicht grob werden! Es gibt immer noch etwas, das Vorfahrt heißt!»

«Hast du denn das rote Blinklicht nicht gesehen?»

«Welches Blinklicht? Natürlich habe ich es gesehen. Aber wenn so ein kleiner Mistzug es derart eilig hat, muß er doch früher von zu Hause losfahren! Wir privaten Autofahrer haben auch noch ein paar Rechte. Schließlich bezahlen wir Steuern!»

Ich gab etwas mehr Gas. Ein paar Kilometer ging es prima. Ich döste wieder etwas, als plötzlich eine gellende, warnende Hupe ertönte, aber es passierte nichts. Ich schaffte es. In sehr, sehr gutem Stil.

«Hast du das Schild nicht gesehen? Hauptstraße! Das Stoppschild bedeutet doch Anhalten! Du bist ohne anzuhalten weitergefahren!»

«Gut, gut, aber auch wenn die Leute auf der Hauptstraße fahren, gehört ihnen noch lange nicht das ganze Land.»

«Vorsicht . . . du darfst doch nicht am Berg überholen.»

«Wo steht das geschrieben? Wir leben in einem freien Land! Ha! Hast du gesehen, wie dieser kleine Fiat auf den Seitenstreifen mußte? Oh . . . war das etwa die Polizei? Dann müssen wir wohl zusehen, daß wir wegkommen. Wir nehmen einfach den kleinen Feldweg da vorne . . . was ist denn das schon wieder? Gackerst du etwa so? Hast du ein Ei gelegt?»

«Du bist durch einen Hühnerhof gefahren.»

«Hühnerhof? Guck mal . . . es schneit!»

«Das ist kein Schnee. Das sind Hühnerfedern.»

«Ich hatte den Eindruck, daß da eine Kurve . . .»

«Da war auch eine Kurve. Du bist nur in der falschen Richtung abgebogen.»

«Das läßt sich ja ändern. Wir können hier wenden.»

Ich wendete den Wagen auf einem kleinen, kiesbestreuten Platz mitten im Dorf. Beim Rückwärtsfahren hörte ich ein gewaltiges Klirren von berstendem Glas.

«Du bist in das Schaufenster eines Supermarktes gefahren. Ich glaube, jetzt muß ich wohl lieber . . .»

«Supermarkt? Wolltest du etwas einkaufen? Das ist ja grober Unfug, einen Supermarkt mitten auf die Fahrbahn zu stellen! Laß uns bloß nach Hause kommen. Ich sehne mich nach meinem Bett!»

Ich fand den Weg zurück zur Hauptstraße. Plötzlich hörte ich eine Polizeisirene. Ich wollte den Polizisten nicht im Wege sein, wenn sie es eilig hatten – also bog ich in die erstbeste Nebenstraße ein. Das Sirenengeheul blieb hinter mir. Ich trat das Gaspedal ganz durch. Es waren nur noch fünf oder sechs Kilometer bis nach Hause.

«Warum hältst du nicht an und fragst sie, ob sie etwas von dir wollen?»

«Nein, danke. Ich bin nicht neugierig.»

Es gelang mir, ihnen zu entwischen. Zehn Minuten später fuhr ich den Wagen in die Garage. «Osten oder Westen, zu Hause ist's am besten», atmete ich erleichtert auf, als wir im Flur standen und ich Marianne galant aus dem Mantel half. In diesem Moment schrillte die Türglocke. Ich öffnete. Zwei grimmige, breitschultrige Beamte füllten die Türöffnung aus.

«Hallo, Freunde», sagte ich munter. «Kommt doch auf einen Schluck herein! Wird euch guttun, wenn ihr die ganze Zeit draußen sein müßt!»

Sie waren an meiner Gastfreundschaft überhaupt nicht interessiert. Sie sagten, sie wollten mich nur zu einem kleinen Spielchen abholen.

Ballons aufblasen!

Ein Wunder von einem neuen Auto

Ich sah es auf einer Automobilausstellung und war auf der Stelle davon begeistert, und nachdem ich meine letzten Groschen vom Konto abgehoben und der Bank auf einem dicken Bündel von Wechseln auch noch mehrere Autogramme gegeben hatte, gehörte das Wunder mir. Nun dürfen Sie nicht glauben, daß es sich um eine kleine Familienkutsche handelt, vielleicht sogar mit Krankenkassenzuschuß und stotterndem Vergaser, nein, es ist echte Oberklasseware von dort drüben, wo der Dollar zu Hause ist, frisch vom Super-de-luxe-Band gelaufen, ein Silver Bird, Crush-Proof und NASA-Designed, Modell Apollo X-X mit Power Switch-Go-Easy-No-Hands-Schaltgetriebe, Cloud Ride DC 12-c-c-Concorde-Control-Regulator, Frost-Away-All-Weather-System und noch hundertsiebzehn weiteren Raffinessen, auf die einzugehen hier zu weit führen würde. In aller Bescheidenheit begnüge ich mich damit, hervorzuheben, daß das Auto ganz einfach Spitze ist. Ein Auto, das seinen Besitzer etwa die gleiche Menge Geld kostet, für das man früher einen mittelgroßen Bahnhof bauen konnte, komplett mit Lokomotive, Drehscheibe, Remise und so weiter. Ich kann an keiner Tankstelle vorfahren, ohne daß bei sämtlichen Mechanikern die Augen leuchten wie ein kompletter Weihnachtsbaum.

«Und dann sollten Sie mal sehen, wie der abzieht, wenn man ihm eine Autobahn unter die Räder schiebt!» sagte ich zu Larsen, meinem Nachbarn, als ich das Garagentor aufwippte, um ihm das Wunderwerk vorzuführen. Er selbst fuhr in einem häßlichen, unhandlichen Luftschiff herum, das zwar viele Extras hatte, Super Flash Special Syncromesh, 4-Speed-All-in-One-Easy-to-Push-Overgear und Multispectral-Sun-Panorama-Auto-O-Scope-Full-View-Frontscheibe, aber das war alles schon seit Monaten hoffnungslos veraltet, aber der Mann konnte es sich wohl nicht leisten, den Wagen zu wechseln bei diesen harten Zeiten.

«Der sieht gut aus», räumte er ein. «Ein Achtzylinder?»

«Achtzylinder!» sagte ich spöttisch. «Glauben Sie, das ist eine Nähmaschine? Es ist ein doppelt wirkender Back-and-Forth Fool-Proof Full-Speed Glide-Out Built-in Swing-up Go-down Super Extra Dry Royal Flush Hi-Fi-Motor mit zwölf Zylindern in V-V-Form und selbsttätigen Close-to-Hand Blowout Safe Long-Life-Zündkerzen.»

Es würde, wie gesagt, hier zu weit führen, auf alle Finessen meines neuen Autos einzugehen, aber todschick, das ist es. Daran gibt es nichts zu deuteln. Und ich will freiwillig zugeben, daß ich in der ersten Nacht nicht aus der Garage loszureißen war.

«Komm jetzt herein! Es ist Bettzeit», rief Marianne immer wieder, ohne daß ich darauf reagierte. Am liebsten hätte ich auf einer Luftmatratze in der Garage übernachtet, um das Wunderwerk die ganze Zeit vor Augen zu haben. Zum Schluß kam Marianne heraus, um mich zu holen.

«Hast du die melodische Hupe gehört?» fragte ich.

«Ja, ja, mein Lieber, ich *habe* sie gehört. Zu überhören ist sie ja nun wirklich nicht!»

«Bist du dir darüber im klaren, daß sie sieben Töne im Dreiklang und eingebautes Stereo hat? Hör doch mal!»

Ich betätigte die selbstauslösende Long Distance Soft-Soft Longplaying Ac-Dc Signalmelodiehupe, und es erklang eine Strophe, wie sie schöner nicht einmal auf der großen Wurlitzer-Orgel im Dom von Mailand gespielt werden könnte.

«Das läßt sich hören, was? Ich kann dir sagen, mit dieser Hupe kriegt man die alten Damen auf dem Zebrastreifen zum Laufen! Mit wehenden Röcken! Hast du auch die Aschenbecher gesehen? Es sind sechs selbstentleerende, federnd gelagerte, hochselektive Pall Mall nikotinfreie De-Luxe-Aschenbecher mit Goldfilterstabilisatoren, Air-condition Extra-Extra Dust Spray und hier . . . was sagst du dazu? Family-Size hochsensitive, radargesteuerte Röntgen-Zigarrenanzünder mit ultravioletten Laserstrahlen, automatischer Klimakontrolle und einem Mini-Grill!»

Doch, das war ein Wagen, der sich sehen lassen konnte.

Dennoch kam ich vor kurzem in tiefer Niedergeschlagenheit von einer kurzen Stadtfahrt nach Hause. Absolut schlecht gelaunt schloß ich mich in meinem Arbeitszimmer ein und weigerte mich tagelang, etwas zu essen. Endlich bekam Marianne aus mir heraus, daß es mein neues Auto war, das die Schuld an meinem Mißmut hatte. Ja, Mißmut ist nicht einmal der richtige Ausdruck, eigentlich hatte ich einen kleineren Nervenzusammenbruch erlitten.

«Du mußt mit einem Arzt reden», sagte Marianne. «So kann es jedenfalls nicht weitergehen.»

Nach einer Woche weigerte ich mich immer noch, in die Garage zu gehen und nach dem Auto zu sehen. Halb hysterisch schrie ich, daß ich es nie wieder unter meinen Augen haben wollte.

«Geh jetzt zum Arzt, hörst du? Vielleicht gibt er dir ein paar Pillen.»

Ich ging also zum Arzt.

«So, dann sagen Sie mal, was Sie bedrückt», sagte er, als er mich kreuz und quer untersucht hatte, ohne irgendwelche organischen Leiden feststellen zu können.

«Ja, sehen Sie, ich war auf dem Weg in die Innenstadt. In meinem neuen Auto mit zweifach wirksamer Back-and-Forth Fool-Proof Full-Speed Glide-Out Built-In Swing-Up Go-Down Super-Sup . . .»

«Die technischen Einzelheiten können Sie weglassen!»

«Na gut, ich brachte also an einer roten Ampel den Wagen mit einer Vollbremsung zum Stehen, neben mir hielt ein langhaariger Lümmel in einem alten, hohen, psychedelisch angestrichenen Ford 36 mit Jugendstilgardinen, selbstklebenden Asterix-Postern, Blumenkasten und noch ein paar weiteren jugendlichen Narreteien. Die Ampel wechselte auf Gelb. Ich bereitete mich auf den Start vor. Die Ampel wechselte auf Grün, und bevor ich mit dem Fuß an das vollautomatische Extra-Extra First-On-the-Road Gaspedal kommen konnte, hatte der unverschämte, freche, langhaarige Lümmel das Pedal durchgetreten – und war mit einem frechen Grinsen weg wie der Blitz!»

Lexikomanie

Kaffeepause im Büro.

Fräulein Hansen, meine Sekretärin, hatte es sich in einem der behaglichen Konferenzstühle bequem gemacht, in der einen Hand die Kaffeetasse, in der anderen Hand einen spannenden Roman in einem Wochenblatt. Ich saß an meinem Schreibtisch, kaute an einem kalten Zigarrenstummel und korrigierte ein paar wichtige Manuskripte.

«Was bedeutet *opalisierend?*»

Es war Fräulein Hansen, die mein großes Allroundwissen in Anspruch nehmen wollte.

«Opa . . . was?»

«Opalisierend.»

Ich riß ein Streichholz an und sog am Zigarrenstummel.

«Opalisierend», murmelte ich versuchsweise. Das Wort kam mir bekannt vor, ich konnte es jedoch nicht stehenden Fußes definieren – das heißt, ich saß zwar, aber so auf die Schnelle und aus dem Stegreif?

«In welchem Zusammenhang kommt das Wort vor?»

Fräulein Hansen schob ihre Lesebrille besser zurecht und zitierte aus dem Roman: «‹Als der junge, dunkle Gigolo das Spielkasino betrat und die weiße Kugel gerade ihren teuflischen Tanz im Roulette begann, auf dessen grünem Bezug die Gräfin, einer plötzlichen Eingebung folgend, ihren gesamten Stapel Jetons auf ‹ein› – oder wie es ausgesprochen wird – ‹plaziert hatte, drehte sie sich kurz zu ihm um und sandte einen opalisierenden Blick zu ihm hinüber, als wollte sie andeuten, daß . . .›»

«Ende des Zitats», unterbrach ich und schnitt die Spitze einer neuen Zigarre ab. «Opalisierend», murmelte ich noch einmal und schmeckte etwas am Wort, hauptsächlich, um Zeit zu gewinnen. Es war ja nicht gerade ein Wort, das man in seiner täglichen Konversation in jeden zweiten Satz einbaute.

«Haben Sie es noch nie gehört? Opalisierend?»

«Doch, natürlich habe ich das. Ich will aber zur Sicherheit lieber noch einmal nachschlagen . . .»

Ich ging zum Bücherschrank und fischte den Band 16 des Lexikons hervor, *Nedjef – Patroklos*. Ich fand einen Artikel über Opal, ein Mineral, bestehend aus Kieselsäure mit unterschiedlichem Wassergehalt. Das war wohl kaum das richtige. «Die Gräfin sandte dem Gigolo einen Kieselsäureblick mit stark variierendem Wassergehalt.» Totaler Quatsch. Dort, wo man erwarten durfte, das Wort *opalisierend* zu finden, gab es eine Stadt in der Tschechoslowakei, am Fluß Oppa im früheren Schlesien.

Opava hieß die Stadt. Ich hatte noch nie davon gehört.

«Kennen Sie Opava?» fragte ich.

«Opa . . . was?»

«Opava. Wissen Sie, was Opava ist?»

«Nein, aber schlagen Sie es doch nach, wenn Sie es gerne wissen wollen.»

«Das habe ich gerade getan. Es steht hier drin. Es interessiert mich nur, ob Sie irgend etwas über Opava wissen.»

«Ist es etwas zum Schuheputzen? Ein Waschmittel . . . vielleicht ein japanisches? Es klingt etwas japanisch . . . jedenfalls in der Richtung.»

«Opava ist eine Stadt in der Tschechoslowakei: ‹Opava ist eine bedeutende Industriestadt, insbesondere Textilien, Holz und Lebensmittel. Etwas Bergbau.›»

«Ich hatte keine Ahnung.»

Kein seltener Ausspruch einer Sekretärin. Heutzutage. Mit starrem Blick las sie weiter über den Gigolo und die Gräfin, während ich meinen Horizont damit erweiterte, was der Band 16 des Lexikons über Oologie, Op-Art, Opium, Orang-Utan und Orgelkorallen zu berichten hatte. Dann warf ich einen Blick in die Morgenzeitung, wonach die Kaffeepause so weit fortgeschritten war, daß ich mich wieder der nervenaufreibenden täglichen Plackerei zuwenden mußte. Ich blickte zu Fräulein Hansen hinüber. Sie war mit ihrem Roman fertig und sah mit ausdruckslosem Blick ins Leere.

«Haben Sie etwas?» erkundigte ich mich.

«Nein, ich sitze nur und überlege, warum in aller Welt ich wissen wollte, wie diese blödsinnige Industriestadt in der Tschechoslowakei heißt.»

«Opava?» sagte ich und war sehr darauf bedacht, ihre Aufmerksamkeit bloß nicht auf die Tatsache zu lenken, daß sie eigentlich das Wort *opalisierend* erklärt haben wollte. Mit dem mir zur Verfügung stehenden, leicht veralteten Lexikonmaterial war ich ja nicht in der Lage, diesen Begriff genauer zu definieren.

«Vielleicht stand irgend etwas über Opava in Ihrer Zeitschrift?» versuchte ich.

Sie gab sich mit dieser Erklärung zufrieden, und wir begannen mit der Arbeit.

Während der Kaffeepause am nächsten Tag kam sie plötzlich auf das Thema zurück.

«Jetzt hab ich's», sagte sie. «Ich habe die ganze Nacht wachgelegen und wie wild darüber nachgedacht, ohne darauf zu kommen. Aber jetzt weiß ich's wieder!»

«Was denn?»

«Ottawa. Ich weiß jetzt wieder, warum ich gestern wissen wollte, wo Ottawa liegt!»

«Und?»

«Sehen Sie, als der Graf plötzlich mit seinem Jagdgewehr auftauchte und die beiden Liebenden in dem *Boudoir* – oder wie es nun genau ausgesprochen wird – der Gräfin überraschte, konnte der Gigolo im letzten Moment entkommen, worauf er mit der Gräfin nach Ottawa emigrierte.»

Sie breitete ihre Zeitschrift vor mir aus und zeigte mir einen der letzten Sätze des hochdramatischen Romans.

«Sie wissen ja gar nicht so viel, wie ich immer geglaubt habe, Chef!» setzte sie triumphierend fort. «Ich habe es selbst nachgeschlagen, Ottawa liegt nämlich gar nicht in Jugoslawien, sondern in Kanada!»

Rezeptur

Ministerialdirektoren, Brigadegenerale, königliche Hof-
schauspieler, geschäftsführende Direktoren, Rektoren,
Fernsehproduzenten, Bürgermeister, Abgeordnete, Land-
räte und Repräsentanten der medizinischen Wissenschaft,
das sind alles Menschen, die kraft ihrer Position, ihrer
messerscharfen Intelligenz und ihres hohen Bildungsstan-
des jedem Familienfest in einem gutbürgerlichen Heim
Glanzlichter aufsetzen können. Leider umfaßte unser Bekanntenkreis nur sehr wenige Mitglieder dieser hochgestell-
ten Kreise, ja, es war sogar so, daß nur Onkel Karl aus
Düllhausen überhaupt in deren Nähe gerückt werden konnte. Er war praktischer Arzt. Kassenarzt, aber jedenfalls Arzt.
Und da er dafür bekannt war, auf Gesellschaften besonders
unterhaltsam zu sein, schickten wir ihm natürlich eine
Einladung. Wir baten ihn, unserem Fest seinen Glanz aufzusetzen. Der Anlaß war Mariannes Geburtstag, und da es ein
runder Geburtstag war, ein sehr runder sogar, lag es ja nahe,
ihn auch einzuladen, obwohl wir schon recht lange keinen
gesellschaftlichen Umgang mit dem Herrn und der Frau
Doktor aus Düllhausen mehr gehabt hatten.

Es vergingen ein paar Tage, dann traf seine Antwort ein.
Er hatte sich kurz gefaßt, offensichtlich war er sehr beschäf-
tigt gewesen. Er hatte einfach einige Zeilen auf seinen
Rezeptblock gekritzelt.

«Na?» fragte Marianne gespannt, als ich den Text überflog.
«Kommen Sie?»

«Ich weiß es nicht», antwortete ich und legte das Rezept
auf den Tisch.

«Ja, aber dann lies doch! Er hat vermutlich geschrieben,
damit wir es lesen sollen, oder?»

«Ich habe es gerade gelesen. Sogar dreimal.»

«Dann mußt du ja wohl wissen, ob sie kommen oder
nicht!»

«Nein.»

«Warum nicht?»

«Weil ich nicht eine einzige Silbe seiner verkrüppelten Krakeleien entziffern kann.»

Marianne ergriff das Rezept und überflog das Geschriebene. Sie drehte und wendete es, legte den Kopf mal zur einen, mal zur anderen Seite, kniff die Augen zusammen, riß sie wieder weit auf, las es einmal mit und einmal ohne Brille. Dann schüttelte sie resignierend den Kopf.

«Na?» fragte ich. «Kommen sie?»

«Du hast recht. Es ist unmöglich. Ich kann kein Wort lesen. Warum müssen Ärzte auch immer so unleserlich schreiben? Oder ist es am Ende Arabisch?»

Da war vielleicht etwas dran. Ich holte eine Lupe und studierte den Text. Minuziös betrachtete ich jedes Wort.

«Was kommt dabei heraus?»

«Entweder ist es Griechisch oder Latein . . . oder, Moment mal, diese Kringel da könnten auch hebräische Schrift sein. Wo hat Onkel Karl denn bloß Hebräisch gelernt? In der Schule hat er sich in Fremdsprachen doch nie besonders hervorgetan.»

«Laß mich mal.»

Ich überließ Marianne das Rezept und die Lupe. Auch sie kam damit nicht weiter. Ich versuchte eine gute alte Methode, indem ich mit beiden Händen eine Art Röhre bildete, ein Auge schloß und mit dem anderen Auge angestrengt durch die Röhre blickte. Messerscharf zeichneten sich die Buchstaben auf dem Papier ab, aber ich konnte beim besten Willen keinen Zusammenhang entdecken.

«Aber irgendwie müssen wir doch herauskriegen, ob sie nun kommen oder nicht. Ich kann ja keine Tischordnung machen, bevor ich nicht weiß, wie viele kommen. Weißt du jemanden, der die Schrift eines Arztes lesen kann?»

«In der Apotheke müßte es gehen. Die machen das ja den ganzen Tag.»

Das war ein Gedanke. Ich steckte Onkel Karls Rezept ein, sprang in den Wagen und eilte zur nächsten Apotheke.

Einer freundlichen Apothekenhelferin reichte ich das

Rezept und fragte: «Könnten Sie mir bitte sagen, was hier steht?»

«Einen Augenblick bitte», antwortete sie und verschwand mit dem Rezept. Nach einigen Minuten erschien sie mit einer großen Flasche Paraffinölemulsion wieder. Auf dem Etikett stand: «3x tgl. 1 Eßl.»

«Das macht 9,50», sagte die Apothekenhelferin.

«Sind Sie sicher, daß das auf dem Rezept steht?» fragte ich, leicht verwirrt.

«Wir lesen hier niemals falsch», war die spitze Antwort. «Es handelt sich wohl um Dickdarmkatarrh oder ein anderes Dickdarmleiden, oder?»

«Nein, sehen Sie, die Sache ist die, daß . . . meine Frau . . . daß mein Onkel . . .»

Ich gab's auf. Es würde zu kompliziert werden, der weiß-bekittelten Dame den wahren Sachverhalt darzustellen. In der Apotheke liest man nicht falsch. Basta. Also nahm ich die Flasche mit Paraffinölemulsion und fuhr nach Hause.

Die Tage vergingen, und dann hatte Marianne Geburtstag. Für Onkel Karl aus Düllhausen hatten wir keinen Platz vorgesehen. Wenn Leute sich nicht die Mühe machten, so zu schreiben, daß man es auch lesen kann, müssen sie sich eben damit abfinden, notfalls in der Küche zu essen, wenn sie kommen.

Sie kamen, als wir bei der Suppe saßen.

«Habt ihr meinen Brief nicht erhalten?» fragte Onkel Karl erstaunt, als ihm aufging, daß weder für ihn noch für die Frau Doktor gedeckt war.

«Doch», sagte ich und holte die Flasche mit Paraffinölemulsion. «Und hier siehst du, was dabei herauskam!»

Am liebsten hätte ich ihm das ganze klebrige, geronnene Zeugs in den Hals gekippt, aber wer sollte dann unserem Fest den Glanz aufsetzen?

Inhalt